INFOGRAPHIE
DE LA SECONDE
GUERRE MONDIALE

用資訊圖表讀懂第二次世界大戰

讓·洛培茲 JEAN LOPEZ　　文森·貝爾納 VINCENT BERNARD　　尼可拉·奧本 NICOLAS AUBIN———合著

尼可拉·吉耶哈 NICOLAS GUILLERAT———設計

洪夏天———譯

宏觀多元且形式特殊的二戰史書寫

——《亞太防務雜誌》總編輯 鄭繼文

人們常說，人類的歷史就是一部戰爭史，儘管這個觀點未必獲得所有人的贊同，但戰爭確實是人類歷史的重要組成部分，諸如人口的消長、政權的更迭、民族的遷徙、文明的興衰等，都與戰爭有密不可分的關係。

上個世紀，國際間爆發了兩次世界性的戰爭，造成大量生命財產的損失，是人類歷史的巨大浩劫。第一次世界大戰歷時將近四年又五個月，戰事主要是在歐洲進行，而戰爭的遺毒促使第二次世界大戰在歐洲再度爆發；第二次世界大戰歷時六年，戰火不僅擴及了整個歐洲，還延燒到北非與整個地中海，在亞洲的戰火也從東亞蔓延到東南亞、南太平洋、中太平洋、澳洲北方，甚至一度擴及印度洋部分地區，全世界各戰區可謂腥風血雨與生靈塗炭。

第二次世界大戰是人類歷史前所未有的慘烈戰爭，涉及戰區幅員之廣、各國消耗物力資源的規模、交戰各方動員的總兵力、軍民的傷亡數量都是空前的。更重要的是，第二次世界大戰的結果影響極其深遠，即使是戰爭結束已經七十餘年的現在，當年戰爭結束後所形成的國際格局與秩序，目前仍是國際社會在諸多領域的運作規範。舉戰後成立的聯合國為例，目前仍是最具公信力與權力的國際組織，在促進世界安全、經濟發展、社會進步、文化發展、人權與公民自由等方面都有重要的貢獻；再舉美國為例，大戰後確定了美國成為超級強國的世界地位，長期主導世界的政治、經濟、軍事與安全的發展，特別是「國際警察」、「美元霸權」等標誌性影響力，迄今仍沒有太大的改變。

由於第二次世界大戰對人類歷史發展的影響是如此的巨大，因此研究這場戰爭一直是各國學術界、出版界非常重視的領域。長期以來，國際間有關這場戰爭的各類型文學、期刊、專門著作可謂汗牛充棟，而且是跨國界以及涵蓋了各種語文，其內容更是從不同領域和各種角度切入，為愛好研究第二次世界大戰的讀者們提供了多樣化的選擇。各國的有識之士重視第二次世界大戰研究，都深切期望人類能夠深切省思這場戰爭的經驗與教訓，以避免再度重蹈這樣的戰爭浩劫。

筆者也是研究第二次世界大戰歷史的愛好者，而且基於是媒體工作者與長期從事軍武報導的職業特質，過去曾經閱覽過不少有關第二次世界大戰的書籍。這些第二次世界大戰相關書籍，有著重於戰爭歷程與主要戰役介紹的戰史類作品，有側重於戰爭重要將領、歷史人物、著名部隊等事蹟描述的傳記類作品，還有介紹參戰飛機、船艦、戰車等經典武器裝備的軍事科技類作品。

雖然市面上有關第二次世界大戰的相關書籍很多，提供讀者們多樣化的選擇，但筆者過去以來卻一直隱隱感覺到，眾多書籍的內容仍有很多不足之處，總覺得無法幫助筆者對於這段歷史有更全面的認識。特別是從上

述各種屬性的第二次世界大戰書籍所介紹的相關歷史，雖然提供了豐富的知識與龐大的資料，卻容易讓人產生許多困惑，使得一般社會大眾更難以理解其意義。尤其令人覺得遺憾的是，市面上的第二次世界大戰相關書籍，欠缺從比較宏觀角度以及涵蓋各種領域專業的論述內容，無法幫助讀者們宏觀認識整個第二次世界大戰歷史。

近期有幸拜讀商周出版的《用資訊圖表讀懂第二次世界大戰》初稿，讓筆者覺得如獲至寶，滿足了長期以來希望從宏觀角度認識第二次世界大戰的求知欲望。首先最讓人驚喜的是這本書探討層面很廣，其內容分為四大部分，分別是資源與人力背景、軍備武器與軍隊、戰役與戰場、總結與裂痕，並集結了五十多種主題，幾乎含括了第二次世界大戰的各個層面。尤其讓筆者覺得印象深刻的是，在總結與裂痕的這部分內容，人類在第二次世界大戰所付出的代價是如此巨大，無論是戰勝國或是戰敗國，作者群根據權威的原始檔案資料，披露的參戰各國軍民傷亡人數讓人怵目驚心，也期待未來人類能避免再度遭此戰爭浩劫。

再者，這本書的內容論述與呈現方式非常特別，全書以圖解書形式出版是極其難得的，尤其是以筆者從事媒體與出版業近三十年的經驗，深知其過程耗費了工作團隊大量的想像力、創造力與努力心血，所獲致的精采成果值得喝采。對讀者們來說，這本書的內容搭配大量的數據與資訊圖表，再通過淺顯易懂的文筆解析第二次

世界大戰的各種面貌，其論述方式既別出心裁又兼具了美學，讓讀者們能透過數據化、圖表化的內容，從各種圖像理解重要的大型戰事與錯綜複雜的現象，對第二次世界大戰獲得進一步的認識，甚至是全新的理解。

《用資訊圖表讀懂第二次世界大戰》是一本值得推薦的好書，無論是論述內容和呈現方式都讓人耳目一新，相信讀者們閱讀完這本書之後，必定對第二次世界大戰的認識煥然一新。

6

從新的視角理解二戰

——讓‧洛培茲

第二次世界大戰一結束，市面上就出現各種相關書籍。然而，這一波波書潮完全比不上各機構提出的繁雜數據。二戰是史上最大規模的戰爭，相關資料有如一片汪洋大海，來自眾多機構：軍方、政府部門、行政部門、外交大使、委託部門、通訊社、委員會、辦事處、考察團、企業、智庫……。戰爭雖造成令人哀慟的死亡、廢墟、苦難，但重要的是，也帶來了浩瀚的數據。然而，此刻你捧在手中的這本書，不會收入所有資料，比如由美國石油業提供的 1940 1945 年數字。二戰結束後，這些排山倒海而來的資訊，成為各種新研究的根基，用來分析大戰的不同面向，同時豐富我們的知識，不斷擴展我們對二戰的認識。

本書作者群懷抱著一個野心，渴望幫助讀者進一步認識第二次世界大戰。我們大膽地踏上這一場探險，就像一群地質學家往下探入一座永不枯竭的資料礦脈，雖然僅能將微小的代表性片段呈現在讀者眼前，但每個片段都真實而切題。一旦將這些片段交相對照、驗證、分門別類，就能清楚闡述本書列出的 53 項主題。我必須坦承，這是經過許多篩選才得到的結果。的確，本書仍未能涵蓋此戰爭的諸多面向，忽略了諸多地理區域，也未解說某些重要任務。亞洲、非洲及中東都未獲得應有的重視。同樣地，書中也沒有提及女性、工廠工人、中立國、情報工作及特別任務等主題。我們有很多遺珠之憾。但我們必須小心篩揀，確保三位作者摘錄的資訊量不會太過龐大，再由資料圖像設計師以圖表詮釋，光是這過程就耗時三年。

我們搜集了數以千計、甚至萬計的數據，但這些資料必須經過設計，以既吸睛又易懂的形式呈現在大眾眼前。這就是資料圖像設計的成果——尼可拉‧吉耶哈以電腦圖學及圖表呈現各種數據，我在此再次表達個人對他的真誠

仰慕，他讓統計數字變得有血有肉。在這位專家的巧手下，經濟、人口或軍事數據不再冰冷抽象，換上活潑的樣貌。然而，這不只是一本從一幅圖表跳到下一幅的圖像書。這也是一本貨真價實的歷史著作，邀請讀者進入字裡行間，以嶄新的方式閱讀二戰。本書的 357 幅圖表和電腦圖像中，每一幅都藏有大量資訊。如此一來，讀者在面對層次繁多的知識與分析時，可以隨心所欲地截取重點。比方說，在航空產業，讀者可專注於英美與蘇聯相對於軸心國的整體優勢；但若更深入探索，也會注意到不同領域中，各國的生產節奏或特定技術的優勢，以及同盟國交換某些裝備的狀況。我們想藉此同時滿足首次接觸二戰的民眾及要求最為嚴格的讀者。不只如此，每個主題末明列的參考資料都經過最嚴格及國際化的標準篩選。說到這兒，我特別感謝兩位協力作者，尼可拉‧奧本及文森‧貝爾納盡全力挖掘各種資料，在如此龐大的統計數據中未曾迷失方向，就算數字常有疏漏或彼此矛盾，仍然不負使命。

這本著作並不只是本備忘錄或資料庫，它也是加深理解、發掘新知的泉源，帶來許多驚奇之餘，也挑戰每個人對這場 20 世紀最駭人災難的認識。比方說，除了思考書頁上圖像化的美、英、蘇的產能，也能比較英國空襲及大西洋戰場的傷亡損失，或許還能為下列問題找到新的答案：第二次世界大戰雙方陣營的勝負是否極為接近？邱吉爾是否在回憶錄中誇大軸心國萬一獲勝的後果，好強調自己和英國的功勞？在思考軍事指揮的組織結構圖之餘，也能重新想想，作戰時一個專制極權政體是否真比自由民主政權更有效率。幾乎每個主題中，讀者都能發現類似的質疑。藉由新穎的圖像為引導，我們得以透過新角度，徹底重新解析這場浩大的歷史戰事。

I. 資源與人力背景

民主在歐洲受挫

　　歐洲民主在戰期間進入史上最黑暗的一頁。經過一世紀的盛世，此刻面對專制、極權及／或軍事政權的崛起，民主節節敗退。這一切都始於 1920 年，匈牙利放棄民主共和，義大利、保加利亞、波蘭、立陶宛、葡萄牙、南斯拉夫的政權也紛紛反轉。從 1930 年開始，全球經濟危機削弱中產階級勢力，讓他們陷入茫然無措，也引發第二波極右勢力興起，民族性的憤恨情緒高漲、少數族群因不滿而變得激進，也扮演了重要角色。公然反對民主的黨派紛紛出現，剛好配上 1914 年之前就浮現的意識形態和價值觀：諸如對領導者盲目崇拜、軍事主義、激進的國族主義、讚頌國家極權、反個人自由……。

　　新形態國家誕生並獲得成功（如蘇維埃聯邦、法西斯義大利、納粹德國），各地「非主流建制」（antisystèmes）的黨派大為振奮，積極拓展勢力。政治、言語、肢體的暴力

10

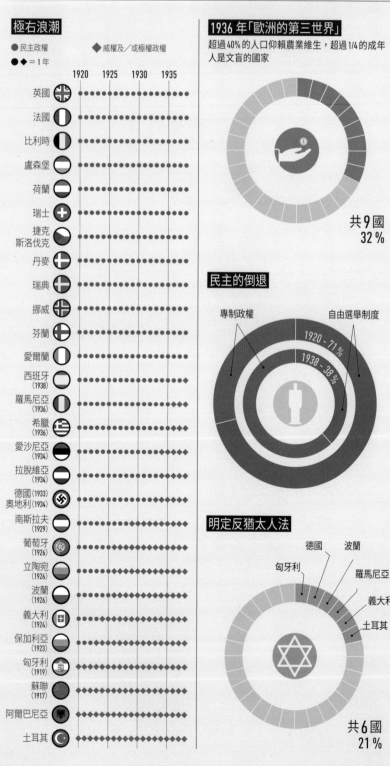

極右浪潮

● 民主政權　　　◆ 威權及／或極權政權
●◆ = 1 年

| | 1920 | 1925 | 1930 | 1935 |

英國
法國
比利時
盧森堡
荷蘭
瑞士
捷克斯洛伐克
丹麥
瑞典
挪威
芬蘭
愛爾蘭
西班牙（1938）
羅馬尼亞（1936）
希臘（1936）
愛沙尼亞（1934）
拉脫維亞（1934）
德國（1933）奧地利（1934）
南斯拉夫（1929）
葡萄牙（1926）
立陶宛（1926）
波蘭（1926）
義大利（1924）
保加利亞（1923）
匈牙利（1919）
蘇聯（1917）
阿爾巴尼亞
土耳其

1936 年「歐洲的第三世界」

超過40%的人口仰賴農業維生，超過1/4的成年人是文盲的國家

共 9 國
32 %

民主的倒退

專制政權　　　　自由選舉制度

1920 - 71 %
1938 - 38 %

明定反猶太人法

德國　波蘭
匈牙利　　　羅馬尼亞
　　　　　義大利
　　　　土耳其

共 6 國
21 %

1938 年歐洲政治情勢

■ 議會民主制
■ 由民主國家治理的地區
■ 共產極權政體
■ 納粹極權政體
■ 法西斯極權政體
■ 威權政體
▦ 內戰中

1. 比利時
2. 荷蘭
3. 盧森堡
4. 丹麥
5. 瑞士
6. 阿爾巴尼亞
7. 愛沙尼亞
8. 拉脫維亞
9. 立陶宛

挪威
愛爾蘭
英國
納粹第三帝國
法國
義大利
西班牙
葡萄牙

成為日常，反猶太人的法律也愈來愈多，奪回昔日領地的聲浪毫無保留地高漲，而且多半支持以軍事行動達成目的。此時也發生數以百計的政治謀殺事件：奧地利總理陶爾菲斯（Dollfuss, 1892-1934）、德國記者與政治人物埃爾茨柏格（Erzberger, 1875-1921）、德國外交部長拉特諾（Rathenau, 1867-1922）、義大利社會主義政治家馬泰奧蒂（Matteotti, 1885-1924）、波蘭政治家佩哈吉（Peracki, 1895-1934）、南斯拉夫首任國王亞歷山大一世（Alexandre de Yougoslavie, 1888-1934）、葡萄牙總理格蘭若（Granjo, 1881-1921）、羅馬尼亞總理杜卡（Duca, 1879-1933）、保加利亞首相及農民黨領袖斯塔姆博利伊斯基（Stamblijski, 1879-1923）……接近 1920 年時，歐洲有 24 個稱得上民主的國家：若我們排除蘇聯，歐洲只有微型國家、阿爾巴尼亞、匈牙利等國因其他因素而

沒有自由選舉制度。到了 1938 年，歐洲卻只剩下 11 個民主國家：捷克斯洛伐克、芬蘭、比利時、法國、英國、愛爾蘭、荷蘭、挪威、瑞典、丹麥和瑞士。

而兩個最強大西方民主政權，在 1938 年的慕尼黑會議棄捷克斯洛伐克不顧。所有舊大陸的民主國家經歷了一場可恥、不可原諒的背叛，形同歷史的倒退。儘管如此，當戰事在 1939 年 9 月爆發，英法仍有機會高舉民主大旗反抗。他們的敵人德國是極權體制，而義大利和蘇維埃聯邦也是一丘之貉，壯大德國聲勢。受到三方勢力包圍的中歐、巴爾幹地區、東歐紛紛放棄選舉制度、自由媒體、法治國家與全民平等的原則。不過，這還不是最糟糕的：到了 1942 年，遭到納粹占領的歐洲大陸，早先撐過 1938 年的 6 個民主國家也在此時倒下。此時，二十世紀最黑暗的時刻已經到來。

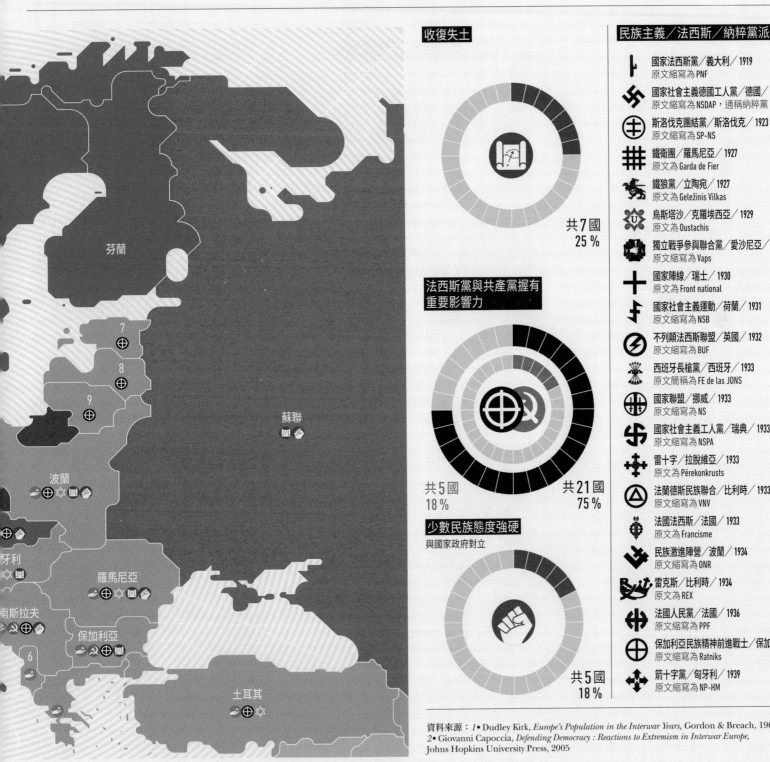

收復失土

共7國
25 %

法西斯黨與共產黨握有重要影響力

共5國
18 %

共21國
75 %

少數民族態度強硬
與國家政府對立

共5國
18 %

民族主義／法西斯／納粹黨派

國家法西斯黨／義大利／1919
原文縮寫為 PNF

國家社會主義德國工人黨／德國／1920
原文縮寫為 NSDAP，通稱納粹黨

斯洛伐克團結黨／斯洛伐克／1923
原文縮寫為 SP-NS

鐵衛團／羅馬尼亞／1927
原文為 Garda de Fier

鐵狼黨／立陶宛／1927
原文為 Geležinis Vilkas

烏斯塔沙／克羅埃西亞／1929
原文為 Oustachis

獨立戰爭參與聯合黨／愛沙尼亞／1929
原文縮寫為 Vaps

國家陣線／瑞士／1930
原文為 Front national

國家社會主義運動／荷蘭／1931
原文縮寫為 NSB

不列顛法西斯聯盟／英國／1932
原文縮寫為 BUF

西班牙長槍黨／西班牙／1933
原文簡稱為 FE de las JONS

國家聯盟／挪威／1933
原文縮寫為 NS

國家社會主義工人黨／瑞典／1933
原文縮寫為 NSPA

雷十字／拉脫維亞／1933
原文為 Pērkonkrusts

法蘭德斯民族聯合／比利時／1933
原文縮寫為 VNV

法國法西斯／法國／1933
原文為 Francisme

民族激進陣營／波蘭／1934
原文縮寫為 ONR

雷克斯／比利時／1934
原文為 REX

法國人民黨／法國／1936
原文縮寫為 PPF

保加利亞民族精神前進戰士／保加利亞／1936
原文縮寫為 Ratniks

箭十字黨／匈牙利／1939
原文縮寫為 NP-HM

資料來源：1• Dudley Kirk, *Europe's Population in the Interwar Years*, Gordon & Breach, 1969.
2• Giovanni Capoccia, *Defending Democracy : Reactions to Extremism in Interwar Europe*, Johns Hopkins University Press, 2005

11

經濟實力

經濟實力的強弱是否決定了戰場上的勝負？二戰第一階段 1939 年到 1942 年中期的戰況，主要由軍事因素決定。突襲、迅捷、訓練、戰術、主動以及戰前積累的軍備，都為軸心國帶來優勢與勝利。當然這並不代表經濟因素不重要：此三國的國民生產總值加起來，等於其他敵對國家總額的 3/4。1940 年末，入侵西歐並戰勝擁有殖民帝國的法國第三共和後，羅馬與柏林組成的軸心國能夠動員的國民生產總值，理論上不但超過大英帝國，還多了 1/4。但納粹德國開戰 24 個月、日本開戰 6 個月後，軸心國意識到己方沒有勝算，已陷入消耗戰的陷阱中。

此時進入二戰的第二階段，經濟實力重新取得主導地位，而同盟國已花了些時間改正自身最嚴重的軍事弱點。美國、蘇聯再加上大英帝國全力投入資源，而拉丁美洲和中東國家也不得不出手相助，同盟國的資源產量、品質、多元性，軸心國都望塵莫及。1942 年，同盟國內生產總額的總和，足足是敵方的 2 倍，隔年超過 3 倍，而在 1945 年初已經超過 5 倍。可動員的人數、基本戰略資源的取得（能源與鐵以外的金屬）及未開發產能，更讓兩方陣營的經濟差距愈來愈大。提到未開發產能，右上圖為 1938 年的資料，但美國的情況較為特殊，因為這一年經歷了羅斯福新政（New Deal）的美國再次陷入經濟危機，國民生產總值掉到 8,000 億美金的低點。龐大的農工礦業產能過低，相反地，日本、德國和義大利的農工礦則幾乎全力生產。和 1938 年相比，美國 1945 年的國民生產總值上升了 84%，從這個數字就能看出美國 1938 年的生產力表現不佳，失業人口高達 1,300 萬人左右。相較之下，就算透過劫掠與大量的奴役人口，納粹德國也只能增加 24%，日本則是 11%。

1 · 發展程度

我們能從各種量表瞭解各參戰國的發展程度。在軸心陣營，不管是產業的數值表現或研究發展的蓬勃程度，只有德意志帝國能與英美一較高下。德國有能力改善雷達方面的落後程度，同時在噴射機與導彈的發展上領先群雄，證明其實力堅強。義大利、日本和蘇聯同為發展中國家，生產力低的農業人口眾多，只握有少數科技。各國科技武器的比例忠實反應這種情況：英美兩國和德國能將 1/4 的經費用於發展航空技術，而蘇聯、義大利和日本卻只能以數量龐大的步兵應戰。

每人國內生產毛額／勞動人口結構　1938 年

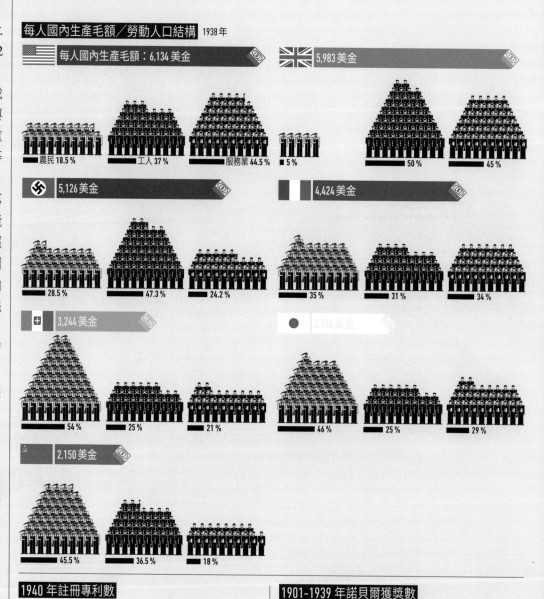

- 美國　每人國內生產毛額：6,134 美金　農民 18.5%　工人 37%　服務業 44.5%
- 英國　5,983 美金　5%　50%　45%
- 德國　5,126 美金　28.5%　47.3%　24.2%
- 義大利　4,424 美金　35%　31%　34%
- 3,244 美金　54%　25%　21%
- 日本　2,356 美金　46%　25%　29%
- 蘇聯　2,150 美金　45.5%　36.5%　18%

1940 年註冊專利數

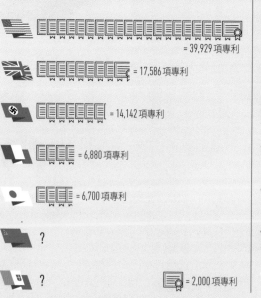

- 美國 = 39,929 項專利
- 英國 = 17,586 項專利
- 德國 = 14,142 項專利
- 義大利 = 6,880 項專利
- 日本 = 6,700 項專利
- ?
- ?
- = 2,000 項專利

1901-1939 年諾貝爾獲獎數

	物理	化學	醫藥
德國	11	16	7
英國	11	6	9
義大利	6	5	4
美國	6	3	2

2 • 國內生產總額、面積、人口 (1938年)

從帳面上，也許我們能把雙方交戰視為一場資源競賽，軸心國似乎能在 3 年內彌補一部分的弱點，但這不過是個假象。軸心國因不得民心和各種封鎖限制，無法有效動員占領區的所有人口和經濟資源。希特勒知道唯有掌握蘇聯的所有資源，才有機會取勝，但這如意算盤沒有實現。他也看到，唯有取得一整座大陸，獲得戰略上的相對優勢，才能贏得這場戰事。日本也做了同樣的盤算。然而這兩個軸心陣營的重要國家居然沒攜手合作，把首要任務定為將領土朝對方擴展、成為實質上的鄰國，著實令人好奇。

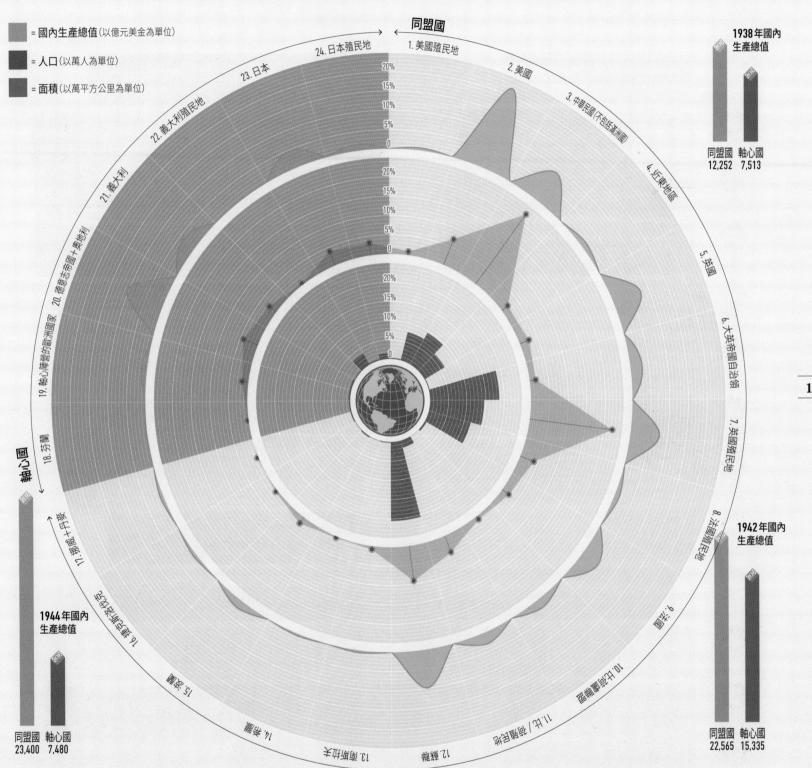

■ = 國內生產總值(以億元美金為單位)
■ = 人口(以萬人為單位)
■ = 面積(以萬平方公里為單位)

1938年國內生產總值
同盟國 12,252　軸心國 7,513

1942年國內生產總值
同盟國 22,565　軸心國 15,335

1944年國內生產總值
同盟國 23,400　軸心國 7,480

1. 美國殖民地：265 億 / 1,780 萬人 / 32.4 萬 km²；2. 美國：8,003 億 / 13,050 萬人 / 785.6 萬 km²；3. 中華民國(不包括滿洲國)：3,205 億 / 41,170 萬人 / 980 萬 km²；4. 近東地區：521 億 / 3,860 萬人 / 643 萬 km²；
5. 英國：2,842 億 / 4,780 萬人 / 24.5 萬 km²；6. 大英帝國自治領：1,146 億 / 3,000 萬人 / 1,918.5 萬 km²；7. 英國殖民地：2,845 億 / 40,600 萬人 / 1,499.5 萬 km²；8. 法國殖民地：485 億 / 7,090 萬人 / 1,209.9 萬 km²；
9. 法國：1,856 億 / 4,200 萬人 / 55.1 萬 km²；10. 比荷盧聯盟：855 億 / 1,740 萬人 / 6.4 萬 km²；11. 比 / 荷殖民地：55 億 / 774 萬人 / 1,400 萬人 / 6,810 萬人 / 24 萬 km² / 190.4 萬 km²；12. 蘇聯：3,590 億 / 16,700 萬人 / 2,117.6 萬 km²；
13. 南斯拉夫：219 億 / 1,610 萬人 / 24.8 萬 km²；14. 希臘：193 億 / 710 萬人 / 13 萬 km²；15. 波蘭：766 億 / 3,510 萬人 / 38.9 萬 km²；16. 捷克斯洛伐克：303 億 / 1,050 萬人 / 14 萬 km²；17. 挪威＋丹麥：325 億 / 670 萬人 / 36.6 萬 km²；
18. 芬蘭：127 億 / 370 萬人 / 38.3 萬 km²；19. 羅馬尼亞＋匈牙利＋保加利亞：541 億 / 3,140 萬人 / 51.5 萬 km²；20. 德意志帝國＋奧地利：3,756 億 / 7,540 萬人 / 55.4 萬 km²；
21. 義大利：1,408 億 / 4,340 萬人 / 31 萬 km²；22. 義大利殖民地：26 億 / 850 萬人 / 348.8 萬 km²；23. 日本：1,694 億 / 7,190 萬人 / 38.2 萬 km²；24. 日本殖民地：629 億 / 5,980 萬人 / 160.2 萬 km²

1938年的情勢：軸心國 (20+21+22+23+24) 7,513億 / 25,900萬人 / 633.6萬 km²　　同盟國 (5+6+7+8+9+10+11+15+16+17) 12,252億 / 74,850萬人 / 5,017.8萬 km²
1942年的情勢：軸心國 (11+20+21+22+23+24+18+被占領國19) 15,335億 / 62,250萬人 / 1,397.3萬 km²　　同盟國 (1+2+3+4+5+6+7+8+11+12) 22,565億 / 127,120萬人 / 8,965.8萬 km²

3．戰略產品 (1939年，占世界產量的百分比)

下表列出石油以外的 15 項必備原料，都是贏得戰爭不可或缺的要角，再次顯示兩方陣營的差距。即使是鋼等基本原料的產量，德意志帝國和日本也無力實現野心，必須不斷在海陸空三軍的需求中左支右絀。而且德意志帝國從 1942 年起，就得動用某些合金的儲備庫存。反之同盟國這一邊，唯因日本占據了亞洲的橡膠樹種植區，因此出現天然橡膠短缺的現象。但在接下來 18 個月內，美國從零開始發展了龐大的人造橡膠工業，很快趕上德意志帝國在戰前的生產水準。

14

4 • 農業

參戰諸國的領導者最擔心的問題之一，就是糧食的取得，特別是用來製作麵食的穀物。別忘了，飢荒一直是希特勒無法擺脫的困擾。除了羅馬尼亞以外，所有糧食過剩的國家都屬於同盟陣營。

最仰賴進口小麥的國家是英國，且其進口量遠超過其他國家。正因如此，德國打算利用潛艦攻擊，破壞英國貿易活動，令對方陷入飢荒。而納粹德國為了滿足境內人口的糧食需求，將放任數以萬計的蘇聯人、波蘭人、法國人、比利時人陷入飢餓之苦……

全球五大小麥產地 1934-1938年

全球小麥產量（多瑙河流域 ＝ 羅馬尼亞，匈牙利，保加利亞，南斯拉夫）

美國 ＝ 15% / 多瑙河 ＝ 7% / 加拿大 ＝ 5% / 阿根廷 ＝ 5% / 澳洲 ＝ 3% / 其他地區 ＝ 65%

全球小麥出口量

美國 ＝ 33% / 多瑙河 ＝ 7% / 加拿大 ＝ 25% / 阿根廷 ＝ 20% / 澳洲 ＝ 15% / 其他地區 ＝ 0%

歐洲主要小麥進口國 1932-1937年，占其消耗量的百分比

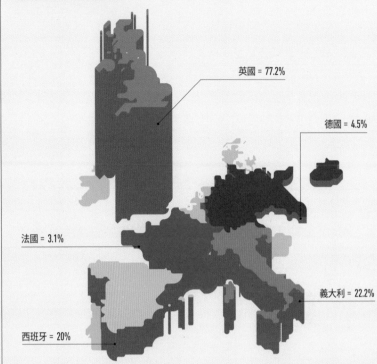

英國 ＝ 77.2%
德國 ＝ 4.5%
法國 ＝ 3.1%
義大利 ＝ 22.2%
西班牙 ＝ 20%

5 • 高科技產業

德意志帝國在化學領域的實力驚人，直到 1944 年，都能滿足自身在火藥和炸藥方面的需求。反之日本和蘇聯則陷入困境。這兩國無力建立現代化精煉石油廠，更突顯它們在化學領域的落後。汽車業的強大及石油資源豐富與否，直接影響一國將軍隊摩托化與機械化

的能力；歐洲戰區以大規模陸地戰事為主，而摩托化與機械化正是最關鍵的挑戰。德國陸軍多半仰賴馬力運輸，反觀它的西方對手將享有充足的機械武力。蘇聯只能仰賴美國的補給才能彌補自身的不足。

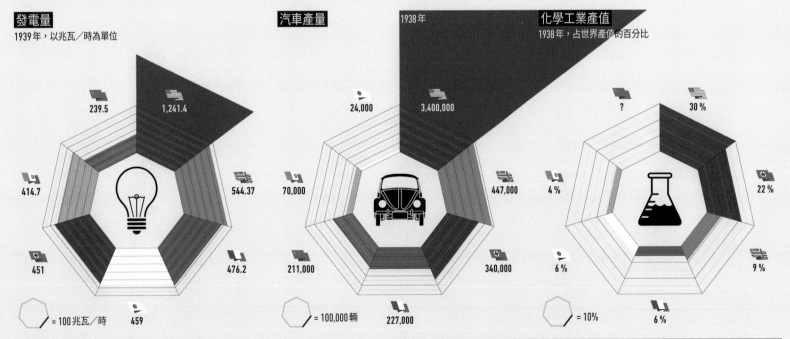

發電量
1939年，以兆瓦／時為單位

239.5　1,241.4
414.7　544.37
451　476.2
459
◯ ＝ 100兆瓦／時

汽車產量

1938年
24,000　3,400,000
70,000　447,000
211,000　340,000
227,000
◯ ＝ 100,000輛

化學工業產值
1938年，占世界產值的百分比

?　30 %
4 %　22 %
6 %　9 %
6 %
◯ ＝ 10%

資料來源：1• Tom Nicholas, «The Origin of Japanese Technological Modernization», *Explorations in Economic History*, 48, 2011, p. 272-291 - 2• François Caron, *Les Deux Révolutions industrielles du xxᵉ siècle*, Albin Michel, 1997 - 3• Mark Harrison (dir.), *The Economics of World War II*, Cambridge University Press, 1998, p. 160 - 4• Max Rutzick & Sol Swerdloff, «The Occupational Structure of US Employment, 1940-60», *Monthly Labor Review*, vol. 85, nº 11, novembre 1962 - 5• Collectif, « Évolution de la population active en France depuis cent ans d'après les dénombrements quinquennaux », *Études et conjuncture – Économie française*, vol. 8, nº 3, 1953 - 6• William H. Lockwood, *Economic development of Japan*, Princeton University Press, 1954 - 7• Imperial Institute, *The Mineral Industry of the British Empire and Foreign Countries, Statistical summary 1936 - 1938*, London Published for the Imperial Institute by his majesty's stationery office 1939 - 8• Johann Peter Murmann, «Chemical Industries after 1850», *Oxford Encyclopedia of Economic History*, 2002 - 9• G. Aparicio & V. Pinilla, *The Dynamics of International Trade Cereals 1900-1938*, Societad Española de Historia Agraria, 2015 - 10• Paul de Hevesy, *World Wheat Planning and Economic Planning in General*, Oxford University Press, 1940

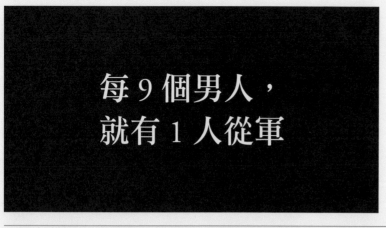

每 9 個男人，
就有 1 人從軍

在 1939 年全球 22 億人口中，第二次世界大戰就動員了遍布 30 國、將近 1 億 3000 萬人（女性占了 4%），其中將近 70% 來自同盟國陣營，其他則是軸心國。單就數字而言，蘇聯、美國、中國和德意志帝國握有最多士兵。但若以人數占全國男性人口的比例來看，德意志帝國、義大利和蘇聯位居領先。在德國，要讓這麼多 18-50 歲的男人從軍，非仰賴 900 萬名外國人參與勞動不可，其中絕大部分都是被迫工作的戰俘和集中營囚犯。在蘇聯，因為軍事動員了太多人，自 1942 年開始，民生經濟就陷入崩潰邊緣，更糟的是多達 620 萬人住在遭德國占領的地區。羅馬尼亞則分為兩部分：一開始約有

德意志第三帝國＝18,100,000 人生產總值
42 %

義大利＝9,100,000 人
41.5 %

芬蘭＝650,000 人
37.8 %

日本＝9,100,000 人
25.5 %

羅馬尼亞＝2,000,000 人
25 %

保加利亞＝450,000 人
14.2 %

匈牙利＝600,000 人
13.86 %

克羅埃西亞＝200,000 人
10.5 %

斯洛伐克＝80,000 人
6.2 %

滿洲國＝200,000 人
1 %

共 127,171,000 名男女從軍

軸心國
40,480,000 人 (31.83 %)

圖示說明：

戰爭期間從軍總人數
國家＝X 人
X %
男性人口從軍比例

＝100,000 人

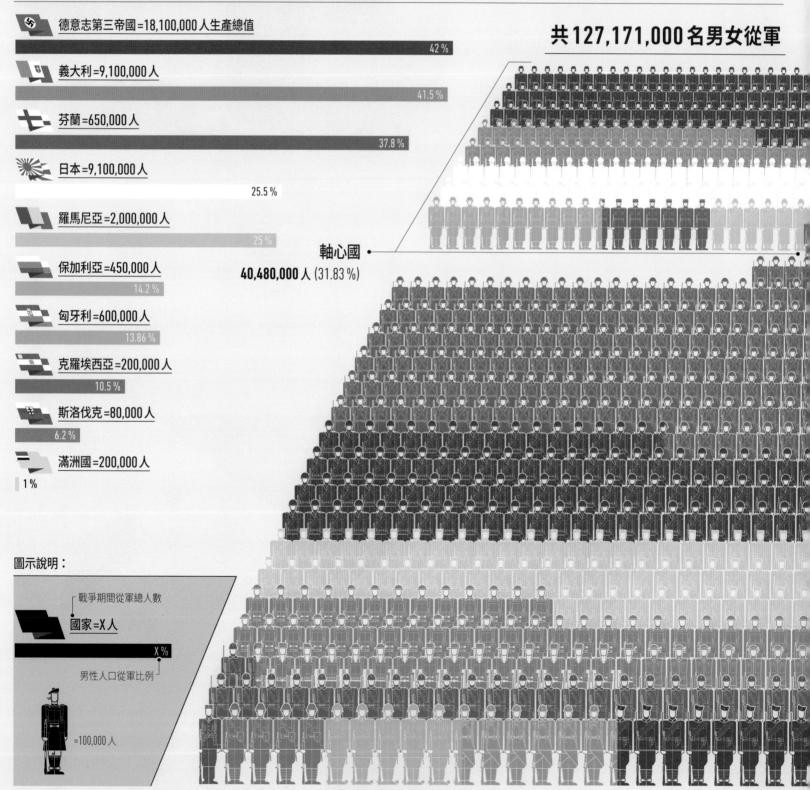

16

資料來源：*1•* Mark Axworthy, Cornel Scafes, Cristian Craciunoiu, *Third Axis, Fourth Ally : Romanian Armed Forces in the European War, 1941-45*, Arms & Armour, 1995 - *2•* Pour Finlande, communication personnelle de Louis Clerc - *3•* G. F Krivosheev (dir.), *Soviet Casualties and Combat Losses in the Twentieth Century*, Greenhill Books, 1997 - *4•* James Nanney, *US Manpower Mobilization for World*

120 萬人成為軸心陣營的士兵，而在 1944 年 9 月後，則有將近 60 萬人和蘇聯並肩作戰。

中國的情況比較特殊。雖然在 1937 年到 1945 年間軍事動員了 1,400 萬人，但有一部分的人根本沒見過半個武器或半個日本人，還有人一從軍就不知所蹤；另一部分的人雖實際參與戰事，但他們的敵人是其他中國人——共產黨。然而共產黨動員的士兵沒有列入計算。此外，下面的數據並未忠實呈現南斯拉夫及法國的士兵人數。德意志國防軍在 1941 年 4 月數日內擊退的士兵，理論上多達 100 萬人，但安特·帕維里奇（Ante Pavelić, 1889-1959）帶領的克羅埃西亞獨立

國或狄托（Tito, 1892-1980）率領的南斯拉夫解放軍，後來又徵召了更多軍士。法國在 1940 年軍事動員的 500 萬名兵士中，有多少人也加入了戴高樂（Charles de Gaulle, 1890-1970）於 1944 及 1945 年間所募集的 130 萬人？目前沒有任何可信的數據。而英國為了不讓經濟陷入癱瘓，自 1942 年開始限制從軍的男性人數，這是英國工業動員的其中一項驚人成果。為了彌補短缺的人力，大英國協下的自治領紛紛參與戰事，有時甚至超過母國的從軍人數比例，紐西蘭和澳洲正是如此。

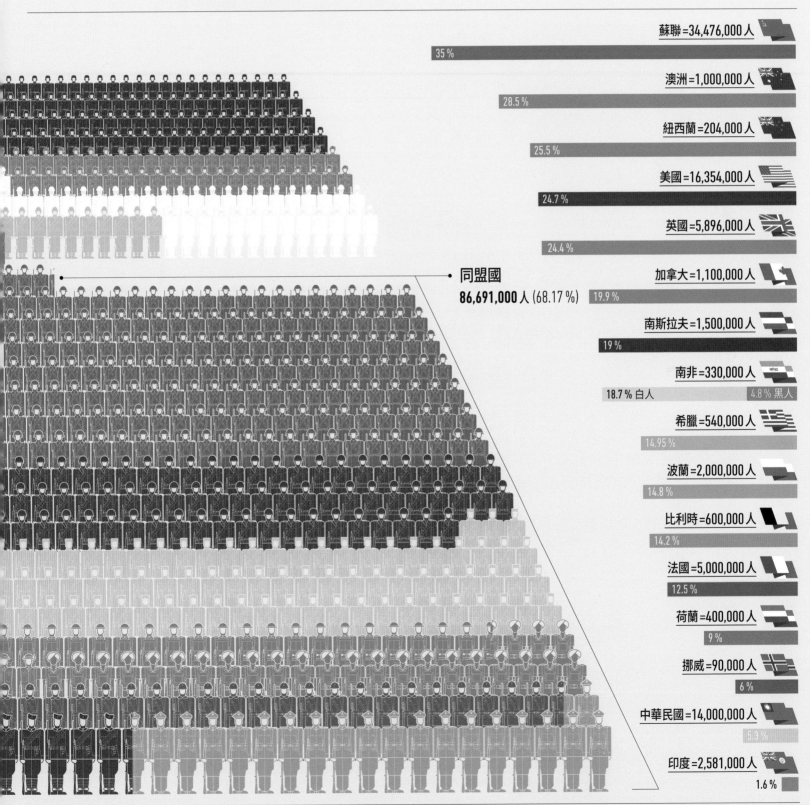

蘇聯 = 34,476,000 人　35 %
澳洲 = 1,000,000 人　28.5 %
紐西蘭 = 204,000 人　25.5 %
美國 = 16,354,000 人　24.7 %
英國 = 5,896,000 人　24.4 %
加拿大 = 1,100,000 人　19.9 %
南斯拉夫 = 1,500,000 人　19 %
南非 = 330,000 人　18.7 % 白人　4.8 % 黑人
希臘 = 540,000 人　14.95 %
波蘭 = 2,000,000 人　14.8 %
比利時 = 600,000 人　14.2 %
法國 = 5,000,000 人　12.5 %
荷蘭 = 400,000 人　9 %
挪威 = 90,000 人　6 %
中華民國 = 14,000,000 人　5.3 %
印度 = 2,581,000 人　1.6 %

同盟國
86,691,000 人（68.17 %）

War II, U.S. Army Center of Military History, Histories Division, 1982 - 5• Bernhard R. Kroener, *Das Deutsche Reich und der Zweite Weltkrieg, vol. 5/1 & 5/2, Organisation und Mobilisierung des deutschen Machtbereichs*, DVA, 1988

石油方程式

1939 年的石油實力分配圖呈現各國間驚人的落差。全球原油產量中，美國就占了將近 2/3。而其他地方的資源，包括南美、中東和荷屬東印度等，則被美國、英國、荷蘭的大公司掌控。除了西方同盟國，唯一能夠滿足自身原油需求的國家只有蘇聯，第三帝國和日本帝國則陷入石油短缺的困境。1939 年 9 月，德國的石油存量只能維持數個月的戰爭。到了 1940 年，德意志帝國和其占領區的需求終於得以仰賴羅馬尼亞的石油。以自給自足為目標的希特勒，將用煤提煉合成汽油的技術列為重點政策，並在 1943 年達到產出高峰，供應所需 40% 的碳氫燃料。1944 年 5 月，當美國軍機摧毀合成汽油廠，德國原就岌岌可危的供需平衡終於崩潰。

日本的情況更是危險。在 1940 年，其全國石油資源只能供應 8.6% 的需求。要不是日本在 1942 年初占領荷屬東印度（蘇門答臘、爪哇島）和婆羅洲的油井，根本無法繼續作戰。幸好美國潛艦截斷了石油運往日本的供應路線。

雖然德國在 1941 年入侵蘇聯，但並未影響後者潛在的石油產量。就算 1942 年夏天，希特勒發動第二波戰略攻擊，造成蘇聯大量損失，也不足以影響蘇聯軍隊的摩托化。

英國的處境最為艱難。英國本島幾乎完全仰賴進口石油（99%），海空軍的飛機與船隻更讓碳氫燃料需求大為爆發，除了從美國進口，還必須仰賴加勒比海及南美的油礦才能滿足。正因如此，英國必須時時確保橫渡大西洋航線的安全。而美國不只能滿足本土驚人的軍事和民生需求，對其他同盟國的供應量也不斷增加。從石油產量來看，軸心國的戰敗已昭然若揭。

1 · 能源轉變

從兩項數據就看得出來在兩次大戰期間，軍隊使用的能源如何急劇改變。在 1918 年，1 名美國士兵 1 天需要 15 公斤的軍需品，其中碳氫燃料占了 1.2 公斤。到了 1945 年，此數字大幅增加為 33.5 公斤的軍需品，石油產品就占了 16.5 公斤。

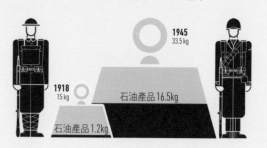

1945 33.5 kg

1918 15 kg

石油產品 16.5kg

石油產品 1.2kg

2 · 1939 年的世界原油產量

■ = 1,000,000 噸

從此張圖片就能一眼看出，各國資源不均得令人難以置信，而德國和日本兩國的軍事領袖對此也心知肚明。然而，他們一心期待藉由迅速取勝，就能掌握更多資源，一方寄望蘇聯石油，一方則垂涎印尼石油。但德國並沒有料想到，他們還必須多少供應盟友義大利和其他占領區的石油需求。

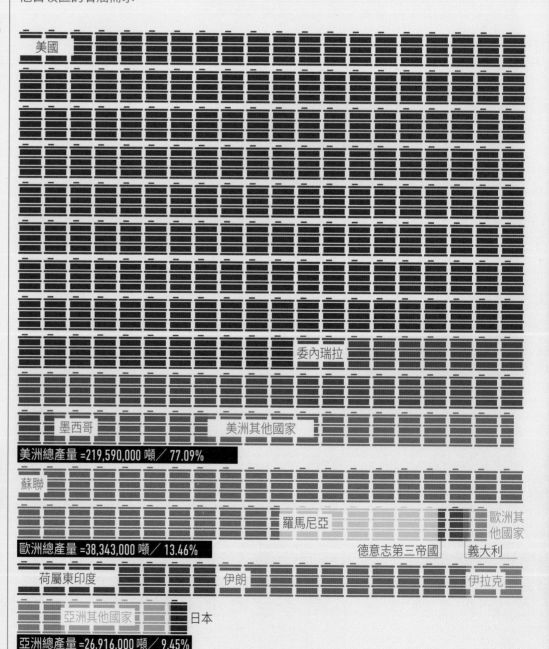

美國

委內瑞拉

墨西哥　　　　美洲其他國家

美洲總產量 =219,590,000 噸／77.09%

蘇聯

羅馬尼亞　　　　歐洲其他國家

歐洲總產量 =38,343,000 噸／13.46%　　德意志第三帝國　　義大利

荷屬東印度　　伊朗　　　　伊拉克

亞洲其他國家　日本

亞洲總產量 =26,916,000 噸／9.45%

3 • 石油競賽中的高手：同盟國

以合理的定額配給為手段，美國的石油業達成近乎不可能的偉大任務，除了供應民生消費，還能滿足軍方的驚人需求（在 5 年中激升了 36 倍！），並不斷向資源耗竭的同盟國出口，特別是英國。
和美國一樣，英國的海軍航行世界各地、空軍進行戰略性轟炸，這些任務都耗費令人咋舌的能源：在 1938 年到 1945 年間，英國皇家空軍的能源消耗量增加了 42 倍之多，而英國海軍則增加了 10 倍。

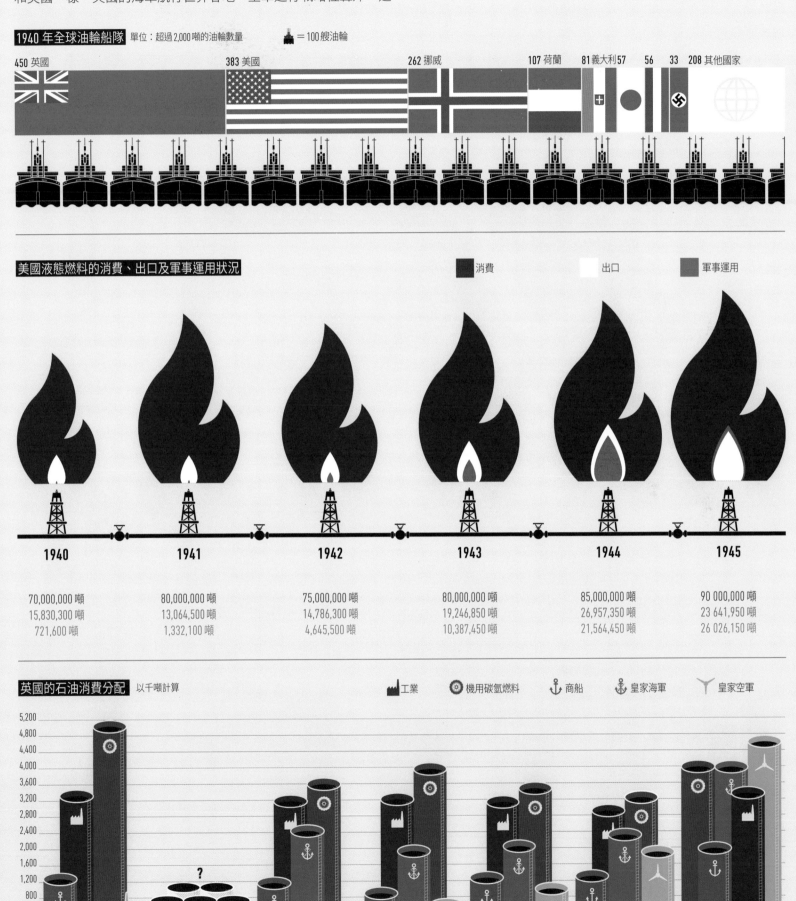

1940 年全球油輪船隊 單位：超過 2,000 噸的油輪數量　🚢＝100 艘油輪

450 英國　　383 美國　　262 挪威　　107 荷蘭　　81 義大利　57　　56　　33　　208 其他國家

美國液態燃料的消費、出口及軍事運用狀況　■ 消費　□ 出口　■ 軍事運用

	1940	1941	1942	1943	1944	1945
70,000,000 噸	80,000,000 噸	75,000,000 噸	80,000,000 噸	85,000,000 噸	90 000 000 噸
15,830,300 噸	13,064,500 噸	14,786,300 噸	19,246,850 噸	26,957,350 噸	23 641 950 噸
721,600 噸	1,332,100 噸	4,645,500 噸	10,387,450 噸	21,564,450 噸	26 026 150 噸

英國的石油消費分配 以千噸計算　🏭 工業　⚙ 機用碳氫燃料　⚓ 商船　⚓ 皇家海軍　🛩 皇家空軍

1938　1939　1940　1941　1942　1943　1944

4 • 德意志帝國尋求黑金（1938／1944）(以千噸為單位)

德國發動戰事時，掌握了一個優勢：合成汽油的產出，同時懷抱一個希望：用快攻取得羅馬尼亞、匈牙利、波蘭的資源。右下圖指出 1942 年初德國的夢幻戰略：在地中海東邊沿岸一帶和黑海沿岸的區域，分頭發動大規模攻勢，好搶下占全球產量 20% 的高加索和中東地區的原油。不過這終究是一場空想。隨著美國在 1944 年 5 月，以 P-51 野馬戰鬥機掩護 B-17 轟炸機和 B-24 解放者轟炸機猛攻合成碳氫燃料廠，迫使德意志帝國僅能小心翼翼地依賴儲備石油應戰。

1939 年 9 月德國的石油儲備量不足

= 1個月儲備量

工業重油＝3.2月　　　航空燃油＝4.8月　　　汽車燃油＝5.2月　　　航海用重油＝6.4月

1938-1944 年供應第三帝國的油廠

荷蘭
德國
比利時
波蘭
立陶宛
法國
佩謝爾布龍
302
亞斯沃
1,159
捷克斯洛伐克
蘇聯
瑞士
義大利
齊斯特斯多夫
奧地利
15,062
6,232
4,876
布達法布茲塔
巴拉頓
匈牙利
3,168
南斯拉夫
羅馬尼亞
12,376
普洛耶什蒂

石油產量圖，以百萬噸為單位

1938-1944 年間占第三帝國整體產出的比例

1944
1943
1942
1941
1940
1939
1938

🏺 合成碳氫燃料廠區　　🛢 主要石油抽取區域

1944 年在同盟國空襲下，德國的合成汽油產量

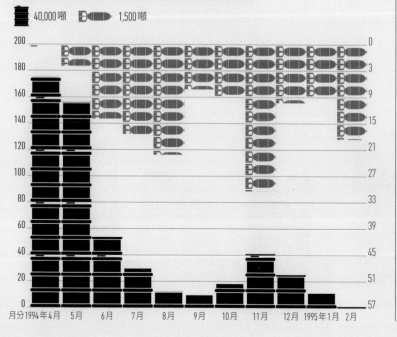

■ 40,000 噸　　✈ 1,500 噸

月分 1994年4月　5月　6月　7月　8月　9月　10月　11月　12月　1995年1月　2月

朝高加索及中東突破的夢幻計畫

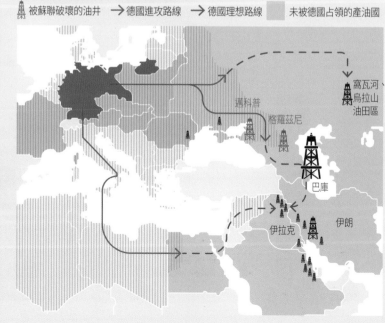

🏭 被蘇聯破壞的油井　　→ 德國進攻路線　　→ 德國理想路線　　未被德國占領的產油國

邁科普
格羅茲尼
窩瓦河、烏拉山油田區
巴庫
伊拉克
伊朗

5 • 世界第二大的產油國蘇聯陷入困境 (以千噸為單位)

納粹德國對蘇聯的第二波戰略進攻，也就是「藍色行動」，明確以占據邁科普（Maïkop）、格羅茲尼（Grozny）、巴庫（Bakou）三地的油礦為目標。雖然德軍取得邁科普，但蘇聯工兵已徹底破壞油井，不堪使用。當德國坦克開到離格羅茲尼 30 公里處，蘇聯也已大舉破壞，確保萬一遭德國占領後也無法使用，但德國根本沒有占下格羅茲尼。同樣地，巴庫的油井也已預先被拆除。這些破壞行動，讓蘇聯產油量在 1943 年跌到只剩原本的 45%。但再加上美國的補給，仍足以供應基本的軍事需求。

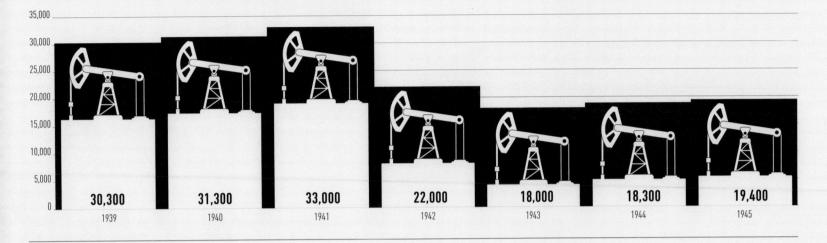

30,300	31,300	33,000	22,000	18,000	18,300	19,400
1939	1940	1941	1942	1943	1944	1945

6 • 日本：產地離本土太遠

雖然日本將魔爪伸向荷屬東印度的油礦，但馬上就面臨下一個挑戰：如何把原油運到 6,000 公里外的母國。在戰前，這種運輸服務多半由西方國家提供。為此日本緊急發動油輪建造計畫，但從 1943 年開始，美國的潛艦和軍機攻擊摧毀了此計畫的成果，堪稱是一場精采的勝利。令人匪夷所思的是，這項戰果的知名度遠遠比不上德國 U 型潛艦在大西洋海戰的表現。

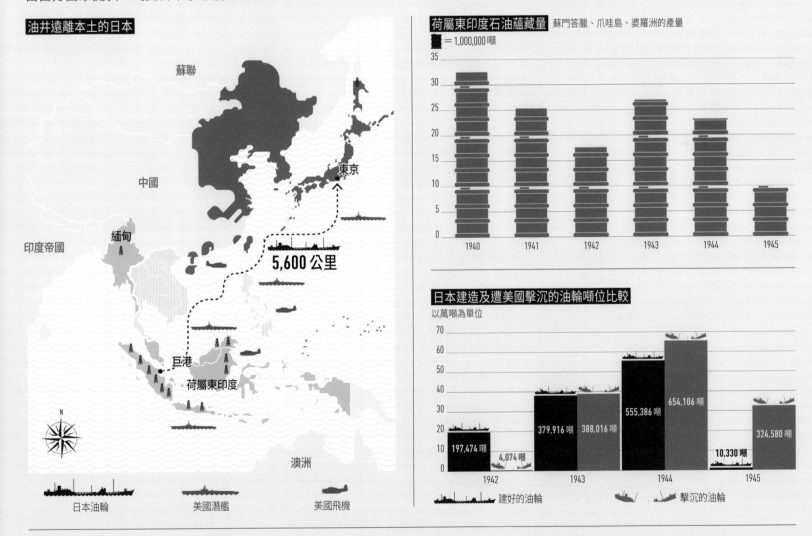

油井遠離本土的日本

蘇聯 / 中國 / 印度帝國 / 緬甸 / 東京 / 5,600公里 / 巨港 / 荷屬東印度 / 澳洲

日本油輪　　美國潛艦　　美國飛機

荷屬東印度石油蘊藏量 蘇門答臘、爪哇島、婆羅洲的產量

■ = 1,000,000 噸

1940	1941	1942	1943	1944	1945

日本建造及遭美國擊沉的油輪噸位比較

以萬噸為單位

197,474 噸	4,074 噸	379,916 噸	388,016 噸	555,386 噸	654,106 噸	10,330 噸	324,580 噸
1942		1943		1944			1945

建好的油輪　　擊沉的油輪

21

資料來源：1• DeGolyer & MacNaughton, « Basic Data from Annual Reports of the US Bureau of Mines », Twentieth Century Petroleum Statistics, 1998 - 2• Dietrich Eichholtz, *Krieg um Öl. Ein Erdölimperium als deutsches Kriegsziel (1938-1943)*, Leipziger Universitätsverlag, 2006, p. 39 - 3• Dietrich Eichholtz, *Ende mit Schrecken. Deutsche Ölpolitik und Ölwirtschaft nach Stalingrad*, Leipziger Universitätsverlag, 2010, p. 69-70 - 4• US Defense Fuel Supply Center - 5• *United States Strategic Bombing Survey*, février 1946 - 6• US Defense Fuel Supply Center et US Bureau of Census - 7• *Velikaïa Otechestvennaïa Voïna*, t. VII - 8• D. J. Payton-Smith, H. M. Stationery Office, 1971

1939-1945 年間武器軍備的產量比較

從經濟與科技層面來看，德意志帝國是同盟國的最大敵人。1943 年，正當德國全力動員本國和歐洲占領區所有資源，也在此時輸掉了工業戰——雖然急起直追但為時已晚，頂多只能把注定的戰敗推遲 6 個月。德國的三大敵手握有它所欠缺的其他優勢：以互補方式生產武器，甚至得以讓每個國家專心製造自己最擅長的產品，再互相供應；同盟國雖具備充足的原料和勞動力，但供需十分緊繃，而蘇聯和英國的情況更是危急；軍備品質優異，特別是運輸交通工具，軍機與軍艦，還有炸藥、槍炮、雷達等；最後，1942 年之後，同盟國的生產基地都沒有受到轟炸影響。

美國握有全面優勢，從軍機、軍艦、卡車到火藥，所有關鍵產品的產量都領先各國，足以提供所有同盟國（包括中華民國和法國）各種裝備。

蘇聯的軍火工業一直到 1937 年都位居全球之首，此時則專心生產重型裝備，也就是坦克和火炮。但蘇聯在其他方面並不擅長，如卡車、半履帶車、通訊和偵察器材。

在炸藥、火炮及運輸器材方面，德國的產量完全無法趕上其他國家。然而直到最後一刻，德國的坦克、步兵武器、潛艦的品質一直勝過其他國家。但德國本身必須製造的武器種類太多，因此總是逃不過挖東牆補西牆的困境。其他軸心國的工業基礎太狹隘，雖然墨索里尼（Mussolini, 1883-1945）吹噓具備「百萬刺刀」，但其實深陷窘境；日本雖努力發展海空武力，但不同於其他參戰國，其器材技術在戰時完全沒有進步。

1 • 陸地軍備武器的產量

同盟國的坦克產量是德國的 5 倍，但這並不代表在戰場上，同盟國隨時能派出超過德國 5 倍的坦克。事實上，絕大部分的產量都是用來替換受損的坦克（1 輛德國坦克能摧毀 4 台同盟國坦克），也就是以數量取勝，品質次之。火炮也是如此，至少在東線戰場上——儘管德意志國防軍的炮管不多，但以發射準確度取勝；只是在面對英美兩國時，德國還是無法占上風。而在機關槍、衝鋒槍及可攜式反裝甲武器，德國一直到 1945 年的供給量都很充足，其名為「鐵拳」的反坦克榴彈炮甚至令對手驚豔不已。自從發明汽車以來，美國的

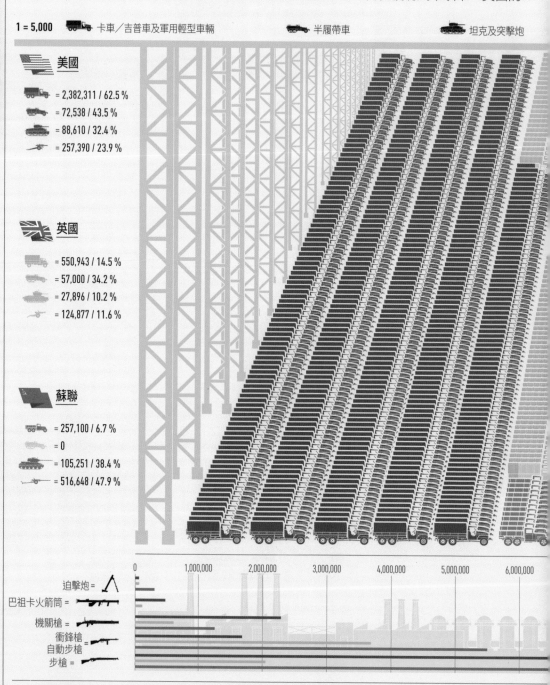

1 = 5,000　卡車／吉普車及軍用輕型車輛　　半履帶車　　坦克及突擊炮

美國
- = 2,382,311 / 62.5 %
- = 72,538 / 43.5 %
- = 88,610 / 32.4 %
- = 257,390 / 23.9 %

英國
- = 550,943 / 14.5 %
- = 57,000 / 34.2 %
- = 27,896 / 10.2 %
- = 124,877 / 11.6 %

蘇聯
- = 257,100 / 6.7 %
- = 0
- = 105,251 / 38.4 %
- = 516,648 / 47.9 %

0　1,000,000　2,000,000　3,000,000　4,000,000　5,000,000　6,000,000

迫擊炮 =
巴祖卡火箭筒 =
機關槍 =
衝鋒槍 =
自動步槍 =
步槍 =

2 • 彈藥產量

至於彈藥的產量，蘇聯在二戰達成耀煌的成就。儘管在帝俄期間，俄羅斯生產的炮彈只有同期德意志帝國的 10%，但史達林卻帶領蘇聯迎頭趕上納粹的第三帝國，即使前者的化學業比不上後者發達。若以所有戰事的平均值來看，同盟國發射的火藥是軸心國的 3 倍，若單看 1943 年則是 4 倍，1944 年高達 5 倍。德國欠缺鋼材和非鐵金屬，無法突破生產關卡。自 1944 年開始，德國就必須以定額配給制來提供炮彈。在 1944 年 6 月，巴格拉基昂（Bagration）行動前夕，德國陷入災難性困境：中央集團軍只剩下 7 萬發火力，而其對手蘇聯卻多達 100 萬發。

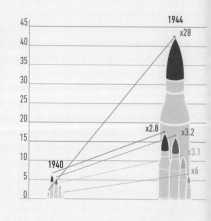

45　1944　x28
40
35
30　x2.8　x3.2
25
20
15　x3.1
10　1940
5　x6

汽車業一直傲視全球，遠遠贏過其他國家。和其他國家的產量總和相比，美國生產 2 倍以上的卡車（品質無人能及），3 倍以上的指揮車，5 倍以上的油罐車、救護車、無線電車……等等。蘇聯生產了 105,251 輛坦克，交出漂亮的成績單──可惜都是戰前生產的。蘇聯的理想是讓工廠生產軍民兩用的車輛：均裝配履帶的農用曳引車與／或軍用裝甲車。車里雅賓斯克（Tcheliabinsk）的重型戰車工

廠就這麼做：原本用來製造農用曳引車（1939 年的年產量為 11,000 輛），而在 1940 至 1941 年間，工廠逐步轉型為坦克工廠。在 1944 年，此工廠生產了 4,720 輛 IS-2 重型坦克和重型突擊炮，動員了多達 50,000 名工人，包括從列寧格勒和史達林格勒調動來的 2,500 名專業技師。

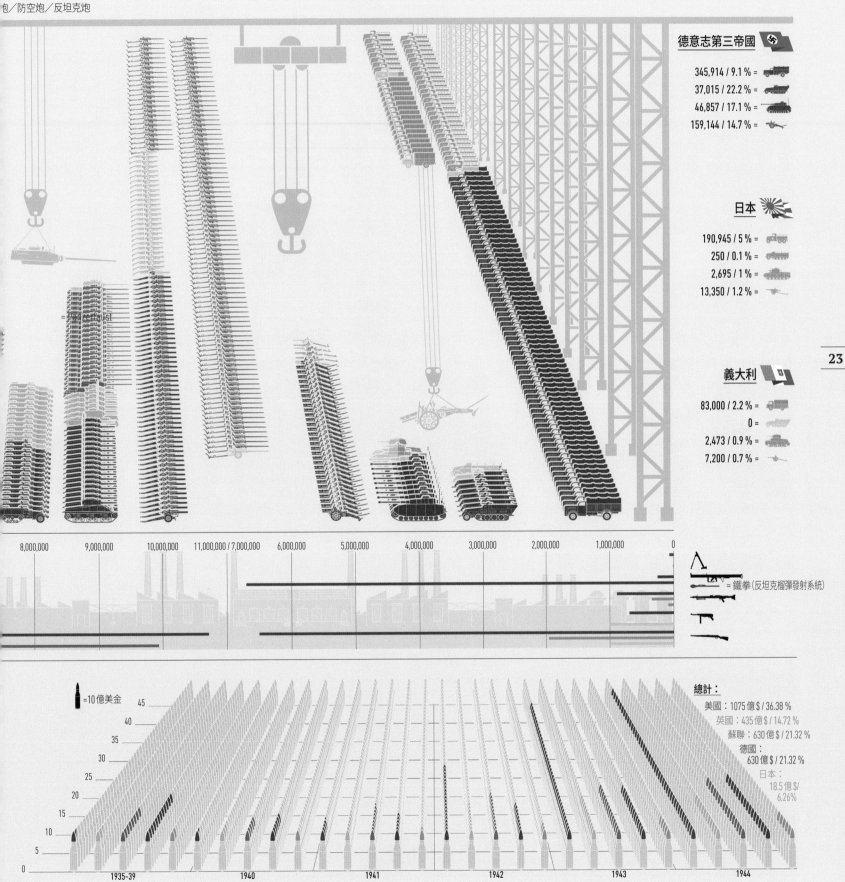

炮／防空炮／反坦克炮

德意志第三帝國

345,914 / 9.1 % =
37,015 / 22.2 % =
46,857 / 17.1 % =
159,144 / 14.7 % =

日本

190,945 / 5 % =
250 / 0.1 % =
2,695 / 1 % =
13,350 / 1.2 % =

義大利

83,000 / 2.2 % =
0 =
2,473 / 0.9 % =
7,200 / 0.7 % =

23

= Panzerfaust

| 8,000,000 | 9,000,000 | 10,000,000 | 11,000,000 / 7,000,000 | 6,000,000 | 5,000,000 | 4,000,000 | 3,000,000 | 2,000,000 | 1,000,000 | 0 |

= 鐵拳（反坦克榴彈發射系統）

= 10 億美金

總計：

美國：1075 億 $ / 36.38 %
英國：435 億 $ / 14.72 %
蘇聯：630 億 $ / 21.32 %
德國：630 億 $ / 21.32 %
日本：18.5 億 $ / 6.26 %

45
40
35
30
25
20
15
10
5
0

1935-39   1940   1941   1942   1943   1944

3 • 航空業的產能

軸心陣營三大勢力在1938年生產的飛機數量，比未來對手多了3倍，且品質精良得多。這些數據讓它們自恃甚高，多少也增強了其侵略意圖。不過到了1940年，這三國的航空業產能只有對手的一半，1942年落到1/4，而在1944年小小回升，略高於1/3。德國和日本之所以能在1944年小幅縮短兩方差距，是因為英國和蘇聯的產能停滯不前，但美國產量大大彌補了另外兩國的不足。2年內，美國有30座巨型工廠成立或改以現代化方式生產，領頭4大工廠的生產數量就超過德意志帝國和日本的總和，奪下桂冠的是位在達拉斯

的北美航空（共組裝了18,784架飛機）。

德國之所以無法及時趕上同盟國的生產進度，藏著兩項現實。第一：德國生產大量的戰鬥機，但轟炸機與運輸機產量下降。第二：為了提供航空廠所需的勞動力和資源，只好犧牲陸地軍備的產能。而在同盟國這邊，美國交出各式各樣的機型，讓英國得以專攻戰鬥機和戰略轟炸設備。蘇聯雖放棄戰略轟炸，但專攻戰術轟炸設備和戰鬥機，其中生產量最高的是伊留申 IL-2 攻擊機（36,183架）及雅克-3戰鬥機（31,000架）。

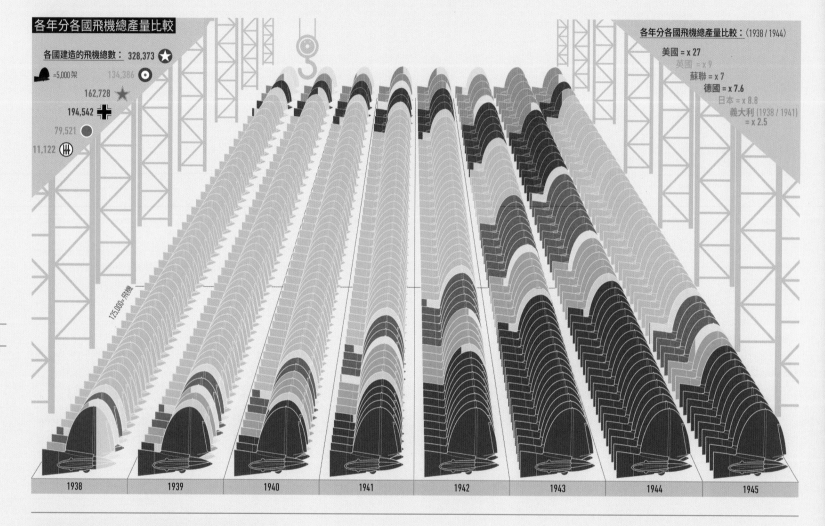

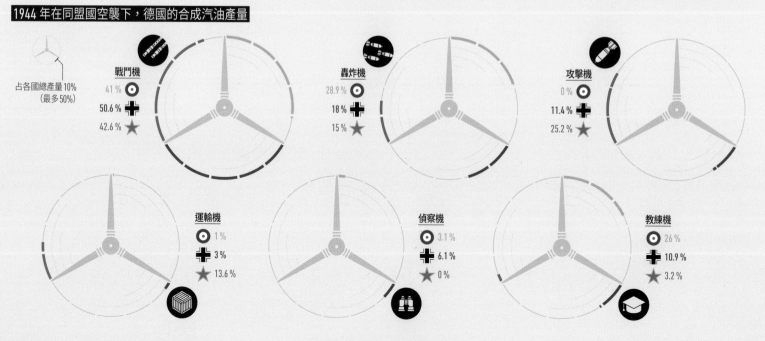

4 • 航海業產能

二戰時期，雙方陣營海事發展上的落差最為鮮明。1941 年，軸心國幾乎都放棄製造戰艦和巡洋艦，德意志帝國專心生產潛艦，而日本則集中生產驅逐艦、潛艦和航空母艦。德國造船廠製造的潛艦，包括 1,141 架 U 型潛艦，是同盟國總和的整整 3 倍，專精使德國潛艦的品質傲人，但美國在太平洋上也掌握這種優勢。英國因必須注意在各處海面上成千上萬、頻繁往來的船隊，確保它們的安全，因此大量生產護航艦和驅逐艦。而美國所生產的 141 艘航空母艦填補戰爭所耗損的 12 艘航空母艦。自 1943 年開始，蒙受不少損失（6

艘航空母艦）的日本帝國艦隊雖然新建幾艘，但不管是數量還是品質，都遠遠落於人後，最終在 1944 年失去所有航空母艦。美國海軍投注部分精力全力生產，製造了 64,550 艘的各種登陸用作戰船艦，確保在歐亞各地約莫 30 場水陸兩棲作戰行動的成功。由於數量繁多、種類多元（登陸艦、登陸艇、登陸車），所需設備複雜，因此發動軍事行動的日期依生產進度決定。萬一 D 日的諾曼地登陸失敗了，至少得再花上 1 年，才能進行下一次的登陸攻擊，因為每次行動都會損失成千上萬的特戰軍艦。

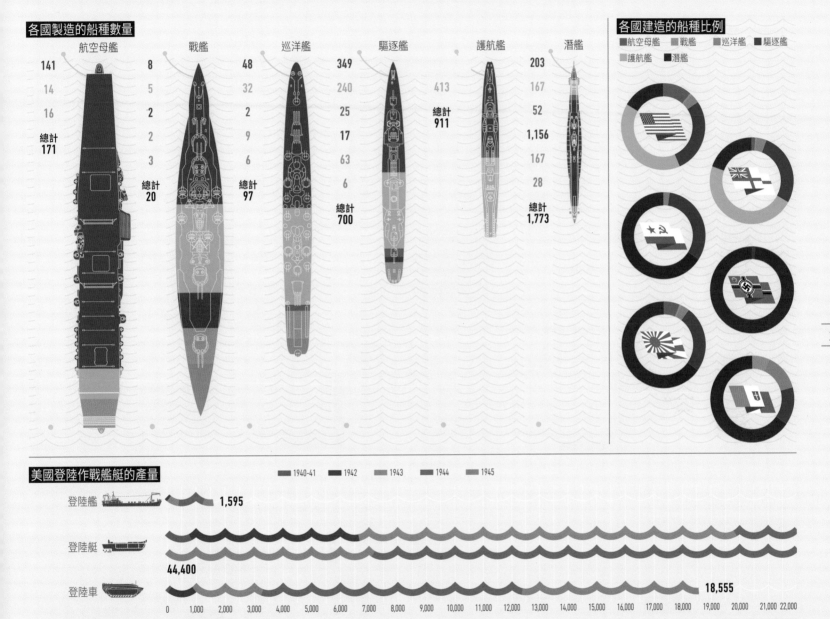

各國製造的船種數量

航空母艦	戰艦	巡洋艦	驅逐艦	護航艦	潛艦
141	8	48	349	203	
14	5	32	240	167	167
16	2	25	25	總計 911	52
總計 171	2	2	17		1,156
	3	9	63		167
	總計 20	6	6		28
		總計 97	總計 700		總計 1,773

各國建造的船種比例

■ 航空母艦　■ 戰艦　■ 巡洋艦　■ 驅逐艦
■ 護航艦　■ 潛艦

美國登陸作戰艦艇的產量

■ 1940-41　■ 1942　■ 1943　■ 1944　■ 1945

登陸艦	1,595
登陸艇	44,400
登陸車	18,555

0　1,000　2,000　3,000　4,000　5,000　6,000　7,000　8,000　9,000　10,000　11,000　12,000　13,000　14,000　15,000　16,000　17,000　18,000　19,000　20,000　21,000　22,000

5 • 各種武器、軍備產量比例 (各國產量占全球的百分比)

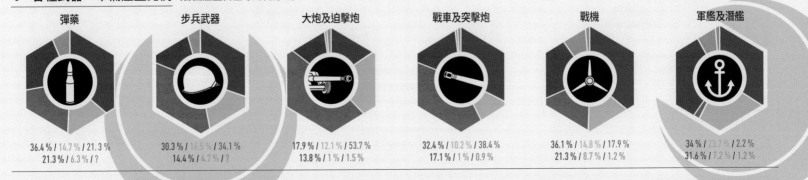

彈藥	步兵武器	大炮及迫擊炮	戰車及突擊炮	戰機	軍艦及潛艦
36.4 % / 14.7 % / 21.3 %	30.3 % / 16.5 % / 34.1 %	17.9 % / 12.1 % / 53.7 %	32.4 % / 10.2 % / 38.4 %	36.1 % / 14.8 % / 17.9 %	34 % / 23.7 % / 2.2 %
21.3 % / 6.3 % / ?	14.4 % / 4.2 % / ?	13.8 % / 1 % / 1.5 %	17.1 % / 1 % / 0.9 %	21.3 % / 8.7 % / 1.2 %	31.6 % / 7.2 % / 1.2 %

資料來源：1• John Ellis, *The World War II Databook*, Aurum Press, 1993 - 2• Richard M. Leighton & Robert W. Coakley, *Global Logistics and Strategy, 1940-1943*, Center of Military History, United States Army, 1995 - 3• Bernhard R. Kroener, *Das Deutsche Reich und der Zweite Weltkrieg, op. cit.*, vol. 5/2 - 4• Hugh Rockoff, *America's Economic Way of War*, Cambridge University Press, 2012 - 5• Mark Harrison, *The Economics of World War II, op. cit* - 6• Mark Harrison, *Soviet Planning in Peace and War 1938-1945*, Cambridge University Press, 2009 - 7• *Lexikon der Wehrmacht*, http://www.lexikon-der-wehrmacht.de

千方百計只為取得勞動力

每個參戰國都得解決一個超級難題：當 18–50 歲的男性中，已有 25%–40% 的人口加入軍隊，要如何才能生產得更多、更快？解決方法有三種：尋找新的人力、讓更多人加入工廠、增加生產效率，同時不忘顧及農業或服務業。後者隨著國家干預的行業愈來愈多，政府部門人數也過度膨脹。德國為了及早整建軍隊，早在 1935 年就將剩餘勞動力全投入戰事。受限於農業機械化程度不足，必須占用 800 萬的人力，無法將大量農村人力移往城市。因此德意志帝國自 1939 年起，就面臨人力不足的問題。軍隊需要士兵，而工業產能必須仰賴定額配給制，進展緩慢，因此一直到 1944 年，都無法提升工業的生產節奏（也因此，工廠非維持一定數量、技術嫻熟的男性勞工不可）。英國則藉由鼓勵下游協力商來增加效率；成千上萬的小企業配合戰事轉型，連博奕公司的客服中心也不例外。儘管如此，英國的人力仍舊短缺，以致產

1・尋找新人力

德國陷入人力短缺。相反地，美國人力卻源源不絕（失業人士、婦女，還有工業視為「黑工」的未成年者）。若人們相信陳腔濫調，以為美國婦女忙著效法「鉚釘工羅絲」，而德國女性都待在家裡的陳腔濫調，可是大錯特錯。1944 年德國的女性人口中，多達 57% 參與勞動，其中單身女性占了 9 成；相比之下，英美兩國的勞動女性只占 43%。威瑪共和國時期，女性社會主義興起，而希特勒正好藉機收割。若把「在家工作」的 150 萬人口視為毫無產出，等於忽略統計數據中 96% 的農場員工。這種錯誤印象，肇因於德國、日本、蘇聯大多

數的女性勞動人口都因從事農業生產，完全仰賴勞力，而被忽略；相反地，英美兩國的農業都已轉型為機械化。然而，德意志帝國無法動員剩下的人力，蘇聯卻剛好相反。在 1944 年的蘇聯，每 10 名農夫中，有 8 位女性；而 2 名工人中就有 1 人是女性！為了增加人力，德國從歐洲戰俘和人質下手。1942 年的新工人中，80% 是外國人。在 1944 年，1/5 的工作者都是外國人。儘管如此，仍無法解決德意志帝國勞動力短缺的問題。

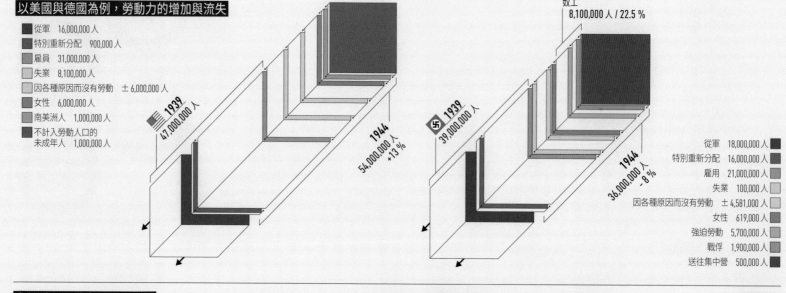

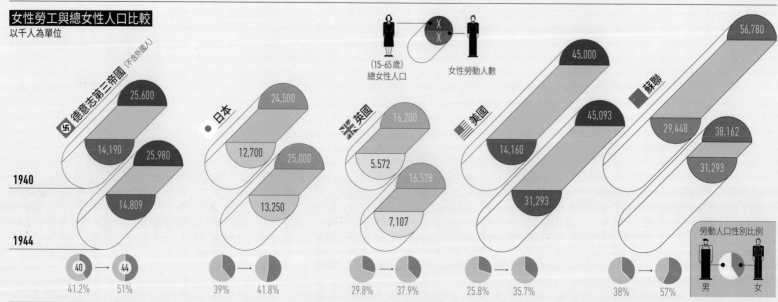

資料來源：1• R. Overy, *War & Economy in the Third Reich*, Oxford University Press, 1992 - 2• R. Overy, *The Air War 1939-1945*, Potomac Books, 2005 - 3• Adam Tooze, *Le Salaire de la destruction*, Les Belles Lettres, 2012 - 4• A. Aglan & R. Franck (dir.), *1937-1947. La guerre-monde*, t. II, Gallimard, 2015 - 5• Mark Harrison, *The Economics of World War II, op. cit.* - 6• Mark Harrison, *Accounting for War : Soviet Production, Employment, and the Defence Burden, 1940-1945*, Cambridge University Press, 1996 - 7• A. Marwick, *The Home Front. The British and the Second World War*, Thames & Hudson, 1976

能停滯不前。1941 年，英國決定下令動員所有後方人力，不分男女（希特勒則逐步實行這項政策），但事實上難以落實，只有不到 50% 的女性受雇。由於工業訂單太多，軍隊不得不減緩招募士兵。美國的情況則大不相同，有 2,300 萬人沒有工作（失業者、婦女、未成年者），可以自由支配。藉由複製汽車業發展出來的泰勒科學管理制度（注：為美國管理學家 Frederick Winslow Taylor 所提出，意在以標準化與客觀分析使效率與生產量極大化），美國大幅提升了生產力，不但能夠節省人力，還得以增加國內消費（3%）。蘇聯的處境更為戲劇化。德國入侵與戰爭動員剝奪了蘇聯一半的勞動人口，

但此時紅軍必須徵召更多的士兵，才能彌補慘重的傷亡。幸好，史達林式精良的動員方式和專制統治，以及原本就有的軍事工業複合體，達成了空前的效率，但代價卻是粗劣的裝備和非人道的犧牲。農業分為兩部分，一部分供給平民，一部分供給軍隊（其配額只有英國軍隊的 1/5），放任鄉村人口陷入貧困飢餓的悲慘境地，本就糟糕的生活水平又下跌了40%。這種體制在 1942 年居然沒有崩潰，實為費解謎題。但其成果就是：在 1942 年，蘇聯的國防工業產能超過德國 2 倍，只是代價實在太慘重！到了 1945 年，失血過多的蘇聯社會，飢荒成了揮之不去的夢魘。

2 • 經濟活動人口的轉變

1939 年，英國經濟學家將經濟活動分為三大類：第一組是戰爭工業（鋼鐵冶金工業、機械、化學），第二組是國家民生（農業、政府部門），可縮編的輔助產業（營建業、商業、銀行……）則為第三組。但這種分類方式，在各行各業都全面軍事化（包括農業）的蘇維埃社會難以實行。不管是德國的動員、民主國家循序漸進的最佳化、俄羅斯和德國的農業產能負荷，還是蘇聯的全力衝刺，都很快就到了極限，只能持續幾個月。同盟國漸漸仰賴美國的「租借法案」。

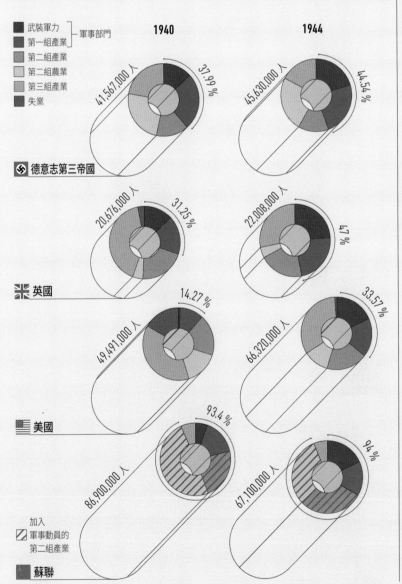

3 • 生產力：以航空業為例

同盟國以數量取勝。1944 年，美國的引擎、組裝工人人數，是德國的 4 倍。不過美國還具備另一種生產優勢。美國將生產鏈各步驟都最佳化，增進整體優勢或彌補彼此的不足（比方說：雖然合格工人不多，但泰勒式科學管理彌補了這部分的不足）。軸心國一直到1944 年，都維持「工匠坊」的運作模式，仰賴大量技術嫻熟的專業人才，沒有分工組裝線，沒有團隊協力。軍隊徵召大量兵士使得生產力無法提升，而在 1944 年，更因投入資源耗竭、同盟國轟炸與奴工刻意破壞，而受到嚴重影響。

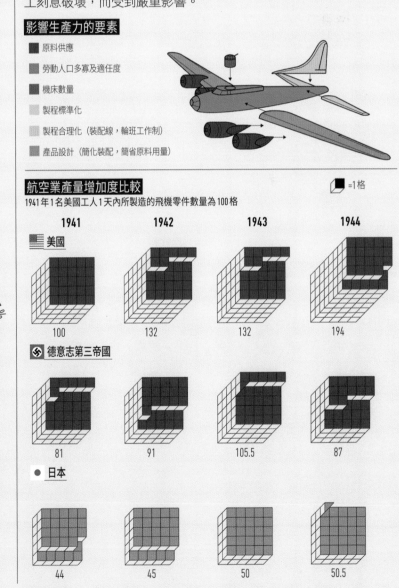

- 8 • R. Chickering, Stig Förster & Bernd Grener (dir.), *A World at Total War. Global Conflicts & the Politics of Destruction*, Cambridge University Press, 2005 - 9 • J. Paxton, «Myth vs. Reality. The Question of Mass Production in WWII», *Economics & Business Journal*, vol. 1, nº 1, 2008, p. 91-104

二戰的大英帝國

　　1940 年 6 月到隔年 6 月間，英國看似孤軍奮戰。真的嗎？這只是個假象，事實並非如此。雖然從地理上來看，不列顛群島未和歐洲大陸接壤，但世界上第一個殖民帝國可是倫敦的強大後盾。在 1939 年，大英帝國可是個超級強權，控制全球 1/3 陸地、人口占全球 1/4，約莫有 4 億 8400 萬居民。

　　不過這些人口有 70% 集中於印度次大陸（英屬印度包括現今的印度和巴基斯坦）。英國王室皇冠上這顆珍貴耀眼的寶石，自 19 世紀末以來便醞釀獨立，造成此地政局動盪。英屬印度總督林利思戈侯爵（Linlithgow, 1887-1952）在諮詢當地政治領袖前就單方面宣戰，更讓情況惡化。印度獨立運動者尼赫魯（Nehru, 1889-1964）理解同盟國的苦衷，而甘地（Gandhi, 1869-1948）則完全拒絕參與這場戰事，並在 1942 年 8 月 9 日遭到拘捕（因健康因素在 1944 年 5 月 6 日獲釋）；英屬印度孟加拉的政治人物蘇巴斯‧錢德拉‧鮑斯（Subhas Chandra Bose, 1897-1945）則為日本召集了一群軍人。儘管局勢紛亂，印度仍效忠英國，支持同盟國。1939 年到 1945 年間，當地的軍事支出增加了 9 倍，但付出了不公不義和人力犧牲過多的代價。在 1943 年，殖民者的無能讓孟加拉陷入飢荒的人間慘劇，約莫有 150 萬人到 300 萬人死亡。縱使如此，只要大英帝國需要，印度軍隊仍不辭辛勞地進軍各地，其足

1・經濟

雖然英格蘭是工業強權，但其國內生產總額在大英帝國中占的比例不高。然而，英格蘭為盟友提供大量的重要原料，特別是合金的金屬和橡膠製品的原料。

英國在 1941 年取得伊拉克和伊朗的油井，緩解了石油短缺的問題。再加上帝國的船隻不斷增加，讓倫敦控制全球貿易量的 30%。英國對大英國協的仰賴，解釋了為什麼邱吉爾在 1941 年至 1942 年間一直研思潛艦的作戰方式。

1939 年大英帝國的國內生產總值
（以 1990 年 10 億美金幣值為單位）

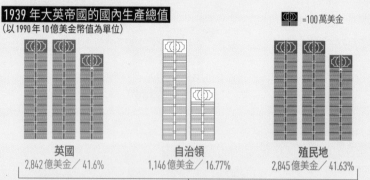

◀▶ =100 萬美金

英國	自治領	殖民地
2,842 億美金／41.6%	1,146 億美金／16.77%	2,845 億美金／41.63%

共計：6,833 億美金

1939 年大英帝國的鋼材產量 （以百萬噸為單位）

I =1,000,000 噸

英國	：	1,319.2 萬噸
加拿大	：	140.7 萬噸
澳洲	：	118.9 萬噸
南非	：	25 萬噸
印度	：	103.5 萬噸
總計	：	**17,073,000 噸**

2・1939 年大英帝國的人口 （單位：萬名居民）

若將英國和大英帝國的人口相加，倫敦所能運用的人力，和 1939 年人口最多的中國（5 億 2,000 萬人）不相上下，遠遠超過蘇聯（1 億 6,800 萬人）和美國（1 億 3,100 萬人）。

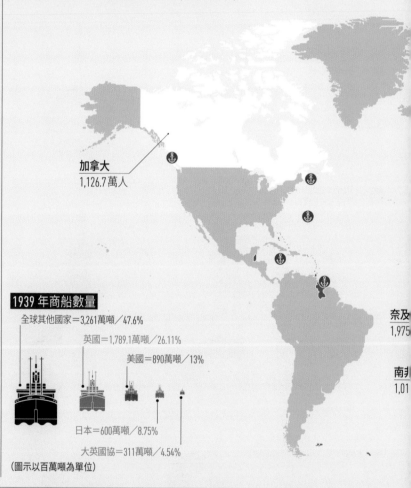

加拿大
1,126.7 萬人

奈及
1,975

南非
1,01

1939 年商船數量

全球其他國家＝3,261 萬噸／47.6%

英國＝1,789.1 萬噸／26.11%

美國＝890 萬噸／13%

日本＝600 萬噸／8.75%

大英國協＝311 萬噸／4.54%

（圖示以百萬噸為單位）

1937 年戰略原料產量 （占全球產量的%）

■ 英國　■ 殖民地與自治領

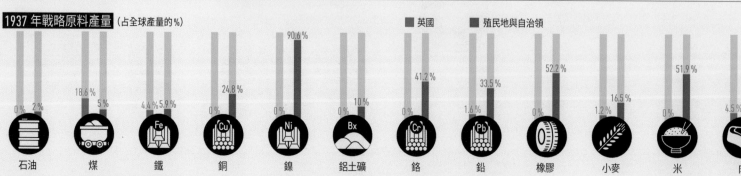

石油	煤	鐵	銅	鎳	鋁土礦	鉻	鉛	橡膠	小麥	米	肉
0% / 2%	18.6% / 5%	4.4% / 5.9%	24.8% / 0%	90.6% / 0%	10%	41.2% / 0%	33.5% / 1.6%	52.2% / 0%	16.5% / 1.2%	51.9% / 0%	4.5% / 8.8%

跡當然少不了緬甸、印度，甚至遍布非洲、敘利亞、義大利、希臘……

大英帝國的版圖並不止於印度次大陸。往日的殖民地成為「自治領」，倫敦賦與他們近乎平等的地位，而這些國家的貢獻不可小覷。大英帝國一半的空軍兵士都來自自治領（加拿大占了最大宗），他們於海面上空作戰，遠離德意志聯邦空軍（Luftwaffe）的攻擊。最後也別忘了，加拿大皇家海軍在大西洋上護衛船隊往來：1939 年，加拿大提供了 6 艘護衛艦和驅逐艦，此一數字在 1945 年激增為 193 艘，躍升為世界第三大艦隊。

這是場世界大戰，大英帝國當然無法置身事外。雖然軸心國奪下的埃及與印度區域都是人口稀少的地方，但日本在 1941 年到 1945 年占領的緬甸、馬來西亞、新加坡（及其珍貴的海軍重地）、香港等地，可是人口眾多。

3 • 不均的從軍比例

雖然英國逐步鼓勵女性工作（1939 年女性勞動人口比例為 27%，1944 年為 39 %），但英國仍必須在軍事產業維持 1,000 萬以上的男性勞工。因此自 1939 年開始，軍隊就必須動用整個帝國的人力。印度全力支援，但大部分都用在當地，只有 11% 的陸軍部隊被派到海外，相比之下，紐西蘭 83% 的陸軍部隊都被派到海外（從傷亡比例就看得出來），而加拿大和澳洲分別超過一半。1940 年到 1942 年間的非洲戰場上，來自澳洲的軍隊是主力部隊之一。

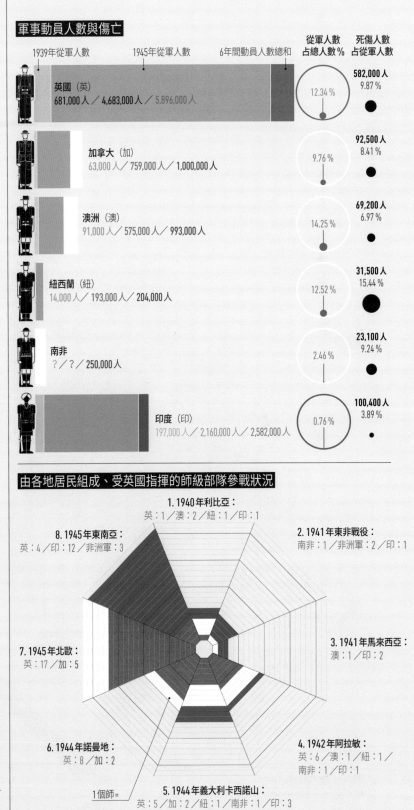

資料來源：1 • Mark Harrison, *The Economics of World War II, op. cit.*, p. 3 - 2 • John Ellis, *World War II. A Statistical Survey*, Facts on File, 1995, p. 249-273 - 3 • R.A.C Parker, *The Second World War : A Short History*, Oxford University. Press, 1989 p. 132 - 4 • http://www.populstat.info/ - 5 • John Ellis, *World War II. A Statistical Survey, op. cit.*, p. 155-227

美國以租借法案向同盟國提供物資

美國國會投票通過後，羅斯福總統在 1941 年 3 月 11 日頒布了租借法案（Lend-Lease Act），這是第二次世界大戰中最重要的決策之一。羅斯福一簽署了這項法案，等於撤銷了中立法和 1939 年 11 月 4 日的「現購自運」（Cash and Carry）政策，使美國實質地成為同盟國的軍火庫。此法令讓總統能夠銷售、運送、出租或租用作戰物資，或其他各種貨品給他國，只要對方的安全足以危及美國。原本這是為了全力支援已面臨破產危機的英國和其自治領而設計的法令，但到了 1941 年 4 月，此法令擴及中國，在同年 11 月 7 日加入蘇聯，1942 年 11 月增加法國解放委員會（Comité national français），最後擴及其他 40 個國家。從 1941 年 3 月到 1945 年 9 月間，美國總共向盟友提供了 490 億美金的援助，占了

1．補給節奏（單位：萬元美金）

1942 年的最後一季，美國才真正開始運送各種軍備。在此之前，美國主要向英軍提供物資，而在 1942 年 11 月阿拉敏一役中，美國提供的火藥和坦克大大幫了英國一把。相反地，紅軍憑一己之力在 1941 年 12 月的莫斯科戰事中取得勝利，而在史達林格勒一戰中，美國也只提供些許援助。法國軍隊則從 1943 年初開始完全仰賴租借法案，才得以在非洲重組。

2．物資內容（單位：萬元美金）

軍需援助包含各種產品，不但品質精良、標準化，且全都附上維修器材和備用零件。其中包含了成千上萬的物品，有些還專為某個盟友量身訂製。由此就能看出來美國在航空、汽車、化學、電力、電子等各領域的發展先進，占了全球產量一半以上。

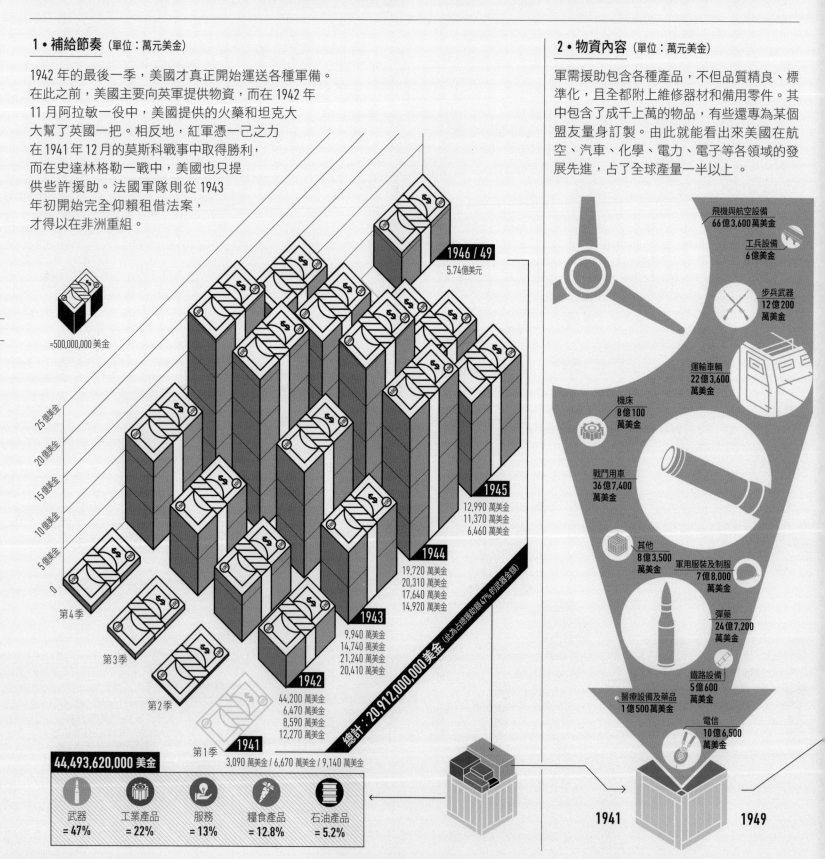

=500,000,000 美金

1946 / 49
5.74 億美元

1945
12,990 萬美金
11,370 萬美金
6,460 萬美金

1944
19,720 萬美金
20,310 萬美金
17,640 萬美金
14,920 萬美金

1943
9,940 萬美金
14,740 萬美金
21,240 萬美金
20,410 萬美金

1942
44,200 萬美金
6,470 萬美金
8,590 萬美金
12,270 萬美金

1941
3,090 萬美金 / 6,670 萬美金 / 9,140 萬美金

第 4 季　第 3 季　第 2 季　第 1 季

25 億美金　20 億美金　15 億美金　10 億美金　5 億美金　0

總計：20,912,000,000 美金 （此為占總援助額 47% 的武器金額）

44,493,620,000 美金

武器 = 47%　工業產品 = 22%　服務 = 13%　糧食產品 = 12.8%　石油產品 = 5.2%

1941　1949

飛機與航空設備
66 億 3,600 萬美金

工兵設備
6 億美金

步兵武器
12 億 200 萬美金

運輸車輛
22 億 3,600 萬美金

機床
8 億 100 萬美金

戰鬥用車
36 億 7,400 萬美金

其他
8 億 3,500 萬美金

軍用服裝及制服
7 億 8,000 萬美金

彈藥
24 億 7,200 萬美金

鐵路設備
5 億 600 萬美金

醫療設備及藥品
1 億 500 萬美金

電信
10 億 6,500 萬美金

二戰期間總花費的 17%。與此同時美國還必須隨時重整自己的武力，兩方面的需求經常彼此競爭，難度可想而知。美國的對外援助中，軍備占了 47%，工業產品占了 22%，糧食占了 12.8%，服務部門占了 13%，石油產品則占了 5.2%。大英帝國獲得最多資源，相當於 307 億，也就是 62%；接下來是蘇聯（110 億），法國（32 億）和中國（16 億）。糧食方面，英國全國消費量有 1/4 來自這位盟友（42 億），蘇聯位居第二，其中包括了 11 億美金的麵粉、油、肉品罐頭、糖、蛋和奶粉。蘇英兩國也獲得最多的機械設備，在總值 24 億中，

蘇聯占了 15 億，英國占了 8 億。不過，下圖數據只顯示租借法案中的軍需品。除了美國，蘇聯還必須仰賴英國和加拿大提供物資，包括 4,542 輛瑪蒂達坦克和瓦倫丁戰車，及 7,000架飛機（颶風、戰斧、小鷹戰鬥機）。雖然這些軍備的品質和數量遠遠比不上美國提供的物資，但在 1941 年至 1942 年間，當蘇聯還無法生產、自行彌補損失時，這些及時送達的軍備有如天降甘霖。

3 • 數項軍備的補給數據 (單位：件)

送往各國、美國製造的飛機和坦克，就相當於英國一整年的產量，而卡車則是英國 2 年的產量。1944 年英軍使用的武器中，20% 來自美國。自 1943 年起，美國提供的軍備大大增加了紅軍的機動性（斯圖貝克卡車和吉普車）、指揮方式及控制度（無線電、電話）。光是瑪爾斯頓麥特（Marston Mat）鋼板，就能讓蘇聯戰機戰勝泥濘，

提升起飛成功率。最後，10,000 輛的鐵路平車加速了把坦克運往前線的速度，1,955 輛的美國火車頭幾乎百分之百紓解了蘇聯火車頭的製造關卡。一雙雙的美國靴子，就像鹽醃牛肉一樣，成了令蘇聯二戰倖存者感動的回憶。

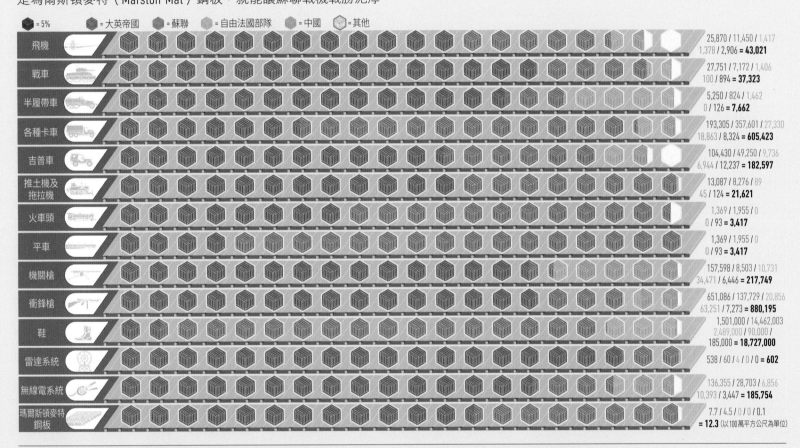

	美製 / 大英帝國 / 蘇聯 / 自由法國部隊 / 中國 / 其他
飛機	25,870 / 11,450 / 1,417 / 1,378 / 2,906 = **43,021**
戰車	27,751 / 7,172 / 1,406 / 100 / 894 = **37,323**
半履帶車	5,250 / 824 / 1,462 / 0 / 126 = **7,662**
各種卡車	193,305 / 357,601 / 27,330 / 18,863 / 8,324 = **605,423**
吉普車	104,430 / 49,250 / 9,736 / 6,944 / 12,237 = **182,597**
推土機及拖拉機	13,087 / 8,276 / 89 / 45 / 124 = **21,621**
火車頭	1,369 / 1,955 / 0 / 0 / 93 = **3,417**
平車	1,369 / 1,955 / 0 / 0 / 93 = **3,417**
機關槍	157,598 / 8,503 / 10,731 / 34,471 / 6,446 = **217,749**
衝鋒槍	651,086 / 137,729 / 20,856 / 63,251 / 7,273 = **880,195**
鞋	1,501,000 / 14,462,003 / 2,489,000 / 90,000 / 185,000 = **18,727,000**
雷達系統	538 / 60 / 4 / 0 / 0 = **602**
無線電系統	136,355 / 28,703 / 6,856 / 10,393 / 3,447 = **185,754**
瑪爾斯頓麥特鋼板	7.7 / 4.5 / 0 / 0 / 0.1 = **12.3**（以 100 萬平方公尺為單位）

圖例：=5% / =大英帝國 / =蘇聯 / =自由法國部隊 / =中國 / =其他

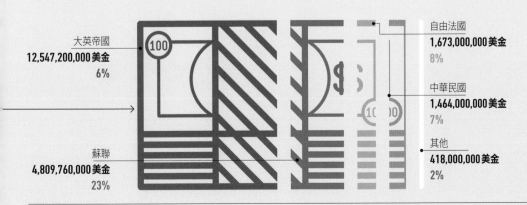

大英帝國
12,547,200,000 美金
6%

蘇聯
4,809,760,000 美金
23%

自由法國
1,673,000,000 美金
8%

中華民國
1,464,000,000 美金
7%

其他
418,000,000 美金
2%

4 • 獲得物資者

不管是在軍備還是工業、礦業、糧食器材，大英帝國（68%）和蘇聯（26%）都收到美國大部分的物資，遠遠超過其他國家。倫敦和華盛頓的戰略關係緊密，必須確保不列顛群島上有足夠的基礎建設，提供美國陸軍及陸航軍所需，為登陸日作準備，這一切都解釋為何英國掌握送往大英帝國的 80% 物資。相反地，蔣中正的軍隊並沒有因收到美國物資而改善戰場上的表現，有些物資後來則落到共產黨的手中。

資料來源：1 • 21st Report to Congress on Lend-Lease Operations 1946 - 2 • Chief of Military History, United States Army in World War II Statistics : Lend-Lease, The War College Series, Paperback, 2015 - 3 • David Edgerton, Britain's War Machine, Penguin, 2012 - 4 • Albert L. Weeks, Russia's Life-Saver. Lend-Lease Aid to the USSR in World War II, Lexington Books, 2004

德意志帝國
劫掠歐洲

從 1940 年到 1944 年，德意志帝國命令所有的歐洲占領區支持其作戰經濟。包括德國本土，共有 760 萬的歐洲人自願或被迫為納粹勞動，其中半數以上是蘇聯人和波蘭人，1/4 為婦女，另外有 1/4 是戰俘。而且在 1944 年末，大約有 50 萬名集中營囚犯被親衛隊出借給德國公司，或由親衛隊旗下的企業雇用。要是沒有這些占整體勞工 20% 的外國人接替德國工人和農民的工作，德意志國防軍不可能徵召得到 1,730 萬的士兵。

然而，如此龐大的軍力仰賴強大財力來支撐，而德國主要從兩方面獲取資金：一方面施行不公平的匯率，一方面要求神奇的占領費。這筆龐大的金錢，一部分用來供給德意志國防軍「在法國過著如天神般」奢華的生活，同時流進黑市。大部分資金以軍備訂單的形式回流到被占領的國家，流向當地企業、S 企業（比如史佩爾公司，此名稱來自希特勒重用的史佩爾部長之名），好確保勞工及原料來源。超過 400 萬的歐洲工人就這樣為德國的戰爭機器賣命，滿足其 1/5 到 1/4 的需求。

匯率和無限的可用資金也讓第三帝國得以盡情進口糧食、原料和半成品，包括：12% 的鋼、20% 的煤、皮件、硫酸、穀物、1/3 的鐵和肉類，一半的鋁……等等。德國向各地進口大量糧食，使整個歐洲陷入長期的營養不足：在法國，每人每日攝取的卡路里整整少了一半，波蘭則少了 60%，蘇聯少了 3/4；希特勒下這些命令都是為了維持德國人的配給量。納粹到處打家劫舍，所得物品價值十分驚人：包括藝術品，還有在蘇聯不花一毛地到處徵收，從各國奪取專利、扣押存貨與器材、以最低廉的價格買下企業股份……除此之外，歐洲猶太人完全被德意志帝國洗劫一空，提供納粹作戰所需的大量資金，雖然難以計算其所占的比例，但顯然金額驚人。當然，若納粹不殺死猶太人，強迫他們勞動的話，其實能為德國帶來更多好處。就像納粹在 1941 年至 1942 年間任由 300 萬的蘇聯戰俘被餓死一樣，若把這些人送到德國，將增加 8% 的勞動力。可嘆的是，在德意志帝國，經濟考量往往敗給意識形態。

32

資料來源：1• Bernhard R. Kroener, *Das Deutsche Reich und der Zweite Weltkrieg*, op. cit., vol. 5/1 et 5/2 - 2• Hans-Erich Volkmann, *Ökonomie und Expansion*, Oldenbourg, 2003 - 3• Christoph Buchheim & Marcel Boldorf (dir.), *Europäische Volkswirtschaften unter deutscher Hegemonie, 1938-1945*, Oldenbourg, 2012 - 4• Adam Tooze, *Le Salaire de la destruction*, op. cit.

1 • 一部分的納粹歐洲負責生產軍備

納粹德國根據戰前各國的產業強項，來分配被占領國的一部分勞動力。在下圖中，我們看到法國在航空及汽車業勢力強大，而荷蘭則以飛利浦公司及造船廠為優。

相反地，真正的武器產量不多，只有少數被占領國的訂單增加（法國坦克），或送往其他軸心國的盟友（將法國飛機送往羅馬尼亞）。

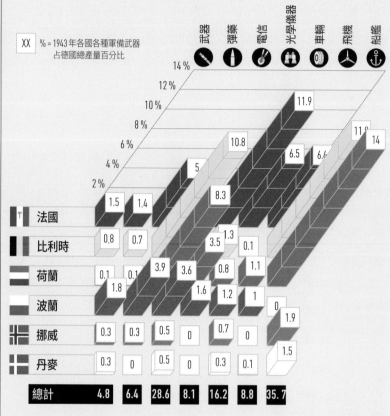

XX % = 1943 年各國各種軍備武器占德國總產量百分比

	武器	彈藥	電信	光學儀器	車輛	飛機	船艦
法國	1.5	1.4		8.3	5	10.8	11.9
比利時	0.8	0.7		3.5	1.3	0.1	
荷蘭	0.1	0.1	3.9	3.6	0.8	1.1	11.6 / 14
波蘭	1.8			1.6	1.2	1	6.5 / 6.4
挪威	0.3	0.3	0.5	0	0.7	0	0 / 1.9
丹麥	0.3	0	0.5	0	0.3	0.1	1.5
總計	**4.8**	**6.4**	**28.6**	**8.1**	**16.2**	**8.8**	**35.7**

3 • 對法國的劫掠

在所有被納粹占領的國家中，法國的經濟最為強盛、產業最為多元，擁有最豐富的文化遺產，準備貨幣也最多。德國到處打家劫舍的原因之一，在於渴望報復戰間期的損失，補足軍備需求，而法國就是德國的報復目標。德國拆除提煉廠、將各種基本原料和所有交

糧食配給平均卡路里之變化

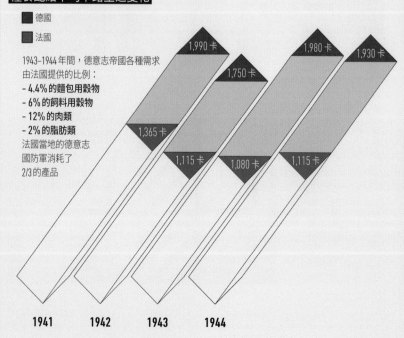

■ 德國
■ 法國

1943-1944 年間，德意志帝國各種需求由法國提供的比例：
- 4.4% 的麵包用穀物
- 6% 的飼料用穀物
- 12% 的肉類
- 2% 的脂肪類
法國當地的德意志國防軍消耗了 2/3 的產品

1,990 卡　1,980 卡　1,930 卡
1,750 卡
1,365 卡
1,115 卡　1,080 卡　1,115 卡

1941　1942　1943　1944

2 • 1944年8月，外國人在德國經濟扮演的角色

政治宣傳、加薪、流放、逮捕、強制勞役、戰俘營……只要能提供勞動力，第三帝國可謂不擇手段。然而，80% 的工人都無法勝任工作，完全沒有或欠缺必要技能。

俄國及波蘭婦女被派去當農工，而這兩國的男人則從事最危險的工作，如礦場、化學、冶金、被轟炸後的現場清理、移除地雷。西歐的合格技工則被派往航空業及汽車廠。1943 年夏天，對勞工人數的執著促使德軍朝庫斯克發動攻擊，只為了捕捉 100 萬名蘇聯士兵。

1944 年 8 月外國人占德國經濟的比例

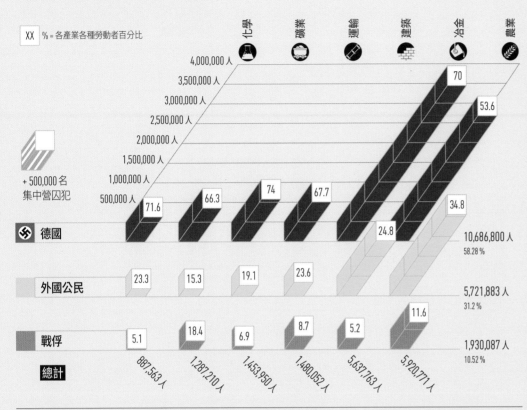

XX ％ = 各產業各種勞動者百分比

+ 500,000 名集中營囚犯

化學 礦業 運輸 建築 冶金 農業

德國 10,686,800 人 58.28 %
外國公民 5,721,883 人 31.2 %
戰俘 1,930,087 人 10.52 %

總計 887,563 人　1,287,210 人　1,453,950 人　1,480,052 人　5,637,763 人　5,920,771 人

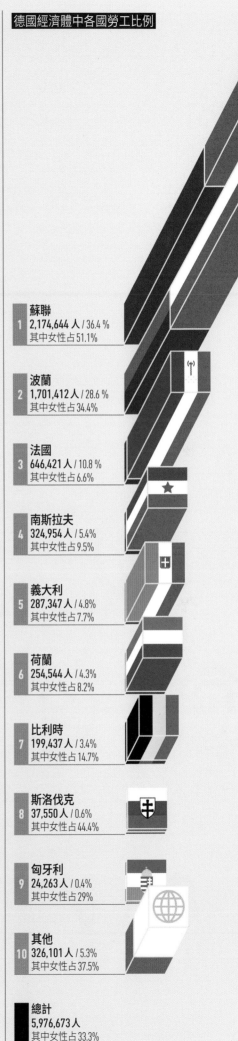

德國經濟體中各國勞工比例

1 蘇聯
2,174,644 人 / 36.4%
其中女性占 51.1%

2 波蘭
1,701,412 人 / 28.6 %
其中女性占 34.4%

3 法國
646,421 人 / 10.8 %
其中女性占 6.6%

4 南斯拉夫
324,954 人 / 5.4%
其中女性占 9.5%

5 義大利
287,347 人 / 4.8%
其中女性占 7.7%

6 荷蘭
254,544 人 / 4.3%
其中女性占 8.2%

7 比利時
199,437 人 / 3.4%
其中女性占 14.7%

8 斯洛伐克
37,550 人 / 0.6%
其中女性占 44.4%

9 匈牙利
24,263 人 / 0.4%
其中女性占 29%

10 其他
326,101 人 / 5.3%
其中女性占 37.5%

總計
5,976,673 人
其中女性占 33.3%

通器材充公、奪取機器和專利、要求被占領地賠款、採用大大有利德方的匯率、逼迫犯人工作……，使得法國在被納粹占領期間，國內生產總額損失了 1/3-1/2，全民陷入貧困，黑市及娼妓興起，人民攝取的平均卡路里驟降。從這些數據我們可以清楚發現，1940 年法國戰敗，就是納粹德國可以橫掃歐洲如此久的首要原因之一。

占領費

■ 占領費（以 10 億法郎為單位）

□ 占國內生產總額比例

1940 年 6 月 10 日馬克兌法郎匯率
1 馬克換 11 法郎

自 6 月 25 日德國單方決定的匯率
1 馬克換 20 法郎

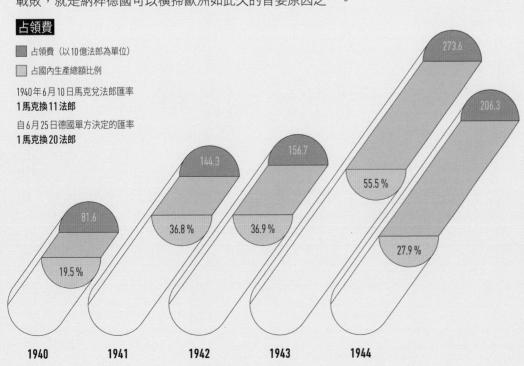

273.6
206.3
156.7
144.3
81.6
55.5 %
36.8 %　36.9 %　27.9 %
19.5 %

1940　1941　1942　1943　1944

　　1941–1945 年間的同盟國，是史上第一次地理上相隔遙遠、意識形態各不相同的國家攜手作戰。各國首領會面並決定作戰行動，同時也建立新的國際秩序——這不單由戰勝強國根據武力強弱比例而訂定（雅爾達會議、波茨坦會議），也是上百場大型多國協商會議的結果（包括中立國）。這些國際會議主導著戰爭始末，至今仍影響著國際社會。

　　然而，千萬別以為這些熱烈的會議計畫嚴密、前後一致。事實上，它們就像在沒有建築師的情況下搭牆建樓，從兩種本質不同的會議就可見一斑。「超級強國」（這是 1944 年出現的新名詞）為了自身的軍事目的而主導會議，決定戰敗國的命運，建立新的全球秩序。共管經驗使羅斯福改變了未來維持世界和平方法的立場。1943 年，他放棄集體安全的概

1 • 英美組成的核心

英美組成的雙人檔規畫並主導會議。為了確保大英帝國的安全，邱吉爾（Churchill, 1874-1965）最為活躍，但羅斯福（Roosevelt, 1882-1945）才是中心人物，他們一起立下作戰期程表。共產主義者史達林（Stalin, 1878-1953）帶領的蘇聯是第三個「強國」，但一開始沒有參與會議，直到 1943 年 11 月，才第一次和羅斯福與邱吉爾會面。在這些會議中法國和中華民國的角色並不重要，只是順勢搭上順風車，好在未來占一席之地。

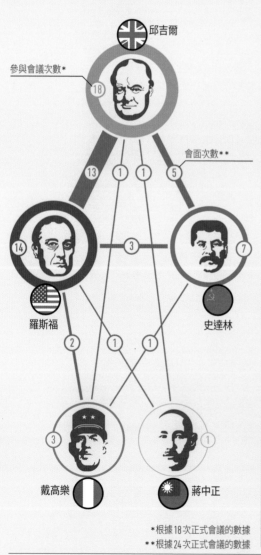

*根據18次正式會議的數據
**根據24次正式會議的數據

2 • 17 場推動勝利和計畫未來的會議

隨著戰爭接近尾聲，國際會議也愈來愈密集，但其基礎其實早在 1941 年就已立下。珍珠港事件爆發之前，美國雖仍維持孤立主義的立場，但頗有遠見的羅斯福和邱吉爾已開始思考新的世界秩序，立下大西洋憲章。從會議的密集度，就能看出這對搭檔扮演多麼重大的角色：多達 17 場會議在大英帝國舉辦，14 場在美國。但自 1943 年開始，英國的影響力下滑，原本因互不信任而遭邊緣化的蘇聯得以發聲。1943 年也是另外兩事件的轉折點：重要的作戰指揮決策在這一年訂立，同時會議主題也轉以政治為主。

1. **美英參謀長聯席會議（代號 ABC-1）**：美國參戰，一起合作。
2. **大西洋會議**：以保護各國民主為作戰目標。
3. **第一次莫斯科會議**：援助蘇聯的準則。
4. **第一次華盛頓會議（代號 ARCADIA）**：作戰目標「德國優先」，聯合國共同宣言。
5. **第二次華盛頓會議**：登陸北非。
6. **卡薩布蘭加會議（代號 SYMBOL / ANFA）**：登陸義大利，重建法國軍隊，軸心國必須無條件投降。
7. **第三次華盛頓會議（代號 TRIDENT）**：歐亞整體戰略，規畫 1944 年 5 月登陸法國。
8. **魁北克會議（代號 QUADRANT）**：亞洲整體戰略，確立諾曼地登陸地點。
9. **第三次莫斯科會議**：拒絕德國保有併吞國（奧地利、捷克、波蘭……），決定成立國際法庭，史達林同意建立聯合國的想法。
10. **開羅會議（代號 SEXTANT）**：拒絕日本保有併吞國。
11. **德黑蘭會議（代號 EUREKA）**：登陸南法、蘇聯對日本宣戰、討論戰後命運。
12. **列敦森林會議**：訂立新的世界經濟秩序，建立國際貨幣基金組織、國際復興開發銀行。
13. **敦巴頓橡樹園會議**：聯合國的結構。
14. **第二次魁北克會議（代號 OCTOGON）**：摩根索計畫，占領德國方針。
15. **雅爾達會議**：確立蘇聯向日本作戰的日期，將德國分為 4 占領區，聯合國的組成國。
16. **舊金山會議**：聯合國成立。
17. **波茨坦會議（代號 TERMINAL）**：確立德國國界及 4 占領區的畫分、5D 原則（非軍事化、非納粹化、非卡特爾化、非中央集權、民主化）、不同意另立戰爭賠款協議、向日本發出最後通牒。

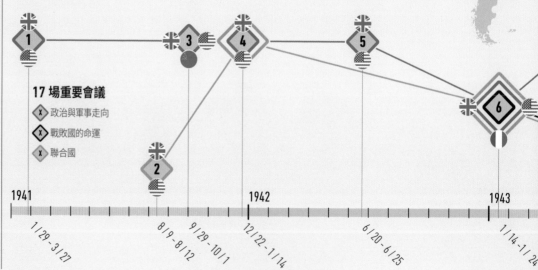

17 場重要會議
- 政治與軍事走向
- 戰敗國的命運
- 聯合國

資料來源：*1•* Dan Plesch, *America, Hitler & the UN. How the Allies Won World War II and Forged a Peace*, I. B. Tauris, 2011 - *2•* Maurice Bertrand, Antonio Donini, *L'ONU*, La Découverte, 2015 *3•* David Reynolds, *From World War to Cold War : Churchill, Roosevelt, and the International History of the 1940s*, Oxford University Press, 2007

念，轉而偏好由「四大警察」（美國、英國、蘇聯、中華民國，後來加上法國）帶領的寡頭政治來維持世界秩序，它們能行使否決權，握有強大影響力。與此同時，不同領域的行動領袖聚集在華盛頓，研討如何重新建立一個盡量納入所有國家的全球系統。西方深信，二戰是 1929 年經濟危機及原有結構（國際聯盟、經濟金融組織、國際清算銀行）瓦解的結果。在他們眼中，「各國根據不同特殊功能建立相關組織，是確保國際社會和平進步的方法」（大衛·密特蘭尼〔David Mitrany, 1888-1975〕）。因此，他們傾向一個按功能分門別類、各有調節機構的組織。除了保留舊有機構，在聯合國建立之前，還有其他更有影響力的機構依不同動機而生。

在這種雙向發展下，「欠缺系統的聯合國」誕生了。舊金山會議中，各國同意由超級強國共管戰敗國，創立寡頭的安全理事會，同時也造成組織四分五裂。聯合國旗下有很多相關的獨立組織，但它們並不聽命於聯合國。這樣的自主性讓聯合國的結構不全，而在經濟、社會、文化、人權等議題上，也無法主導各國政策。最終只有占據領導地位的美國有時能在不同組織中，確保一致立場。

3 • 無制度的聯合國

從 1942 年開始，陸續出現和聯合國有關的會議（如：聯合國教科文組織的前身——教育部長會議，以及為了後來的聯合國糧食及農業組織，在維吉尼亞州溫泉城舉辦的 44 國會議），而第一個正式組織（聯合國善後救濟總署）誕生於 1943 年。因此，當「三大強國」在 1945 年 10 月召開聯合國大會時，各領域的專門機構已經步上軌道。這些組織被迫在聯合國大會中聯姻，而不是隸屬於聯合國，因此常反抗聯合國的決議，迫使聯合國大會只能提出建議，期待藉此建立一個治理全球政府的希望終究落空。

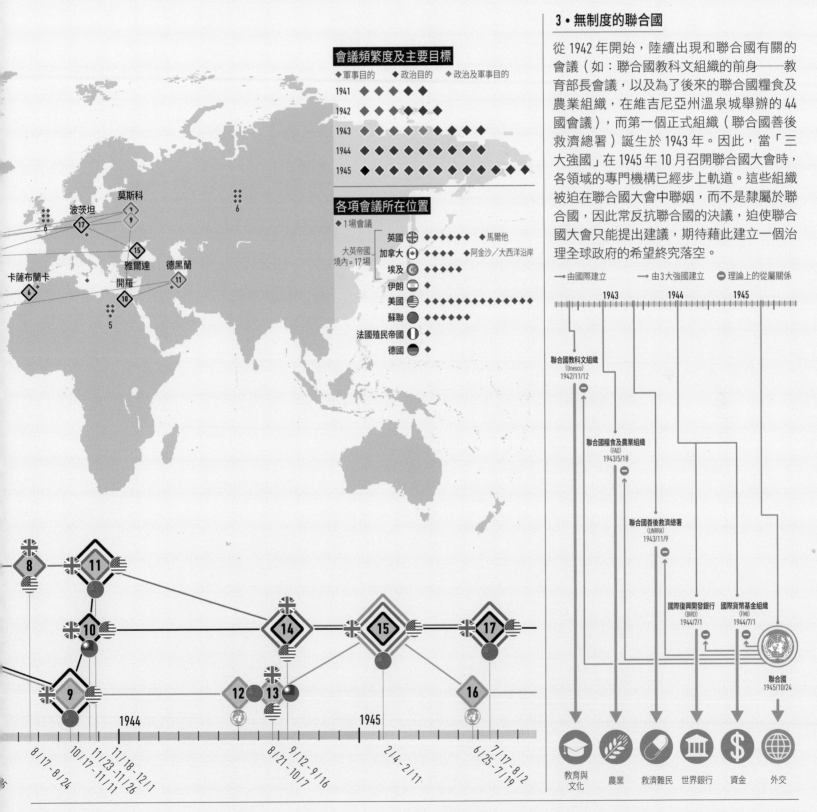

35

4• Jean-François Muracciole et Guillaume Piketty (dir.), *Encyclopédie de la Seconde Guerre mondiale*, Robert Laffont, 2015 - 5• Dan Plesch & Thomas G. Weiss (ed.), *Wartime Origins and the Future United Nations*, Routledge, 2015

II. 軍備武器與軍隊

最高指揮部：戰爭時程的決定者

指揮一場世界大戰可是極為複雜又挑戰想像力的任務。最高指揮部必須管理數以百萬計的兵員，將這些人力調度到適當的地點與時間來執行作戰行動，同時與政治、經濟界保持密切聯繫，好協調人力與國防工業的動員。指揮部明定作戰準則，指揮軍事行動，有時從千里之外遠端操控戰事。自數世紀以來，海軍的將領早已面對如此艱鉅的挑戰；反觀陸軍，直到 19 世紀才隨著陸軍的蓬勃發展，以及耗時甚久的地面戰役成為常態，才讓有著龐雜分支組織的最高指揮部成為真正的要角。第一次世界大戰正好提供了作戰指揮部的首次實戰經驗，但 1918 年的戰敗國和美國跟日本卻沒有採用相同的作戰指揮模式，因美國和日本，不是參與有限就是加入得太晚。美國在 1942 年成立組織龐大的五角大廈，把海陸兩軍的 30,000 名員工聚集在一起，證明了一旦戰事擴

1 • 蘇聯：時時遭控制的紅軍

1941 年 6 月 22 日，蘇聯主導戰事的權力機構陷入混亂，花了 1 個月才成立兩大關鍵組織。第一個是蘇聯國防委員會（GKO），掌握所有的政治與經濟權力，是個能確保執行力的國家組織，領袖是史達林。第二個是紅軍戰區司令部（亦稱 Stavka），但在史達林於 1941 年 8 月 8 日成為部長時，才大幅增加效率；這是史達林的私人幕僚部，決定各方面軍（Front）的任務，或透過俄羅斯聯邦軍隊總參謀部（Genshtab）下令。然而，總參謀部功能不大，多半受史達林的親近部下操縱。雖然蘇聯組織本身並不太官僚，但史達林本身就是混亂的來源，總是破壞軍方階級制度。

2 • 納粹：模糊不清且以希特勒為中心的封建制度

自 1938 年開始，普魯士原本位高權重的參謀本部被一堆架構不明且權責不清的機關組織所取代，幹部個人和「元首」的親密程度遠比職權位階重要得多。在這封建的多頭領袖系統中，最優秀的戈林（Göring, 1893-1946）、史佩爾（Speer, 1905-1981）、希姆萊（Himmler, 1900-1945）各行其道、彼此競爭，造成氣氛緊張、職權重疊。除了希特勒本人，其他人都無法掌握全面資訊。每個人都在一知半解的情況下工作，同時不忘彼此較勁，希特勒為了緊抓控制權，不惜造成各方嚴重齟齬。不斷受到壓制的德國陸軍總司令部（OKH）只負責指揮東線戰場。國防軍最高統帥部（OKW）理論上是三軍最高指揮機構，但實質上只是一條輸送帶，既沒有謀士，也無能力擔任戰略指揮機構。自 1942 年之後，戰略計畫可說完全在德意志帝國銷聲匿跡。

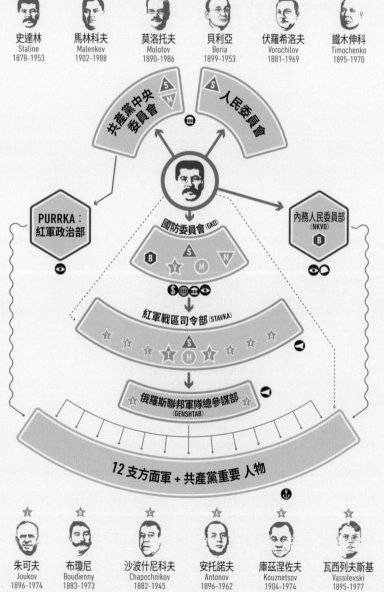

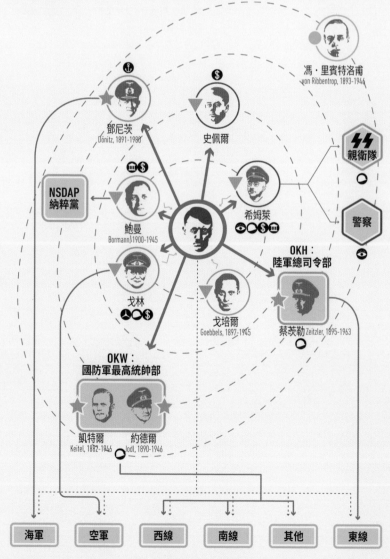

及全球，軍事制度也隨之改變。

　　指揮結構本身就已經夠複雜，遇有調整重組時更會面對各個現有機關之間的扞格、抗拒被影響、希望保留既有組織單位。指揮結構經由層層組織分級建立而成，是透過各方折衷取得共識、去蕪、存菁之後所得的成果。這裡列出的 5 個國家中，只有英國在戰前就建立明確的指揮系統，其他國家則在對戰前夕或交戰期間才做出劇烈改變。研究指揮結構，也能進一步瞭解各國的社會制度，以及各國軍士是為了哪種意識形態而作戰。以此來看，3 個專制國家的指揮結構很類似，和英美兩國的民主政體大不相同。

圖示說明：

功能：
- ▲ 國家元首
- ▼ 政治
- ● 外交
- ⬡ 政治警察
- ★ 軍事
- ★ 軍事

指揮
- ➜ 指揮
- ～ 間諜／監視
- ⋯ 干涉
- ⋁ 影響
- Ｚ 衝突
- ⟨⟩ 影響勢力圈

可支配的手段：
- 政治
- 外交
- 經濟／產業
- 政治警察
- 所有軍隊
- 陸軍
- 海軍
- 空軍

結構：
- ◎ 最後決定權
- 軍事
- 政治
- 鎮壓
- 前線

---

3 • 英美聯盟：合作、調解、授權

同盟國面臨結盟合作的困難，也必須面對如何將兵力部署到遠方戰場的難題，還有陸、海、空三軍的立體聯合作戰思維。各國除自己的軍事領導組織之外，還與國際的跨軍種聯合委員會以及國際委員會相輔相成，而其中最關鍵的組織就是英美聯合參謀總長委員會（Combined Chiefs of Staff）。同盟國會議中決定的政策，由此委員會居間協調，分配武力。每場戰役的規畫和指揮則委派各戰區的最高司令官決定。雖然這並非最完美的架構，但有效調解各方的摩擦，比如美國海陸兩軍爭奪太平洋優先權的問題。此架構的另一項優點則是確保戰場上的軍士免於「戰略家」邱吉爾的干預。

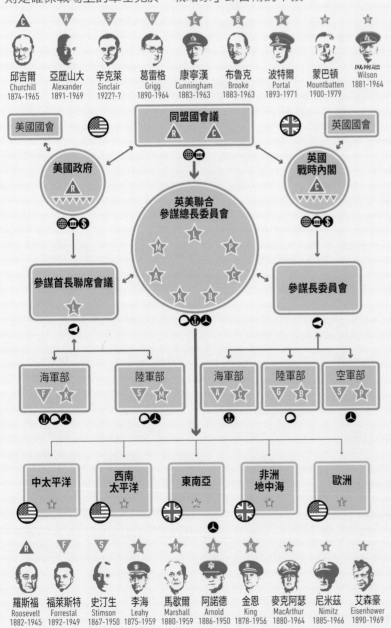

4 • 分崩離析的日本最高指揮部

日本戰爭委員會表面上是軍事指揮部，但具有絕對權力的天皇才握有最後決定權。這樣的架構看似合理，事實上卻嚴重扭曲，因為昭和天皇不願出面仲裁。天皇放任陸、海兩軍因作戰目標不同而分歧，兩者之間的齟齬愈演愈烈，作戰指揮也隨內部勢力消長而擺盪。偏向法西斯的東條英機（1884-1948）試圖集權，到了 1944 年春，他同時兼任總理大臣、陸軍大臣、參謀總長。但他與海軍發生嚴重爭執，於 1944 年 7 月遭天皇免職。在前線，陸軍控制陸地戰場，但在其他戰區則呈現兩軍各行其道的狀態，各自安排任務與地點，形成雙頭馬車。

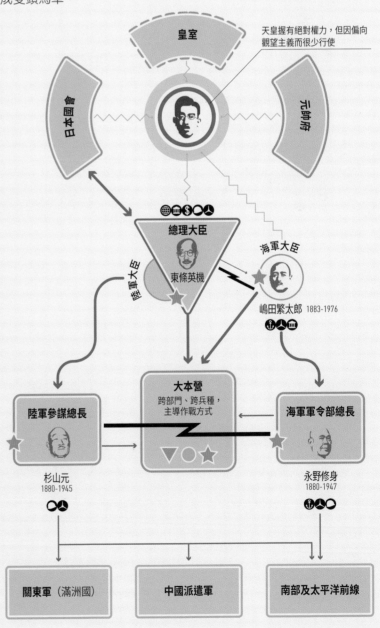

步兵師：軍事行動的基石

自從「步兵師」的概念在 1759 年出現後，就成為各種軍事行動的基礎運作單位。這一群約 8,000~16,000 名的士兵，是具備參謀部及軍需部的最低階跨兵種部隊。因此它本身是個「迷你軍隊」，可以獨立部署，也可以加入一軍中，與其他部隊組成團隊。它也成為測量一國武力強弱的單位，正如史達林那句知名的反詰：「教皇？他有多少師啊？」步兵師能否成功作戰，由組織大小、靈活機動性及多用途程度（既可攻擊亦可防衛，不管是在開闊平地或城市、山區，都很適合）間的平衡來決定。人數少的單位機動性更高，但不管是後勤還是管理，都所費不貲（一個 4,000 人的獨立單位和一個 15,000 人的單位需要的支援服務不相上下）。若專注於建立威力強大的師，可能會造成人數過多、機動性不足的問題，同時也限制了師級部隊的數量。在 1939 年，師級單位是便宜又能有效活用士兵、培養人才的單位。波蘭組建 30 個步兵師，比利時則有 22 師，他們在戰場上獨自作戰，取得更多攻擊優勢。只要再加上幾個獨立的營，就能讓步兵師的武力更強大，帶來更顯著的破壞力。二戰時各國陸軍一直都維持 80% 左右的步兵師。

然而，二戰初期幾場戰事讓步兵師陷入困境。在空軍及裝甲師的夾擊下，步兵損失重大。新的軍事行動節奏加快，單靠雙腿的步兵難以跟上速度。再加上戰線範圍廣大，太過脆弱、速度又太慢的步兵師成了裝飾品。儘管效用不如以往，但步兵師仍是軍隊最重要的單位，因此軍隊不斷徵召更多士兵組成步兵師。在 1939 年至 1944 年間，德國步兵師增加了 70%，在 1943 超過了 200 師。隨著人員和設備短缺，步兵師的重要性也逐步下滑。德國提供給步兵師的車輛和支援愈來愈少。就理論而言，在 1944 年，唯有增加短程軍火的威力才能確保步兵的安全，諸如：突擊步槍、MG42 機關槍、便宜的鐵拳（注：反坦克榴彈發射器）……等。日本和蘇聯欠缺卡車和能幹的管理幹部，轉而簡化組織架構，讓步兵師由其所屬的軍級部隊加以支援。最後則是實力堅強的英美兩國，只有它們將步兵師摩托化，並派獨立單位來加強步兵師的火力。這兩國的步兵師時常配備上百輛的坦克。以結構而言，英美的步兵師轉型為多達 20,000 人以上的單位，若具備軍級的後勤服務，甚至能增加到 40,000 人。唯有最優良的聯絡網路和全新的作戰方式，才能避免龐大的步兵師崩潰，因此必須限制步兵師的數量。美國雖募到 1,100 萬人，但只成立 60 個步兵師，英國則有 20 師。在冷戰期間，步兵師的規模龐大，為了增加靈活度，必須分裂成旅級單位。

傷亡慘重又講求機動性的第二次世界大戰破壞了步兵師的平衡。此後，步兵師再也無法重振雄風。

1 · 以量取勝

雖然裝甲師掩蓋了步兵師的光芒，但步兵師仍是最常見的「計算單位」。廣大的蘇俄戰線需要上百個步兵師，因此蘇聯組成「低成本」的部隊，裝備低劣、訓練不足，在此情況下坦克部隊的角色更加重要，必須發揮突破、進一步深入、甚至堵住裂口等功能。一個蘇聯步兵師必須仰賴強大的火炮才能攻擊前進幾公里，還必須承受慘重損失。相反地，步兵師在同盟國的西歐解放行動中扮演關鍵角色。藉由加入數個獨立且武力增強的摩托化步兵營，步兵師的多功能性再次獲得發揮，他們占據並穿越前線，在追擊戰中配合戰車的節奏。在 1945 年，英國負責支援一支步兵師的裝甲車數量，足足是德軍的 2 倍。

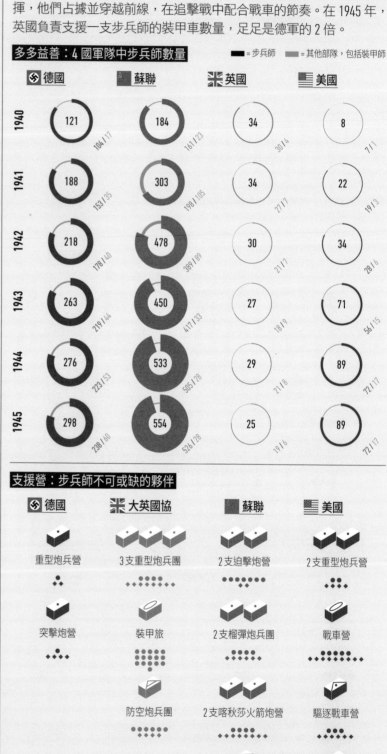

2 • 步兵師的裝備比較

其他國家和英美兩國步兵師的裝備相比，可謂天壤之別。英美步兵人數齊全、完全摩托化，具備強大的後勤，而其他參戰國的後勤部隊仍仰賴馬力拉車，因此前者的後勤輜重是後者的 10 倍。後者就算具備強大的短程火力，也無法掩蓋步兵折損率高的弱點，而且實際上往往遠比理論數字還慘重得多。因此，義大利一步兵師的人數在 3 年內從 10,000 人降為 6,000 人，而蘇聯則在幾個月內從 14,400 人降到 7,000–8,000 人。德國的每個班（10 人）都配有比敵方的自動步槍更為精良的機關槍，同理，每一連所具備的反應能力和火力強大，敵方難以應付，必須仰賴支援部隊。根據戰區不同，步兵師的裝備也隨之調整。沙漠戰場迫使義大利放棄馬匹，全以反坦克武器作戰。而叢林戰地與海外後勤組織，則迫使日本以輕型武器（75毫米短管加農炮、擲彈迫擊炮）為優先。

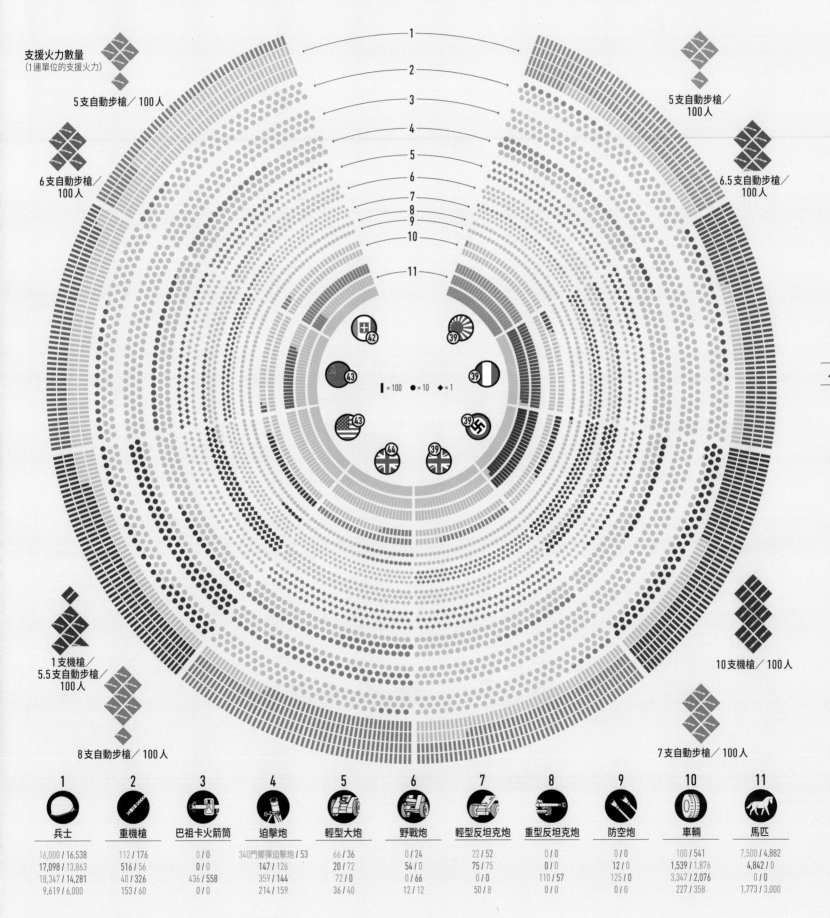

支援火力數量
（1連單位的支援火力）

5支自動步槍／100人

6支自動步槍／100人

5支自動步槍／100人

6.5支自動步槍／100人

1支機槍／5.5支自動步槍／100人

8支自動步槍／100人

10支機槍／100人

7支自動步槍／100人

▌ = 100　● = 10　◆ = 1

	1 兵士	2 重機槍	3 巴祖卡火箭筒	4 迫擊炮	5 輕型大炮	6 野戰炮	7 輕型反坦克炮	8 重型反坦克炮	9 防空炮	10 車輛	11 馬匹
	16,000／16,538	112／176	0／0	340門擲彈迫擊炮／53	66／36	0／24	22／52	0／0	0／0	100／541	7,500／4,882
	17,098／13,863	516／56	0／0	147／126	20／72	54／0	75／75	0／0	12／0	1,539／1,876	4,842／0
	18,347／14,281	40／326	436／558	359／144	72／0	0／66	110／57	0／0	125／0	3,347／2,076	0／0
	9,619／6,000	153／60	0／0	214／159	36／40	12／12	50／8	0／0	0／0	227／358	1,773／3,000

作戰核心單位由9人組成1班，圍繞1把機關槍，有時配有4架鐵拳。和許多他國軍隊一樣，德軍組織架構為三角型（3班成1排，3旅成1師），兼具靈活和精簡人力的優點。最常見的情況，是兩組合作攻擊，第三組為儲備武力。但每一師中另加入許多特別單位，

參謀部依需求決定編制，並組成稱為「戰鬥群」（Kampfgruppen）的作戰組織，而步兵正是戰鬥群的核心。具備反坦克武器和裝甲車的新型步兵師，看起來光鮮亮麗，但遠比不上過去步兵師的效率。而其支援單位則深受「反現代化行動」之害，裝備貧乏又不合用。1944年，步兵師將原有的9支步兵營降為6營，同時加上了偵察營（自行車射擊步兵）、工兵營和替換營（培訓及輪替人員的組織），

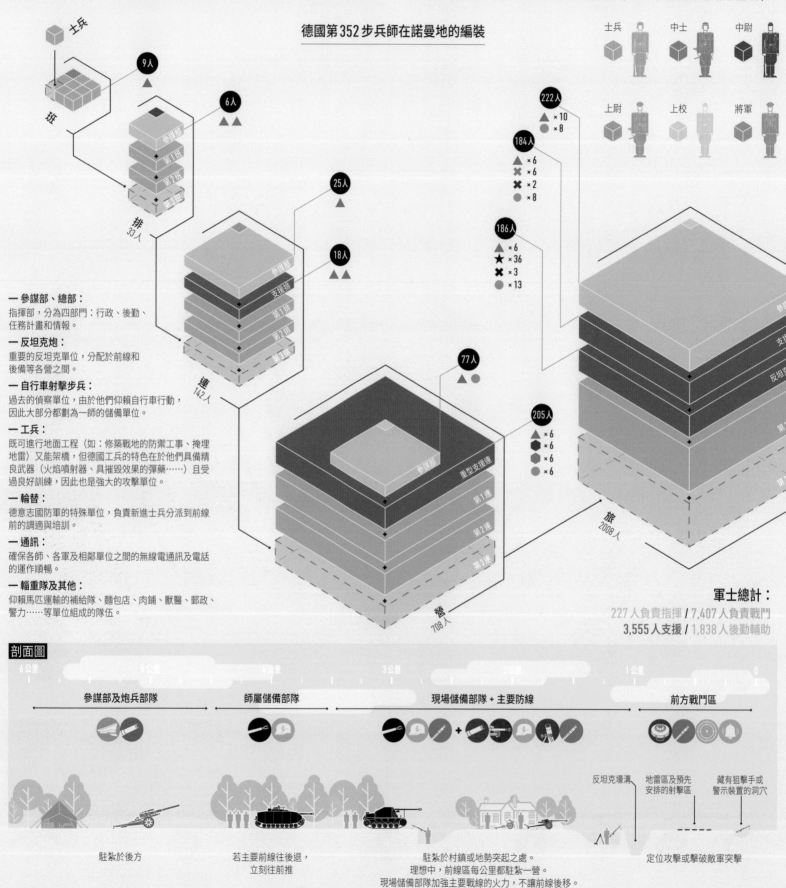

德國第352步兵師在諾曼地的編裝

士兵

班

9人

6人

排
33人

25人

18人

連
142人

77人

205人

222人

×10
×8

184人

×6
×2
×8

186人

×6
×36
×3
×13

士兵　中士　中尉

上尉　上校　將軍

營
708人

旅
2008人

參謀部

支援連

反坦克連

第1線

第2線

— 參謀部、總部：
指揮部，分為四部門：行政、後勤、任務計畫和情報。

— 反坦克炮：
重要的反坦克單位，分配於前線和後備等各營之間。

— 自行車射擊步兵：
過去的偵察單位，由於他們仰賴自行車行動，因此大部分都劃為一師的儲備單位。

— 工兵：
既可進行地面工程（如：修築戰地的防禦工事、掩埋地雷）又能架橋，但德國工兵的特色在於他們具備精良武器（火焰噴射器、具摧毀效果的彈藥……）且受過良好訓練，因此也是強大的攻擊單位。

— 輪替：
德意志國防軍的特殊單位，負責新進士兵分派到前線前的調適及培訓。

— 通訊：
確保各師、各軍及相鄰單位之間的無線電通訊及電話的運作順暢。

— 輜重隊及其他：
仰賴馬匹運輸的補給隊、麵包店、肉鋪、獸醫、郵政、警力……等單位組成的隊伍。

軍士總計：
227人負責指揮 / 7,407人負責戰鬥
3,555人支援 / 1,838人後勤輔助

剖面圖

6公里　5公里　4公里　3公里　2公里　1公里

參謀部及炮兵部隊　師屬儲備部隊　現場儲備部隊＋主要防線　前方戰鬥區

反坦克壕溝　地雷區及預先安排的射擊區　藏有狙擊手或警示裝置的洞穴

駐紮於後方

若主要前線往後退，立刻往前推

駐紮於村鎮或地勢突起之處。
理想中，前線區每公里都駐紮一營。
現場儲備部隊加強主要戰線的火力，不讓前線後移。

定位攻擊或擊破敵軍突擊

資料來源：1・Alex Buchner, *The German Infantry Handbook, 1939-1945*, Schiffer, 1991 - 2・Shelby L. Stanton, *World War II Order of Battle, An Encyclopedic Reference to the US Army ground Forces from Battalion through Division, 1939-1946*, Stackpole Books, 2006 - 3・Gordon L. Rottman, *Japanese Army in World War II*, Osprey, 2005 - 4・Steven J. Zaloga, *The Red Army Handbook*, Sutton, 1998

仍維持三角架構，但把這些組織編入步兵師實為浪費。1944 年末，1 支步兵師只有 10,000 人，遠低於 1939 年的 17,000 人。但最糟糕的是管理幹部的傷亡率，偏偏幹部主宰著德國作戰時的攻擊力。事實上，就算處於防守，德國仍鼓勵軍士主動攻擊。就理論而言，1 營能防禦 1–2 公里的戰線，1 個師派出 6 個步兵營防禦 6–12 公里的戰線，另外 3 營為儲備軍力。防衛線依照山脊或河流規畫，農場及村落成為防禦據點。若既無地勢之利又無村落，士兵就圍繞著機關槍或反坦克炮，隱身於地下。但德軍作戰準則要求士兵，寧可隨機反擊、奪回失地，也不要撤退或只顧防守。正因如此，各層級的幹部都必須反應快速、自主性強。但實際上，1 個師可能必須負責 2 倍長的戰線，因此無法維持 3 營為儲備武力的配置。此時部隊的臨場反擊能力變得非常重要，更突顯欠缺管理幹部的嚴重弱點。

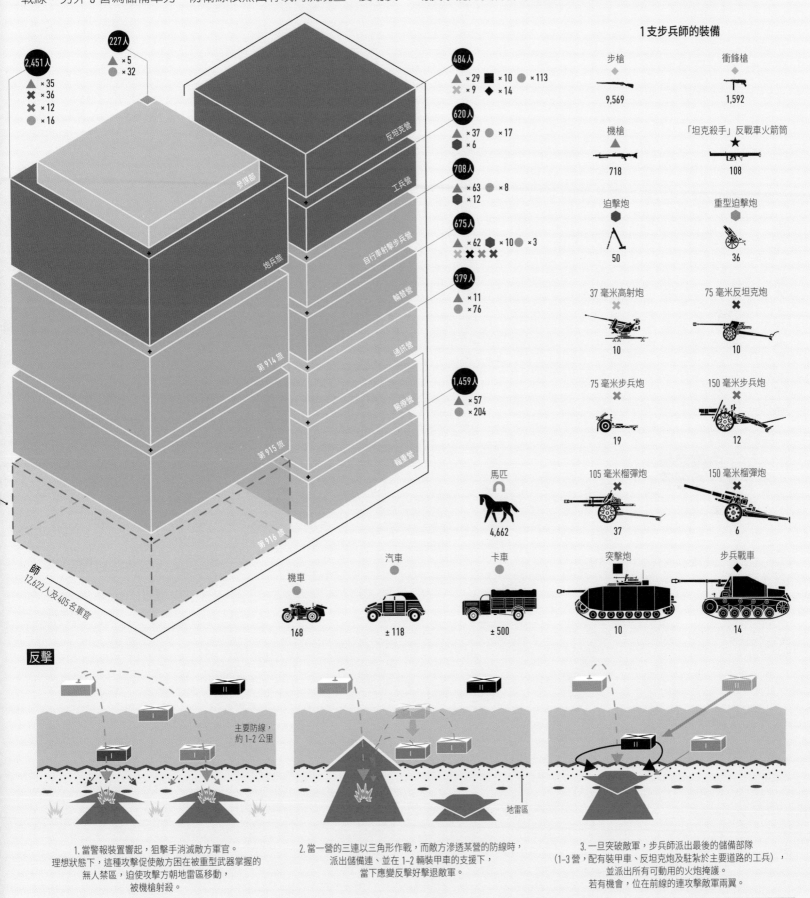

1 支步兵師的裝備

步槍 9,569
衝鋒槍 1,592
機槍 718
「坦克殺手」反戰車火箭筒 108
迫擊炮 50
重型迫擊炮 36
37 毫米高射炮 10
75 毫米反坦克炮 10
75 毫米步兵炮 19
150 毫米步兵炮 12
馬匹 4,662
105 毫米榴彈炮 37
150 毫米榴彈炮 6
機車 168
汽車 ±118
卡車 ±500
突擊炮 10
步兵戰車 14

2,451 人　▲ ×35　✕ ×36　✕ ×12　● ×16
227 人　▲ ×5　● ×32
484 人　▲ ×29　■ ×10　● ×113　✕ ×9　◆ ×14
620 人　▲ ×37　● ×17　⬡ ×6
708 人　▲ ×63　● ×8　⬡ ×12
675 人　▲ ×62　⬡ ×10　● ×3　✕ ✕ ✕
379 人　▲ ×11　● ×76
1,459 人　▲ ×57　● ×204

參謀部　炮兵旅　第 914 旅　第 915 旅　第 916 旅
反坦克營　工兵營　自行車射擊步兵營　輪替營　通訊營　醫療營　輜重營

師
12,622 人及 405 名軍官

反擊

1. 當警報裝置響起，狙擊手消滅敵方軍官。
理想狀態下，這種攻擊促使敵方困在被重型武器掌握的
無人禁區，迫使攻擊方朝地雷區移動，
被機槍射殺。

主要防線，約 1–2 公里

2. 當一營的三連以三角形作戰，而敵方滲透某營的防線時，
派出儲備連、並在 1–2 輛裝甲車的支援下，
當下應變反擊好擊退敵軍。

地雷區

3. 一旦突破敵軍，步兵師派出最後的儲備部隊
（1–3 營，配有裝甲車、反坦克炮及駐紮於主要道路的工兵），
並派出所有可動用的火炮掩護。
若有機會，位在前線的連攻擊敵軍兩翼。

5• Stephen Bull, *World War II Infantry Tactics* (vol. 1 & 2), Osprey, 2004 & 2005 - 6• Martin van Creveld, *Fighting Power, German & U.S. Army Performance, 1939-1945*, Greenwood Press, 1982
7• Joseph Balkoski, *La 29ᵉ Division américaine en Normandie*, Histoire & Collection, 2013 - 8• *Tableaux d'effectifs de guerre de l'armée française* - 9• www.ATF40.fr - 10• www.niehorster.org

炮兵部隊：索爾的重錘

戰場上，約莫 60% 的傷亡是由炮彈造成。這個數字清楚明瞭地揭示，大家不太熟悉的炮彈其實舉足輕重，更是戰場上不可或缺的武器，不管戰場位在何處、時節為何，炮兵部隊不但能有效攻擊，也能阻止敵人進攻。二戰期間，炮兵部隊能否有效施展威力，端賴大炮、人員、機動性及無線電等 4 項要素的協力配合。

在 1918 年，不管是大炮的炮管品質還是彈道學的發展都到達巔峰，很快地彈藥表現也臻於完善。經過 20 年後，大炮變得更堅固耐用，不但容易製造，部署起來也很方便。美國表現優異，進一步改良法國突破性的 75 毫米和 155 毫米 GPF（Grande Puissance Filloux）長程重型加農炮，推出更現代的版本。相反地，德國表現不佳，其大炮使用不便。就槍炮而言，明顯分為兩派。德國和美國偏好 105 毫米及 155 毫米榴彈炮的威力；然而，當美國建立同質性高的火藥庫，德國卻只能徵用上萬種規格各異的炮管。其他的參戰國（如法國、義大利、日本）則特別愛用 1918 年的野戰炮，輕便且發射迅速，其中多功能的英國 25 磅榴彈炮和蘇聯 ZiS-3 加農炮則是當代推出的產品。然而它們威力較弱因此需要大量彈藥，敵軍一旦築壘防守，就需要更重型的武器才能攻堅。蘇聯首先改良火箭炮，德國也隨之跟進（蘇聯的 Katioucha 喀秋莎多管火箭炮及

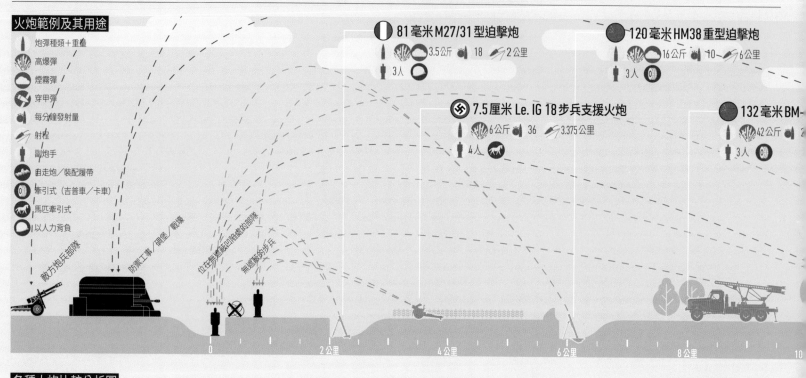

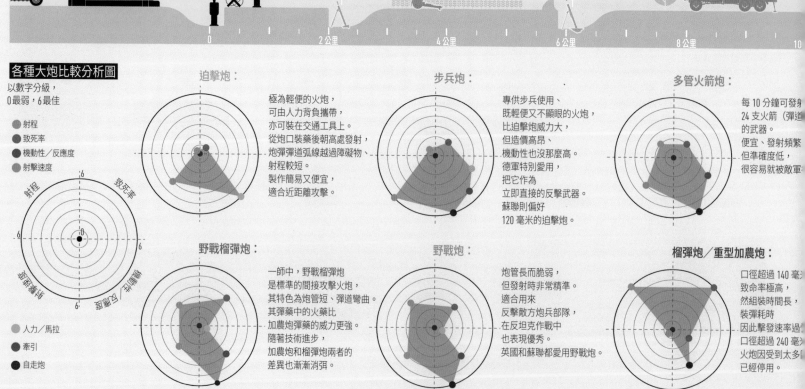

資料來源：1• Gilles Aubagnac, *L'Artillerie terrestre de la Seconde Guerre mondiale : quelques aspects des grands tournants technologiques et tactiques et leur héritage*, « Guerres mondiales et conflits contemporains », n° 238, PUF, 2010/2, p. 43-59 - 2• Paul Gaujac, *L'Artillerie de campagne américaine 1941-1945*, Histoire et Collections, 2009 - 3• Shelford Bidwell & Dominick Graham, *Fire Power. The British*

德國的 Nebelwerfer 噴煙者煙霧迫擊炮）。

炮兵部隊需要表現突出、具備科學知識的管理幹部。在這方面，英、美、德的表現突出，但亞洲、東歐、法國解放軍的軍隊表現低劣。適合全地形的 6x6 越野車發明後雖提升了運送武器及軍需品的機動性，但只有英美炮兵全面摩托化，其他國家仍仰賴馬力，以車輛移動的只有裝甲部隊及重炮部隊。一支機械化的炮兵部隊（大炮安裝於裝甲車輛上的炮台）或突擊炮部隊（大炮藏於掩體，並裝有履帶）的機動性更高、反應更快，能跟上坦克的節奏。

不過，最革命性的發展非無線電通訊莫屬。1939 年法軍一個團編制 15 名通訊兵，到 1943 年激增為 150 名。前線（前方偵察哨和輕型飛機）及後方幾乎能夠同步聯絡，讓支援速度比以往迅速得多。英美兩國軍隊透過一座設有戰術繪圖桌的射控中心相互聯繫，將部隊分散部署於戰場各處、同時朝一處攻擊的夢想得以實現，直搗敵方最弱的部位。這 4 項要素的平衡決定了戰場上火炮的運用方式和威力。資金短缺的德軍偏好數量少但反應快的後援，因此在戰鬥群（the combat groups）中加入射程短的炮兵部隊。蘇聯則在 1 個師或 1 個軍中加入重裝備的精銳炮兵部隊和通訊兵：一開始進攻時，能以重錘般的炮轟殲滅敵軍，但因移動速度較慢，和其他部隊的距離很快就被拉開。英美則把 4 項要素發揮到極致，表現遠遠勝過其他國家。他們的射擊精準、威力強大又迅速，完全依照計畫攻擊，只需要遠少於過去的炮彈就能把德國打得落花流水。

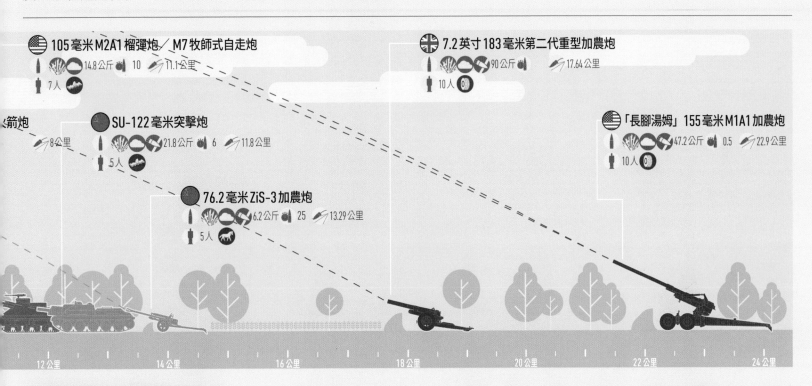

105毫米M2A1榴彈炮／M7牧師式自走炮
14.8公斤　10　11.1公里　7人

7.2英寸183毫米第二代重型加農炮
90公斤　17.64公里　10人

SU-122毫米突擊炮
21.8公斤　6　11.8公里　5人

「長腳湯姆」155毫米M1A1加農炮
47.2公斤　0.5　22.9公里　10人

76.2毫米ZiS-3加農炮
6.2公斤　25　13.29公里　5人

箭炮
8公里

12公里　14公里　16公里　18公里　20公里　22公里　24公里

戰術：1944 年英國炮兵部隊戰鬥方式

炮兵營　指揮　火炮　部隊　偵察人員　偵察機　無線電訊　戰線

1- 以炮兵華爾茲（Feuerwalze，輪流炮轟）撕裂前線

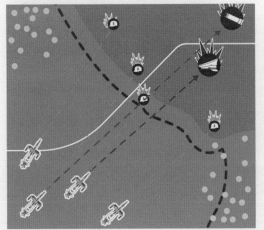

這場初步轟炸持續約數分鐘：
1 轟炸指揮中心。
2 轟炸炮兵部隊及高射炮所在地。
3 使用所有的火炮，以爆炸性火藥及煙霧彈猛烈炮轟敵軍防禦工事，經常同步進行空中轟炸。

2- 配合突擊

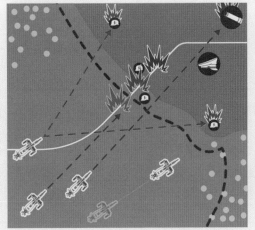

50% 的武力依計畫進攻：攻擊敵方炮兵、形成移動的轟炸屏障（猛烈轟炸前線各處，依一定間隔，每次往前推進 100 公尺）。
25% 為儲備武力，在敵方發動意料之外的攻擊時使用。
25% 的武力同時往前線移動。

3- 搗碎敵方反擊

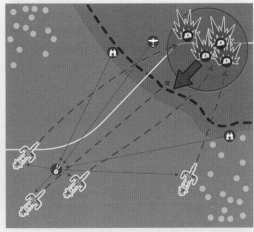

英美的 TOT（Time on Target，同時擊發）戰術是防禦式發射間隔的巔峰之作。在偵察人員及射擊中心協調下，不到 5 分鐘內，所有射程內的火炮同時向敵軍連續擊發，讓對手大為意外。

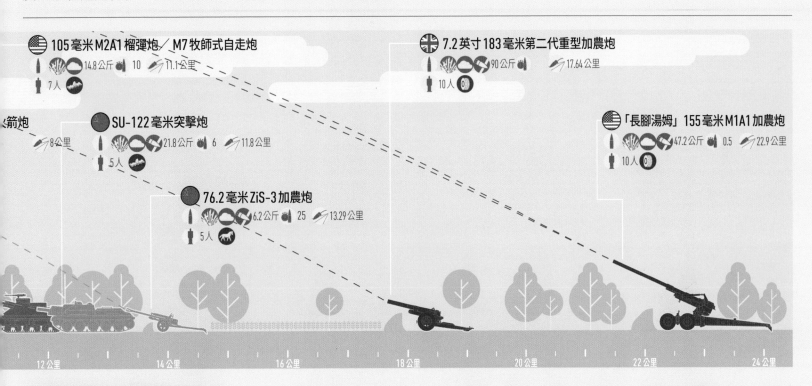

Army Weapons & Theories of War 1904-1945, Pen & Sword Military Classics, 2004 - 4• John Norris & Robert Calow, *Infantry Mortars of World War II*, Osprey Publishing, 2002 - 5• Chris Bishop, *The Illustrated Encyclopedia of Weapons of World War II*, Amber Books, 1984 - 6• John Ellis, *World War II, A Statistical Survey*, Facts on File, 1993

剖析裝甲師

變幻莫測的德軍裝甲師在 1940 年的表現震驚各國，與其說他們在坦克上獲得革命性的進步，不如歸功於新設備與舊概念的成功結合。

這一切得回溯到 1917 年。德國希望藉助暴風突擊隊（Stoßtruppen）之力突破前線，而暴風突擊隊最大的特點是獨立自主、出其不意地攻擊，在潛入敵軍時，將一座戰場變成數量眾多的微型戰鬥（micro-combats），藉此擊潰敵方的防禦部署。1923 年，塞克特將軍（Seeckt, 1866-1936）帶領的威瑪防衛軍加強這種概念。他渴望建立一個精實的半專業軍隊，嫻熟陸軍跨兵種的戰鬥方式，在小規模戰鬥時能獨立自主地出擊；它具備摩托化部隊，進攻時移動迅捷、增加突擊效果，而防衛時又能彌補兵士眾多以致速度變慢的缺點。簡而言之，這支軍隊具備後來裝甲師的所有優勢。1930 年代，隨著坦克、電信通訊、陸地攻擊機發展得更加完善，這個舊概念得以成功發揮。希特勒一方面干擾了軍隊發展，一方面也使其更加健全。他提供了增加裝備所需的資金，但也強迫改變編裝，要求一個人數更多，但只有前鋒機械化的軍隊。

1938 年至 1939 年間，經過各種演練的第一批「德國裝

1 • 叱咤戰場的王者？

各國參謀部將德軍裝甲師在 1939-1941 年間的精采勝利，視為找到必勝妙方的證據，深信不管戰場為何，裝甲師都立於不敗之地。華盛頓打算設置 61 支裝甲師（占陸軍計畫成立部隊的 1/3），蘇聯在 1940-1941 年間也組建數量相近的裝甲師。連幾乎沒有汽車業的日本、羅馬尼亞和匈牙利，也不計代價只為建立 2-3 支比較弱的裝甲師。納粹更是乘勝追擊，希特勒在 1940 年下令將裝甲師的數量加倍，親衛隊、甚至空軍都想成立自己的裝甲師。即使到了 1945 年，希特勒仍打算建立更多裝甲師來扭轉形勢，可惜只是紙上談兵。與此同時，其他國家對裝甲師的信心已冷卻。裝甲師太過複雜、昂貴、需要太多後勤組織，除了德意志國防軍，其他國家不再那麼重視裝甲師，頂多只占 20% 的軍力。

歐洲戰區各國陸軍中裝甲師比例

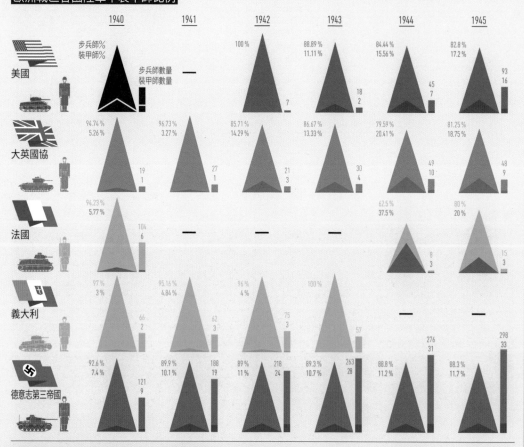

多樣化軍隊中，裝甲部隊扮演前鋒角色 1940 年 5 月 10 日的德國軍隊

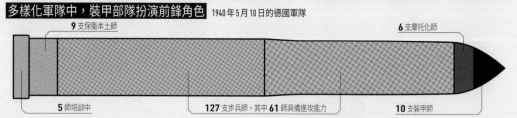

9 支保衛本土師　6 支摩托化師

5 師培訓中　127 支步兵師，其中 61 師具備進攻能力　10 支裝甲師

2 • 德軍裝甲師：脆弱而昂貴的賭注

由於蘇聯戰線的需求，希特勒從旗下占據國吸取資源，將裝甲師數量加倍，但不得不付出各師減少 1/3 坦克數量的代價，相對地，則以提高品質來彌補數量上的弱點。然而，德國戰車的消耗快速，多達一半的坦克在幾週內就無法使用，多半是發生故障，而汽車工業生產速度趕不上消耗率。

戰車種類分配圖 以東線戰場裝甲師為例

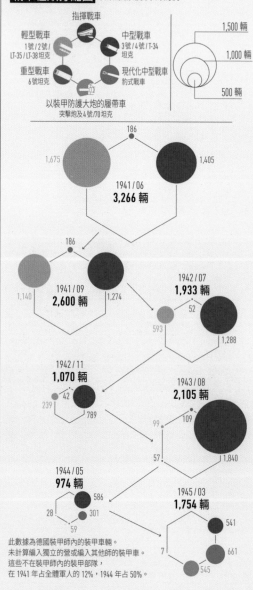

指揮戰車

輕型戰車 1號/2號/LT-35/LT-38坦克　　中型戰車 3號/4號/T-34坦克

重型戰車 6號坦克　　現代化中型戰車 豹式戰車

以裝甲防護大砲的履帶車 突擊砲及4號/70坦克

1,500 輛　1,000 輛　500 輛

1941/06　3,266 輛
1941/09　2,600 輛
1942/07　1,933 輛
1942/11　1,070 輛
1943/08　2,105 輛
1944/05　974 輛
1945/03　1,754 輛

此數據為德國裝甲師內的裝甲車輛。
未計算編入獨立的營或編入其他的裝甲車。
這些不在裝甲部隊內的裝甲車，
在1941年占全體軍人的12%，1944年占50%。

「甲車」（Panzer），如潮水般湧上歐洲的條條道路。無所不能的德國戰車擅用各種方式突破防禦，克服障礙，擊敗敵方攻擊，且自主性高。德國戰車藉由大規模的包圍，總能迅速取得決定性的勝利，勢如破竹的掃蕩敵軍，在當時稱霸於戰場。但珍貴的裝甲車也脆弱得很，需要大量頻繁的維修，而其多功能的特性又讓軍隊缺它不可，以致濫用，而俄羅斯荒原成了它們的葬身之地。奪走大量軍事資源的坦克師，占用了最棒的幹部人員和裝備，卻只能暫時延緩德軍無法避免的衰敗之路。當德國戰車的利牙鋒利不如以往，對手又開始對症下藥（蘇聯以反坦克部隊為前鋒，同盟國派出精銳空軍），其優勢漸漸消失，成了慘遭蹂躪又難以丟棄的廢紙，最後只能組成斷斷續續的防禦線，被敵軍打得一敗塗地。一開始以閃電式集體攻擊取勝，最後卻落得悲慘的下場！

其他國家在1939年尚未發展坦克作戰準則，無法建立如德軍般強大的裝甲師，不是變成升級的騎兵部隊，就是附屬於步兵部隊。在法國亞布維（Abbeville）作戰時，德軍一支裝備簡陋的步兵師就能擊潰英法聯軍的3支裝甲師。後來各國群起仿效德意志國防軍，然而結構僵硬的英軍只能東施效顰，蘇聯則完全放棄，轉而探索適合自己的方向。只有美國在1944年組成類德軍裝甲師，雖然威力較弱，但一樣靈活，機動性更高，而且隸屬於一支同質性高又摩托化的軍團，實現塞克特將軍的夢想。

在庫斯克戰役前夕，德軍只有一半坦克正常運作。更多時候只有理論的1/4能使用。這一回，就算豹式戰車出場，也無法掩飾衰頹的走勢。就連最優秀的西線部隊，在同盟國登陸之前，也沒有足以應付機動戰事的戰車。1945年，正常服役的坦克只剩不到30輛，德軍裝甲師的大勢已去。

3・威力強大又均衡的跨兵種結構

德軍裝甲師不僅是具備裝甲防護的部隊，更是跨兵種的複雜部隊，步兵和炮兵都不可或缺，因此要行動一致，就得全面摩托化。在戰場上，裝甲師以營為單位不斷重組。每個師長都知道如何運用跨兵種的戰鬥群，且都學習過任務式指揮（Auftragstaktik，上級設立目標，但讓下屬自由決定達成目標的方式）。專注於坦克的同盟國一直難以取得這種隨機應變的平衡點，直到美國創立作戰指揮部（Combat Command），建立由3名參謀帶領的三角架構。反之，英國戰鬥群（Battle Groups）欠缺美國的參謀架構，又欠缺受過良好訓練的軍官，無法順利運作。

各裝甲師的平均裝甲車數量　以東線戰場裝甲師為例

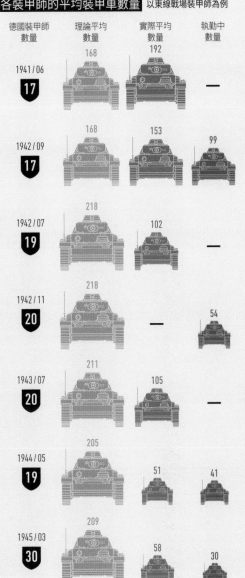

戰車、步兵與炮兵部隊間的微妙比例

德軍裝甲師與美軍裝甲師的編裝

自 1940 年開始，德軍裝甲師隨著配備進階，協同度也更高，武器火力也變得更強。1 步兵營藏身於半履帶戰車（SPW 鐵路裝甲列車），與坦克並肩作戰，1/3 的火炮具備自動推進裝置，反應能力大幅增加。配備戰車的偵察營和工兵營也變得更加屬害。

德軍裝甲師擋住敵軍的威力所向無敵。然而資源匱乏使德軍無法全面機械化，一旦進攻，更明顯感受到坦克數量不足。戰場上的坦克數量常常遠低於理論。美軍裝甲師則大不相同，裝備同質性更高，但比不上德軍裝甲師的功能全面，因為它們專為進攻而設計。

德軍裝甲師（上半部）

- ×2 裝甲營 98 輛戰車
- ×1 機械化步兵營 90 輛半履帶車
- ×3 摩托化步兵營 58 輛卡車
- ×1 機械化炮兵營 12 架 105 毫米大炮、6 架 150 毫米大炮
- ×2 摩托化炮兵營 18 架 105 毫米大炮
- x1 偵察營 124 輛裝甲車
- x1 後勤營 載重量 840 噸

- ×3 反坦克連 15 輛戰車／步兵戰車
- ×3 防空連 8 架 88 毫米大炮或 12 支 20 毫米炮
- ×3 工兵連 11 輛半履帶車
- ×3 通訊連 6 輛半履帶車＋ +22 輛卡車
- ×3 醫療連 18 輛卡車

16,385 人／207 輛戰車／45 輛驅逐戰車／407 輛裝甲車及半履帶車／2,943 台車輛／36 支野戰炮
10,610 人／293 輛戰車／36 輛驅逐戰車／523 輛裝甲車及半履帶車／1,028 台車輛／54 架大炮

美軍裝甲師

- ×3 戰車營 76 輛戰車
- ×3 機械化步兵營 78 輛半履帶車
- ×3 機械化炮兵營 18 架 105 毫米大炮
- ×1 後勤營 載重量 480 噸

- ×3 附加的反坦克增援連 12 輛 M10 驅逐戰車
- ×3 附加的防空增援連 12 支 40 毫米炮+12 座四聯裝 12.7 毫米機槍
- ×3 偵察連 17 輛裝甲車

- ×3 工兵連 5.5 輛履帶車+22 輛卡車
- ×3 通訊連 19.5 輛帶車+43 輛卡車
- ×3 醫療連 48 輛卡車

戰鬥群 2
戰鬥群 1
戰鬥群 3

美軍裝甲師作戰方式

1944 年 8 月，法國埃夫勒（Évreux）戰區

1 支裝甲師設有 3 個作戰指揮部（旗下單位隨任務而變動），每個作戰指揮部都可分解為跨兵種的特遣任務部隊（Task Force）。① 作戰部 B 為主要攻擊火力，進攻的同時 ② 作戰部 A 包圍目標。一旦取得目標，③ 作戰部 A 就成為「錘砧戰術」的鐵砧，阻擋敵方接下來的反擊，④ 作戰部 R 則扮演兩翼的錘頭，來支援作戰部 A。⑤ 作戰部 B 已就緒接手前往下一個攻擊目標。

第二波行動

無所不在的無線電訊

無線通訊系統幫助裝甲師聯絡順暢，當各師相距數十公里，唯有保持聯絡才能確保行動一致。通訊單位多達數百名人員。最基本的無線電讓坦克彼此可通話，而性能最強大的無線電通信範圍則能讓 50 公里之外的部隊仍可交換訊息無虞。德軍從 1940 年開始具備一套地面—空中通信系統，只要在 45 分鐘內就能彼此支援。反觀同盟國則遲至 1944 年 7 月才做到。無線電也讓美軍的中階管理幹部得以參與第一線的戰事。和德軍同級人員相比，美軍中階幹部的自主性較低。

步兵師
作戰指揮部 B（簡寫 CCB）
裝甲師
作戰指揮部 A（簡寫 CCA）
步兵軍
作戰指揮部 R（簡寫 CCR）
步兵師

資料來源：1• Thomas L. Jentz, *Panzer Truppen, The Complete Guide to the Creation & Combat Employment of Germany's Tank Force, 1939-1945*, 2 vol., Schiffer, 1996 - 2• Roman Jarymowycz, *Tank Tactics*, Lynne Rienner, 2001 - 3• Yves J. Bellanger, *U.S. Army Armored Division 1943-1945, Organization, Doctrine, Equipment*, Lulu.com, 2010 - 4• Pier Paolo Battistelli, *Panzer Divisions*, 3 vol., Osprey, 2007-2009,.

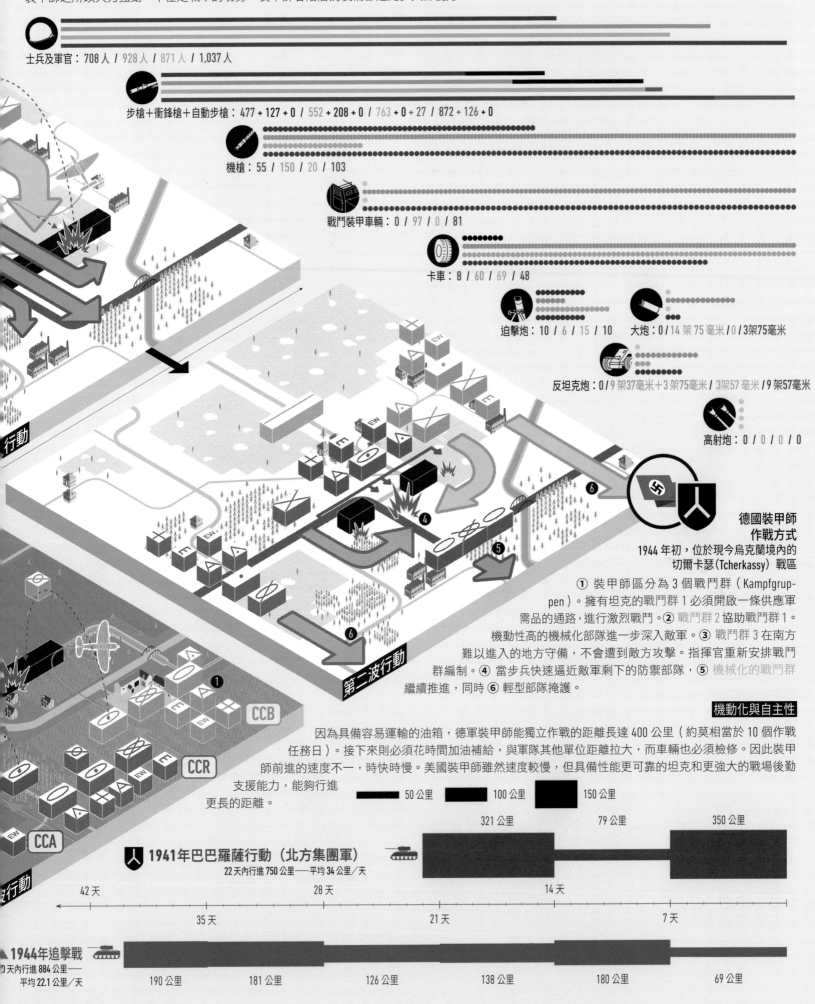

能衝撞又具備多功能 ● 德國步兵營　● 德國裝甲擲彈營　● 美國步兵營　● 美國機械化步兵營

裝甲師之所以火力強勁，不僅是戰車的功勞。裝甲師各階層的裝備都遠比步兵師優秀：

士兵及軍官：708 人 / 928 人 / 871 人 / 1,037 人

步槍＋衝鋒槍＋自動步槍：477 + 127 + 0 / 552 + 208 + 0 / 763 + 0 + 27 / 872 + 126 + 0

機槍：55 / 150 / 20 / 103

戰鬥裝甲車輛：0 / 97 / 0 / 81

卡車：8 / 60 / 69 / 48

迫擊炮：10 / 6 / 15 / 10　　大炮：0 / 14 架 75 毫米 / 0 / 3 架 75 毫米

反坦克炮：0 / 9 架 37 毫米 + 3 架 75 毫米 / 3 架 57 毫米 / 9 架 57 毫米

高射炮：0 / 0 / 0 / 0

49

德國裝甲師作戰方式

1944 年初，位於現今烏克蘭境內的切爾卡瑟（Tcherkassy）戰區

① 裝甲師區分為 3 個戰鬥群（Kampfgruppen）。擁有坦克的戰鬥群 1 必須開啟一條供應軍需品的通路，進行激烈戰鬥。② 戰鬥群 2 協助戰鬥群 1。機動性高的機械化部隊進一步深入敵軍。③ 戰鬥群 3 在南方難以進入的地方守備，不會遭到敵方攻擊。指揮官重新安排戰鬥群編制。④ 當步兵快速逼近敵軍剩下的防禦部隊，⑤ 機械化的戰鬥群繼續推進，同時 ⑥ 輕型部隊掩護。

第二波行動

機動化與自主性

因為具備容易運輸的油箱，德軍裝甲師能獨立作戰的距離長達 400 公里（約莫相當於 10 個作戰任務日）。接下來則必須花時間加油補給，與軍隊其他單位距離拉大，而車輛也必須檢修。因此裝甲師前進的速度不一，時快時慢。美國裝甲師雖然速度較慢，但具備性能更可靠的坦克和更強大的戰場後勤支援能力，能夠行進更長的距離。

■ 50 公里　■ 100 公里　■ 150 公里

人 1941 年巴巴羅薩行動（北方集團軍）
22 天內行進 750 公里——平均 34 公里／天

321 公里　79 公里　350 公里

42 天　28 天　14 天

35 天　21 天　7 天

▲ 1944 年追擊戰
□ 天內行進 884 公里——平均 22.1 公里／天

190 公里　181 公里　126 公里　138 公里　180 公里　69 公里

CCB　CCR　CCA

行動

5• James S. Corum, *The Roots of Blitzkrieg, Hans von Seeckt and German Military Reform*, Kansas University Press, 1992 - 6• Matthias Strohn, *The German Army and the Defence of the Reich : Military Doctrine and the Conduct of the Defensive Battle, 1918-1939*, Journal of Military and Strategic Studies, Cambridge University Press, 2011 - 7• John Buckley, *British Armour in the Normandy Campaign, 1944*, Frank Cass, 2004

蘇聯坦克軍團：
另一個解決方案

1941 年，紅軍的機械化軍極為龐大，號稱每軍各擁有 1,000 輛戰車。這些龐然大物移動不便、難以戰鬥，在巴巴羅薩作戰的幾週間就被盡數殲滅。朱可夫將軍意識到欠缺能幹的管理幹部和通訊部隊，在 7 月下令縮減機械化軍，以配備 250 輛戰車的裝甲師取而代之。但這樣的裝甲師仍舊太過笨重，欠缺自主性，因此又調整為更小型的裝甲旅，只有 60 輛戰車。為了對抗德軍裝甲師及裝甲軍，蘇聯在 1942 年 4 月建立擁有 200 輛戰車的裝甲軍，並從 5 月開始，試驗更大型的坦克陣型，組成坦克軍團。蘇聯倉促地建立了 5 個坦克軍團，編裝各不相同。為了折衷，它們旗下各有 1 或 2 個步兵師，且部分的後勤部隊仍仰賴馬力移動。然而，當德軍攻往窩瓦河，這些軍團被一一攻破。

1943 年 1 月 26 日，紅軍戰區司令部下令建立 5 個新的坦克軍團，這一回，5 個軍團結構一致且全面摩托化。帳面上看來強大無敵的 5 個軍團各有 46,000 人，包括約莫 650 輛戰車，分配到裝甲軍及摩托化軍中。摩托化軍由摩托車騎兵、反坦克、野戰炮、火箭炮、通訊兵、聯絡通訊飛機，及 1 個工兵營組成。支援服務不但加倍且全面摩托化（1 個運輸團、2 個軍需補給營，另有 2 個連負責修理、加油、潤滑）。這些軍隊在戰場上根據後勤狀況，使用的武器也大不相同。除此之外，不斷改變軍隊配備以求完善。1943 年 4 月 10 日，其炮兵部隊成長為 2 個反坦克團（40 門反坦克炮），2 個重型迫擊炮團（72 門 120 毫米迫擊炮），2 個自走炮團（42 部），2 個高射炮團——後來組成一支完整的炮兵師。

1944 年，工兵營變成更為強大的工兵旅。此時蘇聯的戰鬥序列已增長為 6 個坦克軍團。1943 年 7 月的庫斯克會戰後，這些軍團四處征戰，帶領紅軍直攻柏林、布拉格和維也納。雖說這些軍團威力強大，足以勝任 1944 年後的「縱深作戰」戰略，就算進擊長達 300–400 公里也無妨，但它們一直無法達到德軍和美軍裝甲師的靈活度與全面性（這歸咎於機械化步兵不足），且其後勤狀況總是很不穩定。僅管付出慘痛損失，坦克軍團依然成功完成使命，也就是直攻敵軍後方，抵抗敵軍反擊，雖然驚險不斷，但為握有 60 個軍團的紅軍在戰場上開闢了一條大路。

資料來源：1• Charles C. Sharp, *Red Storm, Soviet Mechanized Corps and Guards Armored Units 1942 to 1945*, George F. Nafziger éd., 1995 - 2• Igor Nebolsin, *Stalin's Favorite*, vol.1 et 2, Helion & Company, 2019 - 3• Drogozov, I. G., *Tankovyi Mech Strany Sovetov*, Moscou, 2003

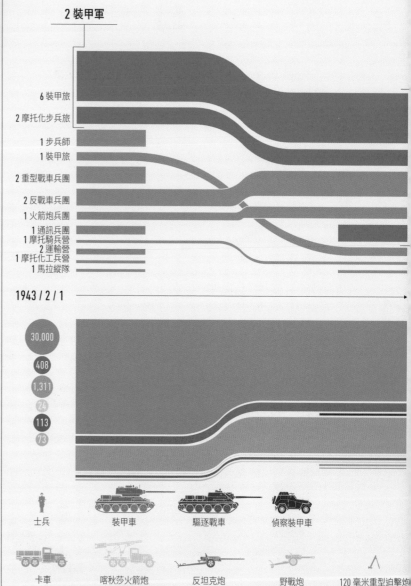

以第二坦克軍團為例

■ 隸屬於裝甲軍或機械化軍的單位
■ 軍團的單位
━ 1 營
━ 1 兵團／旅
█ 1 師

2 裝甲軍

6 裝甲旅
2 摩托化步兵旅
1 步兵師
1 裝甲旅
2 重型戰車兵團
2 反戰車兵團
1 火箭炮兵團
1 通訊兵團
1 摩托騎兵營
2 運輸營
1 摩托化工兵營
1 馬拉縱隊

1943 / 2 / 1

30,000
408
1,311
24
113
73

士兵　裝甲車　驅逐戰車　偵察裝甲車

卡車　喀秋莎火箭炮　反坦克炮　野戰炮　120 毫米重型迫擊炮

不斷改變的臨時編制（1945 年）

近衛軍第一坦克軍團　　　近衛軍第二坦克軍團

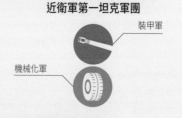
裝甲軍
機械化軍

1• 坦克軍團的演進

1942 年蘇聯坦克軍團的出現，一開始是面對擅長突破戰線的德軍裝甲軍，而不得不做出的反制。但是，欠缺自動射擊的槍炮，迫使軍團必須內含 1 個沒有摩托化的步兵師，拖累整體行進速度。而且以戰術而言，蘇聯的軍事領袖無法媲美敵軍領袖。史達林格勒一役之後，裝甲軍取得勝利，而坦克軍團失敗了，因此參謀總部認為採行特里安達菲洛夫（Triandafillov, 1894-1931）在 1929 年提出的「縱深作戰」理論的時候到了。

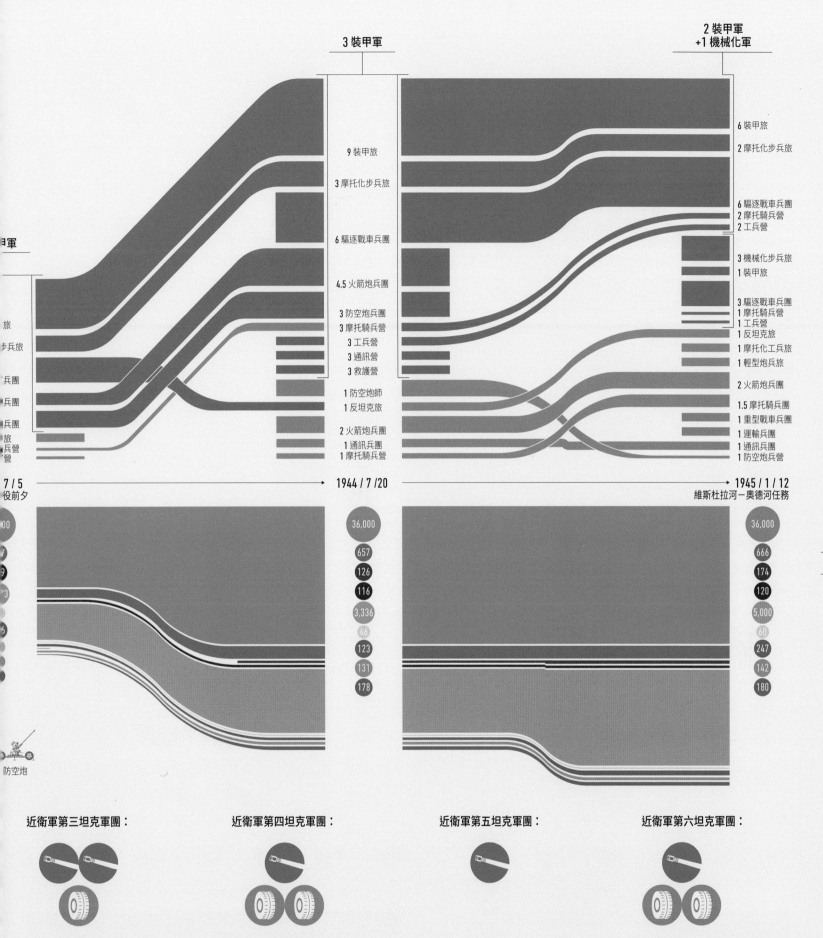

3 裝甲軍

2 裝甲軍 +1 機械化軍

甲軍

9 裝甲旅
3 摩托化步兵旅
6 驅逐戰車兵團
4.5 火箭炮兵團
3 防空炮兵團
3 摩托騎兵營
3 工兵營
3 通訊營
3 救護營
1 防空炮師
1 反坦克旅
2 火箭炮兵團
1 通訊兵團
1 摩托騎兵營

6 裝甲旅
2 摩托化步兵旅
6 驅逐戰車兵團
2 摩托騎兵營
2 工兵營
3 機械化步兵旅
1 裝甲旅
3 驅逐戰車兵團
1 摩托騎兵營
1 工兵營
1 反坦克旅
1 摩托化工兵旅
1 輕型兵兵旅
2 火箭炮兵團
1.5 摩托騎兵團
1 重型戰車兵團
1 運輸兵團
1 通訊兵團
1 防空炮兵團

7 / 5 役前夕

1944 / 7 /20

1945 / 1 / 12 維斯杜拉河－奧德河任務

36,000 · 657 · 126 · 116 · 3,336 · 46 · 123 · 131 · 178

36,000 · 666 · 174 · 120 · 5,000 · 60 · 247 · 142 · 180

防空炮

近衛軍第三坦克軍團：

近衛軍第四坦克軍團：

近衛軍第五坦克軍團：

近衛軍第六坦克軍團：

51

在作戰方面，這些「庫斯克型」的軍團以突破敵軍陣營、進入 100–200 公里為任務。1944 年的勝利使圖哈切夫司基元帥（Toukhatchevski, 1893-1937）重燃對「縱深作戰」的信心，這在戰略與實戰方面都是重大的決定。能前進 400–500 公里的坦克軍團，增加了 50% 的坦克。這一項改變也讓編裝中的反坦克武器、工兵與卡車數量大為增加，因此坦克軍團今後再也不怕德國裝甲軍的襲擊。

1945 年 1 月的維斯杜拉河—奧德河（Vistule-Oder）任務就是最好的證明。內部資料顯示，蘇聯直到 1945 年 5 月 8 日，仍沒有發展出一致的坦克軍團作戰概念，僅是根據戰場和目標任務來編裝軍隊。機械化軍的重要性雖然漸漸取代裝甲軍，但它們只是空有虛名。機械化軍的坦克比裝甲軍還多，卻缺乏讓射擊手能在戰場上自我保護的半履帶車。每輛車上都有 8–15 人，射擊兵必須待在坦克的高處，沒有隱蔽處，因此傷亡慘重。直到 1950 年代，蘇聯軍方才將摩托化軍轉為機械化軍，這歸功於一輛革命性專用車的出現：BMP-1 步兵戰車。

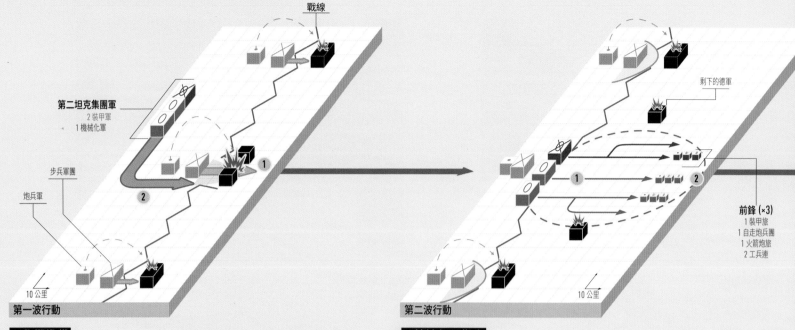

第一波行動

第二坦克集團軍
2 裝甲軍
1 機械化軍

步兵軍團

炮兵軍

10 公里

戰線

第二波行動

剩下的德軍

前鋒 (×3)
1 裝甲旅
1 自走炮兵團
1 火箭炮旅
2 工兵連

10 公里

1. 作戰準備

蘇聯坦克軍團不像德軍將製造敵軍防線裂口的任務交給坦克師，而是交由步兵軍團執行，並由炮兵軍和為數眾多的坦克和車輛組成的旅或團護衛。① 一旦深入突破德軍防禦區 8–15 公里，寬達 15–30 公里（有時更短），② 坦克軍團就有空間行進，往前移動。每個軍都分配到一個概略的進軍方向，也就是每日的「任務準則」，並且必須隨時跟左右相鄰的軍保持聯繫。

2. 快速行軍指令

① 開戰時，3 個軍平行成列，占據約 40 公里的前線。② 每個軍都派出 1 支分遣隊先行，隊中包括 1 支裝甲旅、1 支自走炮團、1 支火箭炮旅和 2 支工兵連。他們必須在突破點取得通道。
軍團深度延長至 100 公里，前線寬度也擴大為 100 公里。美國提供的電信卡車讓軍隊在必要時能聯絡攻擊機前來支援。

---

3 • 基本單位：旅 (1943年11月的結構)

除了遠東區的戰事，蘇聯很快就放棄組建師級裝甲部隊。各軍以裝甲旅為基本單位，雖然仍有數百個兵團，但只剩下 1/2，以掩護步兵單位（T-34 坦克或 SU-76 輕型自走炮）或突擊單位（重型坦克 KV 系列，後來則是坦克 JS-2）的形式運作。面對德軍裝甲師，這些旅一旦落單就毫無勝算，必須與其他軍團其他支隊會師才能存活，而

且在進行反坦克攻擊時，必須要找到特戰任務單位或機械化旅來援助。這些軍、機械化旅與裝甲旅組成「方面軍」，一支方面軍下有許多地雷、加農炮、火箭炮等部隊，每種武器的準確度及火力密集度各不相同，交錯攻擊。由於不需要太多的維保支援服務，這些旅級作戰單位方便脫離戰場也容易替換。

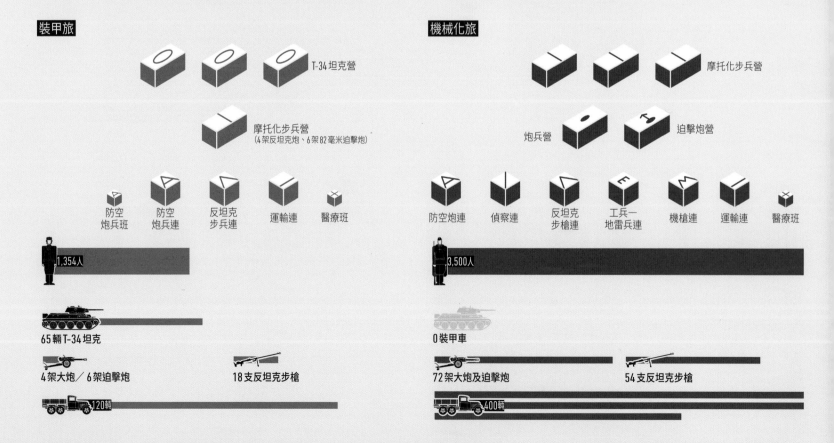

裝甲旅

T-34 坦克營

摩托化步兵營
（4架反坦克炮、6架82毫米迫擊炮）

防空炮兵班　防空炮兵連　反坦克步兵連　運輸連　醫療班

1,354人

65輛T-34坦克

4架大炮／6架迫擊炮　　18支反坦克步槍

120輛

機械化旅

摩托化步兵營

炮兵營　　迫擊炮營

防空炮連　偵察連　反坦克步槍連　工兵－地雷兵連　機槍連　運輸連　醫療班

3,500人

0 裝甲車

72架大炮及迫擊炮　　54支反坦克步槍

400輛

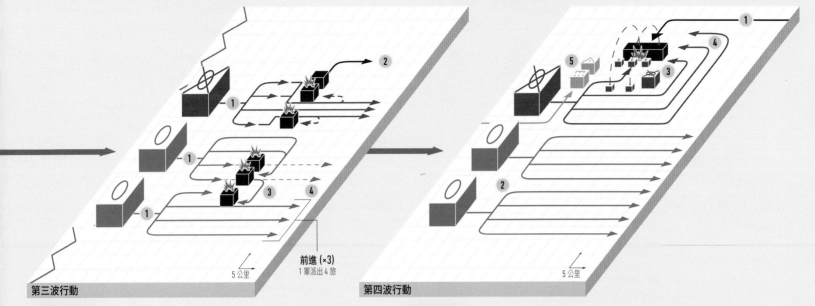

第三波行動

前進 (×3)
1 軍派出 4 旅

5 公里

第四波行動

5 公里

3. 攻擊部署

目標是形成陣型同時攻破防禦線。
① 每個軍各有 4 支旅，分別為「叉子上的 4 支尖牙」。② 一找到防禦線的裂縫，穿入後立刻從敵軍後方回攻，迫使敵軍撤退或加以擊敗。前線攻擊慢慢趨緩，保持基本的兵力運用，採「德國式戰術」。③ 以奇襲（coups de main）取得城鎮，若敵方反擊太強則撤回。④ 軍重新整隊後，繼續前進。

4. 防禦部署

① 一支德軍裝甲師攻擊軍團側翼。② 不受影響的 2 個軍繼續前進。③ 受到攻擊的軍速度減緩：移往外側，面對敵軍，派出 1 支摩托化步兵旅、3 支突擊炮團和所有的火箭炮團迎擊；④ 3 支剩下的旅繼續前進，接著轉向。⑤ 軍團保護摩托化工兵旅及反坦克炮兵旅不受敵軍攻擊。整體而言，共有 200 支反坦克火炮對準了德軍裝甲師，並在其前方埋下大量地雷。

4 • 坦克軍團的崗位和傷亡率

坦克軍團是蘇聯方面軍中，深入敵軍、擴大缺口的重要工具，但只占紅軍整體的一小部分。紅軍一直以重型步兵軍團為主，搭配馬拉的輜重隊。德軍把所有的坦克編為坦克師，而蘇聯的坦克軍團不同，從未掌握一半以上正常運作的坦克。其他的坦克則編入步兵軍團，以獨立的軍、旅、團形式存在，足以執行多樣化的任務：保護步兵、突破、短程擴大缺口。直到二戰終結的那一天，坦克兵傷亡率都非常高。

1943–1945 年間，多達 310,487 名坦克手喪命，大部分都死於戰鬥中。蘇聯在二戰期間生產了 131,000 輛坦克，其中有 96,500 輛在戰鬥中毀損！1941 年時，蘇聯必須犧牲 15 輛坦克才能讓德軍折損 1 輛坦克，而到了 1944 年，兩軍的折損率仍高達 4:1。

紅軍中坦克軍團的比例 (1944 年)

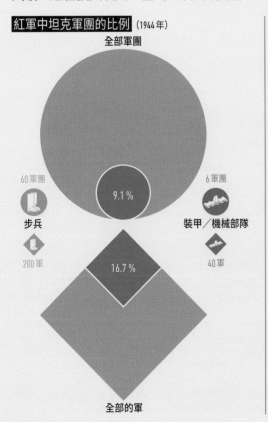

全部軍團

9.1 %

60 軍團

步兵 200 軍

6 軍團

裝甲／機械部隊 40 軍

16.7 %

全部的軍

1945 年 5 月 8 日蘇聯裝甲武力結構

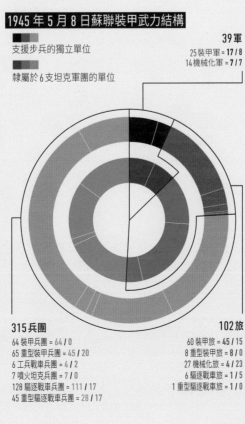

支援步兵的獨立單位

隸屬於 6 支坦克軍團的單位

39 軍
25 裝甲軍 = 17 / 8
14 機械化軍 = 7 / 7

315 兵團
64 裝甲兵團 = 64 / 0
65 重型裝甲兵團 = 45 / 20
6 工兵戰車團 = 4 / 2
7 噴火坦克兵團 = 7 / 0
128 驅逐戰車兵團 = 111 / 17
45 重型驅逐戰車兵團 = 28 / 17

102 旅
60 裝甲旅 = 45 / 15
8 重型裝甲旅 = 8 / 0
27 機械化旅 = 4 / 23
6 驅逐戰車旅 = 1 / 5
1 重型驅逐戰車旅 = 1 / 0

第二坦克軍團存活率

庫斯克／歐雷爾戰役 (1943 年 7 月 5 日／8 月 9 日)

21,005 人參戰
6,230 人受傷
2,237 人陣亡

242 人/天

傷亡率 40.3%

449 輛裝甲車參戰
304 輛毀損

8,7 輛/天

耗損率 67.7%

傷亡率 17.2%

258 人/天

36,000 人參戰
4,500 人受傷
1,700 人陣亡

耗損率 18.9%

6,6 輛/天

850 輛裝甲車參戰
159 輛毀損

維斯杜拉河—奧德河戰役
(1945 年 1 月 16 日／2 月 9 日)

坦克與反坦克：矛盾相攻

當坦克首次在第一次世界大戰的戰場上亮相時，是台行動緩慢又不太可靠的沉重機器。其功用在於當壕溝戰陷入膠著，或步兵無法在毫無防護之下穿越炮兵部隊組成的機關槍炮火牆時，轉而以坦克來嘗試突破。雖然坦克在 1918 年的進攻中扮演了重要角色，但反坦克的各種防治對策也因應而生（設置拒馬、地雷、使用直擊火炮……），因此坦克必須進一步增強防護力。設有旋轉炮塔的小型雷諾 FT 坦克，既輕便又好操作，不僅在當時被譽為革命性的發明，且在戰爭

間期影響了所有的裝甲車設計。雖在 1939 年停產，但它仍在數國軍隊中服役，包括法國。蘇聯直到 1920 年代，而其他歐洲國家則到 1930 年代，才發想出「坦克攻坦克」的戰鬥概念。此概念在二戰期間的歐洲發揮得淋漓盡致。

戰爭初期，坦克根據不同功能而出現各種機型，而且禁不起彼此攻擊。坦克不是當作步兵戰車（又笨重又緩慢，主要角色是護送步兵）就是騎兵戰車（防護力低但行動迅捷多了，其角色是偵察、擴大敵軍缺口，或以「坦克對坦克」方

1・坦克

坦克最重要的特色就是防護力（裝甲厚度，不過其設計和外型也有影響）、機動性（裝配滾輪履帶，兼具越野性、摩托化及跨越障礙的能力），360 度旋轉的炮台（主要火炮及炮彈的威力）。
不過，坦克通常無法在移動時同時射擊，因為火炮欠缺穩定器、非常不準確。只有紅軍會用它來「嚇唬」敵軍。

此外也要考量其他基本要素：組織與戰術協調（無線電通訊在 1940 年仍很稀少，只有德意志國防軍能以電信通訊）、編制安排與人員訓練（戰爭初期只有 2-3 組坦克人員，後來增加到 4-5 組），以及跨兵種協同作戰的環境（空中掩護、步兵隨行）。

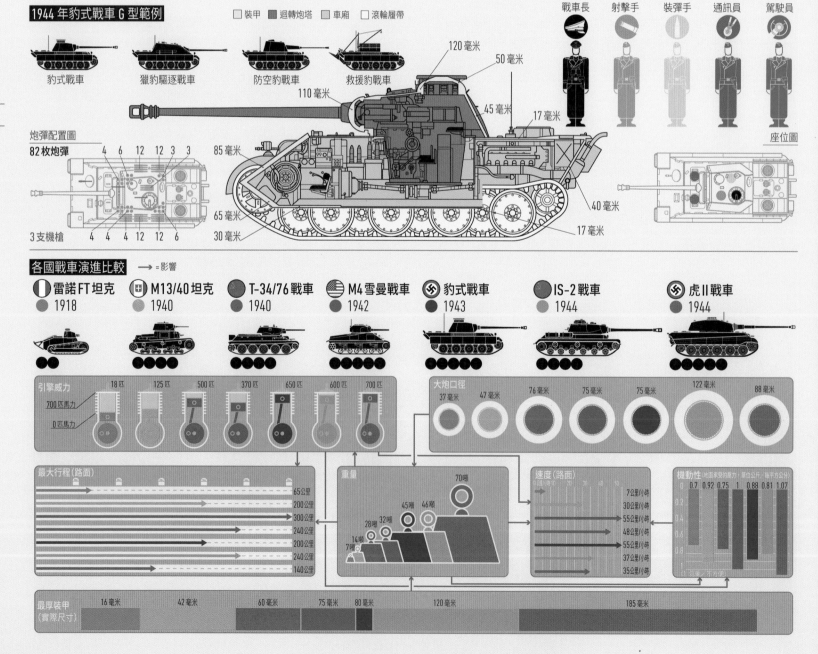

式戰鬥）。輕型坦克幾乎不到 10 噸重，重型坦克為 20 噸，只有少數為 30 噸（法國的 B1 坦克），裝甲厚度從 15-40 毫米間不等，配備的武器通常頗為簡陋（德國 1 號坦克只裝了簡單的機關槍，2 號坦克裝了 20 毫米的槍炮，法國的 R35 坦克則裝了 37 毫米的短炮……）。數年之間，戰術規則的改變、摩托化原料（柴油）、武器防護（軋壓、焊接或模鑄、傾斜、複合強化……等裝甲技術）等各種要素也不斷進化，讓戰車威力愈來愈強大（重量直逼 60-70 噸，安裝 75 毫米的快速長火炮，甚至更大的炮），比如蘇聯在 1941 年推出的 T-34 或 KV 坦克，德軍在 1942 及 1943 年間推出的虎式和豹式戰車，都是為了正面迎擊其他坦克而設計。

大部分的軍隊在摩托化過程中都選擇了柴油，唯有德意志國防軍因擔心經濟，且相比之下建設汽油廠比柴油廠容易，而選擇汽油。1945 年時，各國的戰車漸漸趨近現代主力戰車（Main Battle Tank）的概念。主力戰車不但能執行各種任務，行動力高的同時又有厚重的裝甲防護、威力強大，適合在跨兵種的複雜環境中戰鬥。美國的潘興戰車是重要的成果，預示了巴頓坦克家族、蘇聯的 T-34 及 T-85（也就是 T-54、T-55 的前輩），還有英國的百夫長主力戰車、德國豹式戰車的崛起。

2．反坦克武器

軍事史上，不管是可攜式（反坦克步槍及後來成形裝藥的肩射式反坦克火箭）、車輛拖拉式，或安裝在摩托化車輛上的各種反坦克武器，它們的發展都與坦克的演進同步，形成一連串矛盾相爭。戰爭中數種最棒的反坦克火炮，都合乎常理地來自於以高空為目標而設計的防空武器（德國的 88 毫米炮，美國的 90 毫米炮）。其毀滅力由下面幾項因素決定：

—口徑（戰爭初期為 20/50 毫米，後來增為 75/90 毫米，而在 1945 年達到 128/152 毫米）；

—炮管長度相對於口徑的比例（21 倍徑、43 倍徑、70 倍徑……），

決定初速（v/o：直到 1,000 米／秒，甚至更快）及拋體速度的因素，還有炮彈要穿透裝甲所仰賴的動能（不適用於成形裝藥的裝備）；

—反坦克的炮彈種類（無被帽裝甲彈、穿甲高爆彈、被帽穿甲彈、硬芯穿甲彈……），每一種都具備獨道特色。傳統的高爆彈（HE）能完美擊滅步兵和輕型車輛，但無法對抗坦克，只有口徑大的高爆彈能造成爆破效果。

自 1943 年起，成形裝藥的技術持續改變作戰方式，戰爭初期的反坦克槍炮變得無用武之地，由步兵攜帶的武器（巴祖卡火箭筒、坦克殺手火箭、鐵拳）足以穿透最厚的裝甲，但只能進行短程、甚至超短射程的射擊。

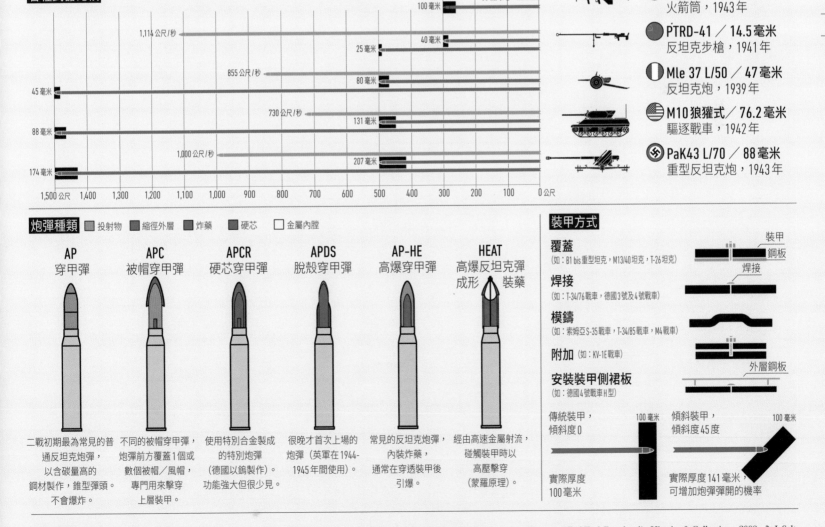

資料來源：1•Thomas L. Jentz & Hilary L. Doyle, *Germany's Panzers in World War II. From Pz.Kpfw.I to Tiger II*, Schiffer, 2004 - 2•Jean Restayn, *Allied Tank Encyclopedia*, Histoire & Collections, 2008 - 3•J. Salt, *WW2 Penetration Figures*, 1998 (compilation commentée d'archives militaires) - 4•Laurent Tirone, *Panzer : the German Tanks Encyclopedia*, Caraktère, 2015 - 5•http://www.tanks-encyclopedia.com

戰機的演進與表現

　　脆弱的偵察機在 1914 年紛紛退役後，被改裝成戰鬥機和轟炸機，並在第一次世界大戰中登場。人們直到 1918 年都不斷嘗試改良，在戰間期也未曾稍止。同時，各種可能的空中武器理論推陳出新，比如義大利人朱利歐．杜黑（Giulio Douhet, 1869-1930）搶先宣稱光靠飛機就能贏得戰事，而其他人也紛紛附和。第二次世界大戰逼近時，多翼飛機、以支架支撐機翼的技術面臨瓶頸，雖然操作容易，但無法彌補脆弱和速度緩慢的弱點。金屬取代原本由帆布和木頭組成的結構，懸臂式下單翼的機種崛起，具備可收縮的起落架。戰鬥機或戰鬥轟炸機通常只有單引擎，轟炸機或運輸機則具備雙引擎或三引擎，執行長程任務的軍機甚至具備四引擎（比如美國的 B-17「空中堡壘」轟炸機）。

1．研發多功能戰鬥機：容克斯Ju-88及其家族的演進

　　包括德軍的梅塞施密特 Bf-109 或英軍的噴火戰鬥機等一流戰機，在二戰期間都不斷進步，衍生各種功能更加專精的機種。為了配合任務不斷演進、調整機型的例子中，最著名的莫過於德軍的雙引擎容克斯 Ju-88。它發想於 1930 年代，在 1939 年時以中型「標準」轟炸機的身分開始服役，能在俯衝時發動攻擊。直到 1945 年，德國共生產了接近 15,000 架不同版本的容克斯轟炸機，面對各種多樣化的任務，都取得或多或少的成功，直到它們成為攜帶式的「飛行炸彈」（德國 Mistel 複合機）。這些演變讓我們看到在接下來數十年間，隨著科技持續革新，各國如何汲汲營營於研發厲害又有效率的多功能戰機，直到現今的龍捲風戰機，美國的 F/A-18 超級大黃蜂戰鬥機及法國的颱風戰機。

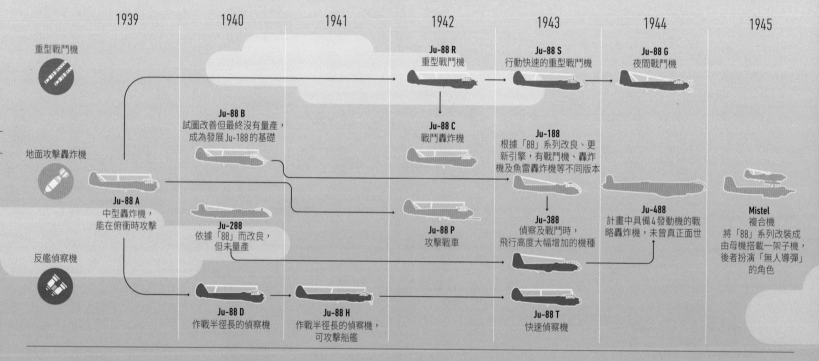

2．一般轟炸機的最大有效載荷、任務限度、作戰半徑

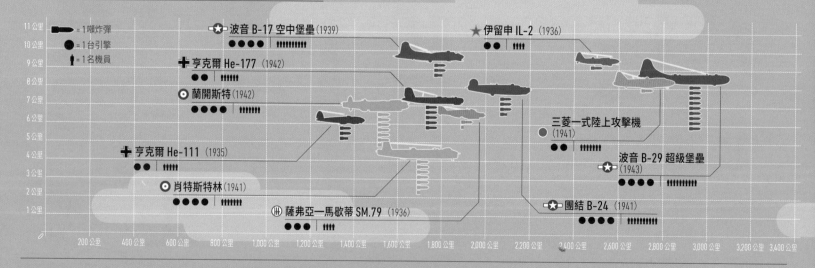

資料來源：1•Robin Higham & Stephen Harris (éd.), *Why Air Forces Fail : The Anatomy of Defeat*, University Press of Kentucky, 2016 - 2•Régis Chamagne, colonel, *L'Art de la guerre aérienne*, L'Esprit du livre, 2006 - 3•W. Craven & J. Cate (éd.), *Men and Planes, AAF in WW2*, vol. VI, University. of Chicago, 1955 - 4•W. Murray, *Strategy for defeat, Luftwaffe 1933-1945*, Air University Press, 1983 - 5•R. Overy, *The Air War*, Potomac Books, 2005

3 • 戰鬥機稱王的年代

第二次世界大戰展示了形形色色的各種戰機，分別肩負不同任務，從小型偵察機（德軍由費斯勒公司生產的鸛式偵察機、英國萊桑德聯絡機……）到多引擎、體積龐大的轟炸機或運輸機（美軍的 B-29 超級堡壘轟炸機、德軍的梅塞施密特 Me-323 運輸機），其間還有各種驚人的戰鬥機、戰鬥轟炸機和攻擊機（梅塞施密特 Bf-110 戰鬥機、美國 P-47 雷霆式戰鬥機、蘇聯的伊留申 IL-2 攻擊機），以及特種用途機（偵察、魚雷轟炸機、教練機……）。二戰的第一階段，各國專注於從戰鬥機、攻擊機（以俯衝攻擊機最常見）、狹義轟炸機（攻擊敵軍軍營或基礎建設）三者間尋找可能的最佳公式和最佳效果。雖說「水平式」轟炸機能承載 1–10 噸重的炸彈，是優異的攻擊武器，但轟炸機本身的脆弱特質，讓負責取得制空權或護衛轟炸機的戰鬥機成為空軍最重要的角色之一。德國空軍宣戰時，原抱有概念上的優勢：由常在西班牙征戰、經驗豐富的禿鷹軍團飛行員來操作梅塞施密特 Bf-109 及 Ju-87 斯圖卡俯衝式轟炸機。但這個相對優勢——日本也曾短暫握有類似的部分優勢，其海軍擁有輕型的三菱零式艦上戰鬥機，易於操控——很快就被對手克服，在 1940 年初的英國戰場上，必須面對英國皇家空軍優秀的超級馬林噴火戰鬥機的挑戰。同盟國的空軍威力增強，帶來一場驚人的表現競賽：摩托化（使用星型引擎或直列引擎，馬力從 1,000 到 1,500 以上）、武力加強（從 2–4 架輕型機槍到 6–8 架重型機槍，及／或自動化火炮、火箭炮）、戰鬥高度增加（增壓機艙、氧氣面罩……）、航行與探測能力優化（機上雷達、測角儀……）。

傳統的空中飛機盤旋戰鬥法稱為纏鬥（dogfight），迫使飛機必須能夠在極短的距離間迴轉，但後來轉而重視完全講求速度、火力、機身堅固性的戰術，「特技飛行」的能力也隨之位居次要。自 1943–1944 年，德軍的福克—沃爾夫 Fw190 戰鬥機和美國的 P-51 野馬式戰鬥機的出現，參戰各國終於陷入科技瓶頸，特別是速度（每小時從 650 到 700 公里，反之 1939 年只有 400–500 公里）。就在此時，第一批噴射戰鬥機面世，特別是德軍梅塞施密特 Me-262 及英國的格羅斯特流星戰鬥機，完全翻轉了空中戰術，只是為時已晚，無法改變既有平衡。

1945 年另一種次要飛行器也正以近乎機密的方式製造中：旋翼飛行機，也就是後來的直升機，帶來寬廣的未來。

1939–1940 年：
梅塞施密特 Bf 109E 對上莫拉納・索尼埃 MS-406 戰鬥機

MS-406 是 1930 年代後半，第一代低翼戰鬥機的代表作。相比之下，109E 幾乎在各方面都勝過 MS-406，在 1940 年的巔峰時期，幾乎打遍天下無敵手，直到法國地瓦地 D520 戰鬥機的出現，可惜生產數量太少；接著是翱翔英國天際的噴火戰鬥機 1 型（Spitfire I），109E 這才有與之一較高下的對手。

1944 年：
福克—沃爾夫 Fw190 戰鬥機對上 P-51 野馬式戰鬥機

機翼狹長的 P-51D，是螺旋槳戰鬥機中最棒的機種。速度快且好操縱，其作戰半徑驚人，若再配合外接油箱還能進一步延長，讓它得以同時扮演戰鬥—轟炸機的角色，但仍有一定限制。Fw190「長鼻子」衍生出數種版本，其中一架為重武裝的攻擊轟炸機（Sturmbocke）。Fw190 是德軍螺旋式轟炸機的卓越成果，也是二戰中最棒的戰機之一，除了 P-51 之外，敵方大多數的戰機都難以與之匹敵。

1945 年：
1945 年：噴射時代

Me-262 和格羅斯特流星戰鬥機從未正面對決。M-262A 延遲了至少 1 年才發表，身為第一架投入實戰的噴射戰鬥轟炸機，它的速度震驚世人，帶來強大的威脅。其英國對手格羅斯特流星戰鬥機 F3 的表現稍差，但在英國上空追擊德軍 V-1 火箭非常有效率。雖然這兩種戰機在 1944-1945 年間前後登場作戰，但彼此從未正面對戰。

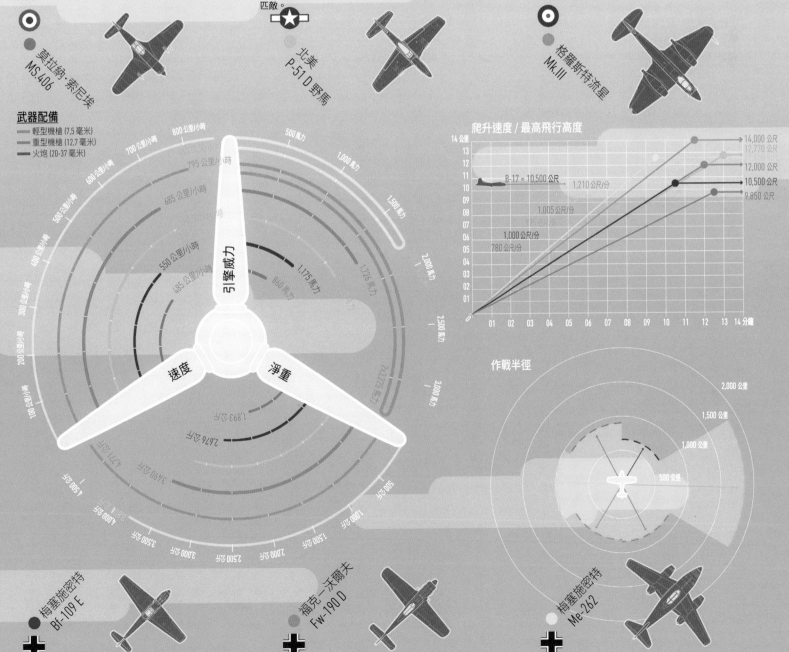

莫拉納・索尼埃 MS 406

北美 P-51D 野馬

格羅斯特流星 Mk.III

武器配備
- 輕型機槍（7.5 毫米）
- 重型機槍（12.7 毫米）
- 火炮（20-37 毫米）

引擎威力
速度
淨重

爬升速度 / 最高飛行高度

B-17 = 10,500 公尺

14,000 公尺
12,770 公尺
12,000 公尺
10,500 公尺
9,850 公尺

1,210 公尺/分
1,005 公尺/分
1,000 公尺/分
780 公尺/分

作戰半徑

2,000 公里
1,500 公里
1,000 公里
500 公里

梅塞施密特 Bf-109 E

福克—沃爾夫 Fw-190 D

梅塞施密特 Me-262

昂貴又高風險的空降任務

用一塊布減緩下墜速度的概念，可一路回溯到古代，但直到19世紀才出現「降落傘」一詞，同時人類也做出史上第一次嘗試。在第一次世界大戰之前，民航機飛行員已開始使用降落傘，但到了1918年才用於軍事，法國或德國飛行員被擊潰時用降落傘逃生，義大利「突擊隊」甚至以此空襲。藉由飛機在敵軍後方投下上千名步兵的想法，令不少將領著迷，特別是美國人及法國人，但1918年戰勝後眾人就把這樣的念頭拋到腦後。直到1930年代，蘇聯才首次發展空降部隊、德國隨即跟進，接下來的發展突飛猛進。蘇聯到處用跳塔訓練空降技術，並在1930年代培訓了數萬名傘兵。1934年的基輔行動，首次出現大量傘兵從TB-3的機翼跳下（傘兵必須先從機頂的活門爬出來！），過不久蘇聯就搶先成立數支傘兵旅。可惜的是，蘇聯無法維持搶先的優勢。二戰初期，德國傘兵才是領先群雄的部隊，這些發展迅速、效率高的菁英單位，在西方戰線的荷蘭與比利時執行著名的集體跳傘任務。其他強權則發展規模較小的傘兵部隊，因為其代價高昂：必須精挑細選培訓人才，需要特殊的輕型裝備，而講求輕便性就不得不限制武器的威力和持久度（包括輕型的車輛、槍炮甚至戰車，比如英國的Mk VII領主式輕戰車或美國7.5噸的M22蝗蟲式空降輕型坦克），還需要設施完善的基地。1940年後，只有英美兩國仰仗航空製造業的發展及充足的空中優勢，克服種種限制，能進行大型綜合的空降任務。蘇德兩國則分別在1941年的克里特島戰役、1943年的下聶伯河戰役中，因空降部隊損失過大而不敢再進行空降任務。

1・二戰時的大型空降單位

空降部隊的種類可分為3大類：
——傘兵，從飛機跳出，降落在「空投區」（drop zone）。
——空降部隊搭乘滑翔機，降落在「降落區」（landing zone）。
——除此之外則是能夠以飛機運載的特種或非特種輕型部隊，飛機將他們送到預先占領的基地。絕大部分國家的空降部隊都人數眾多（組成空降師），大部分編制在陸軍中，只有少數國家（德、法）列為空軍，甚至海軍（日本）。1944-1945年，德軍和同盟國不但有空降軍，甚至有空降軍團，但只有同盟國的空降部隊能發揮長才。

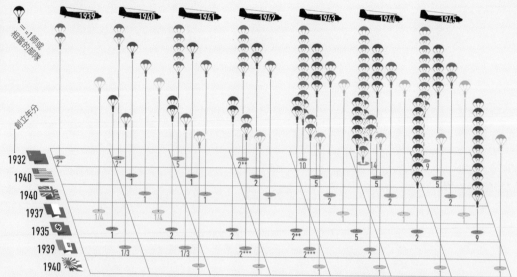

* 此處蘇聯的旅相當於西方的團，軍相當於師（10,000人）。
** 德國的空降獵兵師及蘇聯的傘兵師，自1942年起只是菁英步兵師，既沒有裝備又未經訓練，也沒有足夠的飛機數量，無法進行大規模的空降。

*** 義軍自1941年起，有一支傘兵師（原先名為閃電師，但在非洲失利。後來組建雨雲師）及一支空降師（拉斯佩齊亞）。原要組建另一師（名為氣旋師），意圖以此進攻馬爾他，但此計畫胎死腹中。
**** 英美空降師的架構，兼具傘兵及空降部隊。

2・空降部隊的部署

空降戰術理論上是種垂直包圍敵軍的概念，但實際運用時，與理論大相逕庭。除了必須面對航空和氣象各種不確定因素的干擾，要高空跳傘部隊或其他軍事單位迅速且精準的從空中降落，接著在陸地上重新會合，可是超乎想像的複雜任務。更重要的是，為了人員（每架飛機或滑翔機載有10-20人）及裝備（團隊的武器、彈藥⋯⋯）需求，空降部隊必須握有廣大的特殊基地，經常得在敵方炮火下不斷輪班工作。正因如此，1940年德國空軍在荷蘭損失數百架的Ju-52運輸機，它們「被圍困於地面」，停在德軍占下的基地上，在戰鬥中遭徹底毀壞。

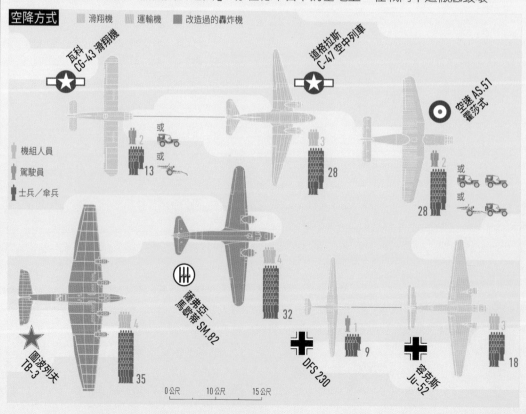

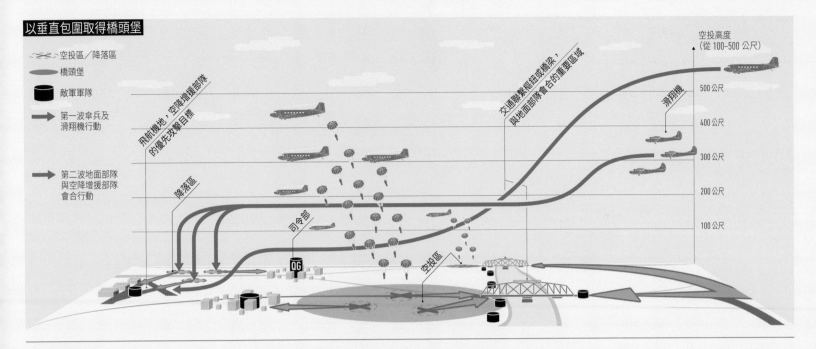

以垂直包圍取得橋頭堡

- 〰️ 空投區／降落區
- ⬭ 橋頭堡
- 🛢️ 敵軍軍隊
- ➡️ 第一波傘兵及滑翔機行動
- ➡️ 第二波地面部隊與空降增援部隊會合行動

飛航機地，空降增援部隊的優先攻擊目標

降落區

司令部 QG

空投區

交通聯繫樞紐或橋樑，與地面部隊會合的重要區域

滑翔機

空投高度（從100-500公尺）

500公尺
400公尺
300公尺
200公尺
100公尺

3・大型任務

大部分的空降部隊都在白天活動，只有少數在夜間進行，空降任務經常由數十人或數百人執行，很少超過。同時空降數千人的大型任務非常少見，直到 1941 年也只有德國這麼做過，而英美則在 1943-1945 年間執行過。之所以難以執行大型空降任務的原因，在於要執行如此大的任務，至少必須暫時握有制空權，且需要一支由上百架飛機及滑翔機組成、易受攻擊的運輸部隊，戰術上的風險極

高，若是沒有立刻和地面部隊會合，幾乎可視為自殺行動。空降任務就算成功執行，也無法避免慘重的傷亡，年輕且經過訓練的上選精英部隊轉眼間灰飛湮滅。因此二戰的後半段直到 1945 年，除了英美，各國空降部隊主要擔任突擊步兵的角色，比方來說，德軍的空降獵兵（Fallschirmjäger）在 1942 年後連跳傘資格都沒有。

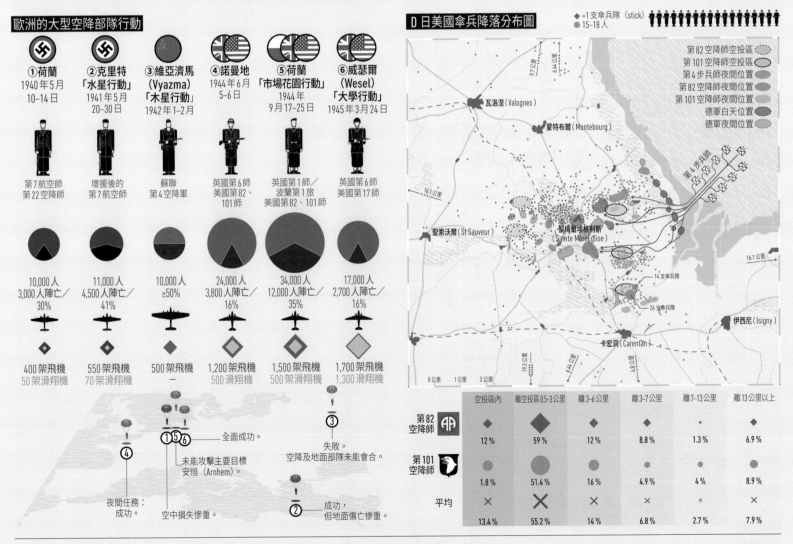

歐洲的大型空降部隊行動

①荷蘭	②克里特	③維亞濟馬	④諾曼地	⑤荷蘭	⑥威瑟爾
	「水星行動」	（Vyazma）「木星行動」		「市場花園行動」	（Wesel）「大學行動」
1940年5月10-14日	1941年5月20-30日	1942年1-2月	1944年6月5-6日	1944年9月17-25日	1945年3月24日
第7航空師第22空降師	增援後的第7航空師	蘇聯第4空降軍	英國第6師美國第82、101師	英國第1師／波蘭第1旅美國第82、101師	英國第6師美國第17師
10,000人3,000人陣亡／30%	11,000人4,500人陣亡／41%	10,000人≥50%	24,000人3,800人陣亡／16%	34,000人12,000人陣亡／35%	17,000人2,700人陣亡／16%
400架飛機50架滑翔機	550架飛機70架滑翔機	500架飛機—	1,200架飛機500滑翔機	1,500架飛機500架滑翔機	1,700架飛機1,300滑翔機

全面成功。

未能攻擊主要目標安恒（Arnhem）。

失敗。空降及地面部隊未能會合。

夜間任務：成功。

空中損失慘重。

成功，但地面傷亡慘重。

D 日美國傘兵降落分布圖

◆ =1支傘兵隊（stick）
⬤ 15-18人

- 第82空降師空投區
- 第101空降師空投區
- 第4步兵師夜間位置
- 第82空降師夜間位置
- 第101空降師夜間位置
- 德軍白天位置
- 德軍夜間位置

瓦洛涅（Valognes）
蒙特布爾（Montebourg）
聖索沃爾（St Sauveur）
聖梅爾埃格利斯（Sainte Mere Eglise）
14 支傘兵隊
26 支傘兵隊
卡宏洞（Carentan）
伊西尼（Isigny）

9.7公里
6.44公里
16.1公里
16.1公里
19.3公里
6.44公里
4.8公里

0公里　1公里　2公里

	空投區內	離空投區0.5-3公里	離3-6公里	離3-7公里	離7-13公里	離13公里以上
第82空降師	12%	59%	12%	8.8%	1.3%	6.9%
第101空降師	1.8%	51.4%	16%	4.9%	4%	8.9%
平均	13.4%	55.2%	14%	6.8%	2.7%	7.9%

資料來源：1• Gaston Erlom, *Parachutistes soviétiques 1930-1945*, H&C, 2017 - 2• James M. Gavin, *Airborne Warfare*, Battery Press, 1980 (1947) - 3• Gordon Harrison, *Cross-Channel Attack*, St. John's Press, 2016 - 4• Bruce Quarrie, *German Airborne Troops, 1939-45*, Osprey, 1983 - 5• Gordon Rottman, *World War II Airborne Warfare Tactics*, Osprey, 2006 - 6• Steven Zaloga, *US Airborne Divisions in the ETO*, Osprey, 2007

1939年翔鶴級 (Shōkaku) 重型航空母艦

2

↔ 長257.5公尺／寬29公尺／吃水深度8.87公尺　　⬛ 26,000噸

⬛ 34.2節　　⬛ 14,000公里　　⬛ 1,660人　　⬛ 70–165毫米

⬛ 18架戰鬥機 + 27架轟炸機 + 27魚雷轟炸機／16門127毫米炮／42座25毫米機槍

海軍艦隊

第二次世界大戰的艦隊由數種不同的重要軍艦組成，依據配備武器和防護性能互補功能，從最沉重的裝甲「主力艦」（Capital ships，20,000 噸甚至超過），到約莫 1,000 噸的魚雷艇之間，還有各種巡洋艦、驅逐艦及潛艦。以技術而言，探測方式的問世和演進（雷達、聲納……等），及戰間期發展出各種威力不斷增強的航空母艦，都是海軍在二戰期間的重大改變。

「主力艦」通常指的是戰場上最珍貴的軍艦，一開始各國都以戰艦為主力艦，但很快就延伸到航空母艦。在太平洋的廣大戰場上，航空母艦的角色格外重要，取代了戰艦，躍升為艦隊中最重要的船隻。

注：此處根據國際條約列出的船隻噸位，是指未加載武器裝備前的空船排水量。舉例而言，法國戰艦「黎胥留號」的標準排水量是 35,000 噸，但滿載排水量可達 48,000 噸。

1942年獨立級 (Independence) 輕型航空母艦

9

↔ 長189.7公尺／寬32公尺／吃水深度7.4公尺　　⬛ 11,000噸

⬛ 31.6節　　⬛ 24,000公里　　⬛ 1,569人　　⬛ 127毫米

⬛ 24架戰鬥機 + 9架魚雷轟炸機／2門4四聯裝40毫米炮／8門雙聯裝40毫米炮／22座20毫米機槍

1942年統治者級 (Ruler) 護航航空母艦

25

↔ 長151公尺／寬21.2公尺／吃水深度7.8公尺　　⬛ 15,390噸

⬛ 16.5節　　⬛ 48,700公里　　⬛ 646人　　⬛ 0

⬛ 12架戰鬥機 + 12魚雷轟炸機／2門127毫米炮／8門雙聯裝40毫米炮／14座雙聯裝20毫米機槍／7座20毫米機槍

1943年帝國麥克柯爾級 (Empire MAC Coll) 輔助航空母艦 (Mac指的是商船航空母艦)

19

↔ 長141公尺／寬18.8公尺／吃水深度8.4公尺　　⬛ 9,100噸

⬛ 11節　　⬛ ?公里　　⬛ 110人　　⬛ 0

⬛ 4架魚雷轟炸機／1門100毫米炮／8座20毫米機槍／載貨

1929年塔斯特指揮官級 (Cdt Teste) 水上飛機母艦

1

↔ 長167公尺／寬27公尺／吃水深度6.93公尺　　⬛ 10,000噸

⬛ 20.5節　　⬛ 11,112公里　　⬛ 686人　　⬛ 30–55毫米

⬛ 26架水上飛機／12門100毫米炮／8門37毫米炮／12座13.2毫米機槍

艦載機功能　　● 主要任務　● 次要任務　→ 目標

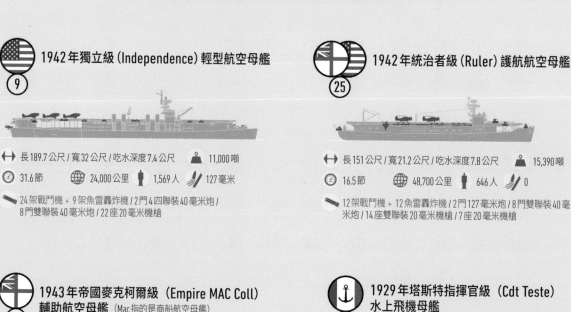

⬛ 戰鬥
⬛ 俯衝轟炸
⬛ 魚雷轟炸
⬛ 偵察
⬛ 救援

－戰鬥機：攻擊其他戰鬥機，保護航空母艦及其戰隊。

－魚雷轟炸機：攻擊其他船艦，特別是重型（船空母艦及戰艦）；除了魚雷，經常可攜帶其他炸彈（如復仇者轟炸機）。

－俯衝轟炸：攻擊船艦。

－輕型艦載水上飛機：大部分偵察用，亦可用來攻擊。

－重型水上飛機：必須仰賴基地，但只要有海上基地船（美國的水上飛機供應艦，Seaplane tender），亦可在海面上運作。可進行長距離的探測，有時用於攻擊潛艦或補給艦、進行海上救援的船員。

1‧叱咤海面的新王者：航空母艦

第一次世界大戰末期，各國意識到軍用航空機的角色愈來愈重要，航空母艦應運而生。長久以來，航空母艦一直是種實驗性武器，它的戰術重要性引起許多爭議。美國、英國和日本等海上列強首先測試航空母艦的潛能，而其表現與航空部隊及艦載機性能息息相關：戰鬥機、俯衝轟炸機及魚雷轟炸機。在塔蘭托戰役（1940 年）、珍珠港（1941 年）、中途島海戰（1942 年），航空母艦都展現威力，其「主力艦」的重要地位就此確立，成了艦隊中最重要的船隻。相反地，水上飛機母艦的發展則陷入死胡同。航空母艦進一步被細分為重型（約 20,000 噸以上，可承載 50-100 架飛機）及輕型（約 15,000 噸，30-50 架飛機）的戰鬥航空母艦，及最小也最慢的護航航空母艦（約 10,000 噸，15-30 架飛機）。護航航空母艦不管是護衛海上船隊、支援兩棲任務，或驅逐潛艦，其重要性都不容小覷。

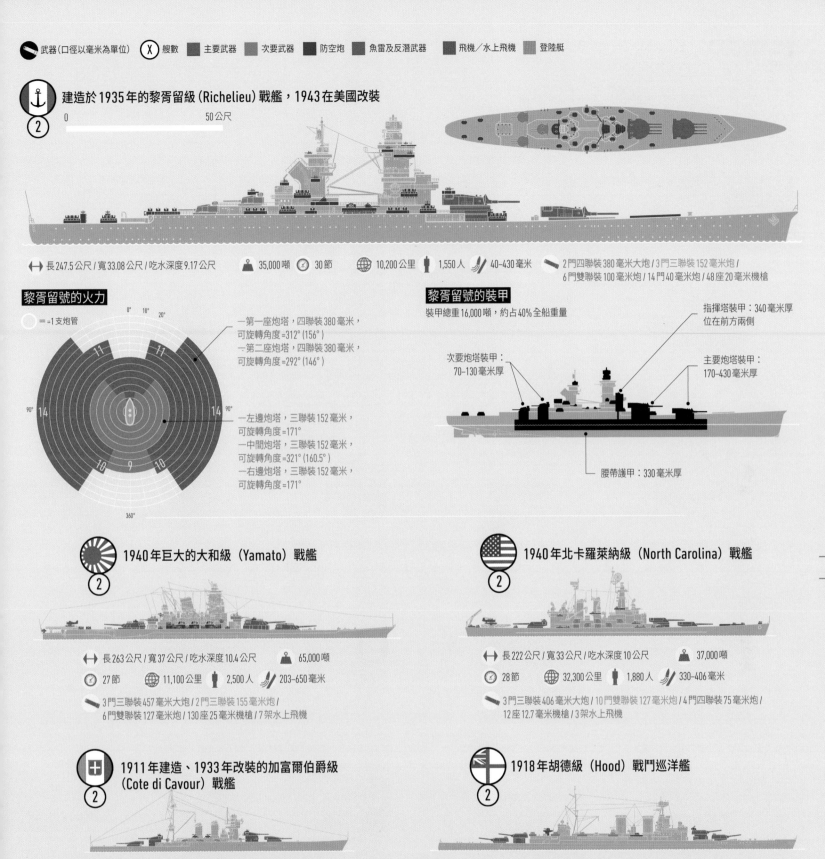

武器（口徑以毫米為單位）　Ⓧ 艘數　■ 主要武器　■ 次要武器　■ 防空炮　■ 魚雷及反潛武器　■ 飛機／水上飛機　■ 登陸艇

⚓ ② 建造於 1935 年的黎胥留級（Richelieu）戰艦，1943 在美國改裝

0 　　　　　　　　50公尺

↔ 長 247.5公尺 / 寬 33.08公尺 / 吃水深度 9.17公尺　　🏋 35,000噸　　⏱ 30節　　🌐 10,200公里　　👤 1,550人　　〰 40–430毫米　　🔫 2門四聯裝 380 毫米大炮 / 3門三聯裝 152 毫米炮 / 6門雙聯裝 100 毫米炮 / 14門 40 毫米炮 / 48座 20 毫米機槍

黎胥留號的火力

⭕ = 1 支炮管

0° 10° 20°
90° 14　14 90°
10 9 10
360°

一第一座炮塔，四聯裝 380 毫米，可旋轉角度＝312°（156°）
一第二座炮塔，四聯裝 380 毫米，可旋轉角度＝292°（146°）

一左邊炮塔，三聯裝 152 毫米，可旋轉角度＝171°
一中間炮塔，三聯裝 152 毫米，可旋轉角度＝321°（160.5°）
一右邊炮塔，三聯裝 152 毫米，可旋轉角度＝171°

黎胥留號的裝甲

裝甲總重 16,000 噸，約占 40% 全船重量

指揮塔裝甲：340 毫米厚 位在前方兩側

次要炮塔裝甲：70–130 毫米厚

主要炮塔裝甲：170–430 毫米厚

腰帶護甲：330 毫米厚

☀ ② 1940 年巨大的大和級（Yamato）戰艦

↔ 長 263公尺 / 寬 37公尺 / 吃水深度 10.4公尺　　🏋 65,000噸
⏱ 27節　　🌐 11,100公里　　👤 2,500人　　〰 203–650毫米
🔫 3門三聯裝 457 毫米大炮 / 2門三聯裝 155 毫米炮 / 6門雙聯裝 127 毫米炮 / 130座 25 毫米機槍 / 7架水上飛機

🇺🇸 ② 1940 年北卡羅萊納級（North Carolina）戰艦

↔ 長 222公尺 / 寬 33公尺 / 吃水深度 10公尺　　🏋 37,000噸
⏱ 28節　　🌐 32,300公里　　👤 1,880人　　〰 330–406毫米
🔫 3門三聯裝 406 毫米大炮 / 10門雙聯裝 127 毫米炮 / 4門四聯裝 75 毫米炮 / 12座 12.7 毫米機槍 / 3架水上飛機

✚ ② 1911 年建造、1933 年改裝的加富爾伯爵級（Cote di Cavour）戰艦

↔ 長 186.9公尺 / 寬 29公尺 / 吃水深度 8.6公尺　　🏋 28,900噸
⏱ 27節　　🌐 11,850公里　　👤 1,236人　　〰 80–280毫米
🔫 2門三聯裝、2門雙聯裝 320 毫米大炮 / 6門雙聯裝 120 毫米炮 / 4門四聯裝 100 毫米炮 / 8門 37 毫米炮 / 12座 20 毫米機槍

🇬🇧 ② 1918 年胡德級（Hood）戰鬥巡洋艦

↔ 長 262公尺 / 寬 31.7公尺 / 吃水深度 8.7公尺　　🏋 41,200噸
⏱ 31節　　🌐 9,900公里　　👤 1,325人　　〰 130–380毫米
🔫 4門雙聯裝 381 毫米大炮 / 7門雙聯裝 102 毫米炮 / 5門火箭炮 / 3門八聯裝 40 毫米炮 / 2座雙聯裝魚雷管

0　　　50公尺　　　100公尺　　　150公尺　　　200公尺

2・隱退的前王者：戰艦

戰艦是最重、威力也最強大的軍艦，其起源可回溯至 19 世紀後半，從最早期的鐵甲艦（Ironclads）到其他的巡防戰艦，一直到 20 世紀初不斷改良，推出第一批近代的「無畏艦」（Dreadnoughts）。戰艦裝有厚重裝甲，設有火力最強的數座炮台，各裝有 2-4 支炮管（口徑從 280 毫米到 381 毫米，增加到 406、甚至 460 毫米）。直到航空母艦威力增強前，戰艦一直稱霸海上。航空母艦的攻擊能夠直達

天際，因此戰艦退居為海上脆弱的炮兵船。戰艦原可分為兩大類：戰艦（裝甲厚重但也行動緩慢）及巡洋戰艦（裝甲較薄但速度快得多）。1930 年代末期出現末代的「超級戰艦」，雖然裝甲更加厚重、保護力更強，但行動依然迅捷。雖然艦上配備的防空炮性能大為強化，但也無法阻止它們被航空母艦取代的命運。

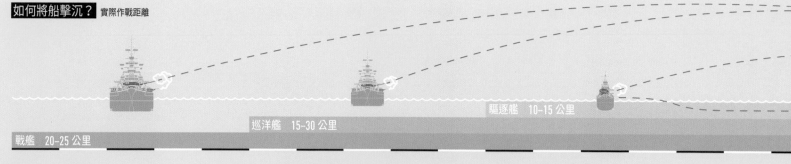

驅逐艦 10–15 公里

巡洋艦 15–30 公里

戰艦 20–25 公里

 尺寸 標準排水量 速度（潛艦水面／水下航速） 巡航速度（15 節）時的續航距離 船員人數 裝甲厚度 武器（口徑以毫米為單位）

1931 年德意志級 (Deutschland) 戰艦，暱稱「口袋戰艦」

 3

↔ 長 186 公尺／寬 21.6 公尺／吃水深度 7.4 公尺　　12,600 噸

28 節　　25,000 公里　　1,070 人　　38–152 毫米

2 門三聯裝 280 毫米炮／8 門 150 毫米炮／3 門雙聯裝 105 毫米炮／8 門雙聯裝 37 毫米炮／6 座 20 毫米機槍／4 座雙聯裝魚雷管／2 架水上飛機

1932 年阿爾及利亞級 (Algérie) 重型巡洋艦

1

↔ 長 186 公尺／寬 20 公尺／吃水深度 6.5 公尺　　10,000 噸

31 節　　16,112 公里　　748 人　　40–120 毫米

4 門雙聯裝 203 毫米大炮／6 門雙聯裝 100 毫米大炮／8 門 37 毫米炮／2 座三聯裝魚雷管／3 架水上飛機

1934 年蒙特庫科利級 (Montecuccoli) 輕型巡洋艦

2

↔ 長 182 公尺／寬 16.6 公尺／吃水深度 6 公尺　　7,500 噸

37 節　　7,615 公里　　580 人　　30–100 毫米

4 門雙聯裝 152 毫米炮／3 門雙聯裝 100 毫米炮／8 門 37 毫米炮／2 座雙聯裝魚雷管／2 架水上飛機

1935 年基洛夫級 (Kirov) 巡洋艦（依據蒙特庫科利級設計）

 2

↔ 長 191.3 公尺／寬 17.6 公尺／吃水深度 6.15 公尺　　7,890 噸

35.9 節　　18,500 公里　　872 人　　50–150 毫米

3 門三聯裝 180 毫米炮／6 門 100 毫米炮／6 門 45 毫米炮／4 座 12.7 毫米機槍／2 座三聯裝魚雷管／96 枚水雷／2 架水上飛機

↔ 長 115 公尺／寬 10.36 公尺／吃水深度 3.2 公尺

1,800 噸　38 節

9,260 公里　211 人

3 門雙聯裝 127 毫米炮／2 座單管 12.7 毫米機槍／3 座三聯裝魚雷管／18 枚魚雷／18 枚深水炸彈

1927 年吹雪級 (Fubuki) 驅逐艦

 24

1934 年空想級 (Le Fantasque) 魚雷艦

 6

↔ 長 132.4 公尺／寬 12.5 公尺／吃水深度 5 公尺

2,600 噸　37 節

7,400 公里　210 人

5 門 140 毫米炮／2 門雙聯裝 37 毫米炮／4 座 13.2 毫米機槍／3 座三聯裝魚雷管／50 枚水雷／24 枚深水炸彈

↔ 長 114.8 公尺／寬 12 公尺／吃水深度 5.3 公尺

2,050 噸　36.5 節

12,000 公里　329 人

5 門 127 毫米炮／2 門 40 毫米炮／6 座 20 毫米機槍／2 座五聯裝魚雷管／? 枚深水炸彈

1941 年佛萊契爾級 (Fletcher) 驅逐艦

 181

1939 年狩獵級 (Hunt) 護航驅逐艦

 86

↔ 長 85.34 公尺／寬 9.6 公尺／吃水深度 3.8 公尺

1,050 噸　27 節

6,500 公里　168 人

2 門雙聯裝 102 毫米炮／4 門 40 毫米炮／2 座 20 毫米機槍／40 枚深水炸彈

0　　50 公尺　　100 公尺　　150 公尺　　200 公尺

3 • 巡洋艦及驅逐艦：戰士與保護者

巡洋艦通常迅速且耐力強，一開始是專為阻斷敵軍聯繫而設計的長程航行用船，在艦隊中扮演關鍵角色。它們輔助、伴隨並護衛「主力艦」。

巡洋艦的種類多元。依照戰間期的海軍條約，巡洋艦整體而言可分為：以戰鬥為主要功能的重型巡洋艦（10,000 噸以下），艦炮口徑 155-203 毫米；及輕型巡洋艦，有時以專長細分（防空、反潛艦、小型艦隊的領隊艦……），不但體型較小，主要艦炮威力也較弱（130-155 毫米）。許多巡洋艦都裝有魚雷，常配有 1-2 架水上偵察

機。巡洋艦最大的弱點就是不上不下的中庸角色：太過脆弱，無法直接與戰艦對戰，無法抵禦重型火炮、輕型軍艦，又擋不住潛艦的魚雷及空中攻擊。

驅逐艦是艦隊中的「士兵」，有各種機型和不同威力，沒有厚重的裝甲，因此大體而言行動迅捷。它們扮演的角色繁多：最大型的驅逐艦騷擾敵軍艦隊以保護己方的重型戰艦，最輕型的追趕同類型的敵方軍船，誘捕潛艦，護衛艦隊。最常見的火炮口徑在 120-140 毫米之間，一般來說都配備許多魚雷管。

轟炸機　　　俯衝轟炸機　300-600 公尺　　　魚雷轟炸機　1 公里

水雷　0-5 公里

潛艦及德國 S 艦能在 10 公里外攻擊，但最佳作戰距離為 0.5-2.5 公里

圖例
（X）艦數　■主要武器　■次要武器　■防空炮　■魚雷及反潛武器　■飛機／水上飛機　■登陸艇

1940年貓鯊級 (Gato) 遠洋潛艦 （77）
- 長95公尺/寬8.3公尺/吃水深度4.65公尺　　1,525噸
- 20節/8.75節　20,372公里　60人
- 10座魚雷管及24枚魚雷/1門76毫米炮/2門40毫米炮/1座20毫米機槍

1938年VII級C型潛艦 （654）
- 長67公尺/寬6.2公尺/吃水深度4.74公尺　　770噸
- 17.7節/7.6節　15,170公里　52人
- 5座魚雷管及14枚魚雷/1門88毫米炮/1座20毫米機槍

1938年U級近岸潛艦 （49）
- 長60公尺/寬5公尺/吃水深度4.65公尺　　540噸
- 11.25節/10節　8,300公里　33人
- 4座魚雷管及8枚魚雷/1門76毫米炮

1942年拜菲爾德級 (Bayfield) 武裝運輸艦 （34）
- 長150公尺/寬21公尺/吃水深度8公尺　　8,100噸
- 18節　?公里　631人+1,500名士兵+5,500噸貨物
- 12艘裝載車輛人員的登陸艇 (LCVP) +4艘機械化登陸艇/2門127毫米炮/4門雙聯裝40毫米機槍/24座20毫米機槍

1940年班戈級 (Bangor) 獵雷艦 （14）
- 長49公尺/寬8.5公尺/吃水深度2.51公尺　　605噸
- 16.5節　?公里　60人
- 1門76毫米炮/1座四聯裝12.7毫米機槍/40枚深水炸彈

1939年獵戶座 (Orion) 輔助巡洋艦 （1）
- 長148公尺/寬18.6公尺/吃水深度8.2公尺　　15,700噸
- 14.8節　33,000公里　356人　45-360毫米
- 6門150毫米炮/1門75毫米炮/2門37毫米炮/4座20毫米機槍/6座魚雷管/228枚水雷/1架水上飛機

1940年坦克登陸艦 (Landing ships tanks) Mk.3 （1 000）
- 長120公尺/寬15公尺/吃水深度4.42公尺　　3,678噸
- 18節　17,000公里　169人+20輛中型戰車+193名士兵
- 4艘裝載車輛人員的登陸艇/4門40毫米炮/8座20毫米機槍

1943年德國S艇 (Schnellboot) S-100 （魚雷艇） （?）
- 長32.76公尺/寬5.06公尺/吃水深度1.47公尺　　78.9噸
- 43.8節　1,500公里　24-30人
- 1門37毫米炮/3座雙聯裝20毫米機槍/2座魚雷管

1933年建川丸級 (Tatekawa Maru) 液貨船 （11）
- 長152公尺/寬20公尺/吃水深度11.4公尺　　9,974噸
- 20節　?公里　?人　2座
- 2門76毫米炮/2座25毫米機槍/12,687噸石油

魚雷
- 英國Mark 12機用魚雷/457毫米　　1.4公里/27-40節
- 德國G7a魚雷/533毫米　　7.5公里/40節
- 日本93式魚雷/610毫米　　22公里/52節
- 裝載　176公斤　280公斤　490公斤的炸藥

水雷
- 磁性雷：有大量金屬靠近時爆炸
- 聲雷：有引擎靠近時爆炸

4 • 潛艦、輔助艦艇、兩棲艦、各種小型船艇……艦隊中不可缺少的各種船隻

傳統軍艦仰賴大量且各種不同的輔助艦艇才能順利運作。潛艦和海上的大型水面艦一樣，都被視為主力戰鬥艦，但通常負責不同的任務，如攻擊敵軍的聯絡網路或沿岸防禦。潛艦種類繁多：近岸潛艦、海洋潛艦或長程潛艦。有些國家（如法國、日本）另外發展「航空潛艦」，不但火力強又能下潛，可以搭載一架或數架水上飛機，但其表現不如預期。

我們無法在此細列所有其他種類的軍用船隻。它們並不直屬於分艦隊，而且其特色、尺寸、功能和武裝各不相同，任務也十分多元：保護基地和海岸、速攻（輕型魚雷艇、魚雷快艇……），運送部隊、原料、海上補給（貨船、運輸船、油輪），照顧傷患（醫療船），海上檢修（修理艦、浮塢），兩棲登陸（突擊運輸船，運送軍士、坦克、車輛的登陸艇或平底駁船），移除或布置水雷（掃雷艦、布雷艦），護衛船隊（護衛驅逐艦、單桅縱帆船、護衛艦、巡防艦……）等等。

5 • 1939年各國海軍勢力

第二次世界大戰前夕，各國海軍軍力大部分仍取決於戰間期簽訂的海軍軍備限制和裁軍條約（1922 年的華盛頓海軍條約、1930 及 1936 年的第一次和第二次倫敦海軍條約），英美兩國享有優惠待遇、日本受限，同時強制規定歐洲的法國、義大利海軍握有同樣軍力。不過自 1936–1937 年起，各國紛紛建造大量艦隊。海軍軍備競賽雖然重啟，但由於建造船艦耗時費力，必須等到開戰後才逐漸展現成效。

直到將近 1940 年代，能宣稱軍力超越區域限制的仍只有區區幾國。受到條約優待的英國皇家海軍（多少仰賴大英國協下其他國家增強勢力）及美國海軍船艦，仍遠比其他國家優秀，是世上最強大的海權國家。唯有這兩國能讓數支分艦隊散布於數座海洋。大日本帝國海軍位居第三，擁有世上最棒的航空母艦分艦隊（第一航空艦隊），有機會奪下太平洋的制海、空權。而在歐洲，死對頭的兩個拉丁鄰

1939 年主要國家艦隊船隻種類

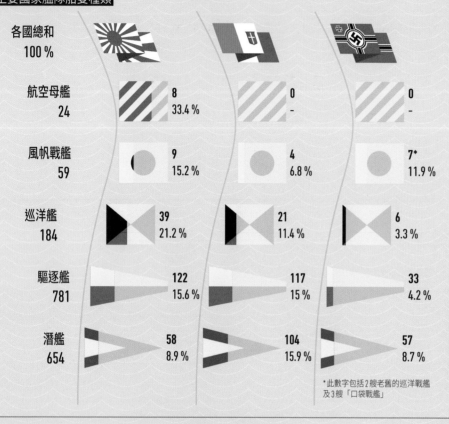

	各國總和 100 %			
航空母艦 24	8 33.4 %	0 -	0 -	
風帆戰艦 59	9 15.2 %	4 6.8 %	7* 11.9 %	
巡洋艦 184	39 21.2 %	21 11.4 %	6 3.3 %	
驅逐艦 781	122 15.6 %	117 15 %	33 4.2 %	
潛艦 654	58 8.9 %	104 15.9 %	57 8.7 %	

* 此數字包括 2 艘老舊的巡洋戰艦及 3 艘「口袋戰艦」

1939 年主要國家戰鬥艦隊分布圖

⚓ 主要海軍基地
✕ 勢力區域

蘇聯海軍 / 286 艘 / 16.8%
波羅的海 34 %　黑海 22
9%
太平洋 35 %

日本海軍 / 236 艘 / 13.87%
太平洋及中國海 100 %

美國海軍 / 348 艘 / 20.45%
太平洋及夏威夷（印度洋）58 %
8 %
11 %

新加坡
西貢
菲律賓
吳市
楚克島
墨爾本
夫拉迪（海參崴）
珍珠港

6 • 美國海軍的進化（1941–1945年）：海上超級霸權的誕生

美國海軍占據重要地位。直到 1945 年戰勝後，龐大的船艦建造計畫才戛然而止。在 1941 年 11 月，美國海軍擁有 7,695 艘各式船艦，排水量總計 270 萬噸，而在接下來的 4 年間又增加 100,000 艘新船隻（1,300 萬噸，大部分是輕型兩棲軍艦），其中有 1,150 艘重要戰艦，這一切都歸功於 325 座造船廠、100 萬名造船工人和 300 萬家外包商。

美國軍艦的數量急劇增加，日本帝國海軍又遭到殲滅，即使損失慘重，但美國海軍仍一躍成為海上第一強權，而且再也沒有讓出王位。最驚人的是，其海軍軍力超過其他各國的總和！1946 年在比基尼環礁（Bikini）數次試爆原子彈後，美國就算損失包括戰艦及航空母艦在內的數十艘軍艦，也無損於其海上霸主的地位。

美國海軍中可出勤的作戰用軍艦

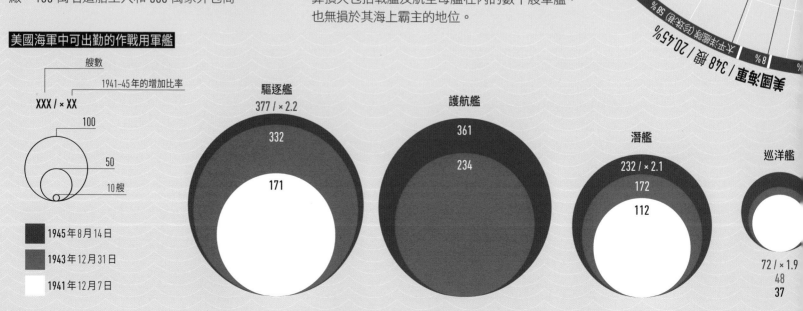

艘數
1941–45 年的增加比率
XXX / × XX
100
50
10 艘

■ 1945 年 8 月 14 日
■ 1943 年 12 月 31 日
□ 1941 年 12 月 7 日

驅逐艦
377 / × 2.2
332
171

護航艦
361
234

潛艦
232 / × 2.1
172
112

巡洋艦
72 / × 1.9
48
37

國法國和義大利，攜手占據接下來的名次，爭奪地中海的優勢。法國必須保護從安地列斯群島、西非一路延伸到法屬印度支那的廣大殖民帝國。德意志帝國的戰爭海軍（Kriegsmarine）受到凡爾賽條約限制，雖然起步較晚但在 1930 年代直趕急追，加強戰力並現代化，雖屈居「局外人」的地位，無法與英國皇家海軍較勁，但仍成為頑強的威脅（U 型潛艦、偽裝巡洋艦等，並按時推出重型軍艦），能夠執行驚人的綜合任務（如位在挪威的海軍基地）。屈居末位的則是既古老又分散的蘇聯海軍（分別散布於波羅的海、黑海、北極洋、

太平洋），雖然擁有數量繁多的潛艦，但只有次級實力，只能執行區域性任務。

到了 1945 年，軸心國的艦隊幾乎完全瓦解或遭到殲滅。自 1940 年起就遭到兩方陣營拉扯的法國海軍，在凱比爾港（el-Kébir）海戰及重大的土倫（Toulon）艦隊自沉事件後（1942 年 11 月），蒙受嚴重損失。英國皇家海軍依然威力強大，但美國海軍更勝一籌。

65

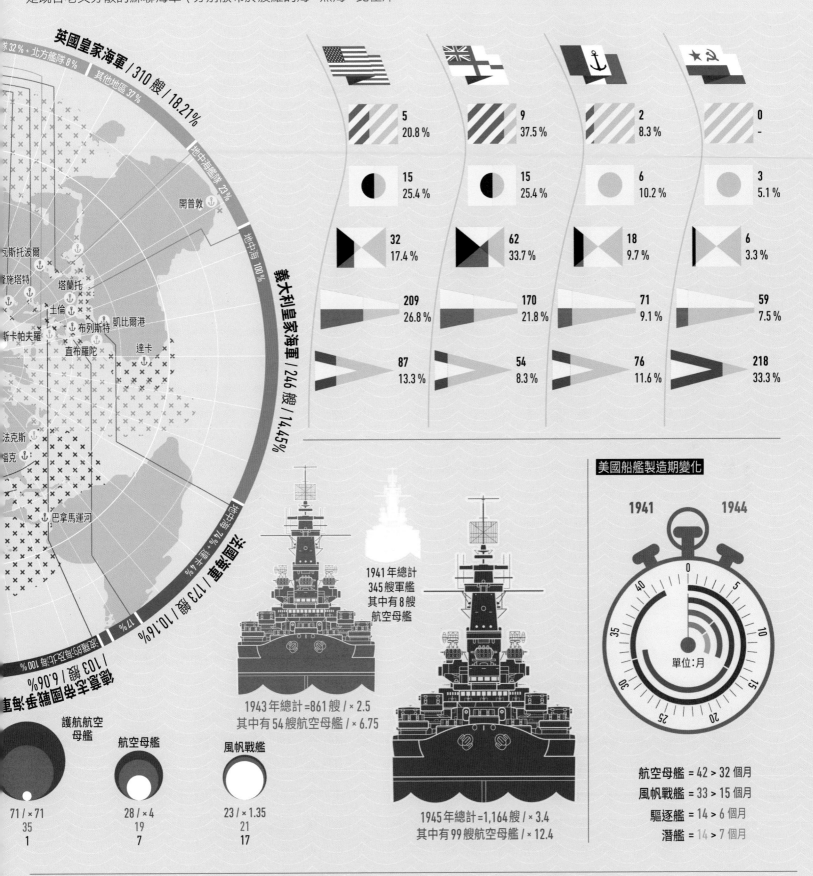

1941 年總計 345 艘軍艦
其中有 8 艘航空母艦

1943 年總計 ＝861 艘 / × 2.5
其中有 54 艘航空母艦 / × 6.75

1945 年總計 ＝1,164 艘 / × 3.4
其中有 99 艘航空母艦 / × 12.4

美國船艦製造期變化

1941　1944

單位：月

航空母艦 ＝ 42 > 32 個月
風帆戰艦 ＝ 33 > 15 個月
驅逐艦 ＝ 14 > 6 個月
潛艦 ＝ 14 > 7 個月

護航航空母艦

航空母艦

風帆戰艦

71 / × 71
35
1

28 / × 4
19
7

23 / × 1.35
21
17

資料來源：1• Amiral Ernest J. King, *Official Reports, US Navy at War, 1941-1945*, Administration of the Navy Department, Washington, 1959 - 2• Antony Preston, *Navires et Combats*, PML, 1994 - 3• Marc Benoist, *Les Marines étrangères*, éd. J. de Gigord, 1938 - 4• *Japanese Naval and Merchant Shipping Losses During World War II by All Causes*, The Joint Army-Navy Assessment Committee (Janac), 1947 - 5• *U.S. Navy Active Ship Force Levels*, Naval History and Heritage Command, US Navy - 6• Ressources des sites naval-history.net et combinedfleet.com - 7• http://www.shipbucket.com

1942 年的海軍航空艦隊究竟是什麼？

直到 1930 年代末期，航空母艦仍被視為輔助戰艦隊出勤的軍艦。但在 1940 年 11 月 11 日到 12 日晚間，當英國皇家海軍在塔蘭托港以航空母艦發動空襲，成功擊沉 3 艘義大利戰艦，航空母艦的地位一躍而升。然而，歐洲海域受陸地包圍，大型的海軍航空任務難以施展。太平洋的情況正好相反。1941 年，日本在太平洋上部署第一航空艦隊，由 6 艘大型航空母艦組成，備有最棒的艦載機，並以團隊作戰。日本第一航空艦隊和英美艦隊不同，在大型空襲戰中，這支獨特的艦隊能派出超過 300 架飛機，1941 年 12 月的珍珠港事件讓美國見證這一點。日本受到塔蘭托一役啟發而展開珍珠港襲擊，沒想到卻幫了對手一個忙：一舉摧毀美國的老舊戰艦，航空母艦因不在現場而毫髮無傷，替美國海軍長久以來「發展巨炮還是飛機」的爭論劃下句點。

無人能出其右的「平頂」航空母艦成為美軍特遣隊（特設單位）的核心，而特遣隊後來成了太平洋的基本戰鬥單位。謹慎的美軍克制立刻痛擊日本大型分艦隊的衝動。但 1942 年春天，日本鑄下大錯，將第一航空艦隊分別派往兩地。兩艘派往珊瑚海（mer de Corail，1942 年 5 月 4-8 日）的航空母艦被擊潰，第一航空艦隊因而失去 1/3 兵力。因此在中途島（Midway，1942 年 6 月 4-7 日）只剩下 4 艘航空母艦來抵抗敵軍的 3 艘航空母艦（再加上駐紮於島上基地的軍機）。為了避免「平頂」航空母艦成為日軍的箭靶，美國海軍將它們分別編入 2 個特遣隊。儘管美方的襲擊組織不佳又欠缺效率，但的確讓第一航空艦隊措手不及；當時後者為了加強空中武力的協調度，正以團隊行進。幾分鐘內，3 艘日本航空母艦就被擊沉（第四艘過沒多久也淪落同樣下場）……

這項致命失敗，促使日軍重新編制航空艦隊；與此同時，美國在 1943 年生產了大量的新型船艦，得以組成龐大的特遣艦隊（在 1944 年夏天，第 38 特遣艦隊擁有 9 艘大型及 8 艘輕型的航空母艦），再分組成各種特遣團（Task Groups）。

• 制空權

第一航空艦隊在 1942 年握有的最大優勢，是日本艦載機的作戰半徑廣大、遠遠超過對手，但代價就是為了減輕負荷故防護不足。理論上而言，美軍戰機因追擊距離過短，因此在有辦法反擊前，就已先暴露於日軍的攻擊範圍內，無法有效護衛己方的攻擊。不過雷達彌補了這方面的不足，航空母艦得以定位敵方攻擊並組織反擊。日本的雷達在 1942 年仍處於試樣階段，品質和探測範圍都比不上美軍，直到 1943 年春才開始安裝在航空母艦上，然此時的日本帝國海軍已被擊敗。

雷達及軍機的涵蓋範圍

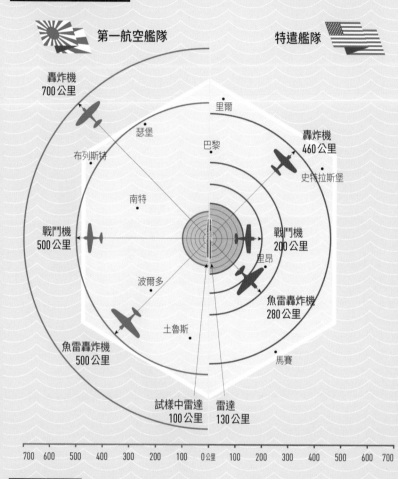

第一航空艦隊　　　　　　　　　特遣艦隊

轟炸機 700公里　　　　里爾
瑟堡　　　巴黎
布列斯特　　　　　　　　　　轟炸機 460公里
　　　　　　　　　　　　　史特拉斯堡
南特
戰鬥機 500公里　　　　　　　　戰鬥機 200公里
　　　　　　　里昂
波爾多
　　　　　　　　　　　　魚雷轟炸機 280公里
　　　　　土魯斯
魚雷轟炸機 500公里
　　　　　　　　　　　馬賽

試樣中雷達 100公里　　雷達 130公里

700 600 500 400 300 200 100 0公里 100 200 300 400 500 600 700

火炮涵蓋距離

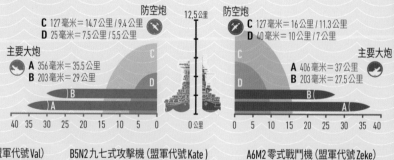

防空炮
C 127毫米＝14.7公里／9.4公里
D 25毫米＝7.5公里／5.5公里

主要大炮
A 356毫米＝35.5公里
B 203毫米＝29公里

12.5公里

防空炮
C 127毫米＝16公里／11.3公里
D 40毫米＝10公里／7公里

主要大炮
A 406毫米＝37公里
B 203毫米＝27.5公里

40 35 30 25 20 15 10 5 0公里　0 5 10 15 20 25 30 35 40

• 日軍的赤城號（AKAGI）航空母艦

赤城號在 1920 年設計時，原本定位為巡洋戰艦，但後來改造為航空母艦，並於 1927 年 3 月 25 日開始服役。然而，正如日製的「平頂」航空母艦，赤城號有 3 項重大缺點：空中部隊不足，沒有雷達及通風不佳的封閉式設計，很容易造成碳氫氣體聚集，引發危險。只要有顆炸彈落在兩道防火牆的接合處，掉在一組準備起飛戰鬥的飛機之間，就會引發足以致命的大火，而這正是 1942 年 6 月 5 日中途島海戰發生的情況。

■ ＝1架飛機

D3A九九式俯衝轟炸機（盟軍代號Val）　　B5N2九七式攻擊機（盟軍代號Kate）　　A6M2零式戰鬥機（盟軍代號Zeke）

長260.7公尺／寬31.3公尺／吃水深度8.7公尺　　42,000噸　　31節　　19,000公里　　1,630人　　6門203毫米炮／2門6聯裝120毫米炮／14座雙聯裝25毫米機槍　　152毫米

資料來源：1• Jonathan Parshall & Anthony Tully, *Shattered Sword : the Untold Story of the Battle of Midway*, Potomac Books, 2005 - 2• David Evans,

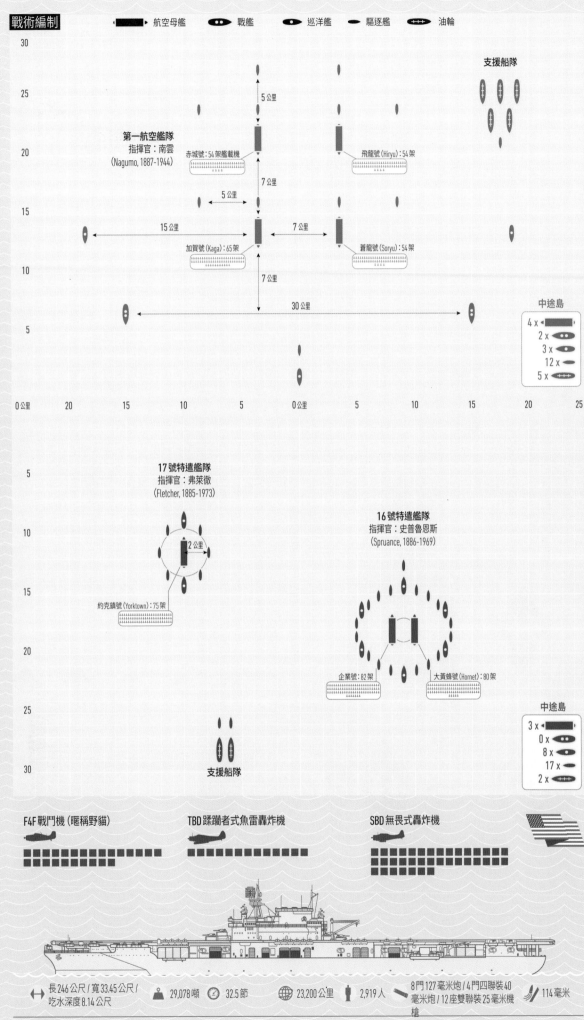

戰術編制

圖例：■■ 航空母艦　● 戰艦　● 巡洋艦　━ 驅逐艦　✦✦ 油輪

支援船隊

第一航空艦隊
指揮官：南雲
(Nagumo, 1887-1944)

赤城號：54 架艦載機
飛龍號 (Hiryu)：54 架
加賀號 (Kaga)：65 架
蒼龍號 (Soryu)：54 架

5 公里
7 公里
5 公里
7 公里
15 公里
7 公里
30 公里

中途島

4 x ■■
2 x ●
3 x ●
12 x ━
5 x ✦✦

17 號特遣艦隊
指揮官：弗萊徹
(Fletcher, 1885-1973)

約克鎮號 (Yorktown)：75 架
2 公里

16 號特遣艦隊
指揮官：史普魯恩斯
(Spruance, 1886-1969)

企業號：82 架
大黃蜂號 (Hornet)：80 架

中途島

3 x ■■
0 x ●
8 x ●
17 x ━
2 x ✦✦

支援船隊

F4F 戰鬥機（暱稱野貓）
TBD 蹂躪者式魚雷轟炸機
SBD 無畏式轟炸機

長 246 公尺／寬 33.45 公尺／吃水深度 8.14 公尺　　29,078 噸　　32.5 節　　23,200 公里　　2,919 人　　8 門 127 毫米炮／4 門四聯裝 40 毫米炮／12 座雙聯裝 25 毫米機槍　　114 毫米

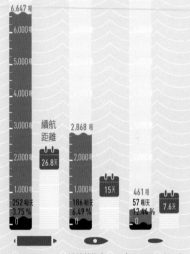

Mark Peattie, *Kaigun. Strategy, Tactics and Technology in the Imperial Japanese Navy 1887-1941*, Naval Institute Press, 1997 - 3• Mark Stille, *US Navy Aircraft Carriers 1922-45 : Prewar Classes* ; Mark Stille, *Imperial Japanese Navy Aircraft Carriers 1921-45*, Osprey, 2005

• 原料消耗與後勤

在面積廣大的太平洋上，一支特遣艦隊集結了十多艘以上的大型軍艦，這對後勤來說是項重大挑戰。一艘驅逐艦若保持 20 節的速度，其燃料也只能支持不到 8 天的航行。然而作戰時航空母艦為了讓艦載機順利起飛，速度會超過 30 節，此時消耗的燃料大增，因此運油艦必須追隨艦隊行進並發展海上補給支援技術，而這正是日本沒有學會的一課。

耗油量（航行速度 20 節，柴油單位為噸）

油艙容量
+ 消耗量／天

	艾塞克斯級 (Essex) 航空母艦	波特蘭級 (Portland) 巡洋艦	辛姆斯級 (Sims) 驅逐艦
油艙容量	6,647 噸	2,868 噸	461 噸
續航距離	26.8 天	15 天	7.6 天
消耗量／天	252 噸／天 3.75 %	186 噸／天 6.49 %	57 噸／天 12.44 %

希馬隆級 (Cimarron) 油輪（單位：噸）

16 號特遣艦隊維持 20 節速度的耗油量
2,138.74 噸／天

希馬隆油輪載貨量
20,651 噸

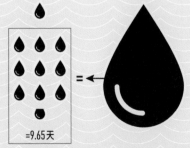

=9.65 天　　= 9.65 天

• 美國企業號 (Enterprise) 航空母艦

企業號航空母艦在 1936 年 10 月 3 日下水，並於 1938 年 5 月 12 號服役，設計時就以航空母艦為目標。企業號空間寬敞，配備優秀的 CXAM 雷達，在中途島一役中承載了 75 架艦載機，並在 1943 年增加為 90 架，比日本航空母艦還多。這些飛機平時停在甲板上，機庫向海開放，好方便維修。企業號經過不斷改良，在服役期間挺過所有參與戰事，直到 1958 年被拆解。

67

| 12. 希特勒青年師 Hitlerjugend 1943-45 | 13. 聖刀師 Handschar 1943-45 | 14. 加利西亞師 Galizien 1943-45 | 15. 拉脫維亞第一師 Lettische Nr. 1 1943-45 | 16. 親衛隊全國領袖師 Reichsführer-SS 1943-45 | 17. 古茲·馮·伯利辛根師 Götz von Berlichingen 1943-45 | 18. 霍斯特·威塞爾師 Horst Wessel 1944-45 | 19. 拉脫維亞第二師 Lettische Nr. 2 1944-45 | 20. 愛沙尼亞第一師 Estnische Nr. 1 1944-45 | 21. 斯坎德貝師 Skanderbeg 1944-44 |

11. 北地師 Nordland 1943-45
10. 弗倫斯堡師 Frundsberg 1943-45
9. 霍亨斯陶芬師 Hohenstaufen 1943-45
8. 弗洛里安·蓋爾師 Florian Geyer 1942-45
7. 歐根親王師 Prinz Eugen 1942-45
6. 北方師 Nord 1941-45
5. 維京師 Wiking 1940-45
4. 警察師 Polizei 1939-45
3. 骷髏師 Totenkopf 1939-45
2. 帝國師 Das Reich 1939-45
1. 阿道夫·希特勒警衛旗隊 Leibstandarte Adolf Hitler 1939-45

國中之國的納粹親衛隊

SS，這兩個字母縮寫不但是恐懼，也是幻夢的同義詞。在希姆萊的狂想下，親衛隊組織不斷擴張，觸手伸向各界，甚至進一步成為國中之國。然而，希特勒在 1925 年 11 月 9 日創立親衛隊（Schutzstaffel，直譯為護衛部隊）時，原本想像的是一支從衝鋒隊（Sturmbteilung，SA）精挑細選的「樸實隨扈隊（由 8 名健壯男子擔任），隊員毫無保留、全心為希特勒效命，甚至不惜出賣自己的兄弟」。而當希姆萊在 4 年後成為親衛隊的領袖時，親衛隊增加為 280 位勇士，但遠少於多達 60,000 人的衝鋒隊。在希特勒心中，親衛隊是「納粹黨的菁英部隊」，但希姆萊想把它變為「國家菁英」，「使德意志民族重獲新生的疫苗」。希姆萊並不只支持納粹主義，甚而進一步擴充。他訂下親衛隊準軍隊的架構——由領導者親自錘鍊、「將所有成員改造為士兵的後方機構」——擴張其行動範圍，好讓親衛隊成為一個「製造延續德意志民族不可或缺的純種人」的組織。

在希姆萊想像中，親衛隊有如軍事組織，是一個種族單一、具備全新道德觀、受到嚴密體能訓練的先鋒團體。他傾盡全力，不惜回頭利用亞瑟王與條頓人的傳奇，以求取代基督教、

1 · 親衛隊的多方觸角

圖示說明：

→ 指揮

♀ 政治宣傳：親衛隊出版周刊並利用受邀加入榮譽親衛隊的菁英（Ehrenführer，榮譽指導）作為宣傳手段

軍事：SS-VT是親衛隊的「特別機動部隊」，由政治特遣隊演變而來

警察

情報／警察：親衛隊握有所有維持秩序的管理組織

神祕學：親衛隊的中心組織位在建於中世紀的城堡維沃茲堡（Wewelsburg）

教育

司法服務：撰寫並實施親衛隊的法規

集中營／滅絕營：骷髏總隊（SS-Totenkopfverbände，SS-T）管理監獄和集中營，參與占領地的維安任務。司令部指揮位於蘇聯的滅絕部隊執行任務

經濟：金融部和經濟管理部負責商業任務，管理奴隸勞工

建立新世界：占領區的殖民計畫由兩個組織來制定：人種與移居部（RuSHA）和強化德意志人種高級專員部（RKF），後者並調查控制種族純淨的方法

意識形態／製造新人類：親衛隊成立雅利安人分娩中心，照顧「純種」孤兒（生命之泉機構，Lebensborn），設立學校（希特勒學校，AH Schulen），及高等教學中心（騎士團學院，Ordensschulen）

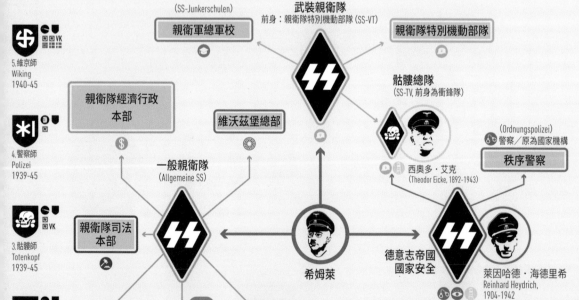

2 · 軍中之軍的武裝親衛隊

人們對武裝親衛隊的迷戀，誇大了它的影響力。雖說首波的武裝親衛師表現優秀，但它們的兵力只占裝甲部隊的 10%、德意志國防軍的 2%，而且直到 1944 年才達到 10% 的門檻，但人數增加的代價就是素質大幅下降。武裝親衛隊欠缺人力，過多的管理階層更是浪費人員。原本嚴厲的篩選制度自 1940 年開始逐漸鬆綁。為了召募超過 100,000 名兵力，武裝親衛隊先接納外地的德國人（居住在德意志帝國本土外少數德國人後代），隨

戰鬥人士／非戰鬥人士			參與戰鬥	
1940 / 7 / 1	1940 / 12 / 31	1941 / 6 / 30	1941 / 12 / 31	
104,853 人	117,557 人	160,405 人	171,215 人	

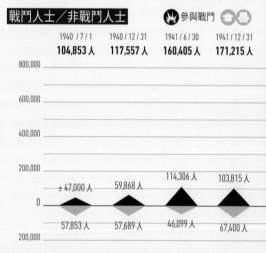

± 47,000 人　59,868 人　114,306 人　103,815 人
57,853 人　57,689 人　46,099 人　67,400 人

加入德意志國防軍的武裝親衛師數量　單位：% ◪ = 0.5 %　▦ = 1 %

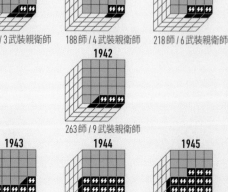
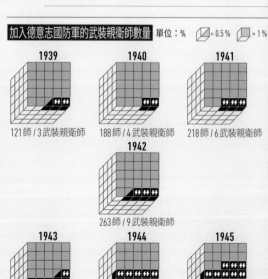

1939 121 師 / 3 武裝親衛師
1940 188 師 / 4 武裝親衛師
1941 218 師 / 6 武裝親衛師
1942 263 師 / 9 武裝親衛師
1943 276 師 / 18 武裝親衛師
1944 298 師 / 29 武裝親衛師
1945 272 師 / 36 武裝親衛師

（SS-Junkerschulen）

武裝親衛隊
前身：親衛隊特別機動部隊（SS-VT）

親衛軍總軍校

親衛隊特別機動部隊

親衛隊經濟行政本部

維沃茲堡總部

骷髏總隊
（SS-TV，前身為衝鋒隊）

西奧多·艾克
（Theodor Eicke, 1892-1943）

（Ordnungspolizei）
警察／原為國家機構

秩序警察

一般親衛隊
（Allgemeine SS）

親衛隊司法本部

希姆萊

德意志帝國國家安全

萊因哈德·海德里希
Reinhard Heydrich, 1904-1942

人種與移居部（RuSHA）

榮譽指導

強化德意志人種高級專員部（RKF）

黑色軍團週報（Das Schwarze Korps）

親衛隊國家安全部（RSHA）

安全警察（SIPO）

特別行動隊

親衛隊保安處（SD）

蓋世太保（Gestapo）　由戈林創立

刑事警察（Kripo）　原為國家機構（Gestapo）

生命之泉

希特勒學校

騎士團學院

22. 瑪麗亞·特蕾莎師
Maria Theresia
1944-45

23. 卡瑪師
Kama
1944-44

23. 尼德蘭師
Nederland
1944-45

24. 喀斯特獵手師
Karstjäger
1944-45

25. 匈雅提師
Hunyadi
1944-45

26. 匈牙利師
Hungaria
1944-45

27. 朗格馬克師
Langemarck
1944-45

28. 瓦隆師
Wallonien
1944-44

29. 俄羅斯第一師
Russische nr. 1.
1944-44

29. 義大利師
Italienische
1945

30. 俄羅斯第二師
Russische Nr. 2
1944-45

31. 巴奇卡師
Batschka
1944-45

32. 1月30日師
30. Januar
1945

33. 查理曼師
Charlemagne
1944-45

34. 尼德蘭國土風暴師
Landstorm
Nederland
1944-45

35. 親衛隊與警察師
SS und Polizei
1945

36. 德勒萬格師
Dirlewanger
1945

37. 呂佐師
Lützow
1945

38. 尼柏龍根師
Nibelungen
1945

建立全新的精神信仰，可惜成效不佳。不過親衛隊並沒有沉浸於過去。透過一致的外表，親衛隊建立特殊歸屬感，他們是決心締造新世界的現代產物。親衛隊的聲勢很快就吸引各方野心人士加入，他們不惜違心地爭相表現。而數名衝鋒隊領袖被拔除後，親衛隊的勢力更加快速擴張（1939 年，一般親衛隊共有 250,000 成員，其中有 100,000 人為全職人員）。希特勒交給親衛隊一項極為重要的特權：內部安全（警察及情報）。親衛隊和納粹黨進入競爭局面，希姆萊賦與親衛隊新的組織架構，好建立他理想中新人類與偉大帝國的藍圖。他向菁英灌輸自身的美學和文學品味。他渴望將準軍事化單位轉型為與國家軍隊並駕其驅、享有政治地位的軍隊。然而，為了不引起軍方反感，同時又受預算限制，希特勒一開始限制武裝親衛隊前身的擴張，但武裝親衛隊（Waffen SS）仍在 1939 年 11 月正式成立。德意志國防軍只能決定軍事任務，親衛隊則具備自己的軍事管理部門、預算及人員召募局（武裝親衛隊和一般親衛隊的成員資格獨立）。1942 年後，親衛隊的組織加速擴張。1944 年發生 7 月 20 日密謀暗殺事變後，元首（Führer）對德意志國防軍的信心大失，更讓親衛隊的勢力擴大。武裝親衛隊擴增 2/3，而親衛隊則掌握決定戰術的要位。希姆萊奪得國內預備軍（負責徵召與訓練士兵的組織）司令官一職和 1 支集團軍。若考量 1944 年，掌管奴役勞工的親衛隊對經濟的影響力，希姆萊其實握有一個足以與國家分庭抗禮，能破壞國家組織、分化人民的帝國。

後召募同為「日耳曼人種」的北歐人。原本直到 1942 年中期都只徵召純種德國人，但到了同年末，已擴及帝國內的各種族（包括「身不由己者」〔Malgré-nous〕），和德意志國防軍交涉後，這些人以配額形式加入武裝親衛隊。一旦打破原本高高築起的種族限制，親衛隊也開始召募斯拉夫人。不過，希姆萊明確將「德意志民族」單位、外國人聯合單位（志願師）及附屬工具單位（武裝師）分開。隨著制度的粉碎，各種小型、平庸的師級部隊隨之而生，有的根本有名無實。

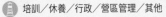

🚜 培訓／休養／行政／營區管理／其他

1942/9/1	1942/12/31	1943/12/31	1944/6/30	1945/6
194,025 人	246,717 人	501,049 人	594,443 人	829,400 人

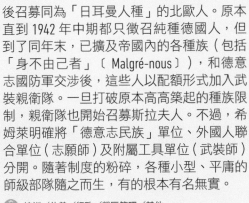

146,658 人　156,438 人　257,472 人　368,654 人　829,400 人
47,367 人　90,279 人　243,577 人　225,789 人

武裝親衛隊程度參差不齊（細節請看頁緣）

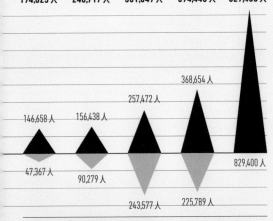

🛡 滿員的第一級武裝親衛師

🛡 欠缺人力、軍備、士氣低落的第二級武裝親衛師

15%　6
27.5%　11
14　35%
9　22.5%

不堪作戰的師（極為欠缺軍備、訓練、士氣低落）

為打擊異議人士或虛掛名的師，從未全師一起進行任務

3 • 武裝親衛隊的士兵是哪些人？

武裝親衛隊最常見的職業是警察（藉由管理關係加入）、工匠及即將畢業的年輕人。二戰初年，一小群收入微薄的平民（農民及工人）加入親衛隊，但優秀的專業人員不願加入。當 1943 年擴大徵募時，這種分化情況暫時消失，但隨著東歐德國人大舉加入，農民人數大幅上升，他們甚至加入早期的師級部隊，其凝聚力再次惡化。

向全國徵兵的德意志國防軍，相比之下比較真實地反應德國的社會狀況。第三帝國中，基督徒比例高達 96%，希姆萊卻希望建立一個信仰新異教的「純淨」親衛隊組織（「神之信徒」），但他的期望落空了。一般親衛隊則有 80% 的基督徒。雖然一旦加入準軍事化單位，就必須放棄基督教，但集中營看守員中，有 1/3 的人認為自己的行為符合基督教義。

從入伍日期看社會職業分布

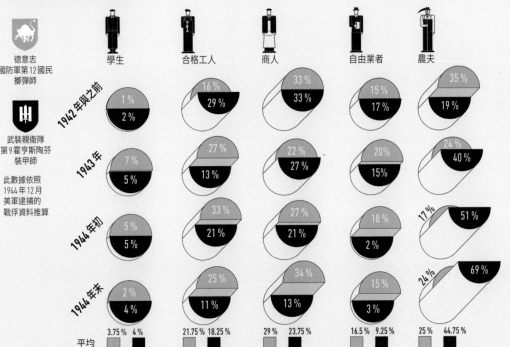

德意志國防軍第 12 國民擲彈師

武裝親衛隊第 9 霍亨陶芬裝甲師

此數據依照 1944 年 12 月美軍逮捕的戰俘資料推算

	學生	合格工人	商人	自由業者	農夫
1942 年與之前	1% / 2%	16% / 29%	33% / 33%	15% / 17%	35% / 19%
1943 年	7% / 5%	27% / 13%	22% / 27%	20% / 15%	24% / 40%
1944 年初	5% / 5%	33% / 21%	27% / 21%	18% / 2%	17% / 51%
1944 年末	2% / 4%	25% / 11%	34% / 13%	15% / 3%	24% / 69%
平均	3.75% / 4%	21.75% / 18.25%	29% / 23.75%	16.5% / 9.25%	25% / 44.75%

武裝親衛隊各師圖示說明：

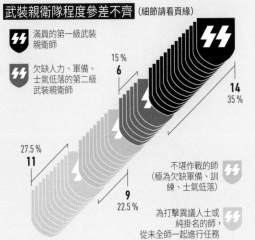

🔘 裝甲師
🔘 裝甲擲彈師
🔘 山地輕型步兵師
🔘 步兵師
🐂 騎兵師

🛡 第一級師
🛡 第二級師
🛡 不宜作戰的師
🛡 空有其名師

成員以「日耳曼民族」為主
🇩🇪 德國人
VK 德意志裔人
🇸🇪 瑞典人
🇩🇰 丹麥人
🇳🇴 挪威人
佛蘭德人
🇳🇱 荷蘭人

愛沙尼亞人
拉脫維亞人
阿爾巴尼亞人
斯洛伐克人
匈牙利人
羅馬尼亞人
義大利人

成員以「非日耳曼民族」為主
🇫🇷 法國人
瓦隆人

成員以「斯拉夫人」為主
烏克蘭人
克羅埃西亞人
波士尼亞人
俄羅斯人

🟥 400,000 名德國人
🟥 300,000 名德國裔人
🟥 300,000 名外國人

不包含「波希米亞與摩拉維亞保護國」的部隊及兩支薩克森人，理論上它們在 1945 年 4 月後才歸為親衛隊。

資料來源：1• Jean-Luc Leleu, *La Waffen SS, Soldats politiques en guerre*, Perrin, 2007 - 2• Heinz Höhne, *L'Ordre noir, Histoire de la SS*, Casterman, 1968 - 3• Robert L. Koehl, *The Black Corps. The Structure and Power Struggles of the Nazi SS*, University of Wisconsin Press, 1983 - 4• Hans Buchheim et al., *Anatomie des SS-Staates*, DTV, 1994 - 5• Valdis O. Lumans, *Himmler's Auxiliaries. The Volksdeutsche Mittelstelle and the German National Minorities of Europe, 1933-1945*, Chapel Hill, 1993

III. 戰役與戰場

未受重視的同盟國：中華民國

中日戰爭是一場範圍廣大、影響深遠的歷史戰役，其後果仍持續發酵至今，卻沒有吸引西方歷史學家的注意，他們過於偏重歐洲和太平洋戰場。然而，從其領土大小、人口、各地激烈的政治鬥爭和潛伏四處的混亂來看，中華民國的角色十分重要，然面對日本的強勢進攻，無法發揮威力，找不到能與日本抗衡的軍事或政治方案。乍看之下，由蔣中正帶領的中華民國似乎是手到擒來的獵物。蔣中正勢力疲弱，在1931年無法對抗日本在中國東北的攻擊，於隔年接受滿洲國傀儡政權的成立。

1937年7月，「盧溝橋事變」後，所謂的第二次中日戰爭（第一次中日戰爭是在1894–1895年）正式爆發，日本大規模入侵中華民國，蔣中正的軍隊節節敗退。矛盾的是，此時全國各地的軍隊都集結抗戰，包括國民黨、外省各地的軍閥及共產黨（八路軍）。這些來自各方的軍隊看似協力對抗日本，但這只是表面假象。雖然中華民國軍隊眾多，但僅僅於1928–1938年間，在德國幫助下進行過表面的現代化。與蘇聯短暫合作後（1938–1940年），自1941年開始接受美國支援（1942年成立中緬印戰區指揮部）。雖然剛開始進行現代化，但依舊讓中華民國得以對抗日本攻勢；而日本對未能迅速取勝的挫折感，則在慘絕人寰的「南京大屠殺」中表露無遺。1941年12月，隨著全球戰事點燃，也改變中日戰事的本質，中華民國成為全球戰略布局的一部分。對美國而言，日本絕大部分的軍力必須遠離太平洋，保障中國的空軍基地，並在民主陣營中加入另一個亞洲國家，好戳破日方宣傳的「這是一場黃種人與白種人之間的戰爭」。對蔣中正而言，這是他躋身全球第四「強權」的大好機會。可惜的是，儘管美國出手協助，蔣中正的軍事戰果依舊無法讓人信服，連帶令人懷疑他在四大強權的地位。

飛虎隊的寇帝斯P-40戰鷹戰鬥機

資料來源：1• N. Bernard, *La Guerre du Pacifique*, Tallandier, 2016 - 2• B. Cai, *The Search for Allies : Chinese Alliance Behavior from 1930 to the End of WW2*, mémoire de Master of arts in diplomacy and military studies, Hawai Pacific University, 2009 - 3• P. Jowett, *The Chinese Army, 1937-1949*, Osprey 2005 - 4• D. Lary, *The Chinese People at War: Human Suffering and Social Transformation, 1937-1949*, Cambridge, 2010 - 5• J.-L. Margolin, *L'Armée de l'Empereur*, Armand Colin, 2007 - 6• R. Mitter, *Forgotten Ally, China's World War II, 1937-1945*, Mariner, 2014

1 • 1939年中方與日方軍力

帳面上中華民國國軍握有191師和52旅，共有170萬的兵力，再加上數百架飛機和1支不太強的海軍。事實上，除了德國成立的約10支裝甲師以外，其他軍事單位都人數不足、武器低劣、管理不全，大部分都是由不可信任的地方軍閥帶領的軍隊。由美國訓練並提供裝備的「X部隊」，由孫立人將軍（被譽為「東方的隆美爾」）率領，在1944年的緬甸戰役中表現優異。中華民國政府真能仰賴的，是來自國民黨軍隊的40萬人，還有向來效忠國民黨的50萬地方軍。相比之下，日方的兵力雖少得多，但配備優秀得多，指揮能力也比較高強。1944-1945年間，日軍已能進行大規模攻擊。直到1945年6月，在魏德邁將軍（Wedemeyer, 1897-1989）指揮下，中方重新調整軍力，並獲得來自印度和緬甸的補給，日方才開始敗退。

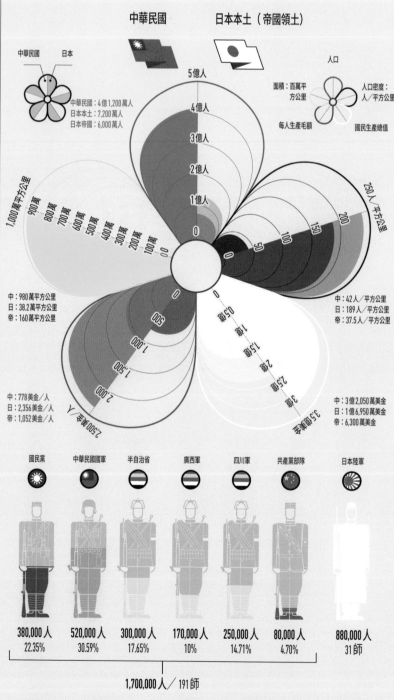

中華民國　　日本本土（帝國領土）

中華民國：4億1,200萬人
日本本土：7,200萬人
日本帝國：6,000萬人

面積：百萬平方公里
人口密度：人／平方公里
每人生產毛額
國民生產總值

中：980萬平方公里
日：38.2萬平方公里
帝：160萬平方公里

中：42人／平方公里
日：189人／平方公里
帝：37.5人／平方公里

中：778美金／人
日：2,356美金／人
帝：1,052美金／人

中：3億2,050萬美金
日：1億6,950萬美金
帝：6,300萬美金

國民黨	中華民國國軍	半自治省	廣西軍	四川軍	共產黨部隊	日本陸軍
380,000人	520,000人	300,000人	170,000人	250,000人	80,000人	880,000人
22.35%	30.59%	17.65%	10%	14.71%	4.70%	31師

1,700,000人／191師

傀儡政權滿洲國皇帝
溥儀
1906-1967

通敵國民政府主席
汪精衛
1883-1944

中國共產黨領袖
毛澤東
1893-1976

最高統帥
蔣中正
1887-1975

陳納德將軍
1890-1958

史迪威將軍
1883-1946

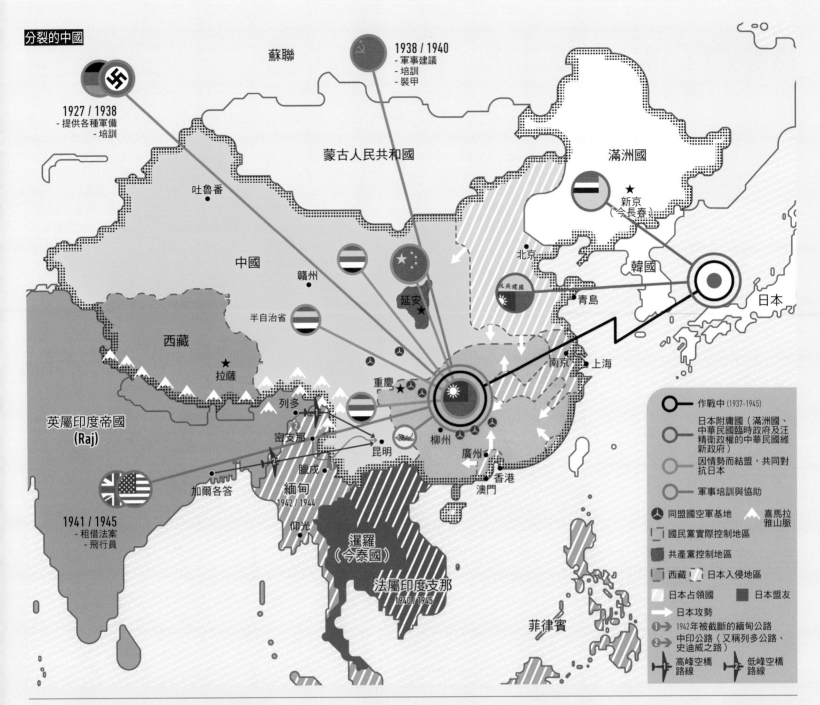

分裂的中國

蘇聯

1938 / 1940
- 軍事建議
- 培訓
- 裝甲

滿洲國

1927 / 1938
- 提供各種軍備
- 培訓

蒙古人民共和國

新京
（今長春）

吐魯番

中國

北京

韓國

贛州

青島

半自治省

延安

日本

西藏

反共建國

拉薩

南京　上海

英屬印度帝國
(Raj)

重慶

列多

柳州

密支那

昆明

廣州

1941 / 1945
- 租借法案
- 飛行員

加爾各答

香港
澳門

騰越

緬甸
1942 / 1944

仰光

暹羅
（今泰國）

菲律賓

法屬印度支那
1940 / 1945

作戰中 (1937-1945)

日本附庸國（滿洲國、
中華民國臨時政府及汪
精衛政權的中華民國維
新政府）

因情勢而結盟，共同對
抗日本

軍事培訓與協助

同盟國空軍基地　　喜馬拉
雅山脈

國民黨實際控制地區

共產黨控制地區

西藏　　日本入侵地區

日本占領國　　日本盟友

日本攻勢

1942年被截斷的緬甸公路

中印公路（又稱列多公路、
史迪威之路）

高峰空橋
路線　　低峰空橋
路線

2 •「駝峰航線」：中華民國的補給運輸線

要從印度及緬甸補給中方軍隊，是個棘手難題。更糟的是，美國將軍史迪威（Stilwell, 1883-1946）擔任中緬印戰區總參謀長直到1944年，偏偏他和蔣中正痛恨彼此。日本在1942年占領緬甸，切斷了稱為「緬甸之路」的滇緬公路，然而高達90%的補給都經由這裡運到中華民國。因此不得不費盡心力地從印度修築「中印公路」（又稱列多公路），才能勉強彌補這項損失。

自1942年4月到1945年11月，送往中華民國的運輸線改為穿越喜馬拉雅山脈上空，以軍機組成空橋補給。這條「駝峰航線」是條危險重重的空路，在多達700次意外中，賠上1,200條飛行員的性命。在這樣慘重的代價下，650,000噸的貨物和33,000人經此抵達中華民國。直到1945年1月，滇緬公路重新開放之後，空橋補給才結束。1944年，美國在選擇空襲日本的戰略陸航軍部隊地點時，由於中方欠缺足夠的後勤，日方又對中方發動豫湘桂會戰（日方稱為一號作戰），因此不得不放棄以中華民國為空襲基地。

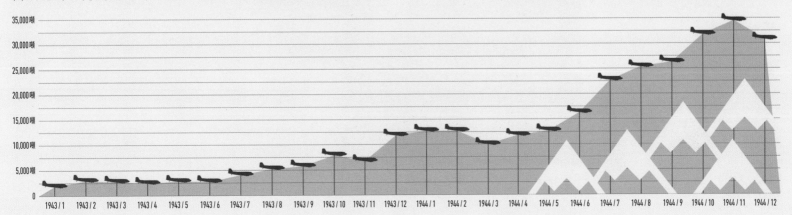

波蘭戰役

　　1939 年 9 月 1 日，獲得斯洛伐克部隊支援的德意志國防軍，在毫無預警的情況下出兵波蘭，在長達 1,000 公里的戰線上發動攻擊。還沒開火前，德國已掌握兩項重大優勢：首先，德國軍隊已就作戰位置，而波蘭才剛開始動員；其次，波蘭軍隊同時受到西、北、南三方，來自德意志帝國、東普魯士、摩拉維亞和斯洛伐克的攻擊。德軍的計畫很簡單：分別來自北方和西南方的軍隊形成鉗型攻勢，一起快速朝華沙進攻。波蘭則試圖全面保衛領土。然而波蘭元帥雷茲－希米格維（Rydz–Śmigly, 1886–1941）的軍隊摩托化程度低，難以防禦

空中攻擊，又仰賴一個太過中央集權的指揮制度，很快就被敵軍攻破。德軍靠著大量戰機到處突破，而 6 支裝甲師和 9 支摩托化步兵師趁機長驅直入。被截成數段的波軍在敵方圍攻之下，成隊遭到殲滅，拉多姆（Radom）及布楚拉（Bzura）兩地特別慘烈。華沙自 9 月 10 日落入德國手中。

　　此時，唯有英法兩國（英法在 9 月 3 日向德意志第三帝國宣戰）立刻反擊，才有機會阻止情勢惡化，更何況波蘭東部可預見將會發生一連串的游擊戰攻勢。但同盟國遲遲沒有行動，而 9 月 17 日蘇聯出手攻擊波蘭（依據 1939 年 8 月 23

1・1939年9月1日的軍力比較

波蘭軍隊主要由步兵和騎兵組成，各方面都不如德國。德軍在戰場上派出大量坦克，又擁有現代化的航空技術執行空中攻擊。

這場戰役之後，德軍賦予裝甲師更多自主權。

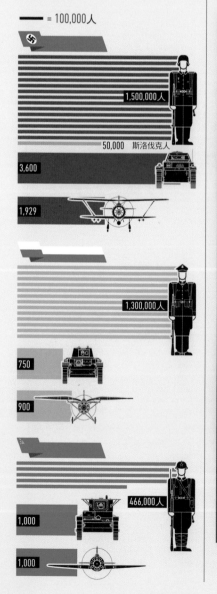

= 100,000人

1,500,000人
50,000　斯洛伐克人
3,600
1,929

1,300,000人
750
900

466,000人
1,000
1,000

2・1939年9月的波蘭戰役

立陶宛

但澤

柯尼斯堡
（今加里寧格勒）

東普魯士

★柏林

拉多姆

布格河

布列斯特－立陶夫斯克

★華沙

維斯杜拉河

德意志帝國

弗洛茨瓦夫

克拉科大

利維

波希米亞和
摩拉維亞保護國

斯洛伐克

喀爾巴阡山脈

匈牙利

0　50　100　150　200公里

→ 德國攻勢　　　→ 蘇聯攻勢　　　→ 斯洛伐克攻勢　　　—— 波蘭防禦線

日祕密簽訂的德蘇互不侵犯條約）粉碎了微小的希望。5 天內，紅軍在布格河（Boug）與德軍會合，不留任何一點戰略空間給它們的共同敵人。9 月 28 日，駐守華沙的 120,000 軍士一起淪陷。最後一支波蘭軍隊在 10 月 6 日投降。德軍藉機近距離觀察紅軍的作戰情況，而後者的表現不佳：毫無紀律、缺乏管理，幾乎沒有摩托化部隊及通訊部隊。

從軍事角度而言，德波之戰宣示了德法戰爭的到來；然以政治角度而言，它和德軍對蘇聯的攻擊更類似，系統化地摧毀一個國家的主要架構。

主角

| 雷茲－希米格維
元帥
1886-1941 | 鐵木伸科
指揮官
1895-1970 | 倫德斯特
將軍
1875-1953 | 波克
將軍
1880-1945 |

爾紐斯

明斯克

蘇聯

沼澤地

日托米爾

羅馬尼亞

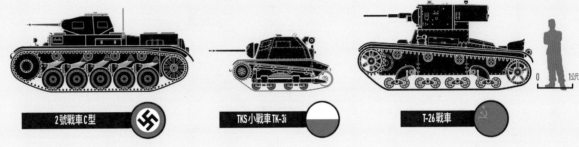

| 2號戰車C型 | TKS 小戰車 TK-3i | T-26 戰車 |

3・此戰的傷亡人數總結

波蘭戰敗了，但也造成德軍作戰序列中有 18,000 人死亡，損失 300 輛坦克，5,000 台車輛和 560 架飛機；不過，和 8 個月後西歐戰場上的法國人、比利時人、荷蘭人和英國人相比，波蘭軍隊的表現好多了。平民傷亡慘重，一方面是因為德國對城市及無數難民進行無差別恐怖轟炸，另一方面則是各種嚴重違反人權的行為造成：戰爭過程中及結束後，德意志國防軍、親衛隊和警察立刻就對成千上萬的囚犯和平民進行掃射。

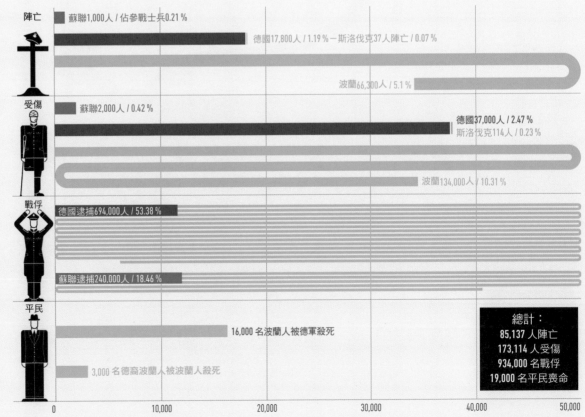

陣亡　蘇聯 1,000 人 / 佔參戰士兵 0.21 %
德國 17,800 人 / 1.19 % 一斯洛伐克 37 人陣亡 / 0.07 %
波蘭 66,300 人 / 5.1 %

受傷　蘇聯 2,000 人 / 0.42 %
德國 37,000 人 / 2.47 %
斯洛伐克 114 人 / 0.23 %
波蘭 134,000 人 / 10.31 %

戰俘　德國逮捕 694,000 人 / 53.38 %
蘇聯逮捕 240,000 人 / 18.46 %

平民　16,000 名波蘭人被德軍殺死
3,000 名德裔波蘭人被波蘭人殺死

總計：
85,137 人陣亡
173,114 人受傷
934,000 名戰俘
19,000 名平民喪命

0　　10,000　　20,000　　30,000　　40,000　　50,000

1939 年 10 月，85,000 名波蘭士兵越獄並逃往羅馬尼亞、匈牙利和立陶宛，但後來德國在戰場上又抓回一部分。波蘭政府在同盟國成立流亡政府，一開始逃往法國，後來逃往英國。波蘭徵召世界各地的波蘭人或波蘭裔人士加入志願軍，不惜代價對抗到底。連加入德意志國防軍的德裔波蘭人，在被同盟國抓到後也加入波蘭軍隊。鍥而不捨的波蘭，一直到 1945 年，都是叉在史達林肋間的一根刺。

一開始態度強勢的史達林在 1940 年 4 月下令卡廷（Katyń）大屠殺，蘇聯軍隊將被捕的 22,000 名波蘭軍官、幹部和知識分子盡皆殺害。德軍在 1941 年 6 月 22 日攻擊蘇聯後，史達林才不得不讓步，釋放安德斯將軍（Anders, 1892-1970）和其部下，而後者進行了二戰期間最驚人的一場漫漫長征。卡廷大屠殺一直無人知曉，直到 1943 年才被德軍揭發，蘇聯和波蘭就此成為世仇。

安德斯
將軍
1892-1970

1939年波蘭士兵逃亡路線
諾瓦格洛德茲卡騎兵旅（Nowogrodzka）
= 23,000 人
安德斯關進囚犯營
外交協議後，安德斯的移動路線

安德斯軍團離開蘇聯
= 79,000 名士兵 + 37,000 名平民
安德斯軍團進行任務
= 55,780 名士兵
+ 1,500 波蘭婦女負責輔助服務

安德斯軍團的長征過程

≈ 橫跨約12,220公里

500 km

1 **1939年**
安德斯成為波蘭東線軍隊諾瓦格洛德茲騎兵旅的指揮官。

2 **1939年9月1日**
諾瓦格洛德茲騎兵旅於姆瓦瓦（Mława）及華沙作戰。

3 **1939年9月28日**
受傷的安德斯撤離時，在托卡（Turka）的最後一場戰役中成了蘇聯的戰俘。

4 **1939年9月31日**
蘇聯內務人民委員部（NKVD）將安德斯囚禁在利維夫（Lvov）。

5 **1940年2月**
安德斯被囚禁在莫斯科的盧比揚卡（Loubianka）監獄，受到酷刑折磨。

6 **1941年7月31日**
麥斯基－斯柯爾斯基（Maiski-Sikorski）合約簽訂後，安德斯獲得釋放，被蘇聯任命為軍中波蘭軍隊的總指揮官。

7 **1942年3月20日**
與史達林會面，交涉釋放勞改營的波蘭囚犯。

8 **1942年3月底**
開始在布祖魯克（Bouzoulouk）組成軍隊，成為將軍，指揮1個師。

9 **1942年夏**
安德斯軍隊離開蘇聯，前往伊朗與英軍會合。

10 **1942年夏**
安德斯軍團轉往伊拉克，加入英軍的第8軍團，成為波蘭第2軍。

11 **1942年8月22日**
安德斯在埃及開羅與邱吉爾會面。

12 **1942年9月**
在卡納清－吉斯爾・里巴特（Khanaqin-Quizil Ribat）建立並訓練第2軍。

13 **1943年**
波蘭第2軍重組、任務能力更加強大，於巴勒斯坦加薩作戰。

14 **1944年1月**
在埃及登船前往義大利作戰。

15 **1944年1月**
於拿波里登陸，加入並聽令於英國第8軍團，受李斯將軍（Leese,1878-1956）指揮。

16 **1944年5月**
卡西諾（Cassino）戰役，共有926人死亡或失蹤，2,822人受傷。

17 **1944年6-7月**
安科納（Ancône）戰役，608人死亡或失蹤，1,789人受傷。

18 **1945年4月**
波隆那（Bologne）戰役，234人死亡或失蹤，1,228人受傷。1945年初，第2軍在義大利遣散。

在西線戰場上作戰的波蘭志願軍的背景

德意志國防軍的逃兵	89,300人 / 38.4 %
在1941年撤離蘇聯的波蘭人（安德斯軍團）	83,000人 / 35.69 %
在1940年撤離法國的波蘭人	35,000人 / 15.05 %
逃出納粹占領國的波蘭人	14,210人 / 6.11 %
在法國入伍的波蘭人	7,000人 / 3.01 %
來自阿根廷、巴西、加拿大的公民	2,290人 / 0.98 %
來自英國的公民	1,780人 / 0.77 %

總計：
232,580人
26,830人陣亡或失蹤 / 11.54 %

5•勝利者對戰敗國進行清洗行動與國土分割 （1939年9月-1941年6月）

波蘭國土一分為二，被蘇維埃帝國和納粹帝國納入囊中並進行各種破壞，他們殺害波蘭的傳統菁英人才、政治人物、知識分子、教士……等等。納粹將波蘭德意志化，納入第三帝國（多達 400,000 人被送到囚犯營），1941 年 6 月之後，開始殺害被集中在波蘭總督府內，以及 1939 年 9 月集中於蘇聯占領區的波蘭猶太人。緊鄰立陶宛、白俄羅斯、烏克蘭這三個蘇維埃社會主義共和國的波蘭國土，則被蘇聯以新的社會經濟體系改造，立圖連根消滅波蘭的痕跡。更別提在 1941 年 6 月以前，猶太隔離區有多達 50,000 名波蘭猶太人因重病或飢餓而喪命。

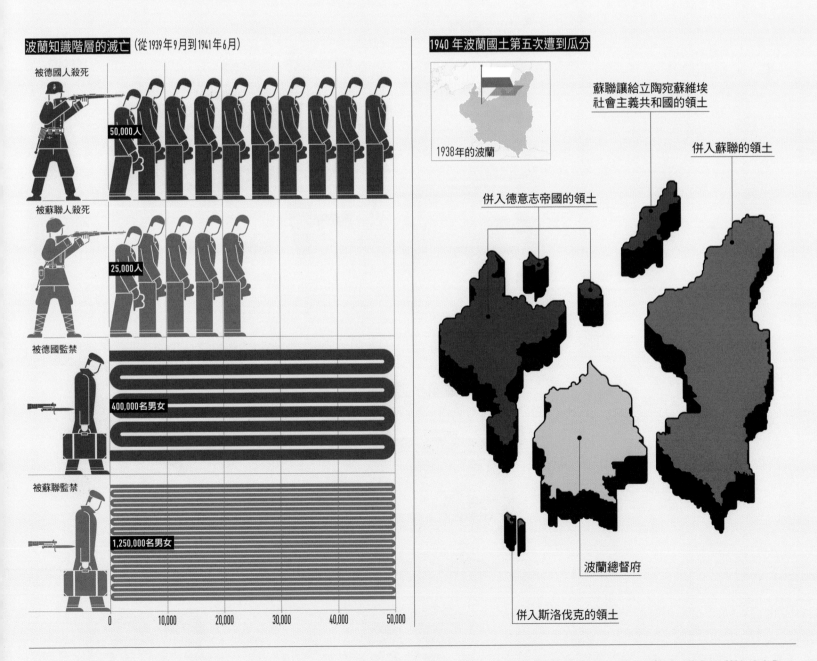

波蘭知識階層的滅亡 （從1939年9月到1941年6月）

被德國人殺死　50,000人

被蘇聯人殺死　25,000人

被德國監禁　400,000名男女

被蘇聯監禁　1,250,000名男女

0　10,000　20,000　30,000　40,000　50,000

1940 年波蘭國土第五次遭到瓜分

1938年的波蘭

蘇聯讓給立陶宛蘇維埃社會主義共和國的領土

併入蘇聯的領土

併入德意志帝國的領土

波蘭總督府

併入斯洛伐克的領土

77

資料來源：1• Bernd Wegner, *Das deutsche Reich und der Zweite Weltkrieg*, vol. 2- 2• *Grief sekretnosti sniat*, Mosou, 1993 - 3• H. Kochanski, *The Eagle Unbowed*, Harvard University Press, 2014 - 4• A. B. Rossino, *Hitler Strikes Poland*, University Press of Kansas, 2003 - 5• H. Kochanski, *The Eagle Unbowed*, Harvard University Press, 1994 - 6• Tomasz Szarota, *in Zwei Wege nach Moskau*, Piper, 2000

法國戰役

1940年5月10日，法國將軍甘莫林（Gamelin, 1872–1958）以迪爾—布雷達計畫（plan Dyle–Breda）回應德軍對荷比盧的攻勢。甘莫林派出最棒的部隊飛往這些中立國並肩作戰。但3天後，德軍以閃電戰向法國進攻。7支德軍裝甲師（Panzerdivisionen）攻破馬士河（Meuse）沿岸脆弱的防線，8天內直搗英吉利海峽，包圍了150萬人。「我們最先進的裝備中，3/4甚至4/5都被敵軍搶走，」接替無能的甘莫林的魏剛將軍（Weygand, 1867–1965）惋惜道。德軍花2週掏空法國軍備，而敦克爾克（Dunkerque）一淪陷，入侵法國的紅色計畫全速開展。就算贏得數場經過激烈戰鬥的勝仗，而且趁機來搶一杯羹的義大利於6月10日也敗下陣來，然而法國的命運也已無法改變。6週內，法國經歷其歷史上最可怕的軍事災難，連帶造成政治崩盤。6月17日，法國總統勒布倫（Lebrune, 1871–1950）召來貝當元帥（Pétain, 1856–1951），而貝當要求停火。7月10日，國會賦予貝當至高無上的權力。法國第三共和至此結束。

結果在意料之中。德國打算馬上拿下法國，作戰時就擔極大風險，將最新穎的裝備集中在一個機械化的前鋒部隊，在法軍和馬奇諾防線之間崎嶇的地帶行動。德軍派出僅有的2支空降師，雖他們成功於第一天降落，但付出200架飛機遭擊落的代價。不過德軍下對了賭注，因為甘莫林不顧法軍尚未集結完備，選擇不當的作戰方式。法國原以為德法戰爭會是一場雙方有所準備的戰事，在有限戰地上以火力壓制彼此行動，並以此安排作戰準則。這樣的想法是受到1918年戰事影響，並非荒誕無稽。美軍在1944年登陸諾曼地時，也打著類似的算盤。但是法國無法正確施行這個計畫：他們欠缺反坦克的炮管、高射炮、通訊部隊，只顧著臆測坦克的作戰方式，忽略了空中要素。甘莫林將軍隊派往比利時，根本是自尋死路。德軍在法國取得重大卓越的勝利。德軍由任務層級而非戰術層級發想的圍攻，切斷了對手的各路軍隊。德軍明快的行動，再加上任務戰區深度不夠，讓法國沒有機會重整軍隊，無力挽回頹勢。

1・1940年5月10日的軍力比較

這場失敗無法以人口、產業或科技的因素來解釋，因為同盟國在這方面表現不俗，甚至可說占盡優勢。兩方陣營的差異在於作戰準則的不同。以裝備來說，法國的 Br-693 攻擊機和 B1 bis 重型坦克都是了不起的產物，但前者在攻擊時必須掠地飛行，此時只要動用高射炮就能殲滅；後者是為了防堵或衝破固定防線而設計，不但行動緩慢又消耗大量燃料，常被棄置於戰場。相反地，德軍平庸的斯圖卡俯衝轟炸機帶來可怕的攻勢，來自捷克的簡便輕型戰車 Pz 38(t)（武器、裝甲、機動性三方協調的成果）滿足講求快速的軍隊，在戰機與戰車攜手攻擊下，帶來震撼效果。

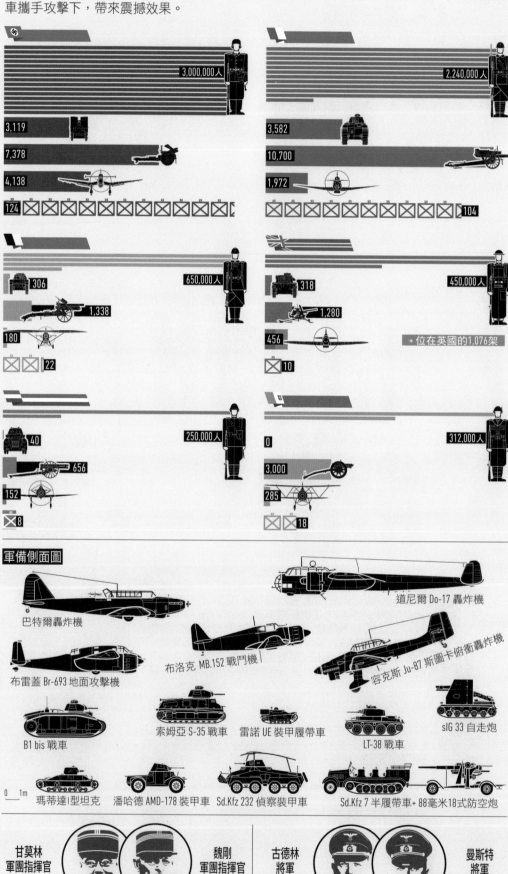

軍備側面圖

巴特爾轟炸機

道尼爾 Do-17 轟炸機

布雷蓋 Br-693 地面攻擊機

布洛克 MB.152 戰鬥機

容克斯 Ju-87 斯圖卡俯衝轟炸機

B1 bis 戰車

索姆亞 S-35 戰車

雷諾 UE 裝甲履帶車

LT-38 戰車

sIG 33 自走炮

0　1m

瑪蒂達I型坦克

潘哈德 AMD-178 裝甲車

Sd.Kfz 232 偵察裝甲車

Sd.Kfz 7 半履帶車 + 88毫米18式防空炮

甘莫林
軍團指揮官
1872-1958

魏剛
軍團指揮官
1867-1965

古德林
將軍
1888-1954

曼斯特
將軍
1887-1973

2・鎌刀式截擊

1：5月10日，「奇襲」，德國傘兵瓦解了荷蘭軍隊，一支突擊隊則摧毀比利時境內埃本─埃美爾要塞（Eben-Emael），好讓戰車駛入平原區。

2：5月10日，「誘餌」，德國B集團軍湧向荷蘭和比利時。

3/3：5月10日，迪爾─布雷達計畫。為了縮短戰線，與中立國軍隊會合，保護法國領土，甘莫林派出主要兵團。

4：5月13-21日，在德軍元帥曼斯特（Manstein, 1887-1973）的設計下，A集團軍進行「鎌刀截途戰」，甘莫林的主要兵團不得不減緩行進速度。德國享有犯錯的餘裕（在阿登區，德軍行進陷入嚴重壅塞；在敦克爾克下令暫停前進），相比之下法國的指揮系統已在此時瓦解，甘莫林沒有後備軍隊，最強的部隊都在側翼的戰略公路上行進，無法回防。

5/5/5：荷蘭在5月15日投降後，將近150萬人落入陷阱。手足無措的同盟國無力反擊。英國啟動代號發電機行動（l'opération Dynamo）的敦克爾克大撤退，將士兵送船上離開歐陸。比利時在28日投降。

6/6：6月4日，法國最後的防禦也宣告失守。超過300,000名沒有裝備的士兵已登船回英國。當發電機行動結束，剩下的40,000名法國士兵被迫交出武器。這是軍事史上獨一無二的一場慘敗。

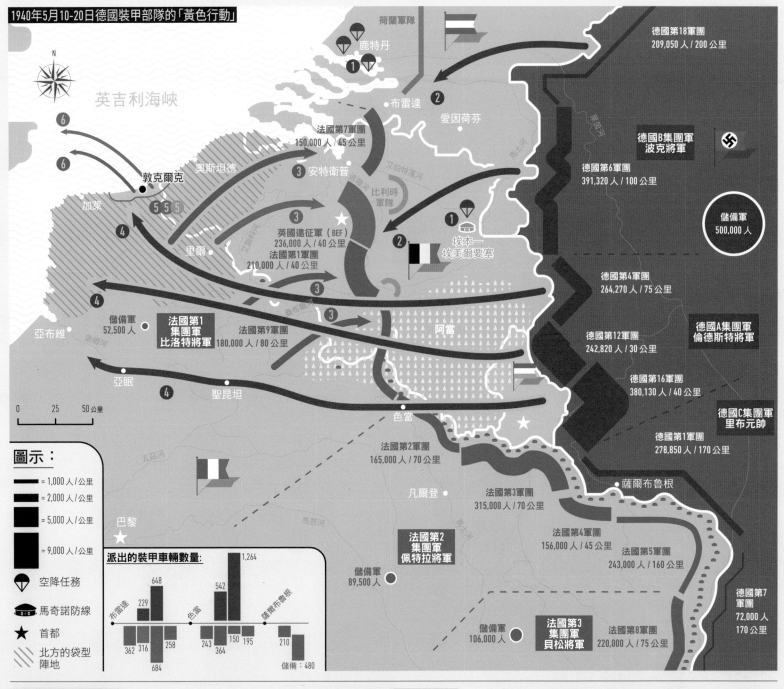

1940年5月10-20日德國裝甲部隊的「黃色行動」

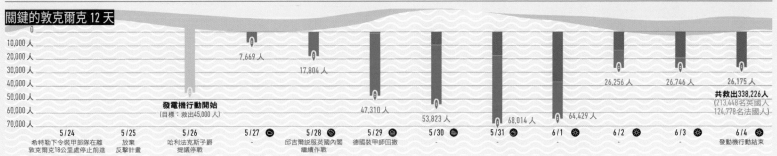

關鍵的敦克爾克12天

3 • 此役的空軍及裝甲部隊

在地面上，甘莫林任由 2 種軍力部署準則各自發展：第一是將戰車散布於各營，協助步兵；第二則是由戰車取代過往馬匹的功能，在大量步兵前方領頭偵察。然而這造成資源分散，各種戰車的功能太過狹窄（步兵戰車雖然防護性高，但速度緩慢、行進距離短）。反觀德軍將戰車集中於 10 個師，在其他武器的配合下，戰車得以展現威力：衝撞、迅速、造成驚駭效果。因此 1 號及 2 號戰車雖然簡陋，也能集體出動，在更重型戰車陪同下發揮作戰效果。再者，法國戰車很少配備無線電，又只有單人座的炮台，因此戰車車長得兼任瞄準手／射擊手。法國戰車笨拙不堪，欠缺協調，太少發射炮彈，簡言之，完全無法適應 40 年代的戰爭。就算它們具備最棒的裝甲和武器，也無法彌補其缺點。談到空中攻擊，情況更加糟糕；德國空軍不管是數量及品質都優秀得多（特別是轟炸機），同質性也高。德軍通訊鏈表現優異，讓空軍無所不在，每天能執行多達 4 次任務，並將戰力集結於關鍵區域。法軍恰恰相反，每天只能安排不到 1 架次的飛航勤務。更糟糕的是，法軍決定保持一定的後備戰力（預期長期作戰），更讓其領空毫無防備。

戰區的空軍部隊 (單位：軍機數量)

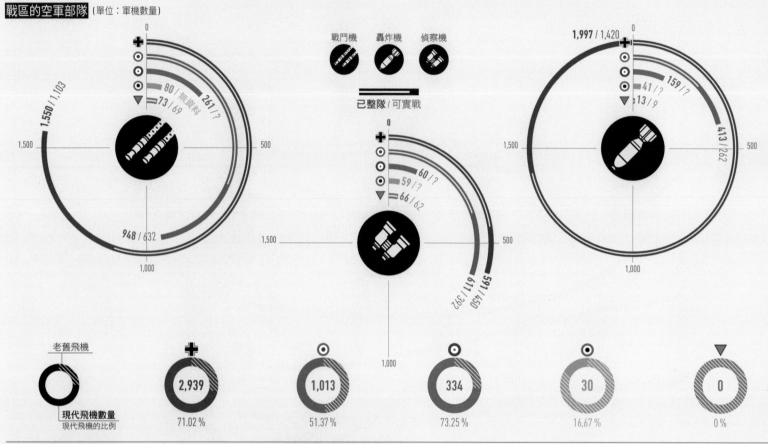

不適作戰的裝甲車輛

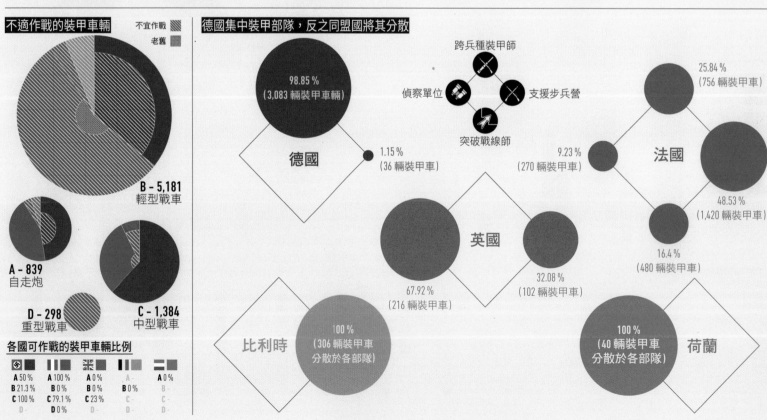

德國集中裝甲部隊，反之同盟國將其分散

4 • 閃電戰：以1週的閃電戰事橫跨馬士河及色當 (Sedan)

閃電戰（德文為 Blitzkrieg）是舉世聞名的戰略，不過它的定義仍有不少爭議。通常，閃電戰指的是「一項革命性的任務準則，結合並集中戰車與戰機給敵軍意外一擊，很快包圍敵人並快速殲滅」，但德國歷史學家麥可·格耶爾（Michael Geyer, 1947-）及以色列軍事理論專家西蒙·納維（Shimon Naveh, 1948-）質疑這種說法。

他們認為，閃電戰只是傳統德國文化中的一個名詞，藉由像古德林上將（Guderian, 1888-1954）和隆美爾元帥（Rommel, 1894-1944）等重實效的實踐家以現代科技來實現。的確，自普魯士國王腓特烈二

世（Frédéric II, 1712-1786）以來，德國人就一直苦思迅速取得決定性勝利的方法。德意志國防軍承襲了這種愛好奇襲、集中資源、靈活、保持主動的傾向。1918 年，德國重用前線指揮及任務式指揮（授權戰場上的下屬決定實際行動的指揮方式），並設立負責潛入敵軍的單位（暴風突擊隊，Stosstrupen）。為了讓敵人大驚失色，德國人先前就發明了用大型炮兵部隊組成炮火屏障（炮兵華爾茲，Feuerwalz），這些都是為了加速軍事腳步而生的手段。閃電戰加入一些新發明使效率倍增，色當突破戰就是最佳範例。

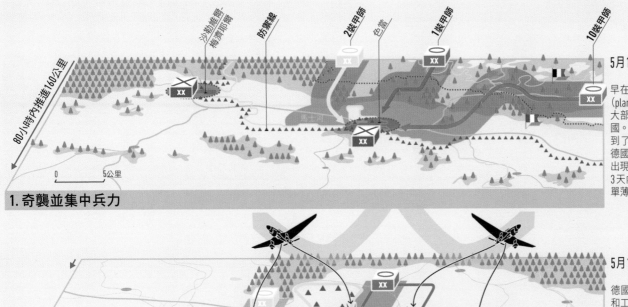

1. 奇襲並集中兵力

5月10-13日（下午4時）

早在1914年，德軍就想用施里芬計畫（plan Schlieffen）給法國意外一擊，將大部分軍隊集結在右翼，快速擊敗法國。

到了1940年，此計畫沒有任何改變，德國穿過阿當（Ardennes）高原，突然出現。古德林上將率領3支裝甲師，在3天內於色當集結。他們面前只有1支單薄的法國師。

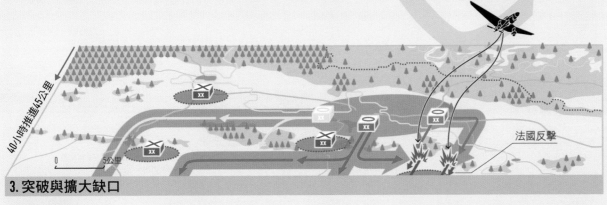

2. 震懾與滲透敵軍（拉近5倍）

5月13日（下午4時至午夜）

德國空軍毫不遲疑地重創法軍。步兵和工兵支隊趁機渡過馬士河。

許多部隊都被法軍擋下，但少數兵士成功滲透後自主攻擊，就像1918年他們的父親一樣。他們截斷法國防禦線，並一路沿防禦線追擊，法國無力抵擋。

3. 突破與擴大缺口

5月14-15日

德國坦克過了河。跨兵種組成的部隊採取分進隔離方式，將抵抗力量個個擊破。

他們盡力避開敵軍，也擊退所有反擊。兩軍交戰時，反應最快的一方就會得勝。儘管疲累，古德林依舊往英吉利海峽前進。雖然德軍的前鋒和仰賴雙腳的步兵之間有很長的空隙，可惜的是法軍無法好好把握。

81

德國的新發明

| 德國便攜式油筒：加長里程（行動力） | 柏飛丁（Pervitine）/甲基安非他命：保持警醒的藥物（行動力） | 摩托化：將一軍完全摩托化（行動力） | 電信通訊（集中/行動力） | 將空軍當作飛行炮兵部隊（集中/行動力） | 創立跨兵種的自主戰鬥系統（集中/行動力/主動性） |

閃電式進攻

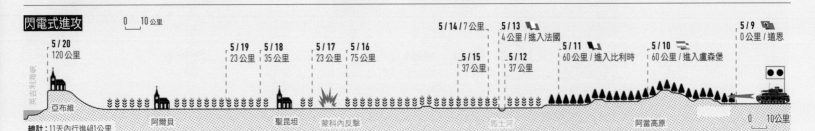

總計：11天內行進481公里

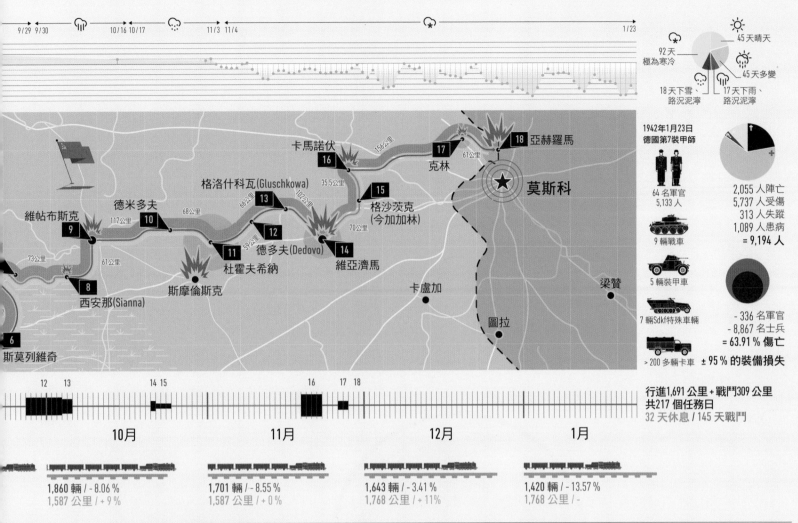

9/29 9/30　10/16 10/17　11/3 11/4　1/23

天氣圖例
92天 極為寒冷
45天晴天
18天下雪、路況泥濘
17天下雨、路況泥濘
45天多變

1942年1月23日 德國第7裝甲師
64 名軍官 5,133 人
9 輛戰車
5 輛裝甲車
7 輛Sdkf特殊車輛
> 200 多輛卡車

2,055 人陣亡
5,737 人受傷
313 人失蹤
1,089 人患病
= 9,194 人

- 336 名軍官
- 8,867 名士兵
= 63.91 % 傷亡
± 95 % 的裝備損失

地圖標示
維帖布斯克 9
德米多夫 10
格洛什科瓦(Gluschkowa) 13
卡馬諾伏 16　17　18 亞赫羅馬
克林
格沙茨克(今加加林) 15
莫斯科
德多夫(Dedovo) 12
維亞濟馬 14
杜霍夫希納 11
斯摩倫斯克
西安那(Sianna) 8
斯莫列維奇 6
卡盧加
圖拉
梁贊

156公里　61公里　35.5公里　107公里　117公里　68公里　59公里　70公里　73公里　61公里

行進1,691 公里 + 戰鬥309 公里
共217 個任務日
32 天休息 / 145 天戰鬥

12　13　14　15　16　17　18

10月　11月　12月　1月

1,860 輛 / - 8.06 %　1,587 公里 / + 9%
1,701 輛 / - 8.55 %　1,587 公里 / + 0%
1,643 輛 / - 3.41 %　1,768 公里 / + 11%
1,420 輛 / - 13.57 %　1,768 公里 / -

6 · 損失與傷亡

德軍每失去 1 名士兵，就有 5 名蘇聯士兵倒下；若我們加上在 1941 年 9 月到 1942 年 2 月間，因天寒地凍、病重、飢餓而死亡的戰俘，後者數字增加到 10 人。紅軍的武器裝備損失慘重。若以所有戰事的平均值來看，蘇聯每損失 4 輛坦克，德軍才損失 1 輛；但若單看 1941 年，此比例為懸殊的 10:1，而飛機則是 4:1。從這一場傷亡慘重的戰役，就能看出蘇聯除了其他弱點之外，各層級的指揮特別差勁，常常在沒有偵察敵情、沒有重型武器護衛的情況下一再送出一批又一批突擊步兵。在 5 次大型圍城戰中被捕的蘇聯囚犯人數，還有時不時出現大批向敵軍投降或投誠的人數中，至少有部分人士基於政治動機棄蘇投德。

在戰場上被立刻槍決的蘇聯戰俘（其中大多數都身受重傷）不列入計算，但由各種資料看來此數字應十分慘重。

上百萬的無辜百姓在 1941 年因各種原因喪命：轟炸、戰鬥、處決，或因貧困、欠缺衣食。別忘了在波羅的海與烏克蘭的民族主義者的協助下，德國警方、親衛隊及德意志國防軍積極消滅 350 萬名猶太人，並揭開這場慘劇的序幕。

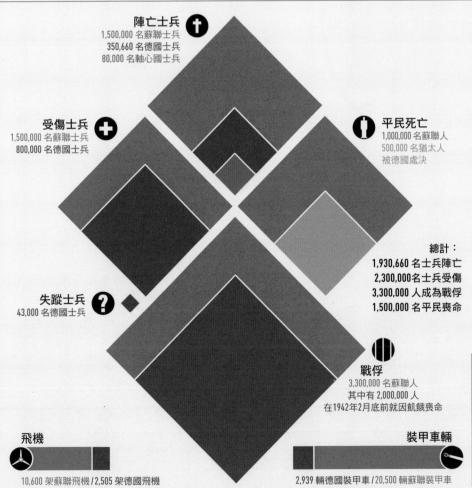

陣亡士兵
1,500,000 名蘇聯士兵
350,660 名德國士兵
80,000 名軸心國士兵

受傷士兵
1,500,000 名蘇聯士兵
800,000 名德國士兵

平民死亡
1,000,000 名蘇聯人
500,000 名猶太人 被德國處決

失蹤士兵
43,000 名德國士兵

總計：
1,930,660 名士兵陣亡
2,300,000名士兵受傷
3,300,000 人成為戰俘
1,500,000 名平民喪命

戰俘
3,300,000 名蘇聯人
其中有 2,000,000 人
在1942年2月底前就因飢餓喪命

飛機
10,600 架蘇聯飛機 / 2,505 架德國飛機

裝甲車輛
2,939 輛德國裝甲車 / 20,500 輛蘇聯裝甲車

玻利卡爾波夫 I-16戰鬥機
KV-1坦克
T-34/76坦克

大西洋海戰

「二戰中最令我害怕的莫過於 U 型潛艦所能造成的危害。」邱吉爾在《二戰回憶錄》中如此寫道。大西洋海戰實為形成軸心國與同盟列強間海上通信大戰的關鍵戰役，於 1939–1945 年間所進行的海上交戰，戰事擴及地球上的每座海洋，促使各國施展多元化的攻防手段（航空、地雷、水面船、偽裝的「突擊」船、陸戰特勤、電磁破譯密碼……等等）。以最嚴格及最傳統的定義來看，這是場對抗德國潛艦的戰事（法國政府遷往波爾多之後，對手也包括義大利潛艦），而主角正是切斷同盟國海軍在北大西洋上通訊交流的德國 U 型潛艦。德意志帝國透過攻擊對手的貨船與油輪，打算扼殺十分仰賴進口的英國經濟，並阻止同盟國登陸歐洲大陸。

太平洋海戰始於 1939 年，德軍承襲過往海戰的攻擊方式，一開始攻擊

1・戰略關鍵

大西洋戰爭的中心關鍵就是海上通訊的妥善穩定，北美與歐洲之間仰賴順暢的通聯，才能在不同任務戰區間運送武器、部隊及補給品。一開始美國只供應英國物資，但從 1941 年夏天開始，藉由租借法案，美國的物資需經由極區的摩爾曼斯克（Mourmansk）及阿爾漢格爾斯克（Arkhangelsk）送往蘇聯。從美國的角度來看，還有一項重要關鍵：在敵方海軍的頻頻挑釁下，若能確保海面安全，連帶保證了「西半球」的安全。

94

戰役過程

1939年9月-1940年6月		北海英國海域個別攻擊。
1940年7月-1941年3月		東大西洋北大西洋護航戰爭。
1941年4-12月		中大西洋美國登場。
1942年1-9月		西大西洋墨西哥灣個別攻擊。
1942年10月-1943年6月		北大西洋狼群戰術及個別攻擊。
1943年7月-1944年5月		北海英國海域U型潛艦完全戰敗，撤回歐洲。
1944年6月-1945年5月		北海防禦期，XXI級潛艦未能及時出廠。

2・鄧尼茨海軍司令以「狼群」攻擊同盟國

這場戰爭中，納粹德國海軍的主要武器就是 U 型 VII 級潛艦，它們能航行於北大西洋，但比不上能直達美國海岸的 IX 級潛艦。由於 1930 年代的外交限制，開戰初期的 U 型潛艦數量不多，且結構有缺陷（1939 年的魚雷功能不佳），但隨著時間過去，U 型潛艦的數量和性能也不斷進步，同時又安裝了數種新發明的技術，比如 1943 年裝上來自荷蘭的通氣管，讓潛艦下潛時間更長。但在 1941 年實行狼群戰術後，潛艦受損數目也大幅增加。不管德國如何改良潛艦，都無法跟上同盟國進步的速度。1945 年，XXI 級潛艦（德文又稱為 Eletroboote）雖能於潛入海面的同時快速行進，實為當時創舉，可惜為時已晚。

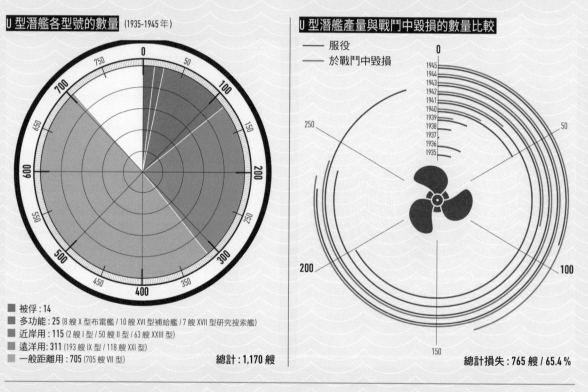

U 型潛艦各型號的數量（1935-1945 年）

- 被俘：14
- 多功能：25（8 艘 X 型布雷艦 / 10 艘 XVI 型補給艦 / 7 艘 XVII 型研究搜索艦）
- 近岸用：115（2 艘 I 型 / 50 艘 II 型 / 63 艘 XXIII 型）
- 遠洋用：311（193 艘 IX 型 / 118 艘 XXI 型）
- 一般距離用：705（705 艘 VII 型）

總計：1,170 艘

U 型潛艦產量與戰鬥中毀損的數量比較

- 服役
- 於戰鬥中毀損

總計損失：765 艘 / 65.4%

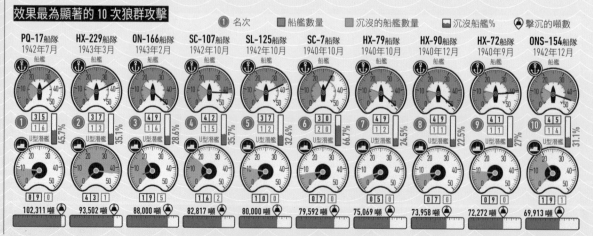

效果最為顯著的 10 次狼群攻擊

① 名次 ■ 船艦數量 ■ 沉沒的船艦數量 □ 沉沒船艦% ● 擊沉的噸數

	PQ-17船隊 1942年7月	HX-229船隊 1943年3月	ON-166船隊 1943年2月	SC-107船隊 1942年10月	SL-125船隊 1942年10月	SC-7船隊 1940年10月	HX-79船隊 1940年10月	HX-90船隊 1940年12月	HX-72船隊 1940年9月	ONS-154船隊 1942年12月
名次	①	②	③	④	⑤	⑥	⑦	⑧	⑨	⑩
船艦 / 沉沒	3 5	3 7	4 9	4 2	3 0	3 0	4 9	4 9	4 1	4 5
	1 6	1 3	1 4	1 5	1 2	2 0	1 2	1 1	1 1	1 4
沉沒%	45.7%	35.1%	28.6%	35.7%	32.4%	66.7%	24.5%	22.5%	27%	31.1%
U型潛艦	0 9 0	4 3 1	1 9 5	1 6 2	1	8 0	8 0	0 7 0	9 0	1 9 1
噸數	102,311噸	93,502噸	88,000噸	82,817噸	80,000噸	79,592噸	75,069噸	73,958噸	72,272噸	69,913噸

資料來源：1• *History of Convoys and Routing*, USN, 1945 - 2• *ASW in World War II*, OEG report n° 51, USN, 1946 - 3• *German Submarine Losses*, Naval History Division, Washington 1963 - 4• Nathan Miller, *War at Sea*, Scribner, 1995；G. Williamson, *Kriegsmarine U-Boats*, Osprey, 2002 - 5• G. Malbosc, *La Bataille de l'Atlantique*, Economica, 2010

護航船隊。1941–1942 年間，隨著大型「狼群戰術」（德文為 Rudeltaktik，由德海軍司令鄧尼茨〔Dönitz, 1891–1980〕執行）的威力增強，德軍對近岸的潛艦基地（法國及挪威）發動攻擊。從 1943 年開始，德軍逐漸捨棄這項戰術，因德國在工業、科技和密碼戰（ULTRA 解碼）三個領域的發展已無可挽回地失衡了。儘管此時是 U 型潛艦最多的時期（1943 年 4 月，可同時出動 160 艘，相比之下 1939 年 9 月只有 40 艘），德國卻永遠失去優勢，承受慘重損失，再也無力趕上同盟國的造船產能（美國的自由輪 Liberty Ships）。

眾所皆知大西洋上的對戰十分激烈，同盟國損失了 2,200 艘船隻和數萬人，其中包括 30,000 名商船船員；而德意志帝國則損失將近 700 艘船、超過 25,000 名潛艦官兵。然而，切不可因 U 型潛艦精采攻擊了護航船隊，而過度渲染此戰的影響力。舉個實例，統計數據顯示穿梭於大西洋上的護航船隊，大部分都沒有受到攻擊，或只承受輕微損失。整體而言，這場令世人著迷的大西洋海戰造成的危害，在當時的確稱得上嚴重，令人擔心英國會在 1941 年至 1943 年夏天陷入孤立無援的處境，但不管如何，它不曾真正帶給精通海事的盎格魯—撒克遜諸國致命的威脅。

U 型潛艦擊沉的同盟國商船噸數 （單位：百萬噸）

總計：
≈ 2,200 艘
≈ 14,000,000 噸

600,000噸 (1939)
2,300,000噸 (1940)
2,200,000噸 (1941)
5,800,000噸 (1942)
2,300,000噸 (1943)
600,000噸 (1944)
200,000噸 (1945)

3 • 小結：一場早就失敗的戰爭？

1943 年中期，大量的 U 型潛艦受創，同時，愈來愈少貨船因德軍攻擊而沉沒，大西洋海戰的戰況完全反轉。鄧尼茨原先估計每年能截斷同盟國之間高達 700 萬噸淨重的物資運輸，這樣一來德軍必能取勝。然而，船隻徵用、建造及美國加入二戰等種種因素，這個目標（若涵蓋因各種原因而毀損的船隻）耗費 3 年心血才終於達成，然而此時同盟國的產能已經起飛：自 1943-1945 年間，同盟國造船廠出產了超過 3,000 萬噸的船隻，且大部分來自美國。

橫越大西洋的船艦數量及損失數量

= 500 艘

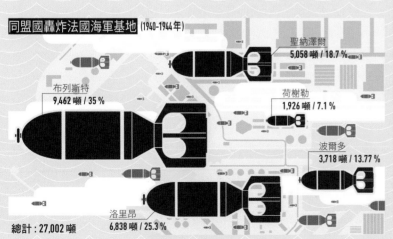

總計：85,775 艘橫越大西洋 / 654 艘被擊沉（0.75 %）

同盟國貨船產量及損失

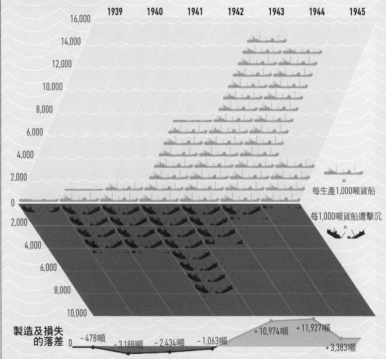

=
每生產1,000噸貨船

每1,000噸貨船遭擊沉

製造及損失
的落差

-478噸 -3,188噸 -2,434噸 -1,063噸 +10,974噸 +11,927噸 +3,383噸

同盟國轟炸法國海軍基地 (1940-1944 年)

聖納澤爾
5,058 噸 / 18.7 %

布列斯特
9,462 噸 / 35 %

荷榭勒
1,926 噸 / 7.1 %

波爾多
3,718 噸 / 13.77 %

洛里昂
6,838 噸 / 25.3 %

總計：27,002 噸

花級輕型護衛艦
同盟國的護航艦型

95

6 • A. Niestle, *German U-Boat Losses During World War II*, Frontline, 2014 - 7 • *Defeat of Ennemy Attack of Shipping*, Historical Section, UK Admiralty, 1957 - 8 • Y. Durand, *Histoire de la Deuxième Guerre mondiale*, Complexe, 1999 - 9 • S. Roskill, *The War at Sea*, 1956 - 10 • http://www.u-boote.fr/u-158.htm - 11 • http://uboat.net/ops/convoys/convoys.php

埃爾溫指揮官
Rostin Erwin
1907-1942

U型潛艦IX型C / U-158　　76.5公尺　　1,232 噸　　18.2 節 / 7.7 節　　54 人　　13,450海里　　22枚魚雷

1942年攻擊ONS-154船隊的組織隊型

- 運輸船 ×45
- 護衛艦 ×4

4,000公尺　　1,000公尺　　3,000公尺　　2,000公尺

格陵蘭：2 + 12

加拿大：34 + 94

2/24

3/1

美國東岸：70 + 244

3/11

3/13

3/15

6/30

百慕達：12

5/22

6/29

5/20

美國墨西哥灣：12 + 80

6/17

6/12

6/11

6/23

6/7

6/23

6/5

6/4

6/2

加勒比地區：30 + 178

巴西：20 + 32

N
S

0　500公里　1,000公里

團結PBY·卡特琳娜水上飛機

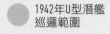 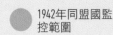

- 1942年U型潛艦巡邏範圍
- 1942年同盟國監控範圍
- = 1943年10架反潛機
- = 10架長距離反潛機
- U型潛艦主要任務基地
- 沉沒船隻
- 受損船隻

冰島：20 + 36

塞德爾水上飛機作戰半徑：2,165 公里

福克－沃爾夫Fw-200兀鷹式偵察機作戰半徑：1,750 公里

亨墨非斯
刻克內斯
那維克

特隆赫姆

卑爾根
荷坦

克里斯提安桑

塞爾
斯泰丁

威廉港
2/7
1941/9/25

英國：69

布列斯特

洛里昂
聖納澤爾
荷榭勒
波爾多

3/31

5/4

直布羅陀－摩洛哥：43 + 62

達卡（1943）

非洲西部：43 + 62

非洲南部：32

蕭特S.26桑德蘭

馬丁PBM-3水手

福克－沃爾夫Fw-200兀鷹式

道尼爾Do-18

德軍U-158潛艦的短暫生涯：

U-158 潛艦的生涯既短暫又令人驚豔，只執行了 2 次巡邏任務，卻面臨致命的後果。而且第二次是大西洋戰役最為慘烈的戰鬥之一。

→ 於 1941 年 9 月 25 日開始服役，於 1941 年 9 月到 1942 年 2 月間編入斯塞新（Stettin）基地的海軍部隊。

→ 第一場任務，從 1942 年 2 月 2 日至 3 月 31 日，由威廉港（Wiilhemshaven）出發，航經黑爾戈蘭島（Heligoland）。
2 月 24 日 8 點 55 分：蒸汽輪船塞爾特帝國號（8,032 噸油輪，隸屬船隊 ONS-67）以魚雷、狼群戰術攻擊。
2 月 24 日 10 點 35 分：摩托船迪洛瑪號（8,146 噸油輪，隸屬船隊 ONS-67），以魚雷、狼群戰術攻擊，對方受到損害。
3 月 1 日 11 點 33 分：摩托船芬南傑號（9,551 噸油輪，隸屬船隊 ONS-67）以魚雷、火炮、狼群戰術攻擊。
3 月 11 日 7 點 58 分：蒸汽輪船加勒比海號（2,609 噸貨船），魚雷攻擊。
3 月 13 日 5 點 5 分：蒸汽輪船約翰吉爾號（11,641 噸油輪），魚雷攻擊。
3 月 15 日 4 點 6 分：蒸汽輪船奧里恩號（7,118 噸油輪），魚雷攻擊，敵方受損。
3 月 15 日 7 點 25 分：蒸汽輪船艾瑞歐號（6,952 噸油輪），魚雷攻擊。
3 月 31 日：回到法國洛里昂（Lorient）。

→ 第二場任務：1942 年 5 月 4 日至 6 月 30 日，自洛里昂出發。
5 月 20 日：摩托船達琳娜號（8,113 噸油輪，隸屬 ON-93 船隊），魚雷攻擊。
5 月 22 日：蒸汽輪船法蘭克貝雅德號（1,728 噸貨船），火炮攻擊。
6 月 2 日：蒸汽輪船諾克斯城號（5,686 噸貨船），魚雷攻擊。
6 月 4 日：蒸汽輪船尼達奈斯號（2,647 噸貨船），魚雷攻擊。
6 月 5 日：蒸汽輪船薇瑪萊克斯號（2,572 噸貨船），魚雷攻擊。
6 月 7 日：蒸汽輪船賀米斯號（5,234 噸貨船），魚雷攻擊。
6 月 11 日：摩托船施賀達茲德號（13,467 噸油輪），魚雷及火炮攻擊。
6 月 12 日：蒸汽輪船城市服務托雷多號（8,192 噸油輪），魚雷攻擊。
6 月 17 日：蒸汽輪船桑貝拉斯號（3,601 噸貨船），魚雷攻擊。
6 月 17 日：蒸汽輪船摩拉號（1,560 噸貨船），魚雷攻擊。
6 月 23 日：蒸汽輪船亨利吉本斯號（5,766 噸貨船），魚雷攻擊。
6 月 28 日：蒸汽輪船艾佛雅達號（3,950 噸貨船），火炮攻擊，並將其擊沉。
6 月 30 日：被美國海軍 VP-74 分艦隊的一名水手以深水炸彈攻擊，無人生還。

任務小結：
航行58天，損毀
54,049噸的船隻。

任務小結：
航行58天，損毀
62,536噸的船隻。

當義大利宣稱地中海是「我們的海」(Mare Nostrum)

　　戰火之所以一路蔓延到地中海盆地，肇因於義大利臨時開戰，並造成兵士大量傷亡。

　　說義大利「臨時開戰」，是因為墨索里尼在 1940 年 6 月 10 日向同盟國宣戰時，原不打算實際作戰。當下，他只徵用 1/3 航行於世界各地的義大利商船。他深信既然法國跪地投降，戰爭就等於畫下了句點。機會主義的他自以為加入了勝利者的陣營。而「大量傷亡」則歸因於法西斯主義酷愛戰爭。墨索里尼不只想用戰爭實現夢寐以求的帝國版圖，將地中海變成「我們的海」，同時也將戰爭視為製造新人類的儀式：

新人類充滿男子氣概又冷酷，對法西斯國和「領袖」（Duce）忠心不貳。因此自 1934 年開始，義大利軍隊年年都打仗。

　　對戰爭的迷戀使墨索里尼陷入盲目，看不見義大利的經濟能力有限，和他的雄心壯志間（奪取法國科西嘉島、突尼西亞、埃及、巴爾幹半島）有著天差地別。要在地中海作戰，必須同時奪得制空、制海權，好確保船隊安全。而義大利既沒有相關產業、亦無軍事裝備，又欠缺整體指揮，更別提在這種戰爭中不可或缺的後勤組織知識。在陸地上，沙漠戰區需要機械化部隊。然而義大利的機械化部隊跟現

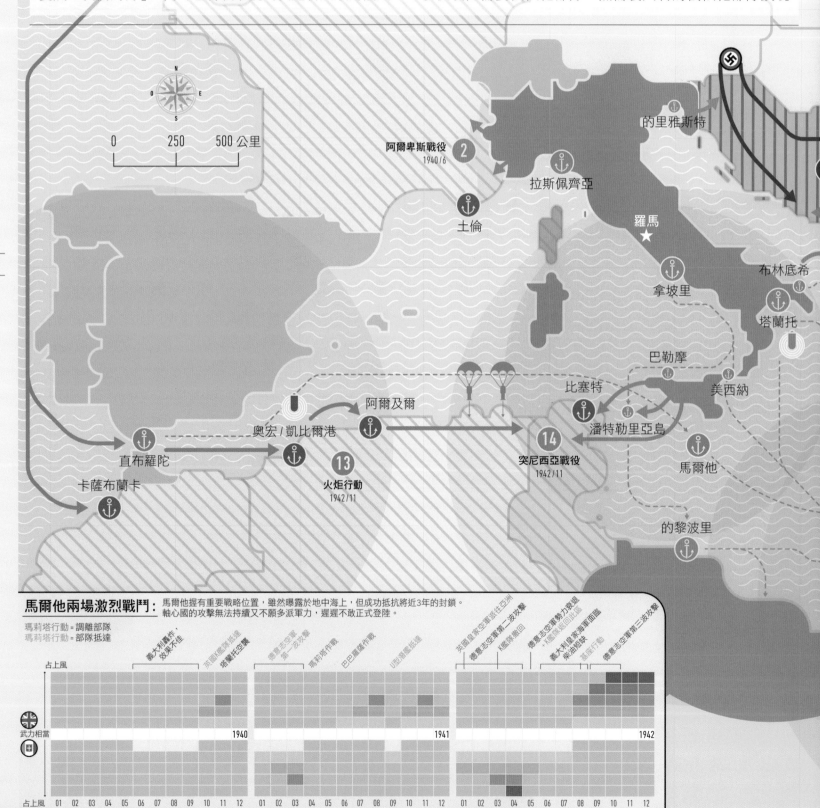

馬爾他兩場激烈戰鬥： 馬爾他握有重要戰略位置，雖然曝露於地中海上，但成功抵抗將近3年的封鎖。軸心國的攻擊無法持續又不願多派軍力，遲遲不敢正式登陸。

98

代化飛機一樣珍貴稀少。但墨索里尼不在乎這些弱點，打算利用法國戰敗，進行一場和德國不同的「平行戰爭」。義大利殖民地成了攻向英屬索馬里蘭、埃及及希臘的跳板，領袖將最精良的部隊分頭派往各地（100,000 人派往東非，188,000 人派往利比亞，165,000 人派往阿爾巴尼亞）。他四處興戰，卻處處失利。1940 年 12 月，義軍有 130,000 人在利比亞被俘，而在 1941 年 4 月，90,000 人在東非被俘！希臘反擊後，攻進阿爾巴尼亞。英軍則向義大利的海軍基地塔蘭托發動空襲，造成嚴重損失，預示了後來的珍珠港事變。

墨索里尼破壞區域的穩定，同時也威脅了德國的利益。希特勒不得不出手干預，好確保羅馬尼亞石油的安全，並小心謹慎保護中立的土耳其，因為後者是德國的礦產來源。

1941 年 1 月，德意志空軍出現在馬爾他（Malte）上空。到了 2 月，德意志非洲軍登陸非洲。4 月時，德國戰車湧上巴爾幹半島，不願加入軸心國的南斯拉夫在 15 天內被攻陷。希臘則多撐了 1 週。

義大利發動的平行戰爭就此結束。德國主宰了這場戰事，地中海戰線成了外圍戰區。儘管邱吉爾幻想以此為跳板，直攻軸心國最大弱點，但這裡也成了英國的弱點，因為後者不得不將兵力調往遠東。2 年內，依據兩方陣營所能運用於此的軍力，地中海的掌控權不斷在兩者間輪替。雙方都不想在此浪費軍力，於是一再錯失良機。直到 1942 年秋天，兩方軍力比率永遠地反轉，地中海確定成了「同盟國的囊中之物」。

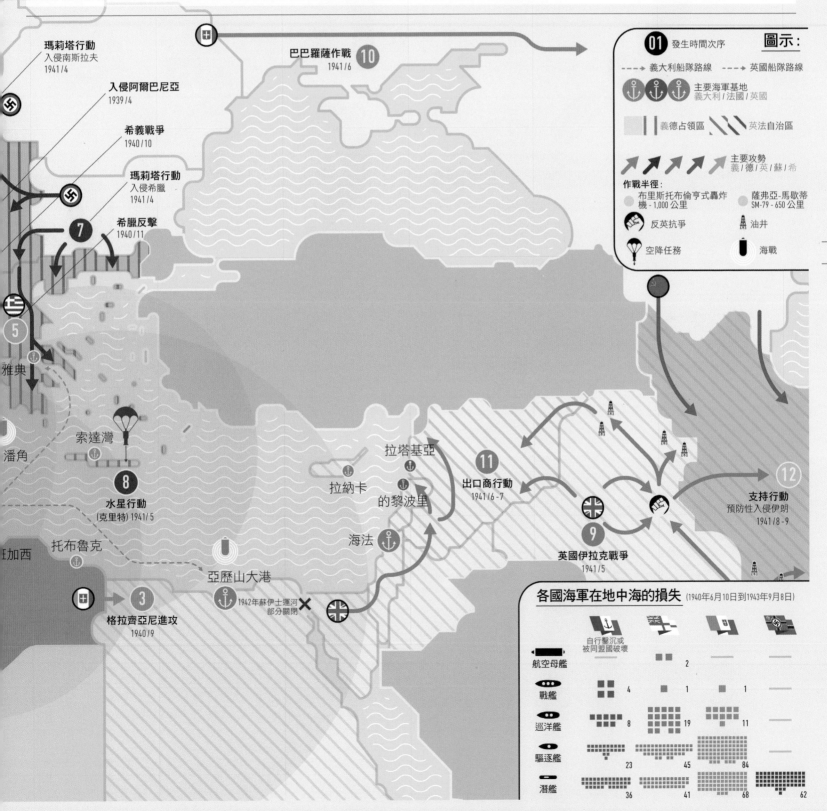

1 • 又一場護航船隊之戰 (1940 – 1942)

英國為了避免己方的護航船隊進入地中海,選擇往南繞行非洲近一圈再將物資運往埃及。而軸心國的補給船隊必須穿過以馬爾他為基地的同盟國潛艦、驅逐艦及飛機。1940 年,雖然義大利攻不下馬爾他,但馬爾他也需要物資補給。因此雙方戰事僅限於護衛己方或騷擾對方護航船隊,但由於海域狹小以致雙方的交戰直接、迅速而激烈。威脅從四面八方而來:不管是海面上下還是空中都危機重重。護衛船隊仰賴大量設備,包括從一般的護衛艦到航空母艦或戰艦,

義大利因此耗盡了柴油。根據各國所挹注的資源多寡,戰況如鐘擺般擺來盪去。每年上半年由德義聯軍取得優勢,下半年則是英方天下。不過,沒有一方能完全阻斷另一方。馬爾他直到 1942 年夏天才終於糧斷彈絕,英軍的基座行動雖然多少發揮了功效,但德國空軍的耗損才是危機解除的主因。幸好有義大利皇家海軍的幫忙,德國隆美爾將軍才能收到 80% 的物資。

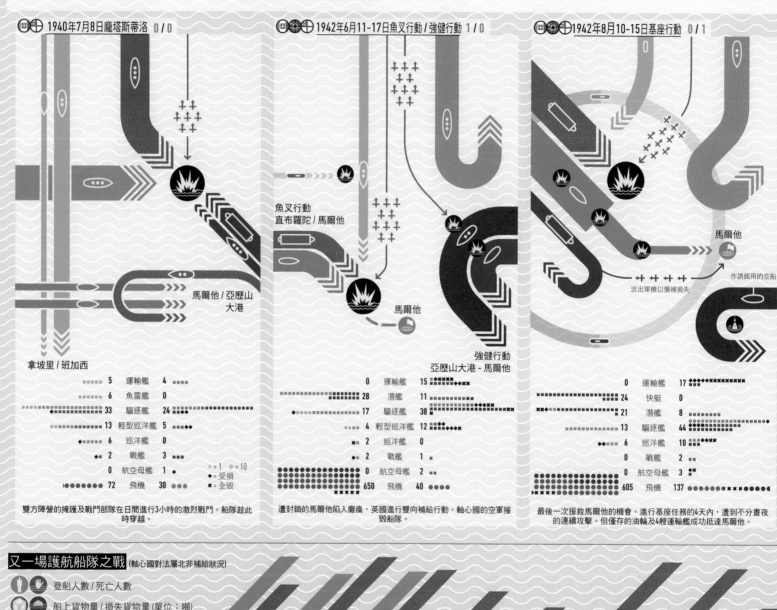

雙方陣營的掩護及戰鬥部隊在日間進行3小時的激烈戰鬥。船隊趁此時穿越。

遭封鎖的馬爾他陷入癱瘓,英國進行雙向補給行動。軸心國的空軍摧毀船隊。

最後一次援救馬爾他的機會。進行基座任務的4天內,遭到不分晝夜的連續攻擊。但僅存的油輪及4艘運輸艦成功抵達馬爾他。

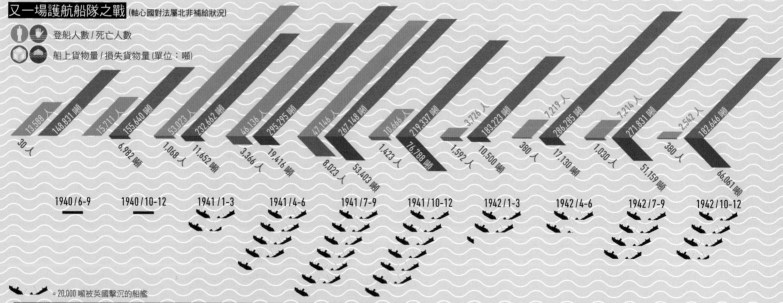

又一場護航船隊之戰 (軸心國對法屬北非補給狀況)

登船人數 / 死亡人數

船上貨物量 / 損失貨物量 (單位:噸)

= 20,000 噸被英國擊沉的船艦

資料來源:1 • T. Spooner, *Supreme Gallantry : Malta's Role in the Allied Victory, 1939-1945*, John Murray, 1996 - 2 • K. Gundelach, *Die Luftwaffe im Mittelmeer*, Lang, 1981 - 3 • *Das Deutsche Reich und der Zweite Weltkrieg*, vol III & VI, Deutsche Verlag-Anstalt, 1994 & 2001 - 4 • A. Cocchia, *La difesa del traffico con l'Africa settentrionale, la marina italiana, dati statistici*, vol.6 &7, 1958 & 1962

2・貪得無厭的墨索里尼

法西斯義大利是歐洲第一個隨戰神之歌起舞的國家。義大利自 1935 年占據衣索比亞，但那是一場野蠻（多達 30-50 萬平民遭受波及）又表面的勝利。他們面對的衣索比亞完全沒有重型武器，只有區區 50,000 支步槍。墨索里尼於 1936 年與西班牙的佛朗哥聯手，接著在 1939 年入侵阿爾巴尼亞。但這些戰事消耗了義大利建造武器的資金。因此 1940 年，義大利空軍只具備 1,000 架左右的現代飛機，其生產裝配線運作速度只有英國的 1/10。墨索里尼吹噓的 800 萬大軍根本不存在，事實上他只能召集 150 萬左右的人力，只有 19 個完整的師；所謂的戰車中，只有 200 輛是名符其實的坦克（M11/39 及 M13/40），其他只是裝了一支機關槍的履帶車。

至於海軍，雖說兵力均衡、現代化、具備 50 萬噸的船艦……但面對握有決定性王牌的英國也無可奈何。後者擁有航空母艦、雷達及 ULTRA 解碼系統。墨索里尼欠缺 40% 的海軍軍官，而且柴油只有 1 年的存量。

義大利士兵一直活在水深火熱之中。他們的武器不佳、物資不足，經常受到差勁的指揮（全由「政治」將軍決定），創立「平行戰爭」、分散兵力的墨索里尼，完全沒有領導才能，更讓情況雪上加霜。到了 1941 年終，義大利已失去 22% 的兵士及東非領地。但這一切都無法阻止墨索里尼增派 10 萬人到蘇聯（只有少數人倖存歸來）；為了保住巴爾幹，甚至犧牲了 45 萬人。

所有戰線

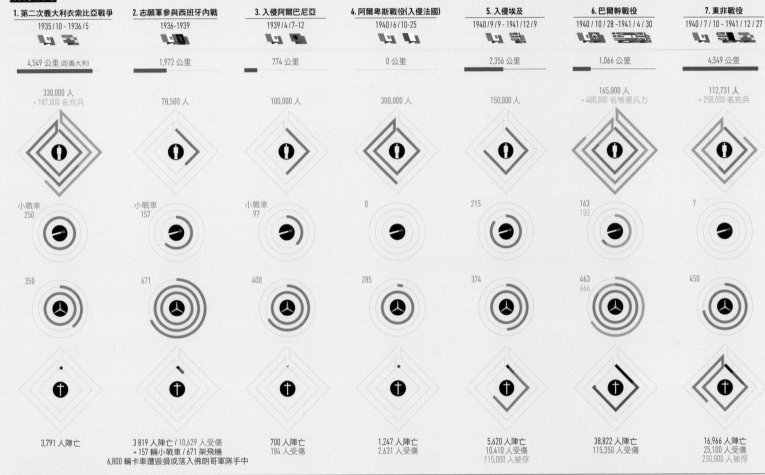

1. 第二次義大利衣索比亞戰爭	2. 志願軍參與西班牙內戰	3. 入侵阿爾巴尼亞	4. 阿爾卑斯戰役（入侵法國）	5. 入侵埃及	6. 巴爾幹戰役	7. 東非戰役
1935/10 - 1936/5	1936-1939	1939/4/7-12	1940/6/10-25	1940/9/9 - 1941/12/9	1940/10/28 - 1941/4/30	1940/7/10 - 1941/12/27
4,549 公里（距義大利）	1,972 公里	774 公里	0 公里	2,356 公里	1,066 公里	4,549 公里
330,000 人 +187,000 名充兵	78,500 人	100,000 人	300,000 人	150,000 人	165,000 人 +400,000 名增援兵力	112,731 人 +258,000 名充兵
小戰車 250	小戰車 157	小戰車 97	0	215	163 / 150	?
350	671	400	285	374	463 / 666	450
3,791 人陣亡	3 819 人陣亡 / 10,629 人受傷 +157 輛小戰車 / 671 架飛機 6,800 輛卡車遭毀損或落入佛朗哥軍隊手中	700 人陣亡 184 人受傷	1,247 人陣亡 2,631 人受傷	5,620 人陣亡 10,410 人受傷 115,000 人被俘	38,822 人陣亡 115,350 人受傷	16,966 人陣亡 25,100 人受傷 230,000 人被俘

1940 年義大利軍力

● = 1　■ = 10　✖ = 100

士兵 / 黑衫軍（義大利國家安全義勇軍）：1,347,000 人 / ±340,000 名黑衫軍

現代化裝甲車：200 輛

卡車：38,000 輛

✖✖✖✖✖✖ 527 架偵察機 (108)
✖✖✖✖✖✖✖ 759 架戰鬥機 (165)
✖✖✖✖✖✖✖✖✖✖ 1,064 架轟炸機 (281)

飛機：2,675 架，其中 554 架無法執勤，325 架位在衣索比亞

●●●● 4 艘戰艦　　7 艘巡洋艦 / 12 艘輕型巡洋艦
125 艘驅逐艦　　113 艘潛艦

船艦：261 艘

1940 年毫無準備的義大利陸軍

20 師
只有 60% 的人力，裝備不全或已過時 只有 50 % 的馬匹或交通工具

34 師
有 75 % 的人員，武器充足， 欠缺交通工具

19 師
裝備完全

桑默維爾海軍司令 James Fownes Somerville 1882-1949

劍魚式魚雷轟炸機 Mk I

薩弗亞－馬歇蒂 SM.79

亞基諾海軍司令 Angelo Iachino 1889-1976

5• J. J. Sadkowich, *The Italian Navy in World War II*, 1994 - 6• *History of the Second World War, The Mediterranean & the Middle East*, 6 vol, 1954-1988 (la complaisante histoire officielle britannique)
7• MacGregor. Knox, *Mussolini Unleashed, 1939–1941*, Cambridge University Press, 1986

非洲沙漠之戰

要瞭解這場沙漠戰爭並不難，只要謹記一切都與地理密不可分。首先，戰線僅橫跨地中海與撒哈拉沙漠間數十公里的距離。只有像英國的輕型單位「長距離沙漠群」（Long Range Desert Group）能進一步冒險深入，從敵軍後方突擊。由於沙漠上沒有公路，軍隊一旦深入就無法獲得補給，因此不得不沿著濱海公路行進（巴比亞〔Balbia〕公路），但很容易就因為道路遭封鎖而無法前進。如此一來，正面攻擊埋了許多地雷保護的堡壘（利比亞的托布魯克〔Tobrouk〕、格札拉〔Gazala〕、埃及的阿拉敏〔El-alamein〕、突尼西亞的馬雷斯〔Mareth〕）成了沙漠戰的重點。在這兒，炮兵及工兵

部隊的角色極為重要。然而一攻破防線，機動戰（guerre de mouvement）便隨之啟動，轉而由摩托化部隊（甚至機械化部隊）全力接手作戰。在這片沙漠地區，迅速、果敢、主動出擊成了左右戰況的最佳王牌。整體而言，長期受自主戰術訓練的德國軍官具備這些特質，隆美爾更是其中的佼佼者。數小時內，戰場就往深處擴張，立刻使仰賴步行的部隊陷入困境。

考量到第二項地理因素——驚人的遙遠距離，就算戰勝，部隊也只能撤退而無法繼續追擊。一條遠距的生命補給線連接著戰場與本土：英國部隊得花 2 個月航行、穿過 23,000 公

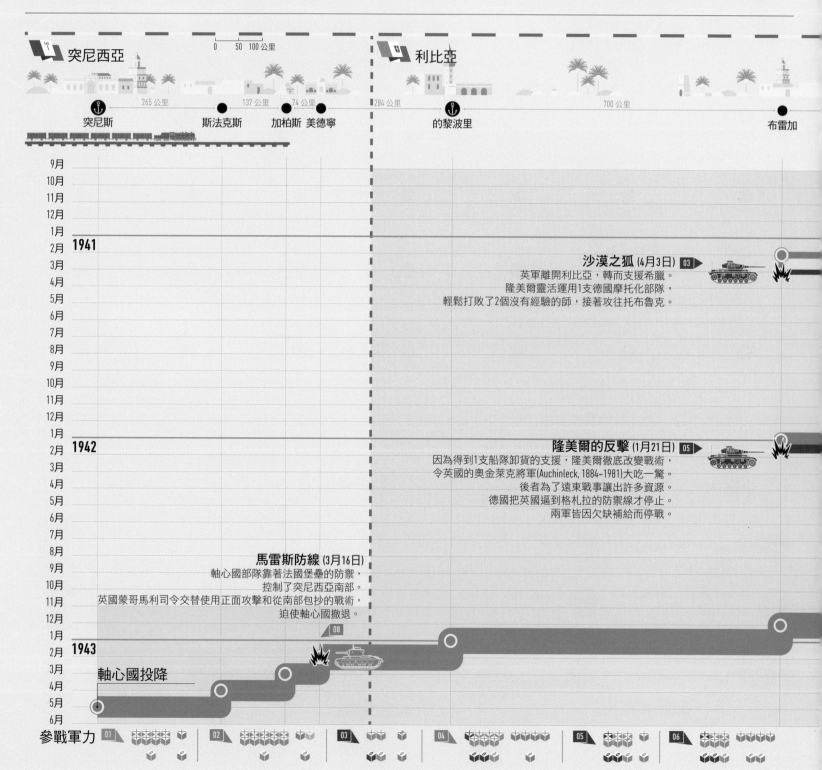

突尼西亞

0 50 100公里

突尼斯　265公里　斯法克斯　137公里　加柏斯　74公里　美德寧　284公里

利比亞

的黎波里　700公里　布雷加

9月 10月 11月 12月 1月 **1941** 2月 3月 4月 5月 6月 7月 8月 9月 10月 11月 12月

沙漠之狐 (4月3日) 03
英軍離開利比亞，轉而支援希臘。
隆美爾靈活運用1支德國摩托化部隊，
輕鬆打敗了2個沒有經驗的師，接著攻往托布魯克。

1月 **1942** 2月 3月 4月 5月 6月 7月 8月 9月 10月 11月 12月

隆美爾的反擊 (1月21日) 05
因為得到1支船隊卸貨的支援，隆美爾徹底改變戰術，
令英國的奧金萊克將軍(Auchinleck, 1884-1981)大吃一驚。
後者為了遠東戰事讓出許多資源。
德國把英國逼到格札拉的防禦線才停止。
兩軍皆因欠缺補給而停戰。

馬雷斯防線 (3月16日)
軸心國部隊靠著法國堡壘的防禦，
控制了突尼西亞南部。
英國蒙哥馬利司令交替使用正面攻擊和從南部包抄的戰術，
迫使軸心國撤退。 08

1月 **1943** 2月 3月 **軸心國投降** 4月 5月 6月

參戰軍力 01　02　03　04　05　06

102

里的距離，經由開普敦到達戰場；而德國則需行軍 1,800 公里，雖然距離較短但得穿過危機四伏的地中海。但更惡劣的困境還在後面。雙方一旦開火，補給隊必須再次穿過數百公里的崎嶇路程才能抵達。若沒有龐大的摩托化後勤部隊，根本無法打仗。戰勝反而帶來更多麻煩。一旦取得勝利、軍隊推進，後勤距離就拉得更遠，甚至面臨無法補給的窘境。偏偏氣候與沙塵幾天內就能損壞裝備，修理工坊的責任重大。因此，戰況如同鐘擺，不斷來回擺盪。英國深入利比亞 1,000 公里，接下來卻被德義聯軍擋住去路。後者雖在 1 週內以快如閃電的速度往前推進，但一到埃及又被擋下。雙方不得不停戰，但身處「自家」的英軍占有優勢，接著下一回合重新開始。唯有 1942 年 12 月 8 日，同盟國登陸摩洛哥及阿爾及利亞，像鉗子一樣夾攻軸心國，才扭轉情勢。同時，各戰區的距離

也影響軍隊的編制。戰地離己方港口愈遠，軍隊就必須愈精簡。此戰的部隊兵力有限，並不是因為非洲被歸為次級戰區，最主要的原因是：能補給的軍需物資有限，無法支撐更龐大的軍隊。事實上，有份分析報告指出派往非洲的軍隊人數已經超過負荷！然而，隆美爾只有德意志國防軍 1/12 的摩托化部隊、1/78 的兵力。對軸心國而言，唯一的出路就是攻下埃及的亞歷山大港。如此一來，就能實質地把英國皇家海軍逐出東地中海盆地；原本供應英國第 8 軍的海法（Haïfa，當時位於英屬巴勒斯坦，今以色列境內）煉油廠，也會落在德國手中，隆美爾便能奪下一個通往中東之門的大港口。因此，隆美爾在 1942 年夏天決定不顧一切發動突擊，並非完全錯誤的決定。這是取得戰略勝利的唯一方法，而他只差 100 公里就能實現目標。

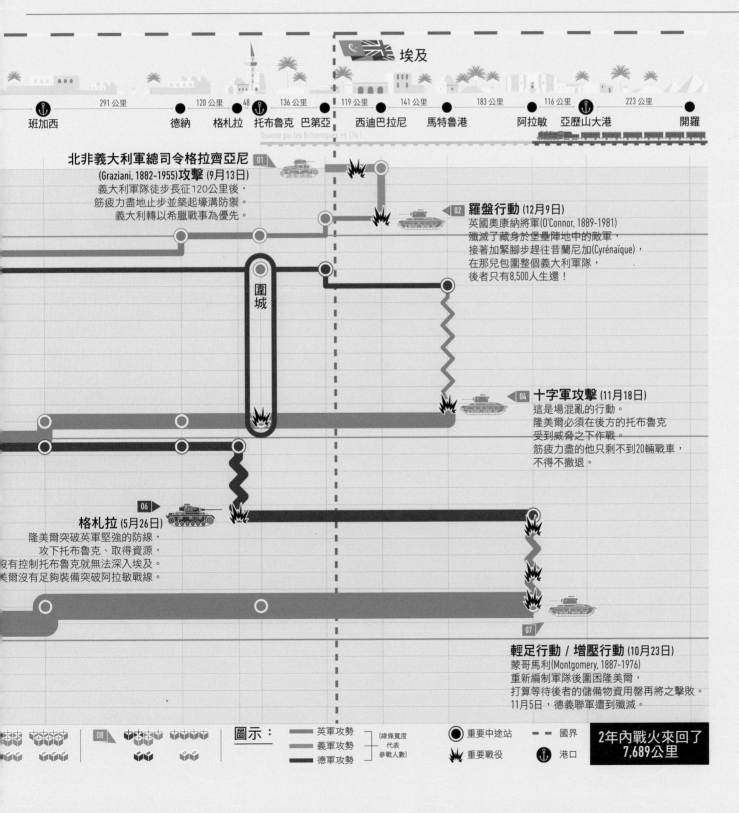

在托布魯克數公里之外，兩軍經過數月的休戰、重新整裝，再次於 1942 年 5 月狹路相逢。英軍藏身於數座橋組成的網絡之內，橋的四周是長達 70 公里的廣大地雷區。正如畢爾哈凱姆（Bir Hakeim）戰役，每個「巴古什戰鬥箱」（Baggush Box，以沙包、帆布等物品搭建的防禦陣地）內藏 1 支配有火炮的步兵旅。待命的裝甲旅及跨兵種的特別任務部隊隨時準備防堵敵軍。但隆美爾從南端繞過障礙，自英軍後方發動奇襲，令其措手不及。雖然軸心國的機械化部隊能穿越沙丘，但軍需部隊辦不到，非由畢爾哈凱姆穿越不可，但後者奮力抵抗。此時英國又重振雄風。德意志非洲軍只能建

立刺蝟防禦陣地來抵抗，要求生就必須殺出一條通道，才能獲得補給，這正是他們在 6 月 1 日下的決定。英國錯失大好良機，他們的坦克數量遠多於敵軍，卻被後者大傷元氣。一方面，德軍誘引英軍進入其反坦克炮的射程內，攻擊其側翼；另一方面，英軍攻擊命令不一，以致武力分散。6 月 14 日，英軍失去 3/4 的裝甲戰車，而大部分的步兵又在戰鬥箱中遭到圍攻，里奇將軍（Ritchie, 1897-1983）下令撤退。步兵逃過一劫，其中有不少來自畢爾哈凱姆的法國士兵，但這只是彌不足道的慰藉，因為這場戰敗讓托布魯克和其軍需站落入德軍手中，通往亞歷山大港的門戶也因而大開。

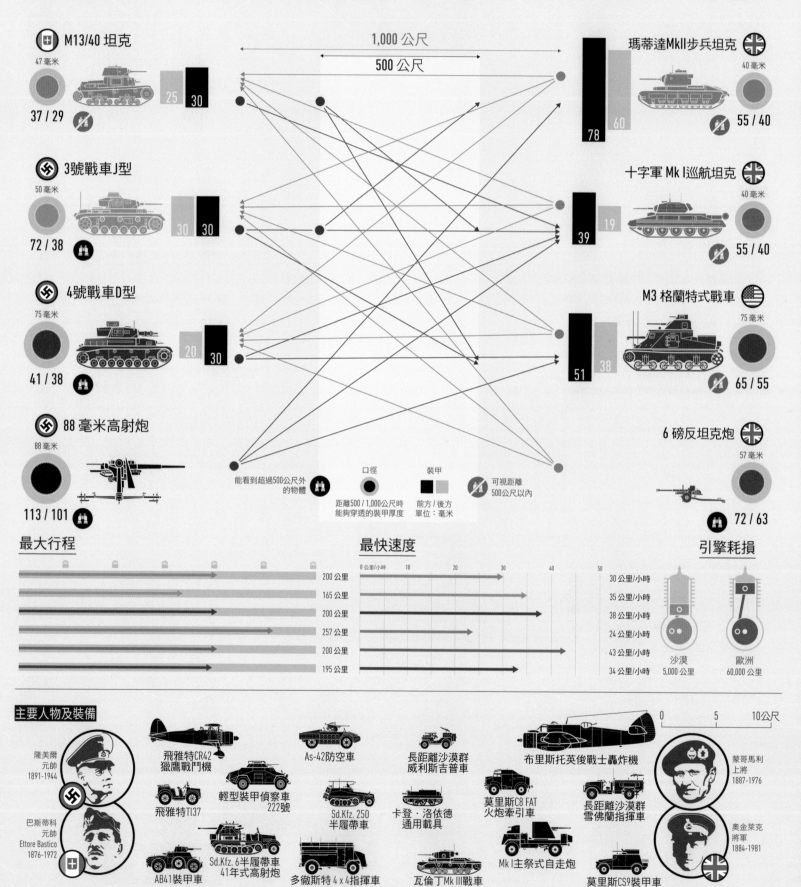

M13/40 坦克
47 毫米
37 / 29

3號戰車J型
50 毫米
72 / 38

4號戰車D型
75 毫米
41 / 38

88 毫米高射炮
88 毫米
113 / 101

1,000 公尺
500 公尺

瑪蒂達MkII步兵坦克
40 毫米
55 / 40

十字軍 Mk I 巡航坦克
40 毫米
55 / 40

M3 格蘭特式戰車
75 毫米
65 / 55

6 磅反坦克炮
57 毫米
72 / 63

能看到超過500公尺外的物體

口徑
距離500 / 1,000公尺時能夠穿透的裝甲厚度

裝甲
前方 / 後方
單位：毫米

可視距離
500公尺以內

最大行程
200公里
165公里
200公里
257公里
200公里
195公里

最快速度
0公里/小時 10 20 30 40 50
30 公里/小時
35 公里/小時
38 公里/小時
24 公里/小時
43 公里/小時
34 公里/小時

引擎耗損
沙漠 5,000 公里
歐洲 60,000 公里

主要人物及裝備

隆美爾 元帥 1891-1944

巴斯蒂科 元帥 Ettore Bastico 1876-1972

飛雅特CR42 獵鷹戰鬥機
飛雅特TL37

輕型裝甲偵察車 222號
Sd.Kfz. 6半履帶車 41年式高射砲
AB41裝甲車
Sd.Kfz. 250 半履帶車
多徹斯特 4 x 4 指揮車

As-42防空車
卡登・洛伊德 通用載具
瓦倫丁 Mk III戰車

長距離沙漠群 威利斯吉普車
莫里斯C8 FAT 火炮牽引車
Mk I主祭式自走炮

布里斯托英俊戰士轟炸機
長距離沙漠群 雪佛蘭指揮車
莫里斯CS9裝甲車

蒙哥馬利 上將 1887-1976

奧金萊克 將軍 1884-1981

0 5 10公尺

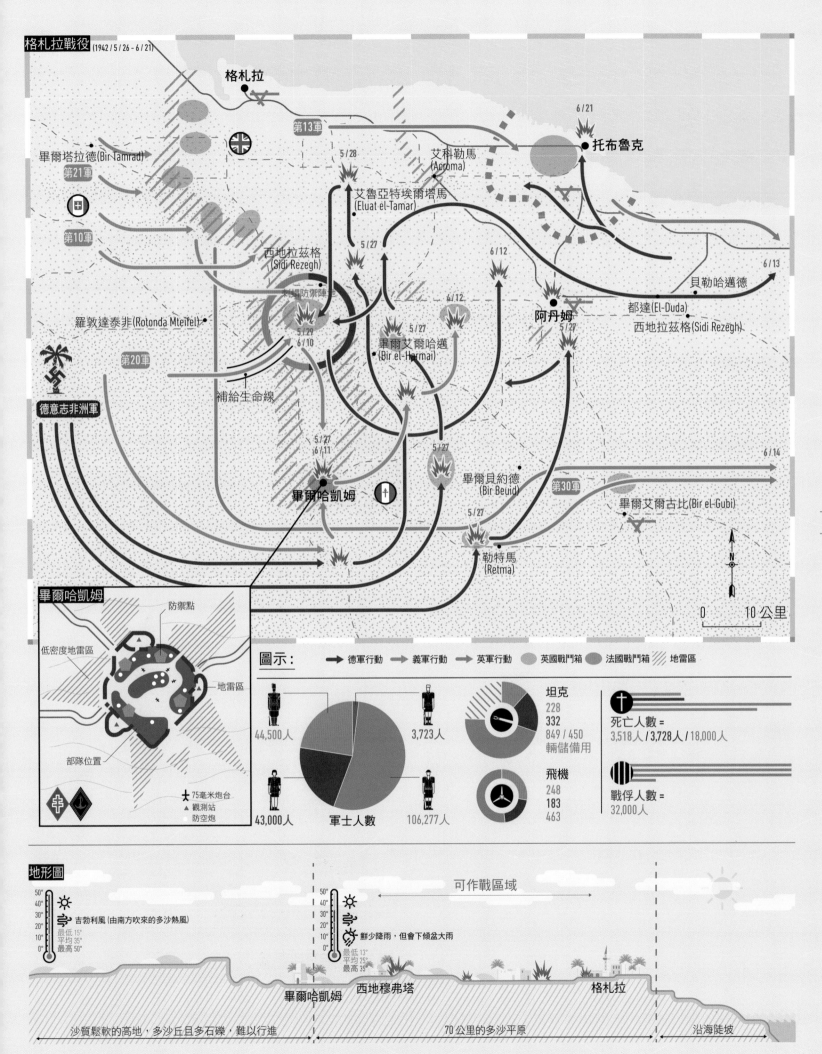

格札拉戰役 (1942 / 5 / 26 - 6 / 21)

格札拉

托布魯克

6 / 21

第13軍

畢爾塔拉德(Bir Tamrad)

艾科勒馬
(Acroma)

第21軍

5 / 28

艾魯亞特埃爾塔馬
(Eluat el-Tamar)

第10軍

5 / 27

西地拉茲格
(Sidi Rezegh)

6 / 12

6 / 13

貝勒哈邁德

羅敦達泰非(Rotonda Mteifel)

利姆防禦陣地

5 / 29
6 / 10

4 / 12

阿丹姆

都達(El-Duda)

西地拉茲格(Sidi Rezegh)

5 / 27

第20軍

補給生命線

5 / 27

畢爾艾爾哈邁
(Bir el-Harmai)

德意志非洲軍

5 / 27
6 / 11

畢爾哈凱姆

5 / 27

畢爾貝約德
(Bir Beuid)

第30軍

6 / 14

5 / 27

畢爾艾爾古比(Bir el-Gubi)

勒特馬
(Retma)

5 / 27

N

畢爾哈凱姆

防禦點

低密度地雷區

地雷區

部隊位置

★ 75毫米炮台
▲ 觀測站
■ 防空炮

0   10公里

圖示：　→ 德軍行動　→ 義軍行動　→ 英軍行動　● 英國戰鬥箱　● 法國戰鬥箱　╱ 地雷區

44,500人

3,723人

坦克
228
332
849 / 450
輛儲備用

死亡人數 =
3,518人 / 3,728人 / 18,000人

43,000人

軍士人數

106,277人

飛機
248
183
463

戰俘人數 =
32,000人

105

地形圖

可作戰區域

50°
40°
30°
20°
10°
0°

☀

吉勒利風 (由南方吹來的多沙熱風)

最低 15°
平均 35°
最高 50°

50°
40°
30°
20°
10°
0°

☀

鮮少降雨，但會下傾盆大雨

最低 13°
平均 25°
最高 35°

畢爾哈凱姆

西地穆弗塔

格札拉

沙質鬆軟的高地，多沙丘且多石礫，難以行進

70公里的多沙平原

沿海陸坡

2 • 隆美爾的致命傷：後勤

整場戰爭中隆美爾不斷抱怨物資補給不足，這有 3 項原因。首先護航船隊太少。自 1940 年，粗心大意的墨索里尼就失去 1/3 噸位的商船（其中有許多大型貨船），另有 1/3 在馬爾他戰鬥中沉沒。1942 年時，法屬北非戰場每天需要 4,480 噸物資，但海軍無力運送所有物資。第二項潛在威脅則是利比亞的黎波里（Tripoli）及班加西（Benghazi）的港口太小，碼頭不夠長、水不夠深。不過經過一番改善後，到了 4 月終於得以裝卸 5,000 噸／天的貨物。但卡車短缺才是最大的致命傷。就算海軍全力配合隆美爾，德義兩軍也只有 6,000-10,000 輛卡車，難以應付將物資確實送抵部隊的任務，只能滿足不到 2/3 的需求。說到托布魯克和阿拉敏之間的鐵路，每天運輸量只有 332 公噸，實在微不足道。就算海軍表現再好，物資也只能堆積在港口。

義大利商船隊逐漸瓦解

1938 / 3,318,000 噸

1940 / 2,102,000 噸

1942 / 1,661,000 噸
其中 818,000 噸被扣在法國

1943 / 1,219,904 噸

- 1,216,000 噸被其他國家扣押

- 1,259,000 噸沉沒

- 441,096 噸沉沒

後勤鏈的失靈

卸貨：2,118 噸/日
前線物資：1,827 噸/日
後方物資：292 噸/日
民間物資：207 噸/日
海軍物資：85 噸/日

需求：4,480 噸/日
前線物資：3,200噸/日（其中義軍33.5%，德意志非洲軍38%）
運輸卡車需要480噸汽油/日
後方物資：560 噸/日

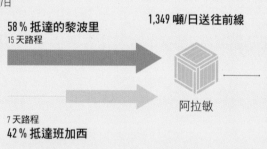

58 % 抵達的黎波里
15 天路程

1,349 噸/日送往前線

7 天路程
42 % 抵達班加西

阿拉敏

卡車數量
▶ 若要滿足需求，必須有21,173輛　▶ 最多：10,000輛　▶ 最多：6,000輛

平均：卸貨量
2,118 噸/日

最多：
1942年4月5,322 噸/日

實際需求：4,480 噸/日

將1,349噸/日的物資送抵前線，需要仰賴8,941輛卡車

港口每日卸貨量（噸/日）

比較法屬非洲境內的前線與蘇聯前線的距離

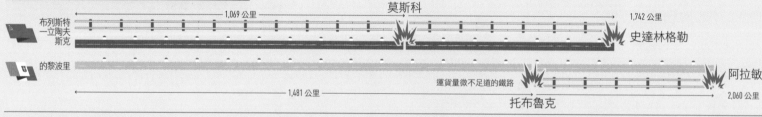

1,069 公里　　莫斯科　　1,742 公里

布列斯特—立陶夫斯克　　　　　　　　　　　　　　　　史達林格勒

的黎波里

運貨量微不足道的鐵路　　阿拉敏

1,481 公里　　　托布魯克　　　2,060 公里

4 • 兵力傷亡及戰略小結

若放眼其他戰役，沙漠戰爭相比之下沒那麼血腥（平均下來，每天雙方陣營共有 70 人陣亡）。由於實際兵力不多，再加上每回戰鬥行動間都有很長的間隔（32 個月中有 10 個月為休戰狀態），因此每日傷亡人數不高。然而一旦交戰就十分激烈。另一個教訓則是戰囚人數驚人，首先因為 1940 年 12 月有 130,000 名義大利人被俘，且最後在突尼西亞投降的軍士約有 20-25 萬人。雖然相比之下，兩軍在非洲戰區投入的資源設備沒那麼多，但這場戰爭的結果對最終勝利至關重要。此戰確保中東的安全，也讓義大利軍隊命喪於此（包括東非，義大利共有 438,000 人陣亡），同時希特勒占據的歐洲南側也因此露出空隙。

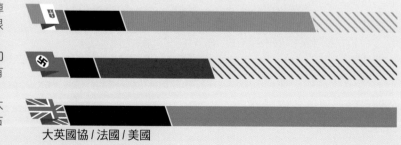

大英國協／法國／美國

資料來源：1• *Das Deutsche Reich und der Zweite Weltkrieg*, vol III & VI, Deutsche Verlag-Anstalt, 1994 & 2001 - 2• P. Battistelli, *Italian Soldier in North Africa*, Osprey, 2013 - 3• *History of the Second World War, The Mediterranean & the Middle East*, 6 vol, 1954-1988 - 4• J. Greene & A. Massignani, *Rommel's North Africa Campaign*, Da Capo, 1994

3・非洲戰爭的終曲

隆美爾在阿拉敏前方失敗了 2 次。蒙哥馬利將軍接任英軍指揮官後，從 1942 年 9 月開始進攻。他深知己方不擅機動戰，轉而採取有系統的反攻，以求吸收敵軍物資且迫使敵軍消耗儲備物資。在激烈戰鬥中，大英國協耗費了人力，而德意志非洲軍更被榨得一乾而淨。當然，軸心國本該在利比亞重整軍備、休養生息，可嘆的是同盟國在此時登陸法屬非洲境內，並與軸心國的支援部隊作戰。

即使如此，德軍依舊奮戰不懈，令人意外。他們是否反應太慢了些？事實上，保有一座灘頭堡確實能保障南歐的安全，首當其衝就是義大利本土。希特勒在突尼西亞搶先同盟國一步。他打算在當地建立一個容易獲得補給的長期陣地，因為突尼西亞具備靠近義大利的現代化港口。再加上西部有山區，南方又有能封鎖邊界堡壘，容易防守。這條策略雖然有理，但仍不足以贏得戰爭。1943 年 5 月，在一場艱苦戰鬥後，軸心國終被擊敗。

第三次阿拉敏戰役 (1942 / 10 / 23 - 11 / 3)

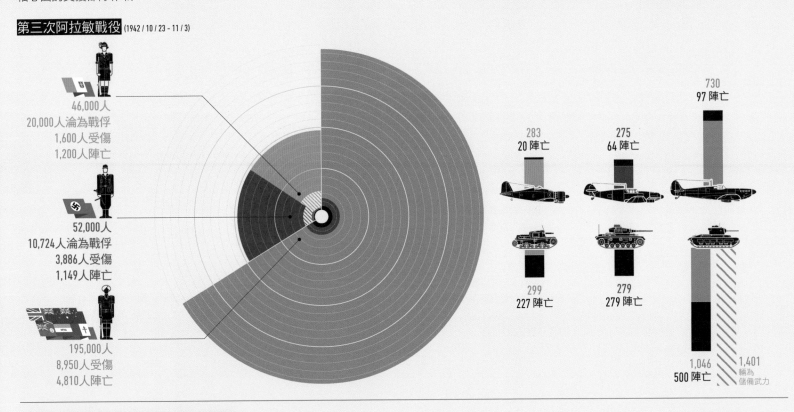

軸心國在利比亞與突尼西亞的兵力狀況

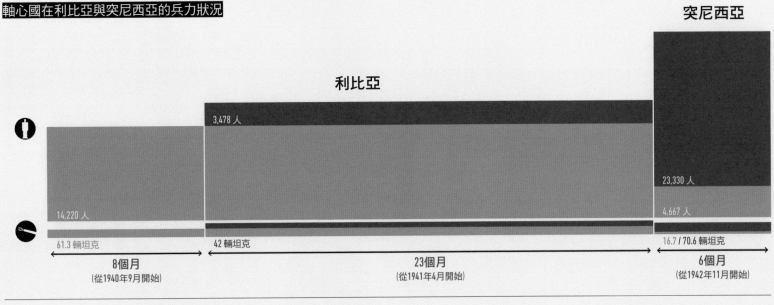

5• BA/MA RW4/479, RW 6/556 et 6/558, RW 6/543, Instituto Centrale Statistica, *Morti e dispersi per cause belliche negli anni 1940–45*, Rome, 1957 - 6• Colin F. Baxter, *The War in North Africa, 1940–1943 : A Selected Bibliography*, Greenwood, 1996

史達林格勒戰役

史達林格勒戰役是一場規模巨大的混戰，而這座城市本身位居衝突中心。從 1942 年 7 月 11 日開戰直到 1943 年 2 月 2 日結束，可劃分為 4 階段。第一階段從 1942 年 7 月 11 日到 8 月 23 日，由保盧斯將軍（Paulus, 1890–1952）率領德國第 6 軍團，朝東行進 200 公里，從俄羅斯的奇爾河（Tchir）經過頓河（Don）的河套抵達窩瓦河。而位在此處的史達林格勒三面環河。第二階段從 8 月 23 日到 11 月 18 日為止，此時雙方展開真正的城鎮戰，史上首次發生兩軍在一座長達 20 公里的大型工業城內作戰，而戰鬥範圍局限於一條街、一棟房舍或一座工廠，只有一般戰鬥 1/10 的規模。面對自 9 月 12 日起由崔可夫將軍（Tchouïkov, 1900–1982）帶領的蘇聯第 62 軍團，德國第 6 軍團雖有第 4 坦克軍團支援，火力充足，仍無法將蘇軍逐出窩瓦河西岸。第三階段則是蘇聯反攻的天王星行動。天王星行動經過長期準備，是一個複雜戰略計畫的一部分。天王星行動在 48 小時內告捷，造成德國第 6 軍團及部分第 4 坦克軍團從 11 月 23 日起遭到包圍，共 33 萬人受困。第四階段則持續到 2 月 2 日，德意志空軍試圖建立空橋補給，曼斯特將軍發動奇襲但無法突圍，最後城內及附近的第 6 軍團完全被蘇軍擊潰。

史達林格勒之戰的影響深遠，但若單獨來看，它本身並無法成為二戰的「轉捩點」，也不具「決定性」。從損失的角度來看，德軍雖然損失慘重，但比起紅軍實在微不足道，而且自 1943 年 2 月底開始，德意志國防軍得以穩定戰線。因此窩瓦河爭奪戰的結果，偏向戰略及心理上的勝利。自此之後，希特勒再也無法提出有戰略目標的作戰行動，甚至放棄在東邊一擊致勝的想法。史達林保住了高加索及油井，美國也經由伊朗為蘇聯打開一條新的補給路線。

1 · 城鎮戰

德軍以流暢的 4 波攻勢，占領 90% 的史達林格勒。但大部分的師級部隊，無法在城鎮中發揮原本的機動優勢及遠比敵人強大的火力，反而很快陷入耗竭，從他們行進速度漸漸變慢、傷亡人數上升就看得出來。蘇聯不只從窩瓦河對岸以接連不斷的炮火騷擾德軍，同時也從北方的斯巴達考夫卡（Spartakovka）持續攻擊，幾乎完全限制住 1/4 德軍的行動。面對蘇聯第 62 軍團的夜襲、500 名狙擊手的攻擊，德國第 6 軍團無暇休息，疲憊不堪。

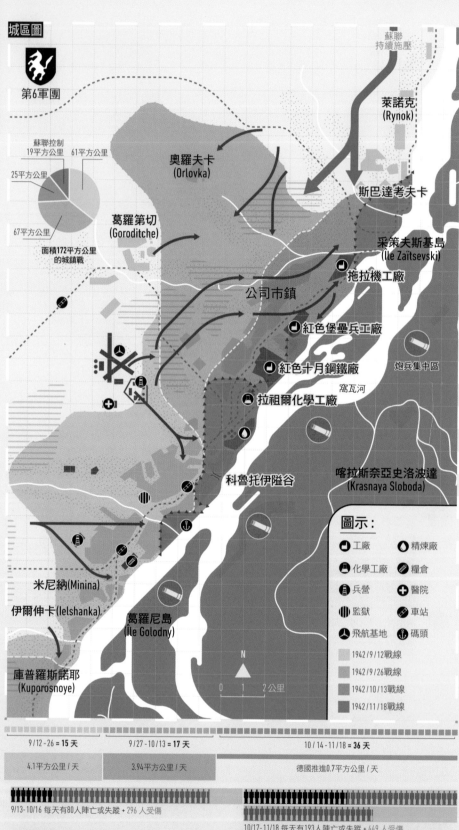

城區圖

第6軍團

蘇聯持續施壓

萊諾克（Rynok）

奧羅夫卡（Orlovka）

斯巴達考夫卡

蘇聯控制
19平方公里　61平方公里
25平方公里

葛羅第切（Goroditche）

采策夫斯基島（Île Zaïtsevski）

拖拉機工廠

67平方公里

面積172平方公里的城鎮戰

公司市鎮

紅色堡壘兵工廠

炮兵集中區

紅色十月鋼鐵廠

窩瓦河

拉祖爾化學工廠

喀拉斯奈亞史洛波達（Krasnaya Sloboda）

科魯托伊隘谷

米尼納(Minina)

伊爾伸卡(Ielshanka)

葛羅尼島（Île Golodny）

庫普羅斯諾耶（Kuporosnoye）

圖示：

🏭 工廠　　　　精煉廠
化學工廠　　　糧倉
兵營　　　　✚ 醫院
監獄　　　　　車站
飛航基地　　　碼頭

1942/9/12戰線
1942/9/26戰線
1942/10/13戰線
1942/11/18戰線

N
0　1　2公里

9/12-26 = 15天　　9/27-10/13 = 17天　　10/14-11/18 = 36天

4.1平方公里 / 天　　3.94平方公里 / 天　　德國推進0.7平方公里/天

9/13-10/16 每天有80人陣亡或失蹤 + 296 人受傷

10/17-11/18 每天有193人陣亡或失蹤 + 449 人受傷

9/13-10/16 每平方公里有20人陣亡 + 74 人受傷

1942/9/13 - 11/18 德國第6軍團傷亡總計
8,981人陣亡或失蹤 + 24,742人受傷

10/17-11/18 每平方公里有275.6人陣亡或失蹤 + 641.2人受傷

2 • 奪走大量人命的絞肉機

到了 9 月底，蘇聯理解到必須在城鎮戰中困住並損耗第 6 軍團，同時在城外準備反擊。為了能在城外反擊，必須「抓準時機」持續加薪點火，就像在火堆將滅之時投入樹枝使之復燃。蘇聯透過前所未聞的後勤行動，增派相當於 15 師的兵力穿越窩瓦河，數次在第 62 軍團瀕臨潰決之際勉強趕到。前來增援的軍士陣亡率驚人，但每一次都在距河數百公尺前成功擋住德軍。

希特勒、陸軍總司令部及保盧斯任由最精良的 10 個師，被困在毫無進展的戰事中超過 2 個月，同時讓另一側羅馬尼亞的軍隊處於欠缺裝備的困境，顯見他們行事盲目。至於德國的情報搜集部門，沒有發現蘇聯在城市西北方及南方集結軍力，是此役的最大缺失之一。

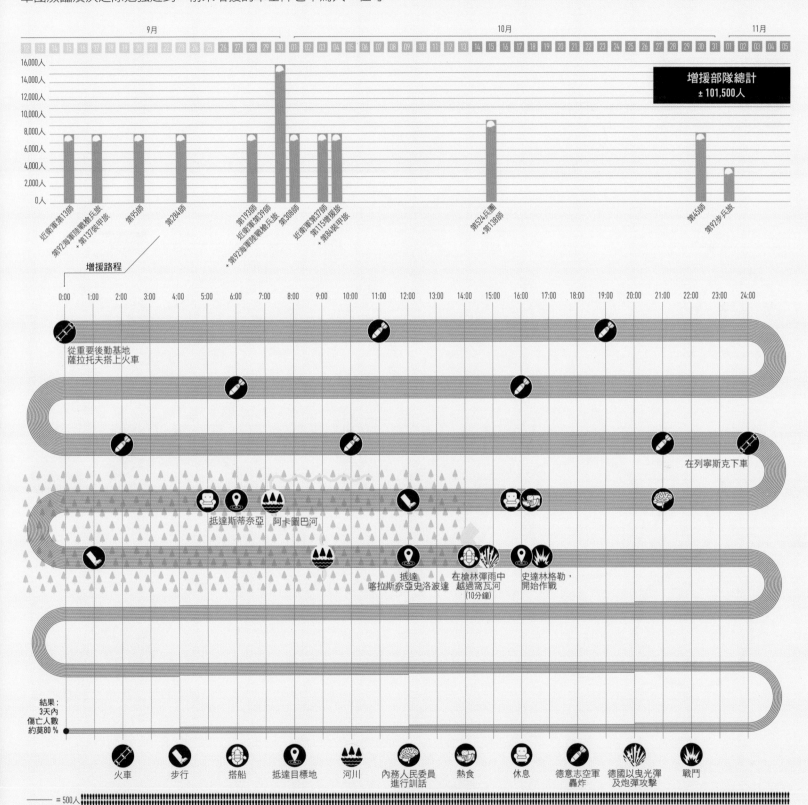

增援部隊總計
± 101,500 人

增援路程

近衛軍第13師
第92海軍陸戰槍兵旅 + 第137裝甲旅
第95師
第284師
第193師
近衛軍第39師 + 第92海軍陸戰槍兵旅
第308師
近衛軍第37師
第115增援旅 + 第84裝甲旅
第524兵團 + 第138師
第45步兵旅
第92步兵旅

從重要後勤基地
薩拉托夫搭上火車

在列寧斯克下車

抵達斯蒂奈亞 阿卡圖巴河

抵達
喀拉斯奈亞史洛波達

在槍林彈雨中
越過窩瓦河
(10分鐘)

史達林格勒，
開始作戰

結果：
3天內
傷亡人數
約莫80 %

| 火車 | 步行 | 搭船 | 抵達目標地 | 河川 | 內務人民委員進行訓話 | 熱食 | 休息 | 德意志空軍轟炸 | 德國以曳光彈及炮彈攻擊 | 戰鬥 |

= 500人

一支蘇聯增援師走向死亡十字架之旅：

這支部隊從薩拉托夫（Saratov）搭上火車，車程長達 3 天，遭受德意志空軍數次攻擊。他們在離史達林格勒 50 公里遠的列寧斯克（Leninsk）下車。政治指導員對軍隊發表長篇大論，不斷解釋這場戰鬥的意義，並提醒大家史達林的命令：「一步也不能退！」接著發給軍士最後一頓熱飯和一本手冊：「如何打巷戰」。晚上兵士徒步沿阿卡圖巴河（Aktuba）而行，抵達斯蒂奈亞（Srednyaya），再穿過窩瓦河廣大三角洲上的大片森林，終於抵達河東岸的喀拉斯奈亞史洛波達（Krasnaya Sloboda）。夜色中，人們登上多艘小舟。他們在槍林彈雨中，花了 10 分鐘渡河。到了河西岸，部隊再次上路，藏身於戰場 200 公尺外的科魯托伊隘谷（Krutoy）。一有機會，所有兵士就衝入戰場。3 天後，只有 20% 的人倖存。另一支新的增援部隊經由同一條路線抵達。

3 • 蘇聯反擊

天王星行動的目的在於圍困史達林格勒四周的德國第 6 軍團，但在 1942 年 10 月，這並非紅軍戰區司令部唯一或最重要的任務。在史達林格勒北方 1,000 公里外，朱可夫必須擊敗德國第 9 軍團（火星行動），再攻擊德意志中央集團軍的大部分部隊（木星行動）。 雖說蘇聯成功阻止德軍坦克師朝南方進發，但此一行動的代價仍太過慘烈。就算天王星行動告捷，邏輯上下一場的土星行動——奪回羅斯托夫（Rostov），藉以摧毀德國的 B 與 A 集團軍——也不得不降

級為「小土星」行動。2 項意外因素迫使紅軍戰區司令部改變原先計畫。一方面，圍城行動中德國的兵士人數和戰鬥力超乎預期；另一方面，曼斯特成功挺進，離第 6 軍團只有 48 公里（冬季風暴突圍作戰）。為了避免到手的獵物逃脫，紅軍戰區司令部不得不派出原要進行土星行動的 2 支團軍來封鎖曼斯特，並占據補給保盧斯的機場（小土星行動）。

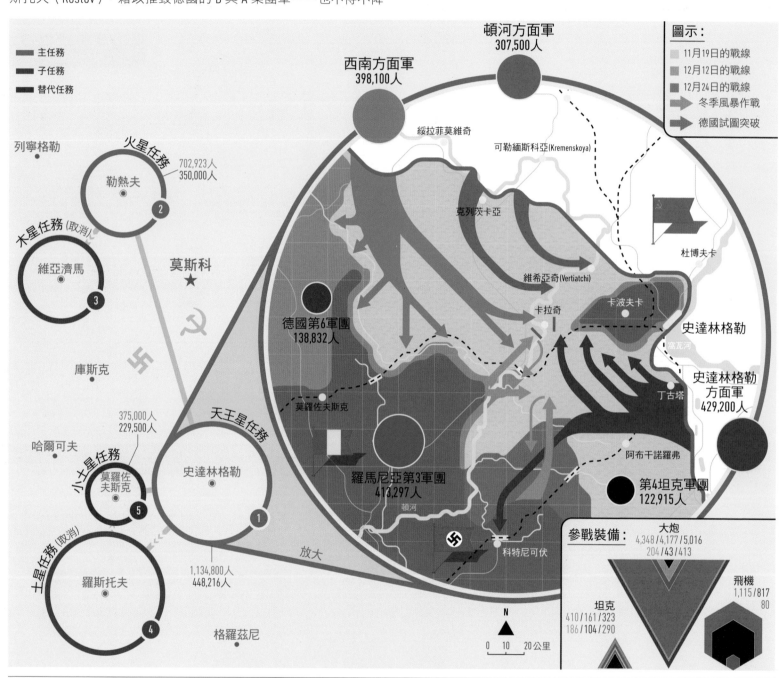

圖示：
- 11月19日的戰線
- 12月12日的戰線
- 12月24日的戰線
- 冬季風暴作戰
- 德國試圖突破

主任務
子任務
替代任務

頓河方面軍
307,500人

西南方面軍
398,100人

綏拉菲莫維奇

可勒緬斯科亞(Kremenskoya)

克列茨卡亞

維希亞奇(Vertiatchi)

卡拉奇

卡波夫卡

杜博夫卡

史達林格勒

史達林格勒
方面軍
429,200人

列寧格勒

火星任務

勒熱夫

702,923人
350,000人

莫斯科

木星任務（取消）

維亞濟馬

德國第6軍團
138,832人

莫羅佐夫斯克

羅馬尼亞第3軍團
413,297人

頓河

丁古塔

阿布干諾羅弗

庫斯克

天王星任務

375,000人
229,500人

哈爾可夫

史達林格勒

1,134,800人
448,216人

第4坦克軍團
122,915人

小土星任務

莫羅佐夫斯克

土星任務（取消）

羅斯托夫

格羅茲尼

科特尼可伏

參戰裝備：
大炮
4,348 / 4,177 / 5,016
204 / 43 / 413

坦克
410 / 161 / 323
186 / 104 / 290

飛機
1,115 / 817
80

放大

N

0 10 20公里

4 • 德軍的空橋補給任務

德意志空軍雖發明了空橋補給，但卻在史達林格勒慘敗。即使他們運輸機 Ju-52 損失慘重，仍舊無法將物資送到被圍困的部隊手中。由於天候不佳，敵軍以防空炮及戰鬥機攔截，再加上己方裝備耗損，蘇聯又奪走 2 個基地，空橋任務以失敗告終。在此情況下，保盧斯旗下長期挨餓、渾身凍僵又耗盡炮彈及汽油的軍士，想要殺出重圍的希望已完全落空。

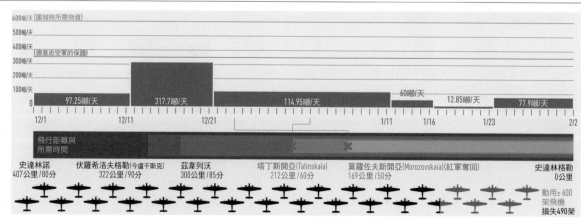

600噸/天《圍城時所需物資》

德意志空軍的保證

97.25噸/天   317.7噸/天   114.95噸/天   60噸/天   12.85噸/天   77.9噸/天

12/1   12/11   12/21   1/11   1/16   1/23   2/2

飛行距離與所需時間

史達林諾
407公里/80分

伏羅希洛夫格勒(今盧干斯克)
322公里/90分

茲韋列沃
300公里/85分

塔丁斯開亞(Tatinskaia)
212公里/60分

莫羅佐夫斯克開亞(Morozovskaia)（紅軍奪回）
169公里/50分

史達林格勒
0公里

動用±600
架飛機
損失490架

5・德軍成了空有武器的囚犯

蘇聯花了超過 2 個月的時間,才將史達林格勒的袋形陣地愈縮愈小。也許是命運的捉弄,最後的戰鬥再次於這座城市的斷垣殘瓦中展開。德軍沒有下達任何投降命令。若說德國步兵展現難以置信的抵抗力,迫使蘇聯增派 6 個軍團和 2 支龐大的炮兵部隊守住史達林格勒,拯救了己方的 A 與 B 集團軍,也毫不為過。德軍和崔可夫率領的第 62 軍團一樣勇敢無畏。多達 11 萬名德軍困在城內、挨餓了 2 個月,一入夜氣溫就降到零下 20 度,心理上已瀕臨崩潰、斑疹傷寒又到處肆虐,最終全成了戰俘。走向火車站和暫時戰俘營的長遠路途中,有 70% 的人死亡。德國總理阿登納(Adenauer, 1876-1967)於 1955 年前往莫斯科尋找最後的生還者。

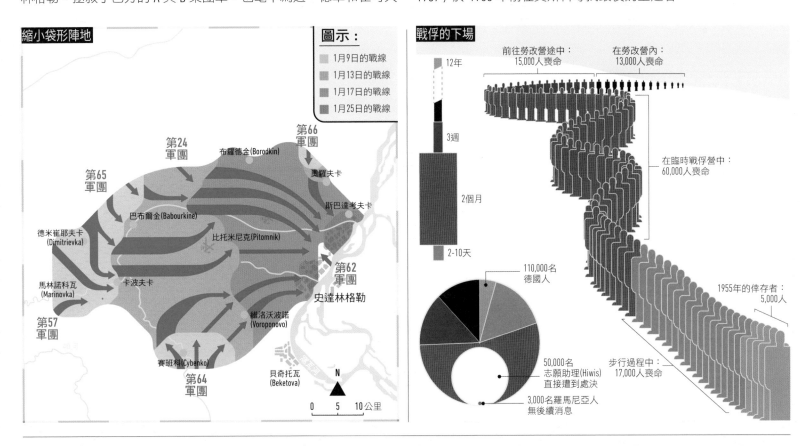

6・小結

廣義的史達林格勒戰役(包括在頓河中部反擊匈牙利及義大利軍隊)造成將近 200 萬人陣亡或受傷,其中不包括 10 萬名當地平民。雖說德軍損失慘重,但並不像傳言中那麼災難性。不過這場 1942-1943 年間的冬季戰場,敲響了德國盟友的喪鐘。義大利、匈牙利和羅馬尼亞都失去絕大部分的兵士和幾乎全部裝備。前兩國很快便撤離蘇聯。德國對盟友的不友善態度,很快就將軍隊間的友愛氣氛消磨殆盡。蘇聯的損失雖如以往一樣駭人,但比較敵軍造成的損失和紅軍所贏得的任務性、戰略性巨大優勢,還算可以接受。此時紅軍雖已知道德軍無法贏得這場戰爭,但尚未完全展現取得勝利的實力。

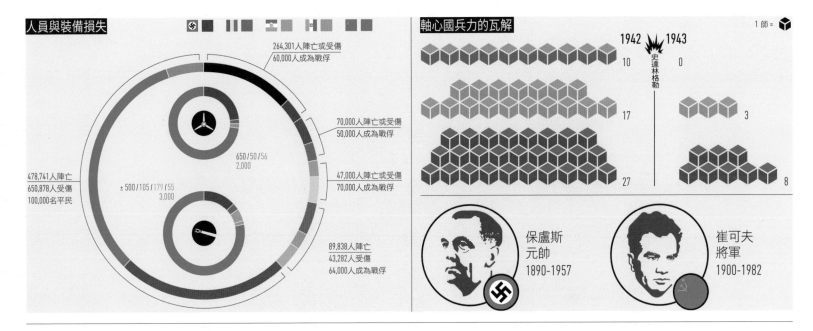

資料來源:1・Manfred Kehrig, *Stalingrad*, Deutsche Verlags-Anstalt, 1974 - 2・J. David M. Glantz, *The Stalingrad Trilogy*, Hellion & Company, 2010 - 3・*Das deutsche Reich und der Zweite Weltkrieg*, vol. 6 - 4・G. F. Krivosheev, *Grif Sekretnosty Sniat.*, op. cit.

同盟國收復太平洋（1943–1945 年）

同盟國一接受太平洋戰爭剛開始數月間的驚人發展，並牽制野心勃勃的日本直攻澳洲、馬來西亞甚至印度邊界後，接下來先在 1942 的大半年間，以索羅門群島為重點展開一場消耗戰。6 個月內，瓜達卡納島爆發激烈的陸、海、空戰，雙方爭奪北部的韓德生基地控制權。此外，為了奪下科可達（Kokoda）小徑及屬於澳洲的莫士比港（Moresby），新幾內亞（Nouvelle–Guinée）也發生猛烈對戰。

自 1943 年開始，同盟國進入第二階段的作戰，逐步取回失地；同時在美國軍艦支援下，到處主動攻擊。美國於 1940–1941 年間進行的建造計畫，此時得到令人驚豔的成果。以擊敗日本為目標的美國，無意花時間集結陸、海、空三方武力，早已謹慎地執行作戰計畫。1942 年開始，美軍潛艦就系統化破壞日方通訊，一開始雖遇到重重困難，但很快就取得決定性的成果。相反地，敵軍的潛艦艦隊從來無法威脅同盟國的通訊。儘管日方潛艦眾多，但主要用來攻擊軍艦和兩棲艦隊，且成效不彰。1941 年 12 月至 1945 年間，同盟國只

1·同盟國緩緩往北推進

自 1943 年開始，美國緊密注意 2 個重要方向，好擊破日本在太平洋的防禦。麥克阿瑟將軍主導南太平洋戰區的作戰，打算在「打破俾斯麥屏障」、迫使拉包爾（Rabaul）的大型日軍基地孤立無援後，從新幾內亞的北岸攻向菲律賓。

而在中太平洋，尼米茲將軍率領的「藍色大艦隊」（Big Blue Fleet）則首先採取跳島戰術，忽略並孤立日本駐防的大部分島嶼，只針對幾個關鍵目標：塔拉瓦（Tarawa）、恩尼維托克（Eniwetok）、塞班島（Saipan）、提尼安島（Tinian）等，其中最重要的是收復開戰沒多久就失去的關島。

接下來，日本艦隊一被摧毀，美軍這兩支「鉗子」就朝日本本土會合。1945 年 2-3 月間，面對本就屬於日本領土的硫磺島，美軍陸戰隊克服不少困難才攻下，這也是美軍除了收復失土外，攻下的第一座日本島；接著美軍在 4 月以「冰山行動」大舉登陸沖繩。

同盟國奪回亞太地區

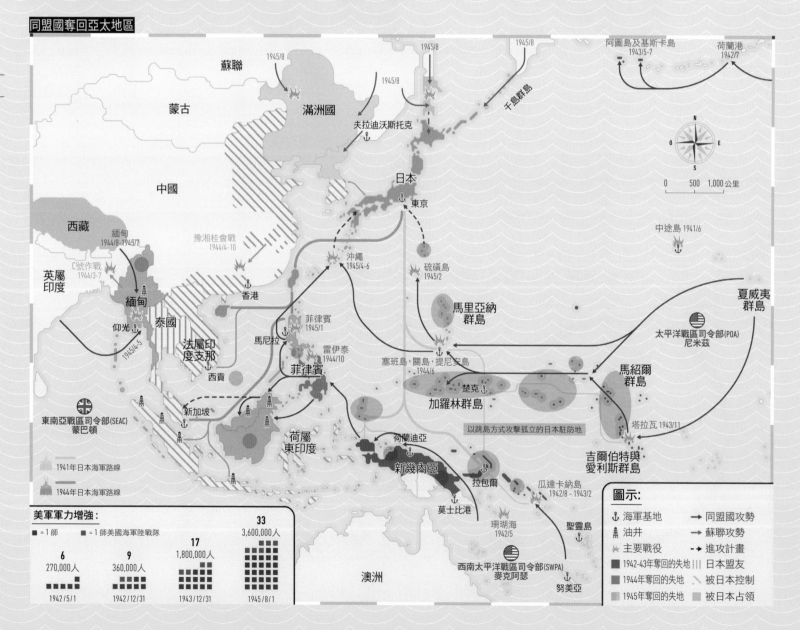

損失了 58 艘商船。

二戰的最後 2 年間，最明顯的就是日本的防禦區不斷被攻陷且無力收回，同時其戰爭經濟也因激烈的潛艦戰而逐漸被扼殺。日本艦隊在 1944 年被摧毀（菲律賓海戰，接著是雷伊泰灣〔Leyte〕海戰），所占據的島嶼一一被美國的兩棲部隊奪回，日本終於體認到無法在海上對抗同盟國。由於日本不久前在中國取得重大勝利（豫湘桂會戰，又稱一號作戰），日本指揮官試圖在中國重新掌握主動權。此外，日本

也再次試圖攻擊印度，但其入侵行動（C 號作戰）在因普哈（Imphal）及科希馬（Kohima）兩地不敵英軍防守而失敗。1944 年末，日本已無其他戰略選擇，只能不顧一切地防衛本土。為了造成美軍最大損失，日本無視飛行員意願，派出著名的「神風特攻隊」，做自殺式的攻擊。1945 年的硫磺島、馬尼拉、沖繩及緬甸仰光的戰役，是同盟國收復失土的最後幾個重要戰役。隨著夏天的腳步逼近，同盟國著手準備最後一場針對日本本土的大戰。

2 • 日本艦隊的滅亡命運

日本第一艦隊在中途島及索羅門群島損失慘重（1942-43 年），又在菲律賓的海面被擊敗（1944 年 6 月），而在 1944 年 10 月，他們不辱其名地在雷伊泰展開二戰中（甚至堪稱歷史上）規模最大的一場海戰。日方大膽的捷號作戰（意指勝利捷報），使美軍艦隊落入圈套。當時美軍艦隊正護衛收復菲律賓的登陸行動（0）。日本先派出小澤將軍（1886-1966）的艦隊為「誘餌」，引開美軍第 3 艦隊的航空母艦，日本戰艦趁機小心翼翼地航入各島之間，打算向美軍

的登陸部隊發動奇襲，再以炮火將之消滅。考量武力分散的危險性（1），海爾賽海軍司令決定咬住日本放出的餌，追逐並消滅日本北方艦隊（3）。而在南邊，美國戰艦成功控制蘇里高海峽（Surigao）（2）。但 25 日在薩馬角（cap Samar），面對美國護衛航空母艦不顧一切攻擊，日本戰艦無法施展致命一擊（4），損失慘重，不得不撤退。在這關鍵的 3 天（10 月 24-26 日），日本艦隊已使出最後一張牌，再也無力作戰。

航空母艦的數量變化 （護衛航空母艦不計入）

	服役中	沉沒	服役中	沉沒
1941	11	-	7	-
1942	6	5	4	4
1943	9	-	20	-
1944	5	8	25	1
1945	4 (無法實戰)	1	29	-
總計	18	14	34	5

日本商船數量

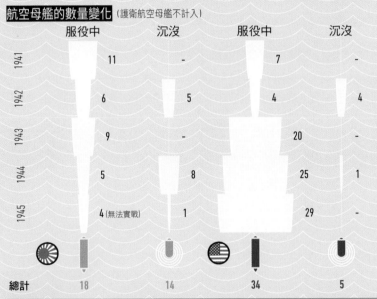

1942/1	1943/1	1944/1	1945/1	1945/8

1,467,000噸

2,564,000噸

4,944,000噸

5,943,000噸

6,384,000噸

= 500,000噸

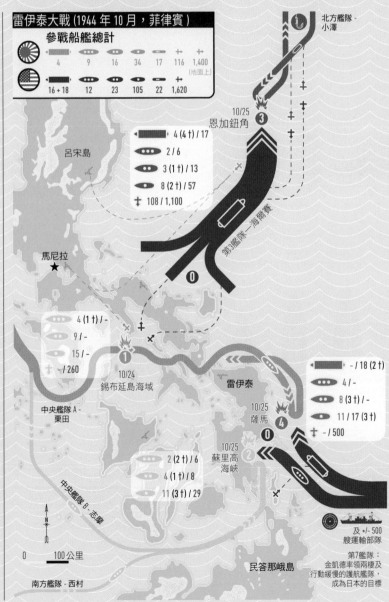

雷伊泰大戰（1944 年 10 月，菲律賓）

參戰船艦總計

						1,400 (地面上)
4	9	16	34	17	116	1,400
16 + 18	12	23	105	22	1,620	

北方艦隊 - 小澤

10/25 恩加鈕角 ③

4 (4 †) / 17
2 / 6
3 (1 †) / 13
8 (2 †) / 57
108 / 1,100

呂宋島

第3艦隊 — 海爾賽

馬尼拉 ★

0

4 (1 †) / -
9 / -
15 / -
/ 260

10/24 錫布延島海域 ①

中央艦隊 A - 栗田

雷伊泰

- / 18 (2 †)
4 / -
8 (3 †) / -
11 / 17 (3 †)
/ 500

10/25 薩馬 ④

0

10/25 蘇里高海峽 ②

2 (2 †) / 6
4 (1 †) / 8
11 (3 †) / 29

中央艦隊 B - 志摩

N

0   100公里

南方艦隊 - 西村

民答那峨島

及 +/- 500 艘運輸部隊

第7艦隊：金凱德率領兩棲及行動緩慢的護航艦隊，成為日本的目標

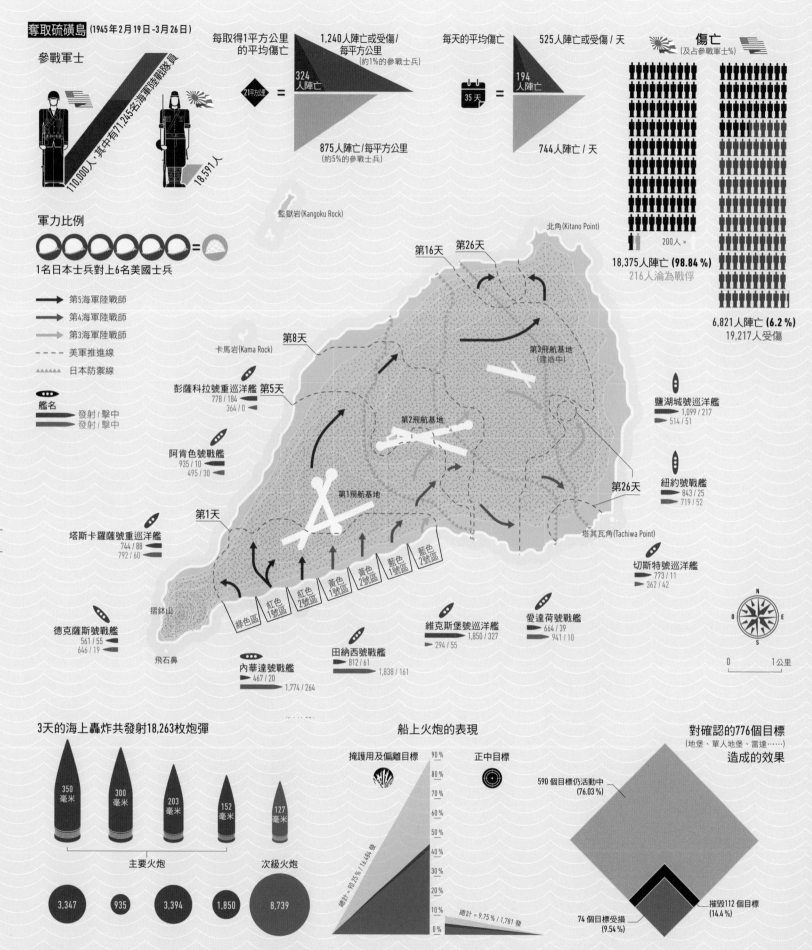

奪取硫磺島 (1945年2月19日-3月26日)

參戰軍士

110,000人，其中有71,245名海軍陸戰隊員

18,591人

每取得1平方公里的平均傷亡

1,240人陣亡或受傷/每平方公里（約1%的參戰士兵）

21平方公里 = 324人陣亡

875人陣亡/每平方公里（約5%的參戰士兵）

每天的平均傷亡

525人陣亡或受傷/天

35天 = 194人陣亡

744人陣亡/天

傷亡（及占參戰軍士%）

200人 =

18,375人陣亡 (98.84 %)
216人淪為戰俘

6,821人陣亡 (6.2 %)
19,217人受傷

軍力比例

1名日本士兵對上6名美國士兵

第5海軍陸戰師
第4海軍陸戰師
第3海軍陸戰師
美軍推進線
日本防禦線

艦名
發射／擊中
發射／擊中

監獄岩(Kangoku Rock)
北角(Kitano Point)

第16天　第26天
第8天
第3飛航基地（建造中）
卡馬岩(Kama Rock)
鹽湖城號巡洋艦
1,099 / 217
514 / 51

彭薩科拉號重巡洋艦　第5天
778 / 184
364 / 0

第2飛航基地

阿肯色號戰艦
935 / 10
495 / 30

紐約號戰艦
843 / 25
719 / 52

第1飛航基地

第26天

塔斯卡羅薩號重巡洋艦
744 / 88
792 / 60

第1天

塔其瓦角(Tachiwa Point)

切斯特號巡洋艦
773 / 11
362 / 42

綠色區　紅色1號區　紅色2號區　黃色1號區　黃色2號區　藍色1號區　藍色2號區

摺鉢山

德克薩斯號戰艦
561 / 55
646 / 19

愛達荷號戰艦
664 / 39
941 / 10

維克斯堡號巡洋艦
1,850 / 327
294 / 55

飛石鼻

田納西號戰艦
812 / 61
1,838 / 161

內華達號戰艦
467 / 20
1,774 / 264

0　1公里

3天的海上轟炸共發射18,263枚炮彈

350毫米　300毫米　203毫米　152毫米　127毫米

主要火炮　次級火炮

3,347　935　3,394　1,850　8,739

船上火炮的表現

掩護用及偏離目標
90%
80%
70%
60%
50%
40%
30%
20%
10%
0%

總計＝90.25 % / 16,464 發

正中目標

總計＝9.75 % / 1,781 發

對確認的776個目標（地堡、單人地堡、雷達……）造成的效果

590 個目標仍活動中（76.03 %）

摧毀112 個目標（14.4 %）

74 個目標受損（9.54 %）

太平洋戰爭中，硫磺島戰事最為艱險，也是美軍死傷多過日本的唯一戰事。美國特有、介於陸海兩軍之間的海軍陸戰隊負責登陸任務。美國計畫經由數週的空中轟炸，以及海軍持續3天的炮轟，毫不留情地摧毀日本守軍後，在5天內攻下硫磺島。事實上，美軍的事先轟炸根本沒對日軍密密麻麻的地下碉堡造成太多損害，因此美軍必須激烈戰鬥超過1個月，才終於攻入日本駐地。

資料來源：1• N. Bernard, *La Guerre du Pacifique*, Tallandier, 2016 - 2• J. Costello, *La Guerre du Pacifique*, 2 vol., Pygmalion, rééd. 2010 - 3• S. E. Morison, *History of U.S. Naval Operations in World War II*, US Navy, rééd 2001 - 4• *Japanese monographs*, US Army, 1959 - 5• Gruner, HNSA - 6• http://www.allworldwars.com/Iwo-Jima-Naval-Gunfire-Support.html

大和號戰艦 (Yamato)：無力巨輪的戰爭之旅

威力強大的大和號戰艦曾為指揮艦，海軍軍士則暱稱它為「大和府」。大和號的生涯始於 1940 年 8 月 8 日 (0,1)。直到 1943 年前，它平時往來於楚克群島及母國之間，並護衛船隻 (2,4)，也曾經參戰數次，但成效不彰 (3,5)。它直到 1944 年 10 月 (6) 才發射了幾枚炮彈，且在 1945 年 4 月 (7) 不敵萬能美國海軍航空部隊的威力而沉沒。

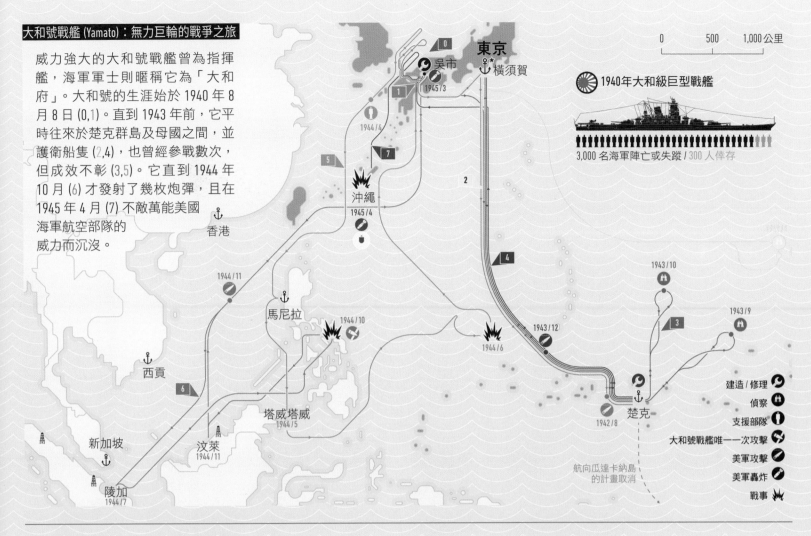

1940年大和級巨型戰艦

3,000 名海軍陣亡或失蹤 / 300 人倖存

東京
吳市
橫須賀
沖繩
1945/4
香港
1944/11
馬尼拉
1944/10
西貢
塔威塔威
1944/5
新加坡
汶萊
1944/11
陵加
1944/7
1943/10
1943/9
1943/12
1944/6
楚克
1942/8

航向瓜達卡納島的計畫取消

建造 / 修理
偵察
支援部隊
大和號戰艦唯一一次攻擊
美軍攻擊
美軍轟炸
戰事

3．對美國而言，太平洋戰況最為激烈

雖然從參戰兵士人數來看，比起歐洲或其他面積更廣大、更分散的戰場，太平洋戰爭的參戰軍士沒那麼多，但整體特點在於戰事極為激烈，在有限時間及空間內，就造成極為慘重的傷亡。首先，日本的傷亡格外驚人，因為日本的軍事文化沒有撤退或投降的選項。直到沖繩之戰，才第一次有數千名日本士兵棄械投降。在此之前，只有極少數的日本士兵被俘，他們多半因身負重傷而無法自衛，或身為士氣低落的韓國充兵。

而以比例來看，美國在太平洋戰爭的傷亡人數遠超過其他戰區：比較戰鬥時間長短及兵士人數，平均而言，美國在太平洋一場戰事中倒下的軍士，是非洲或歐洲戰事的 3 倍之多。

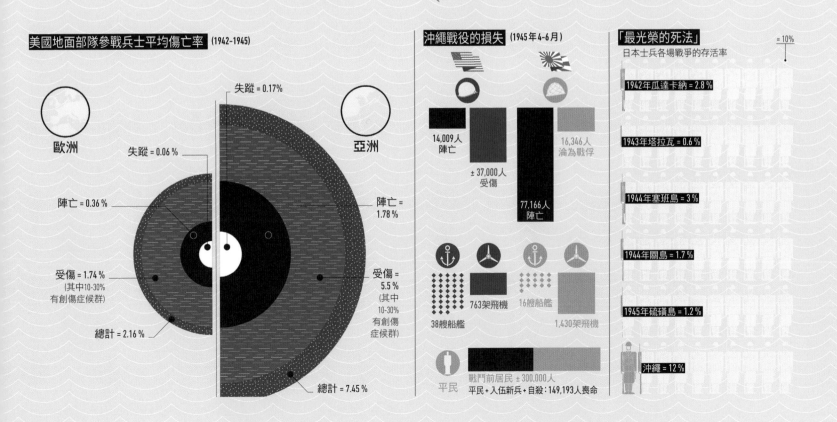

美國地面部隊參戰兵士平均傷亡率 (1942-1945)

失蹤 = 0.17%
失蹤 = 0.06 %
歐洲
亞洲
陣亡 = 0.36%
陣亡 = 1.78 %
受傷 = 1.74 %
（其中10-30%有創傷症候群）
受傷 = 5.5 %
（其中10-30%有創傷症候群）
總計 = 2.16 %
總計 = 7.45 %

沖繩戰役的損失 (1945年4-6月)

14,009人陣亡
± 37,000 人受傷
16,346人淪為戰俘
77,166人陣亡
763架飛機
38艘船艦
16艘船艦
1,430架飛機
平民
戰鬥前居民 ±300,000人
平民＋入伍新兵＋自殺：149,193人喪命

「最光榮的死法」
日本士兵各場戰爭的存活率
= 10%

1942年瓜達卡納 = 2.8 %
1943年塔拉瓦 = 0.6 %
1944年塞班島 = 3 %
1944年關島 = 1.7 %
1945年硫磺島 = 1.2 %
沖繩 = 12%

庫斯克戰役：
戰況大逆轉

1943 年春天，希特勒決定一方面以東線為主要戰線，另一方面則是德意志國防軍必須搶在蘇聯攻擊前再次進攻，以保住戰事主導權，縮短戰線並組織儲備武力。經過 1 個月的延宕，希特勒終於勉強同意向庫斯克（Koursk）突出地帶發動有限度的攻擊，並訂定任務日期為 5 月 1 日。作戰計畫極為傳統，以切斷突出地帶為目標：由莫德爾將軍（Model, 1891–1945）率領中央集團軍的第 9 軍團，從北面朝庫斯克進攻；曼斯特將軍帶領南方集團軍的第 4 裝甲軍團及肯夫特遣軍團，由南面衝向庫斯克。一旦取得庫斯克，德國打算追捕羅科索夫斯基將軍（Rokossovski, 1896–1968）率領的大部分中央方面軍，及瓦圖京將軍（Vatoutine, 1901–1944）率領的沃羅涅日方面軍。德國期望抓到數十萬名戰俘，送往亟需人力的德國產業。但德方推遲攻擊日期數次，最後確定為 7 月 5 日。也許希特勒確實在等待新的裝甲設備抵達（象式重驅逐戰車及豹式戰車），但延期最重要的主因是，1943 年 5 月 13 日軸心國在突尼西亞的軍隊投降了。由於遭盟國義大利背棄（希特勒也認為這只是時間早晚的問題），因此希特勒不願在德國重新組建一支後備軍前步上東線戰場。直到 6 月底，希特勒才終於放心。

蘇聯也決定等待德國進攻，雙方頗有共識地停戰了 2 個月。蘇聯一方面加強庫斯克突出地帶的防衛，建立堅固的堡壘；另一方面則準備 3 個互相牽動的反擊行動：一旦敵軍在庫斯克失利，就分別攻向歐雷爾（Orel）、哈爾可夫（Kharkov）及頓巴斯（Donbass）境內。得知敵方打算的德軍，決心以最快速度攻下庫斯克，為此特別在南北兩面集結最精良的裝甲和空軍部隊。然而德軍在第一週後失利，德意志國防軍就此失去東線戰事的主導權。自此之後，直到最終投降日，德軍只能在東線戰區不斷後退。雖說德國在庫斯克所失去的兵士和裝備遠少於蘇聯，卻失去一項更重要的優勢：德國原本高昂的士氣。這是他們第一次在夏天落敗，就算動用了 20 個裝甲師和最新科技，也回天乏術。

116

1・德國發動1次行動，蘇聯回敬3項反擊

庫斯克會戰包含了 4 個彼此影響的作戰計畫，戰場長達 750 公里，歷時 50 天。
❶德國發動堡壘行動，施展鉗子包夾戰術：一方從北面的歐雷爾朝南進攻（第 9 軍團），第二波攻勢則從南面的哈爾可夫朝北方前進（南方集團軍）。前者突破蘇聯守軍的防線，直攻 30 公里，取得第一場勝利，但從 7 月 11 日開始疲弱不振；後者雖推進 50 公里，但也在 7 月 16 日陷入膠著。南北進攻都遭遇失敗，歸因於蘇聯發動的 2 次反攻。❷蘇聯的第一次反攻為庫圖佐夫行動，在 7 月 12 日朝歐雷爾攻擊，迫使莫德爾不得不掉頭。❸蘇聯的第二波反攻是頓巴斯行動，7 月 17 日從米烏斯河（Mious）及北頓涅茨河（Donetz）發動，雖然希特勒打算不計代價取得「蘇聯的魯爾工業區」，但不得不讓曼斯特的戰車停止前進。即使頓巴斯任務失敗了，蘇聯也會在 8 月 3 日發動第三波反攻，❹紅軍以「魯米安茨夫（Roumiantsev, 1725–1796）將軍」計畫反擊。蘇聯解放了哈爾可夫。8 月 23 日，戰事其實不在庫斯克的「庫斯克會戰」宣告結束。

1943 年地圖

伏爾霍夫方面軍
梅列茨科夫（Meretskov）

諾夫哥羅

北方集團軍
馮・屈希勒（Von Küchler）

西北方面軍
鐵木伸科

加里寧方面軍
普爾卡耶夫（Purkaev）

莫斯科

西方面軍
索科洛夫斯基（Sokolovski）

維帖布斯克

斯摩倫斯克

中央集團軍
馮・克魯格（Von Kluge）

布良斯克

歐雷爾

布良斯克方面軍
波波夫（Popov）

中央方面軍
羅科索夫斯基

哥麥利

庫斯克

普洛霍羅夫卡

沃羅涅日方面軍
瓦圖京

別爾哥羅德

基輔

0　100公里

哈爾可夫

伊久姆

西南方面軍
馬利諾夫斯基

南方集團軍
曼斯特

史達林諾

尼科波爾

馬里烏波爾

南方面軍
托爾布欣（Tolboukhine）

亞速夫海

堡壘行動
庫圖佐夫行動
頓巴斯行動
魯米安茨夫行動
1943/7/4 的戰線
德國最大突破
蘇聯最大突破
築有防禦工事的突出地帶
參與戰事的集團軍/方面軍
沼澤地

2 • 德國戰車的優越性能

若從所有庫斯克會戰相關的作戰任務來看，蘇聯在戰車數量上顯然大幅領先。然而在裝甲方面，蘇聯完全比不上品質精良的德國坦克：象式重驅逐戰車、虎式戰車、豹式戰車，甚至配備長炮的 4 號戰車，都遠遠超越蘇聯的 T-34/76 戰車，更別提無法與德國戰車較勁的 T-70 輕型坦克。説到虎式戰車，不管要行進多遠的距離，或遇上庫斯克會戰中任何一款蘇聯坦克、反坦克炮或自走炮，都無法對它造成傷害。唯一例外是蘇聯的 SU-122 重型自走突擊炮及 57 毫米的反坦克炮，但在 1943 年這兩項裝備都非常少見。雖然蘇聯損失的裝甲車是德國的 6 倍，但多半是因為蘇聯指揮部的戰術太弱，而非製造技術不如人所造成。

裝甲武器的針鋒相對

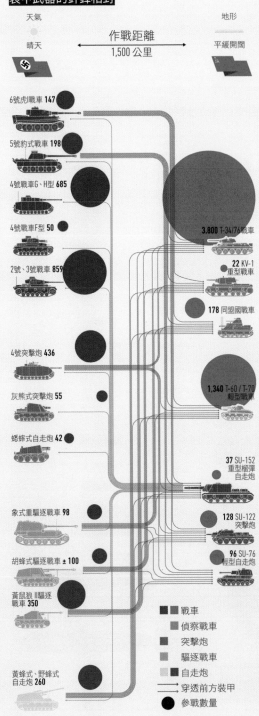

天氣　　　　　　　　　　　　地形
晴天　　　作戰距離　　平緩開闊
　　　　　1,500 公里

6號虎式戰車 147
5號豹式戰車 198
4號戰車G、H型 685
4號戰車F型 50
2號、3號戰車 859
4號突擊炮 436
灰熊式突擊炮 55
蟋蟀式自走炮 42
象式重驅逐戰車 98
胡蜂式驅逐戰車 ±100
黃鼠狼 II 驅逐戰車 350
黃蜂式、野蜂式自走炮 260

3,800 T-34/76戰車
22 KV-1 重型戰車
178 同盟國戰車
1,340 T-60 / T-70 輕型戰車
37 SU-152 重型榴彈自走炮
128 SU-122 突擊炮
96 SU-76 輕型自走炮

戰車
偵察戰車
突擊炮
驅逐戰車
自走炮
穿透前方裝甲
參戰數量

3 • 縱深防禦：複雜的系統

蘇聯在庫斯克突出地帶進行了二戰期間規模最大的防禦工事。蘇聯以 3 圈「軍團防禦環」和 3 條「方面軍防守線」來保衛庫斯克城及其後方，其縱深達 110 公里，這中間挖了長達 9,000 公里的戰壕，全部安裝帶刺鐵絲網，使用了 100 萬顆地雷和炸藥，建造長達 1,000 公里的反坦克壕溝，數百座反坦克防禦點。

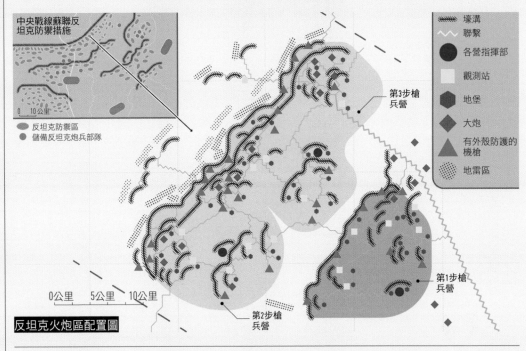

中央戰線蘇聯反坦克防禦措施

0　10公里

反坦克防禦區
儲備反坦克炮兵部隊

壕溝
聯繫
各營指揮部
觀測站
地堡
大炮
有外殼防護的機槍
地雷區

第3步槍兵營
第1步槍兵營
第2步槍兵營

0公里　5公里　10公里

反坦克火炮區配置圖

4 • 武力與傷亡比率 (1943年7月4日的武力比例及1943年8月4日的傷亡比例)

蘇聯雖然贏得庫斯克會戰，但這是一場代價高昂的慘勝。不管是人員還是裝備的損失都極為慘重，但原因並非裝備品質低劣，而是差勁的指揮使裝甲部隊及航空兵遭到無情絞殺。戰場上，德軍的跨兵種合作、無線電通訊、集中武力、整體編隊程度及訓練仍舊遠遠勝過敵手。蘇聯的最高指揮部依舊放任難以計數的兵士在前線犧牲，而不以計策取勝。這顯然是文化及政治因素造成的，再加上紅軍有足夠人力取代折損兵士；相反地，德意志國防軍則沒有如此的人力。

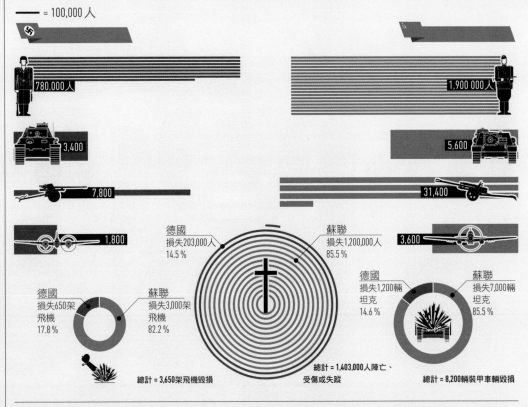

= 100,000人

780,000人
1,900 000人
3,400
5,600
7,800
31,400
1,800
3,600

德國損失203,000人 14.5%
蘇聯損失1,200,000人 85.5%
總計：1,403,000人陣亡、受傷或失蹤

德國損失650架飛機 17.8%
蘇聯損失3,000架飛機 82.2%
總計：3,650架飛機毀損

德國損失1,200輛坦克 14.6%
蘇聯損失7,000輛坦克 85.5%
總計：8,200輛裝甲車輛毀損

資料來源：1• Jean Lopez, *Koursk*, Economica, 2ᵉ édition, 2011 - 2• Roman Töppel, *Koursk*, Perrin, 2018 - 3• Zetterling et Frankson, *Kursk 1943. A statistical analysis*, Frank Cass, 2000

以空襲攻擊德意志帝國

什麼是戰略轟炸？根據法國軍事歷史學家薩吉·格達（Serge Gadal, 1961–）的定義是：「攻擊敵軍的權力中心，以摧毀其軍事功能或打擊民心為目標。」戰略轟炸觀念始於第一次世界大戰，義大利空權理論家杜黑則在戰間期建立理論（還有美國的「比利」·米切爾〔Billy Mitchell, 1879–1936〕等數位次要的理論家也相繼提出理論），宣稱空中武

1·英國轟炸行動

英國自 1939 年起就握有一小支長距離的轟炸機部隊。除了軍事目標之外，英國很快就考慮以民間為轟炸目標（也就是德國大城市的工人聚集地區，特別是魯爾河〔Ruhr〕一帶）以達成心理及政治宣傳目的。

第一波攻擊發生在 1939-1941 年間進行，耗資昂貴，隨著 1942 年 2 月實施區域轟炸令（Area Bombing Directive），再加上具備四引擎的飛機大量生產，針對「地區」、以燃燒彈進行的夜間攻擊也愈來愈多。整體而言，這些空襲欠缺精準度，效果不大，卻得承擔慘烈損失。美國參戰後，自 1943 年初，同盟國終於能以德國及納粹占領的歐洲為目標，進行一系列的聯合轟炸任務（Combined Bombing Operations，簡稱 CBO）。此空中攻擊分為數個階段，由英美共同分擔日、夜間的轟炸任務，必須摧毀德意志帝國的產能（設定 154 個目標），消磨人民士氣，準備登陸歐洲，並在登陸後提供支援。這場空襲於秋天正式展開，首波大規模攻擊摧毀了德國空軍的潛在產能（零距離行動）。1942 年令人嘆為觀止的「千禧年」空襲，到了 1944 年成為常態：美國在歐洲上空進行的 968 次轟炸任務中，有 68 次集結超過 1,000 架轟炸機和數百架護航戰鬥機，有時分別攻擊數個目標。

同盟國聯合任務中的英軍轟炸行動

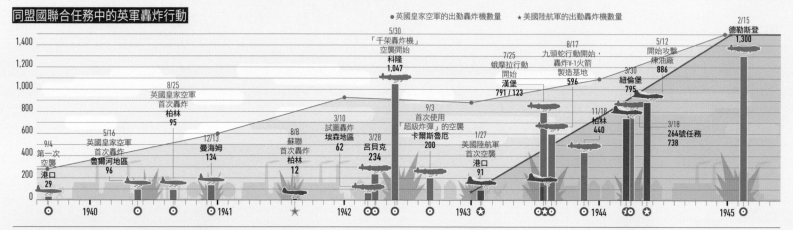

英國皇家空軍與美國陸航軍的任務分配

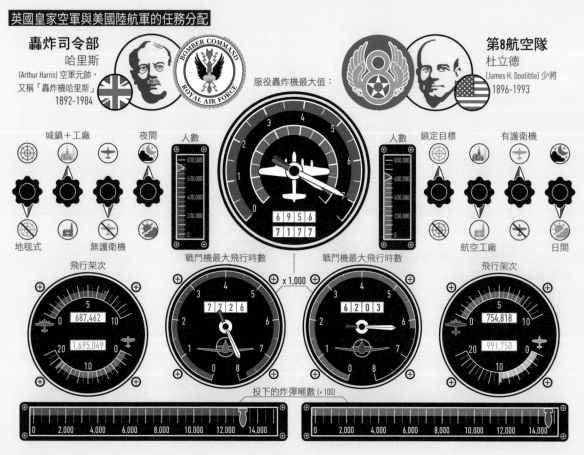

使用的炸彈

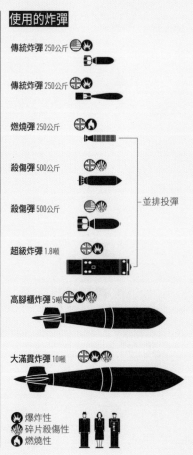

器在戰爭中扮演決定性的角色，單憑空軍就能深入敵軍領土，透過戰略性攻擊經濟目標（製造中心）及心理目標（平民百姓）獲得勝利。

在 1939 年，絕大多數人都譴責轟炸城鎮是違反道德的戰術，特別是在 1937 年格尼卡（Guernica）轟炸之後。各國一開始雖決心避免，且 1939 年 9 月羅斯福的知名演說就呼籲參戰國不要轟炸民間，但二戰一開始，各種「道德」限制紛紛被打破，特別是在德國空軍轟炸華沙、鹿特丹、倫敦，甚至貝爾格勒之後。各國雖不一定接納杜黑的觀點，但事實上進行戰略性空戰已成了當務之急，英國自 1940 年、美國則在 1942 年以此方式攻擊德意志帝國，同時等待完成登陸歐洲的準備工作。

2 • 德國的應對

自 1940 年開始，德國空軍不分日夜地守護德國上空的安全，開始想辦法運用不同工具抵抗轟炸機的威脅：在北海海岸以雷達網絡組成卡姆胡伯線（ligne Kammhuber）；調整戰術（以野豬作戰〔Wilde Sau〕對抗盟軍白天以戰鬥機、晚上以轟炸機空襲城市）；發展夜行重型戰鬥機（雙引擎的梅塞施密特 Bf-110，容克斯 Ju-88，道尼爾 Do-217……）或在戰爭末期推出的火箭攔截機（Me-163「彗星」）。德國航空艦隊雖然遭到零距離行動重創，但仍主導德國的空防，在由 55,000 架防空炮組成的強大網絡的支持下，直到最後一刻都全力抵抗。然而，德國不得不用盡各種手段確保上空安全，包括數百名戰鬥機飛行員、數千架飛機及重型防空炮，同時還有數以十萬計的工人專門修理、改造各種武器。然而，考量同盟國的空中優勢不斷增加，德國儘管投入大量資源仍無力扭轉局面。德國空軍勇氣十足地奮戰到最後一刻，但自 1943 年起已完全被同盟國超越。

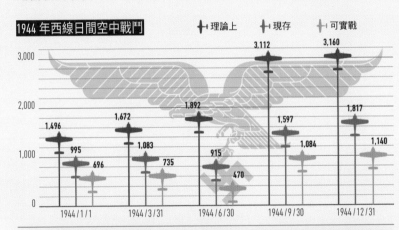

1944 年西線日間空中戰鬥

理論上　現存　可實戰

- 1944/1/1：1,496　995　696
- 1944/3/31：1,672　1,083　735
- 1944/6/30：1,892　915　470
- 1944/9/30：3,112　1,597　1,084
- 1944/12/31：3,160　1,817　1,140

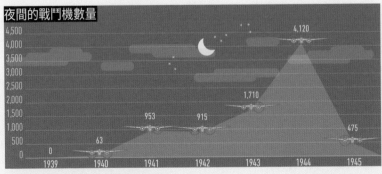

夜間的戰鬥機數量

- 1939：0
- 1940：63
- 1941：953
- 1942：915
- 1943：1,710
- 1944：4,120
- 1945：475

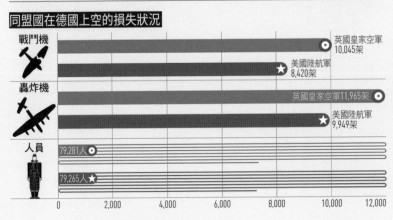

同盟國在德國上空的損失狀況

戰鬥機	英國皇家空軍 10,045架
	美國陸航軍 8,420架
轟炸機	英國皇家空軍 11,965架
	美國陸航軍 9,949架
人員	79,281人
	79,265人

3 • 小結與破壞程度

共有將近 300 萬噸炸彈落在歐洲土地，其中一半落在德國本土（其他則落在德意志帝國占領區或其他軸心國）；光是柏林就經歷了 350 場空襲，數萬人死亡。無庸置疑，德國傷亡十分慘重，死亡人數可能高達 600,000 人、主要城市都受到破壞（但低於同盟國預估），落在漢堡、德勒斯登、普弗茲海姆（Pforzheim）的炮彈數量極為壯觀。但戰略轟炸是否真的奏效？這問題引起廣大爭議。若從戰爭整體及全面性考量，包括空襲過程中使用的各種設備、造成的傷亡破壞及取得的結果，整體而言，人們大多認為戰略轟炸並不成功。主要的 2 項戰略目標——打擊德國人的抵抗意願和產能——從未真的實現。因此同盟國空軍的主要角色在此實為戰術性，實現登陸並攻擊歐洲的計畫。

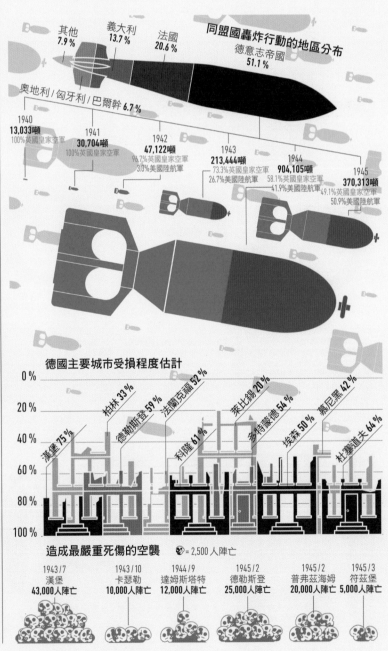

同盟國轟炸行動的地區分布

- 其他 7.9 %
- 義大利 13.7 %
- 法國 20.6 %
- 德意志帝國 51.1 %
- 奧地利／匈牙利／巴爾幹 6.7 %

- 1940：13,033 噸　100% 英國皇家空軍
- 1941：30,704 噸　100% 英國皇家空軍
- 1942：47,122 噸　96.7% 英國皇家空軍　3.3% 美國陸航軍
- 1943：213,444 噸　73.3% 英國皇家空軍　26.7% 美國陸航軍
- 1944：904,105 噸　58.1% 英國皇家空軍　41.9% 美國陸航軍
- 1945：370,313 噸　49.1% 英國皇家空軍　50.9% 美國陸航軍

德國主要城市受損程度估計

- 漢堡 75%
- 柏林 33%
- 德勒斯登 59%
- 法蘭克福 52%
- 科隆 61%
- 萊比錫 20%
- 多特蒙德 54%
- 埃森 50%
- 慕尼黑 42%
- 杜塞道夫 64%

造成最嚴重死傷的空襲　= 2,500 人陣亡

1943/7 漢堡	1943/10 卡瑟勒	1944/9 達姆斯塔特	1945/2 德勒斯登	1945/2 普弗茲海姆	1945/3 符茲堡
43,000 人陣亡	10,000 人陣亡	12,000 人陣亡	25,000 人陣亡	20,000 人陣亡	5,000 人陣亡

D 團結B-24解放者轟炸機 / 第392轟炸機聯隊

264號及265號任務

對美國第8航空隊來說,1944年3月18日星期六是尋常的一天,他們照例執行戰略轟炸任務。依照計畫,共有738架四引擎轟炸機組成3支聯隊,在925架戰鬥機護航下,空襲巴伐利亞眾多航空工業區及其他基地(264號任務),接著在晚間飛往德軍占領的數座法國城市執行次級任務,由B-17轟炸機空投炸彈(265號任務)。我們在此跟著第392轟炸機大隊(下有4支中隊,各由12架B-24轟炸機組成),見證從凌晨2點飛行員於英國溫德靈(Wendling)基地起床,直到最後一架飛機在晚間7點45分降落的轟炸過程。他們在早上10點列隊起飛,於下午2點-2點半轟炸位於腓特烈港(Friedrichshafen)的目標。我們注意到,第392大隊這一天特別倒楣,不但得面對德國防空炮及戰鬥機的攻擊,還遇到各種意外(在12點33分發生轟炸機相撞),一部分的飛機甚至不得不轉往瑞士避難,最後在那兒遭到扣留。

第8航空隊的架構 (1944年3月)

第8航空隊
- 聯合指揮部
  - 1 第1轟炸師
    - 第2轟炸聯隊
    - 第20轟炸聯隊
  - 2 第2轟炸師
    - 第14轟炸聯隊 → 第44轟炸大隊 A
      - 第576轟炸中隊
      - 第577轟炸中隊
    - 第95轟炸聯隊 → 第392轟炸大隊 D
      - 第578轟炸中隊
      - 第579轟炸中隊
  - 3 第3轟炸師
    - 第96轟炸聯隊
- 戰鬥機指揮部
- 轟炸機指揮部
- 勤務指揮部

第264號任務結果 (B-17及B-24轟炸機 = 每架有10名機組人員)

1 290架 B-17轟炸機
- 8架遭擊落
- 6架出現機械問題
- 174架全身而退
- 102架受損
- 2,900名機組人員
  - 25人死亡
  - 9人受傷
  - 16人淪為戰俘
  - 40人被瑞士拘留
- 投下583噸炸彈

2 227架 B-24轟炸機
- 26架遭擊落 + 2架在碰撞中損失
- 28架出現機械問題
- 108架全身而退
- 60架受損 + 3架無法修復
- 2,270名機組人員
  - 93人死亡
  - 9人受傷
  - 87人淪為戰俘 + 3人逃脫
  - 11人被瑞士拘留
- 投下500噸炸彈

3 221架 B-17轟炸機
- 5架遭擊落 + 2架在碰撞中損失
- 25架出現機械問題
- 108架全身而退
- 80架受損 + 1架無法修復
- 2,210名機組人員
  - 33人死亡
  - 4人受傷
  - 35人淪為戰俘 + 2人逃脫
  - 0人被瑞士拘留
- 投下453噸炸彈

598架P-47戰鬥機 (2架遭擊落 + 7架受損)
擊敗2架德國戰鬥機 + 毀損4架

113架P-38戰鬥機 (5架遭擊落 + 1架受損)
擊敗11架德國戰鬥機 + 毀損3架

214架P-51戰鬥機 (6架遭擊落 + 5架受損)
擊敗26架德國戰鬥機 + 毀損8架

925名飛行員
- 39人陣亡
- 5人受傷
- 10人淪為戰俘
- 871人歸來

120

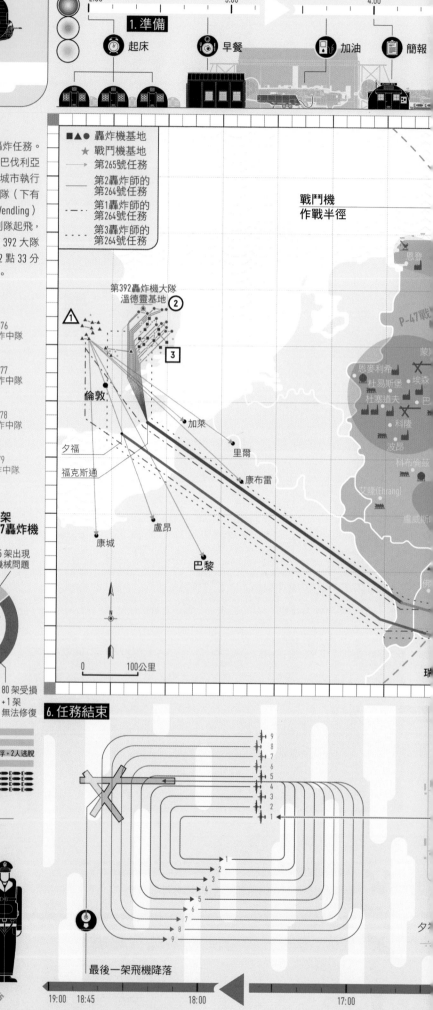

2:00 3:00 4:00

1. 準備
起床 早餐 加油 簡報

■▲● 轟炸機基地
★ 戰鬥機基地
→ 第265號任務
—— 第2轟炸師的第264號任務
—·— 第1轟炸師的第264號任務
······ 第3轟炸師的第264號任務

戰鬥機作戰半徑

第392轟炸機大隊 溫德靈基地

P-47戰

倫敦
夕福
福克斯通

加萊
里爾
康布雷
盧昂
康城
巴黎

恩麥利希 杜易斯堡 杜塞道夫
科隆
波昂
科布倫茨
艾特恩(Ettern)

0 100公里

N

6. 任務結束

最後一架飛機降落

19:00 18:45 18:00 17:00

夕

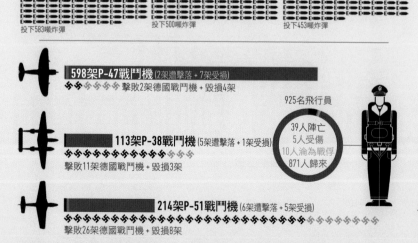

資料來源:1 • D. Richards & H. Saunders, *RAF 1939-1945*, 1956 - 2 • M. Hastings, *Bomber Command*, 1979 - 3 • W. Murray, *Strategy for Defeat*, 1983 - 4 • W. Craven & J. Cate, *Army Air Forces in World War II* - 5 • *Strategic Bombing Survey, Europe* - 6 • D. Calwell & R. Muller, *Luftwaffe Over Germany : Defense of the Reich*, Frontline, 2014 - 7 • F. Vajda et P. Dancey, *German Aircraft Industry and Production, 1933-1945*, 1998 -

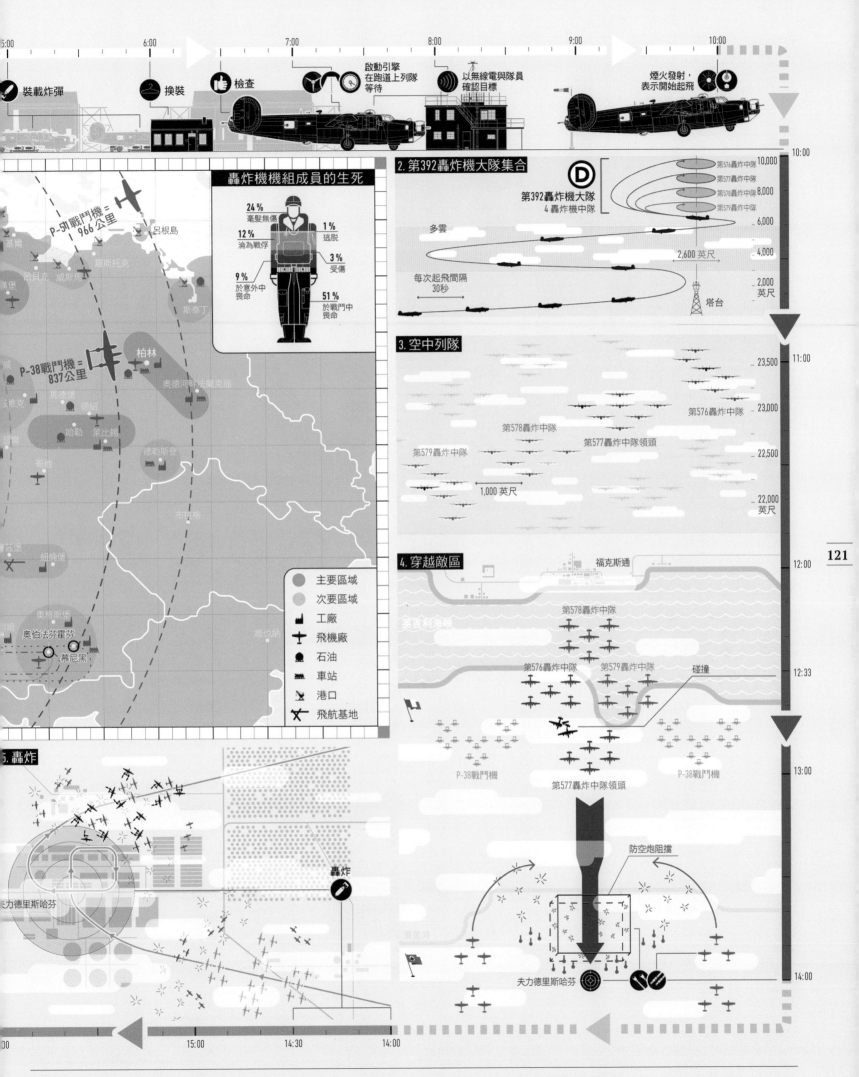

8• C. Webster & N. Frankland, *Strategic Air Offensive against Germany*, 1961, rééd. 2006 - 9• *Bombing on Germany Exhibition*, Centre of the Study of War, State and Society, University of Exeter, 2016 -
10• John W. Archer, « Y avait-il une vie avant une mission de bombardement », *Aero Journal*, n°39, 2014 - 11• http://www.8thafhs.org/combat1944a.htm - 12• http://www.americanairmuseum.com/

義大利的絕境

1943 年 5 月，邱吉爾說服美國利用突尼西亞為跳板。此時正是將義大利趕出戰場的絕佳時機，也許會造成骨牌效應，讓德國其他盟友相繼退出。這也是讓史達林喘口氣的最好辦法，讓蘇聯有時間整軍，等待英美延至 1944 年春天的大君主行動。同盟國至此已累積豐富的作戰經驗，但美國轉而節制參戰程度。從此時開始，因為戰略目標模糊，義大利戰爭過程雜亂無章，充滿妥協和無奈。這場戰爭拖了 600 天，同盟國雖然取得些許優勢，但傷亡數字相對太高。同盟國在義大利的傷亡，相當於西北歐決定性戰事傷亡數的 40%。

第一階段的重點在取得西西里島，但同盟國花了 2 個月的時間才達成，證明要以武力登陸有多困難（欠缺周全計畫、行動笨拙、低估敵軍），還得設法讓英國的蒙哥馬利及美國的巴頓（Patton, 1885–1945）合作——這兩人蔑視彼此，甚至放任許多軸心國軍隊逃脫。不過，義大利戰爭導致墨索里尼下台，遭義大利國王伊曼紐三世（Victor–Emmanuel III, 1869–1947）監禁。接任首相的巴多格里奧（Badoglio, 1871–1956）展開談判。同盟國曾考慮在義大利投降當天攻到羅馬，但謹慎為上的他們決定留在空軍的保護傘下，轉而攻擊南方。已預料義大利終將背叛的德國即時反應，在拿坡里北方擋住同盟國。他們抓了數十萬義大利人，特別是在巴爾幹島，命令這些人繼續與德國並肩作戰，拒絕的人只有死路一條。

同盟國攻勢陷入困境。同盟國原打算讓義大利退出戰爭，但拿坡里以北的人民反而深陷戰火，義大利陷入分裂局面：官方政權加入同盟國陣營，但德國營救墨索里尼，並在北部成立了傀儡政權「義大利社會共和國」（République sociale italienne）。

基於英國軍事文化中的周邊戰略，邱吉爾相信義大利具備戰略價值，而且唯有這裡是英軍和美軍的兵士人數與控制權不相上下的戰區。同盟國雖然嘗到幾次勝利，卻在古斯塔防線（ligne Gustav）前陷入膠著。1944 年 1 月，英軍司令亞歷山大（Alexander, 1891–1969）試圖從安濟奧（Anzio）登陸進行包圍，卻徒勞無功！最後在春天才由法國朱安將軍（Juin, 1888–1967）率領的法國北非山地部隊突破古斯塔防線。失利的德國元帥凱塞林（Kesselring, 1885–1960）撤退了 400 公里，直到托斯卡尼才得以重整軍力。但一到歌德防線（ligne Gothique），同盟國又得重頭開始。

英國因將最佳部隊派往法國普羅旺斯，只能捨棄由巴爾幹半島或的里雅斯特（Trieste）登陸、打開通往中歐大門的計畫。戰事停滯不前。義大利內戰到達恐怖巔峰，直到主嫌墨索里尼及其情人被屈辱地處決。

122

資料來源：1• *Mediterranean Theater of Operations*, CMH, 4 vol, 1957-1977 - 2• C. D'Este, *World War II in the Mediterranean 1942-1945*, Algonquin, 1990 - 3• D. Porch, *Hitler's Mediterranean Gamble : The North African and the Mediterranean Campaigns in World War II*, Weidenfeld & Nicolson, 2004 - 4• C. D'Este, *Fatal Decision, Anzio & the Battle for Rome*, Harper & Collins, 1991

1 • 法西斯主義垮台

義大利法西斯政權無力動員人力、能源及經濟。1938-1942 年義大利的工業與製造業產能跌了 11 個百分點，無能的墨索里尼無力動員各項產業。更糟糕的是，義大利在 3 年間損失將近 70 萬人，但別忘了義大利在巴爾幹半島有 50 萬駐軍，在法國有 10 萬駐軍。因此義大利只能出動剩下 10 個師及不足 200 輛的戰車來保衛領土。再加上義軍在外地的倖存者（在俄羅斯只有 4%，在東非則全軍覆沒）難以回到本國。在西西里，17% 的義軍脫逃。人民為了爭取「和平與麵包」而爆發罷工行動。7 月 24 日，法西斯大委員會對墨索里尼發動不信任投票案，隔天國王就下令逮捕他。

義大利軍隊在蘇聯再次潰敗

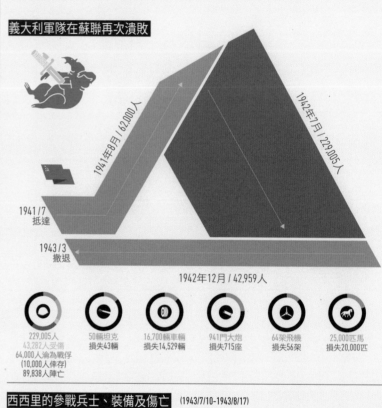

1941 年 8 月 / 62,000 人
1942 年 7 月 / 229,005 人
1941/7 抵達
1943/3 撤退
1942 年 12 月 / 42,959 人

229,005 人
43,282 人受傷
64,000 人淪為戰俘
（10,000 人倖存）
89,838 人陣亡

50 輛坦克
損失 43 輛

16,700 輛車輛
損失 14,529 輛

941 門大炮
損失 715 座

64 架飛機
損失 56 架

25,000 匹馬
損失 20,000 匹

西西里的參戰兵士、裝備及傷亡 (1943/7/10-1943/8/17)

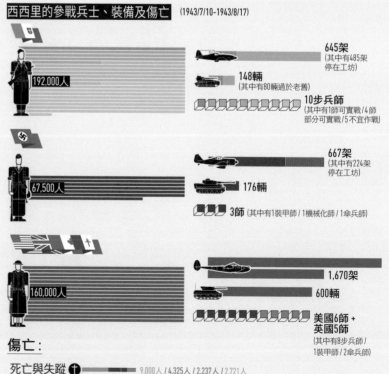

192,000 人
645 架（其中有 485 架停在工坊）
148 輛（其中有 80 輛過於老舊）
10 步兵師（其中有 1 師可實戰／4 師部分可實戰／5 不宜作戰）

67,500 人
667 架（其中有 224 架停在工坊）
176 輛
3 師（其中有 1 裝甲師／1 機械化師／1 傘兵師）

160,000 人
1,670 架
600 輛
美國 6 師 + 英國 5 師（其中有 8 步兵師／1 裝甲師／2 傘兵師）

傷亡：

死亡與失蹤 ✝ — 9,000 人／4,325 人／2,237 人／2,721 人

受傷 ✚ — 32,500 人／13,500 人／6,471 人／7,939 人

戰俘 ▦ — 116,681 人 + 34,000 名逃兵／10,106 人 686 人／2,183 人

撤退 ➡ — 62,182 人／52,000 人（包括傷患）

2・義大利戰區

地理上的優勢——崎嶇山區，夾在峭壁間的急流，冬季嚴酷的氣候——都使義大利易守難攻。受制於狹窄的戰線，軍隊難以部署大量人力、武器，德軍得以確保各師部武器均等。而且希特勒毫不吝惜地派出數量可觀且精良的步兵、傘兵及機動性高的機械化核心部隊。德軍元帥凱塞林聰明靈活地作戰，拒絕將同盟國趕到海上，因為在陸地上更容易牽制敵軍。而戰事之所以延宕，一部分則是同盟

國造成的。英國將軍亞歷山大是差勁的聯軍司令，無法應付來自數十國的士兵，包括巴西人、印度人、波蘭人及義大利人。再加上管理階層的軍官都被調走（布雷德利〔Bradley, 1893-1981〕、巴頓、蒙哥馬利及其親信），欠缺部隊（1944 年 7 月，為了準備普羅旺斯登陸計畫而調走 2 個軍的法美聯軍）及設備（自 1944 年春天開始就短缺小艇，無法從德軍後方登陸），這些都令他左支右絀。

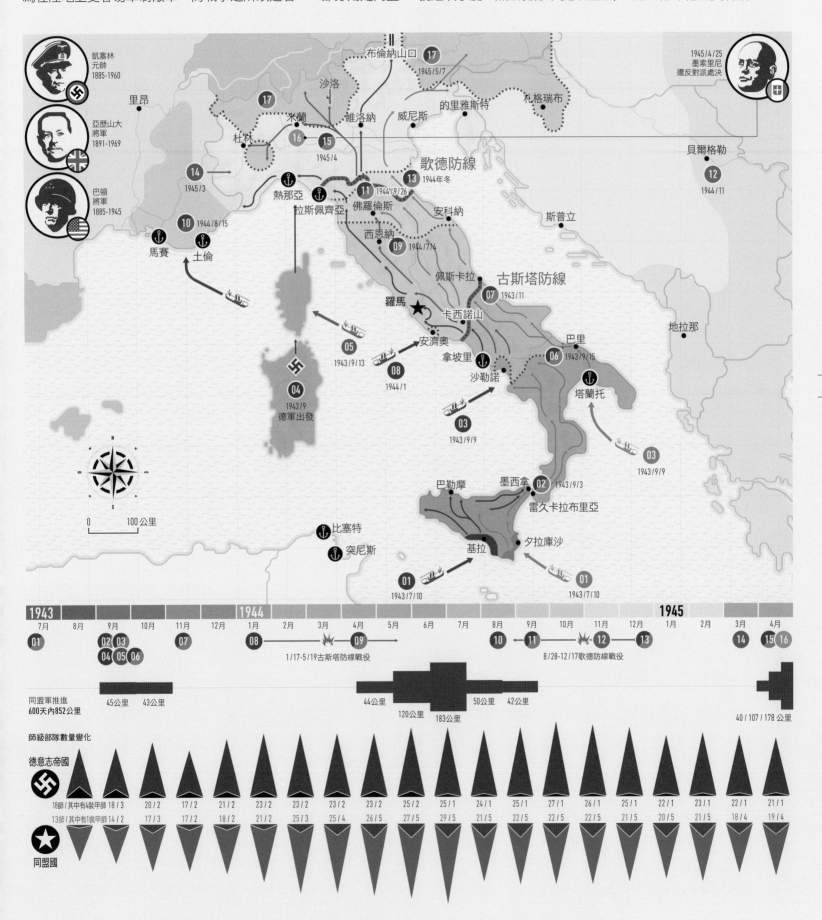

D 日與諾曼地戰役

經過漫長焦急的等待，D 日終於到來。這一天極為重要，而在世人的想像渲染下，D 日更成為軍事行動的典範之一。1944 年 6 月 6 日是解放西歐戰區的重要起點，但同盟國早在 18 個月前就決定在這天發動攻勢，且在接下來的 85 天內，諾曼地成了人間地獄。雖然登陸行動本身是重要的勝利，但接下來數週的進展卻令人絕望，讓人擔心同盟國將一直困在灘頭堡，重演 1915 年達達尼爾（Dardanelles）戰役的困境。當美國困在滿布樹籬土堤的田野，英國、加拿大組成的軍隊在康城外的戰況也陷入膠著。暫時任命地面部隊司令的蒙哥馬利，奉命 3 個月內讓德軍退到塞納河後方（大君主作戰），卻遭受不少批評。德軍的後勤鏈失靈、軍隊陷入斷糧危機，

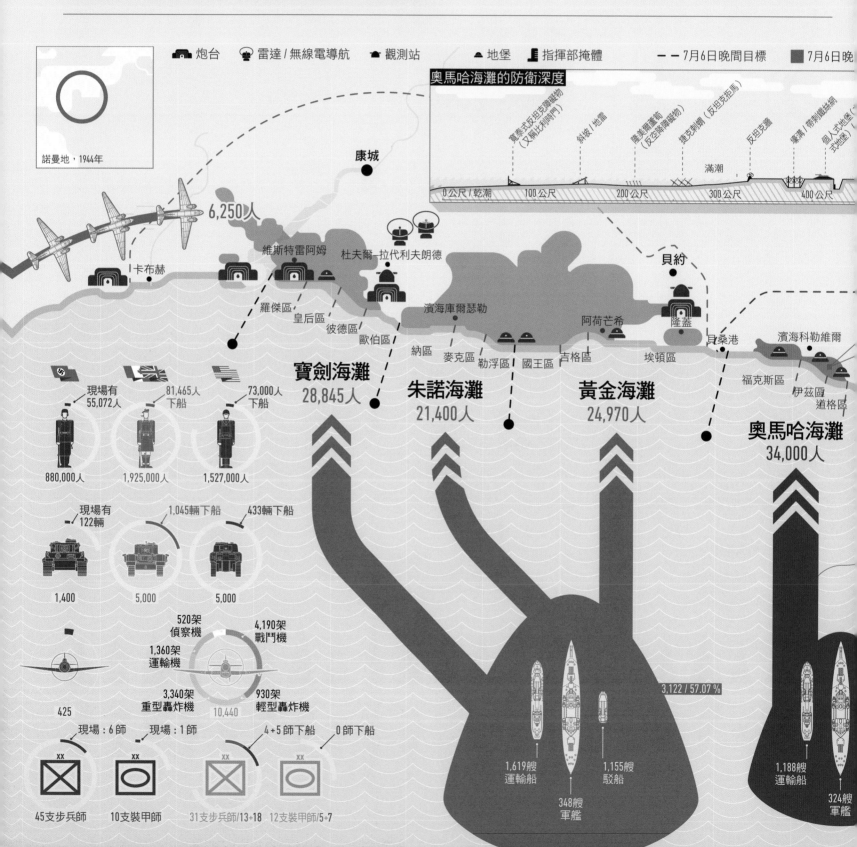

炮台　雷達／無線電導航　觀測站　地堡　指揮部掩體　－－7月6日晚間目標　7月6日晚

諾曼地，1944年

奧馬哈海灘的防衛深度

賓泰式反坦克障礙物（又稱比利時閘門）　斜坡／地雷　隆美爾蘆筍（反空降障礙物）　捷克刺蝟（反坦克拒馬）　反坦克牆　爆溝／帶刺鐵絲網　個人式地堡　式地堡

滿潮

0公尺／乾潮　　100公尺　　200公尺　　300公尺　　400公尺

康城

6,250人

卡布赫　維斯特雷阿姆　杜夫爾–拉代利夫朗德

羅傑區　皇后區　彼德區　歐伯區　濱海庫爾瑟勒　納區　麥克區　勒浮區　國王區　吉格區

貝紛

阿荷芒希　隆蓋　貝桑港　濱海科勒維爾

埃頓區　福克斯區　伊茲區　道格區

寶劍海灘
28,845人

朱諾海灘
21,400人

黃金海灘
24,970人

奧馬哈海灘
34,000人

現場有 55,072人　　81,465人下船　　73,000人下船
880,000人　　1,925,000人　　1,527,000人

現場有 122輛　　1,045輛下船　　433輛下船
1,400　　5,000　　5,000

520架 偵察機　4,190架 戰鬥機
1,360架 運輸機
3,340架 重型轟炸機　930架 輕型轟炸機
425　　10,440

現場：6師　現場：1師　4+5師下船　0師下船

45支步兵師　10支裝甲師　31支步兵師／13+18　12支裝甲師／5+7

3,122 / 57.07 %

1,619艘 運輸船　1,155艘 駁船　348艘 軍艦

1,188艘 運輸船　324艘 軍艦

再加上有支軍團守在加萊海峽（Pas-de-Calais）等待同盟國登陸而遲遲沒有行動，還遭到蘇聯攻擊（巴格拉基昂行動），迫使德國儲備軍力離開法國。最終德軍在諾曼地的消耗戰中筋疲力盡。

7月25日，聖洛（Saint-Lô）南部出現決定性的變化。美國猛烈攻擊突破戰線，欠缺石油與火藥的德軍則在進攻還是撤退間躊躇不決。這場作戰成功的原因，在於作戰組合獨特：以英國司令蒙哥馬利的概念主導作戰計畫（如狹窄的戰線進擊、大量的儲備軍隊），再由反應迅速的美軍完美實現。1週內，巴頓就進入布列塔尼。

希特勒下令在法國摩坦（Mortain）進行反擊，切斷美軍攻勢，但這場可預見的失敗只是加速戰爭結束的腳步。德軍成了籠中鳥。然而同盟國各將軍間的戰術不一致，兩次（分別在法雷茲〔Falaise〕及塞納河上）讓 3/4 的德軍僥倖逃脫。雖說諾曼地之役並非另一場史達林格勒圍城戰，但其損失也十分慘重。德軍不僅放棄了最重要的設備，也失去最優秀的部隊。

同盟軍獲得難以想像的成功，可歸功於計畫周詳且準備嚴密。儘管同盟軍實際執行任務時不免慌亂，最後仍安全妥當地完成任務。蒙哥馬利不負重責大任，當他在 9 月 1 日將指揮任務移交給美國艾森豪將軍，同盟軍已全面渡過塞納河，敵軍也已潰散。

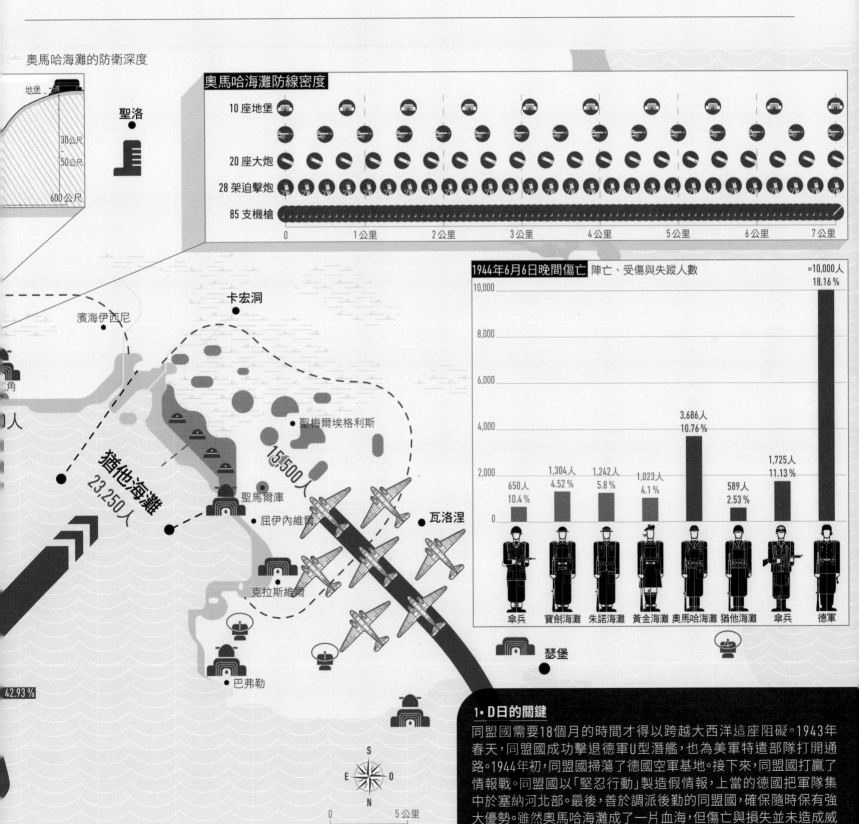

奧馬哈海灘的防衛深度

地堡
30公尺
50公尺
600公尺

聖洛

奧馬哈海灘防線密度

10 座地堡
20 座大炮
28 架迫擊炮
85 支機槍

0　1公里　2公里　3公里　4公里　5公里　6公里　7公里

卡宏洞

濱海伊西尼

聖梅爾埃格利斯

猶他海灘 23,250人

15,500人

聖馬爾庫

屈伊內維爾

瓦洛涅

克拉斯維爾

42.93%

巴弗勒

瑟堡

S
E　O
N
0　5公里

1944年6月6日晚間傷亡　陣亡、受傷與失蹤人數　≈10,000人 18.16%

10,000
8,000
6,000
4,000
2,000
0

650人 10.4%　傘兵
1,304人 4.52%　寶劍海灘
1,242人 5.8%　朱諾海灘
1,023人 4.1%　黃金海灘
3,686人 10.76%　奧馬哈海灘
589人 2.53%　猶他海灘
1,725人 11.13%　傘兵
德軍

1‧D日的關鍵
同盟國需要18個月的時間才得以跨越大西洋這座阻礙。1943年春天，同盟國成功擊退德軍U型潛艦，也為美軍特遣部隊打開通路。1944年初，同盟國掃蕩了德國空軍基地。接下來，同盟國打贏了情報戰。同盟國以「堅忍行動」製造假情報，上當的德國把軍隊集中於塞納河北部。最後，善於調派後勤的同盟國，確保隨時保有強大優勢。雖然奧馬哈海灘成了一片血海，但傷亡與損失並未造成威脅，到了晚上，德軍再也無力將登陸的盟軍趕回海中。

2・諾曼地戰役

對暱稱「蒙蒂」的蒙哥馬利而言，最重要的是取得樹堡（Cherbourg）及布列塔尼，這兩地對接下來的行動至關重要。英國希望困住德軍裝甲師，讓美軍得以行進。德國西方戰線部隊接受這場對決，深知濱海的康城平原是唯一能夠驅逐同盟國的地區。英軍由於欠缺步兵又難以帶領跨兵種戰鬥，儘管發動猛攻卻仍無法擊破威力強大的德軍防線。而在西邊，美軍因指揮官欠缺經驗而困在滿是樹籬土堤的田野間。到了 7 月中，這場戰役看似陷入絕境。

兩方看似軍力相當（同盟國的 38 師對抗德軍的 39 師），傷亡率也相近，但軍需補給的懸殊差異，是兩方的最大分野。

搶灘隊伍憑藉專業能力成功取得人造港，樹堡港口重新啟用，這些因素都讓同盟國很快就能補上折損的軍士，保持作戰主導權。毫無援軍又無後勤補給的隆美爾一步步被擊潰。

同盟國的空襲和奮力反擊，讓德軍的鐵路網從 4 月開始就支離破碎。德軍沒有足夠車輛，士兵只能零散地徒步前往前線，終至潰散，沒有替換的兵士。德軍別無選擇只能防守，藏身於壕溝中，直到戰爭結束都無法組建儲備軍力。

主要人物

布雷德利
上將
1893-1981

艾森豪
上將
1890-1969

5場主要戰役

□ 裝甲師　□ 步兵師　□ 空降師　□ 裝甲旅　□ 班

3・7月25-31日 (歷時7天)
眼鏡蛇行動，突破

□ x4　□ x10　3,600人陣亡/天　□ x10　1,800人陣亡/天
□ x4　□ x4
□ x5

一場精采勝利，巴頓的戰車蜂湧而上，衝入德軍缺口，在5天內抵達布列塔尼，5週內就到了洛林。

4・8月
法雷茲口袋

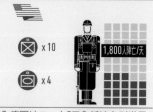

□ x12　6,000
□ x10

德軍在摩坦反擊，反被同盟國包圍。上各國軍間氣氛緊張，讓德國

2・7月3-19日 (歷時17天)
樹籬戰

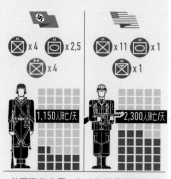

□ x4　□ x2,5　□ x11　□ x1
□ x4　□ x1

1,150人陣亡/天　2,300人陣亡/天

美軍戰術失靈，無法在滿是樹籬的地區以大規模出擊，火力支援部隊（戰車、炮兵部隊、陸航軍）難以發揮。

1・6月7-30日 (歷時24天)
不可或缺的瑟堡港

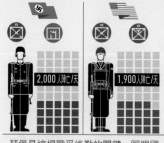

□ □　□ □
2,000人陣亡/天　1,900人陣亡/天

瑟堡是這場戰爭後勤的關鍵，同盟國以漂亮一擊拿下。

增援競賽

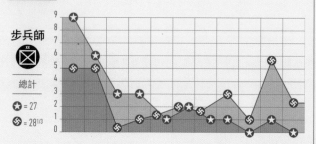

步兵師 □
總計
★ = 27
卐 = 28 1/3

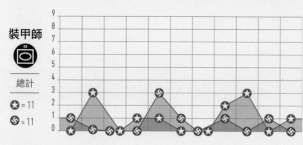

裝甲師 □
總計
★ = 11
卐 = 11

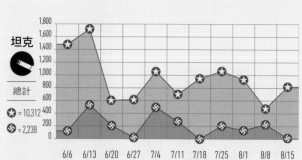

坦克
總計
★ = 10,312
卐 = 2,238

6/6　6/13　6/20　6/27　7/4　7/11　7/18　7/25　8/1　8/8　8/15

地圖

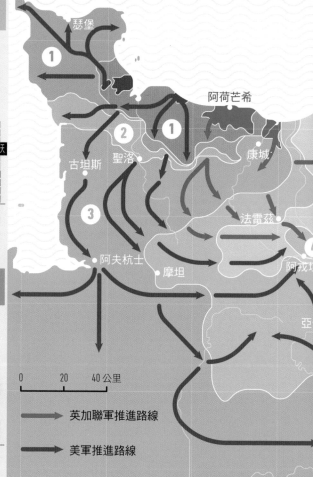

瑟堡
阿荷芒希
1
2　1
古坦斯　聖洛　康城
3
法雷茲
阿夫杭士　摩坦　4
阿戎坦
亞倫

0　20　40 公里

→ 英加聯軍推進路線
→ 美軍推進路線

德國後勤鏈瓦解

🚂 = 25公里鐵路路程　🚛 = 25公里公路路程　● = 1,000噸

需求量
36台火車/日
或
15,000輛卡車

後方兵站

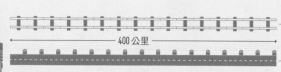

400公里

前方兵站

21,582輛卡車　50公里　戰線

10,000噸/天

實際供應量
9台火車/天，
2,000輛卡車

後方兵站

250公里

前方兵站

10,883輛卡車

　　200公里　戰線

4,000噸/天

2,000噸由公路運輸　1,000噸由鐵路運輸　1,000噸由水路運輸

蒙哥馬利
上將
1887-1976

隆美爾
元帥
1891-1944

克魯格
元帥
1882-1944

3・代價高昂的一戰

雖說同盟國傷亡慘重（平均每天有 2,500 人喪命），
但替補起來不太困難（除了英國與加拿大的步兵）。
而德國付出驚人代價。德國西方戰線部隊放棄最重要
的設備，失去最精良的軍士；完全被同盟國超越的德
國空軍耗盡所有資源人力，但徒勞無功。

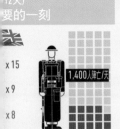
■ ＝損失100人（受傷／失蹤／陣亡）

5・8月20-31日（歷時12天）
塞納河包圍戰失利

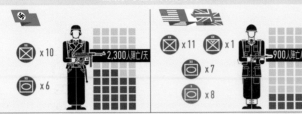
x 10   2,300人陣亡／天
x 6
x 11 x 1   900人陣亡／天
x 7
x 8

美軍有氣無力地沿塞納河深入法國，而英軍則放棄此計畫，在盧昂東邊越河。
多達205,000名德軍逃脫。

x 15   1,400人陣亡／天
x 9
x 8

然而戰術上的疏忽、再加
力以逃脫。

軍士傷亡及裝備損耗

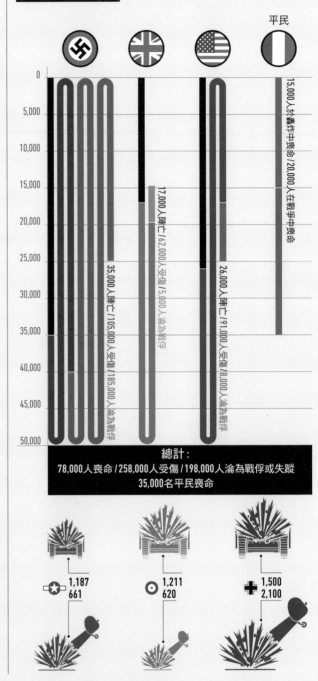

平民

15,000人於轟炸中喪命／20,000人在戰鬥中喪命

35,000人陣亡／105,000人受傷／185,000人淪為戰俘

17,000人陣亡／62,000人受傷／5,000人淪為戰俘

26,000人陣亡／91,000人受傷／8,000人淪為戰俘

總計：
78,000人喪命／258,000人受傷／198,000人淪為戰俘或失蹤
35,000名平民喪命

1,187
661
1,211
620
1,500
2,100

德國7月出現步兵短缺的窘境

● ＝1名無法作戰的士兵　● ＝1名增援士兵

美國 =
折損士兵替換率為101 %

英國 =
折損士兵替換率為80 %

德國 =
折損士兵替換率為6 %

盧昂

巴黎 ★

夏特

奧略昂

⑤

德國與美國1師每日補給量比較

需求

第10親衛
裝甲師

73 噸彈藥
140 噸汽油
100 噸零件
40 噸食物
總計 = 353噸

實際補給

55 噸彈藥
35 噸汽油
15 噸零件
10 噸食物
總計 = 115噸
32.6 %

需求

375 噸彈藥
103 噸汽油
137 噸零件
40 噸食物
總計 = 655噸

實際補給

150 噸彈藥
103 噸汽油
100 噸零件
40 噸食物
總計 = 393噸
60 %

美國
第2裝甲師

資料來源：1• Russell A. Hart, *Clash of Arms. How the Allies Won in Normandy*, Oklahoma University Press, 2001 - 2• Niklas Zetterling, *Normandy 1944. Germany Military Organization, Combat Power and Organizational Effectiveness*, J. J. Federowicz Publishing, 2000 - 3• Olivier Wieviorka, *Histoire du débarquement en Normandie*, Seuil, 2007

美國對歐洲的後勤支援

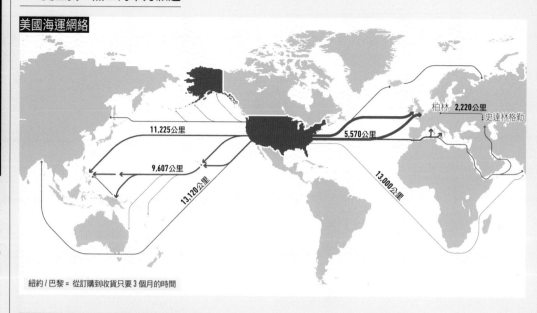

美國海運網絡

柏林 **2,220公里**
史達林格勒
11,225公里
5,570公里
9,607公里
13,120公里
13,000公里

紐約／巴黎 = 從訂購到收貨只要 3 個月的時間

美國必須越過海洋，才能將軍隊送往 7 個任務戰區。光從設計武器時必須控制尺寸，又得將所有零件標準化，就知道挑戰艱難。為了克服種種困難，美國部署了通暢無礙的管理機構，建設足供數千艘自由輪停泊也不致壅塞的巨大港口，在蓬勃的本地工業及遠端的戰場間建立運輸管道。美國在每個戰區都安置了大量標準化裝備，如此的安排並未造成浪費資源，因為只要花上 90–120 天的運送期，就能將補給品送抵軍隊。美國運送了 4,000 輛坦克至歐洲，但光是要替換損毀的坦克，美國就必須再送出 2,000 輛的雪曼戰車。光是建立這條跨海運輸鏈就已令人嘆服。當然，軍隊難免面臨物資匱乏，有時是因為產品未能及時製成，或是正在港口等待卸貨，或是歐洲的陸路交通遭到截斷，因而無法及時送達戰場，但並非是海上運送鏈出了差錯或有所延誤。

歐洲陸路運輸遭到截斷，是美國陸軍最常遭遇的困境。公路無法負荷軍隊的運輸量，因此各國軍隊都藉由鐵路移動。然而，他們發現鐵路無法靈活配合機械化單位的行動節奏。為了因應這樣的難題，德國與蘇聯採取「背包」策略，讓軍士背負最大限度的補給品，延長獨立作戰時間，然而軍隊卻陷入石油短缺的窘境。美國並未料到突破諾曼地後，必須臨時建造一條公路補給鏈，以便維持軍隊在休息整頓前 6 週的作戰需求。但這條臨時公路補給鏈不敷需求。值得慶幸的是，美國很快就學到教訓：從 1945 年春開始，美國便在補給鏈中間加入一個彈性的作戰層級（étage opérationnel）以利涵蓋數百公里距離的需求。於是，美國陸軍成了唯一能夠進行全球化作戰、擁有持久戰的裝備及專業，足以深入敵軍陣營的軍隊。

波麗露行動：美國遠征軍前往英國

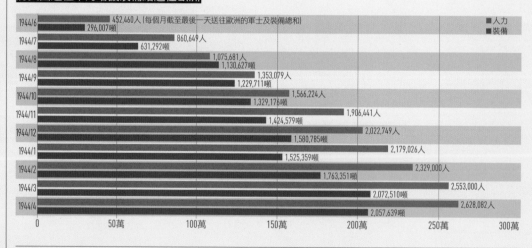

1942
241,839名軍士
1,923,228噸裝備

1943
676,508名軍士
5,461,761噸

1944 年 1‑5 月
6,046,659噸
752,653名軍士

將美國遠征軍的增援及補給運往歐洲

■人力
■裝備

月份	人力	裝備
1944/6	452,460人（每個月截至最後一天送往歐洲的軍士及裝備總和）	296,007噸
1944/7	860,649人	631,292噸
1944/8	1,075,681人	1,130,627噸
1944/9	1,353,079人	1,229,711噸
1944/10	1,566,224人	1,329,176噸
1944/11	1,906,441人	1,424,579噸
1944/12	2,022,749人	1,580,785噸
1944/1	2,179,026人	1,525,359噸
1944/2	2,329,000人	1,763,351噸
1944/3	2,553,000人	2,072,510噸
1944/4	2,628,082人	2,057,639噸

0　50萬　100萬　150萬　200萬　250萬　300萬

自由輪

自由輪儘管簡陋（航速只有 11 節），卻是很有效率（載重噸位 10,800 公噸）的貨船，其零件完全分開製造，只要 42 天就能像組建樂高積木一樣組裝完成；美國總共建造了 2,709 艘自由輪。

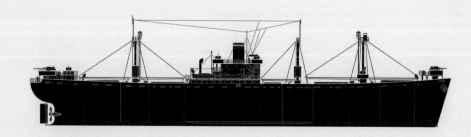

通用軍用卡車及聯邦5噸4X4全地形車輛

通用卡車在多功能及精簡之間達成絕佳平衡，具備 6 個驅動輪，適合前線使用。但組成紅球快遞（Red Ball Express）時，因載重限制為 7 噸，因此不敷使用。1944 年末，它被載重量更高又更靈活的的半掛牽引車（15-18 噸）取代，並且很快就改裝成半掛牽引車。

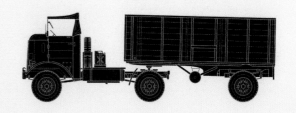

2 • 美國後勤鏈的演進（1944年6月-1945年4月）

A / 理論：

1918 年，美國依據 1918 年的模式建立一條分為 2 階段的後勤補給鏈：長距離以鐵路運輸，短距離則經由公路。這樣的後勤鏈雖能運輸大量貨物但速度緩慢。越野卡車非常耗油，承載量又不高。

B / 8月的臨時方案：

眼鏡蛇行動後，同盟國軍隊快速推進（4 週內前進 600 公里），讓美軍沒有時間重新建立鐵路網、部署軍需站。美國臨時設計一個單向的長程軍需供應鏈（紅球快遞），但這只是一時的權宜之計（通用卡車的載重量太低，很快就需要維修，缺乏標準運送程序，安排送貨時常產生糾紛）。若在鐵路完好的地區使用鐵路運輸，在鐵路、公路間裝卸貨時反而更耗時間。斷斷續續的供應鏈降低了軍事行動的效率。

C / 1945年春的革新：供應鏈重新劃分為3階段：

1945 年，為了支援拉得更長的供應鏈距離，美國引入一個中繼需求層級：作戰層級。在等待鐵路恢復通行期間，各軍團都有一條自屬的單行道，可讓大型半掛牽引車能夠行駛運送物資。後勤程序大大改善。軍隊料庫搖身一變成為補給次系統，某些料庫持續原有運作，其他的則向前移往前線。

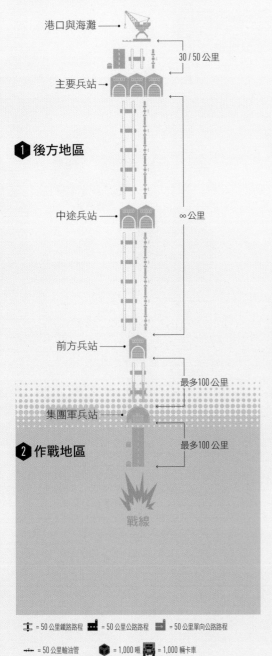

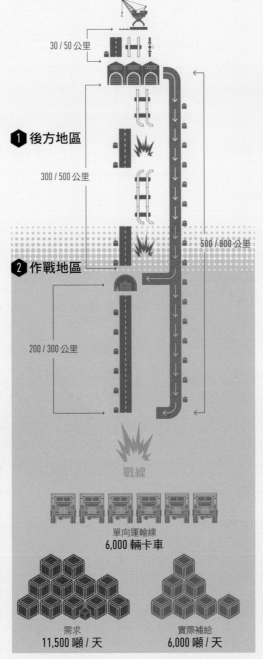

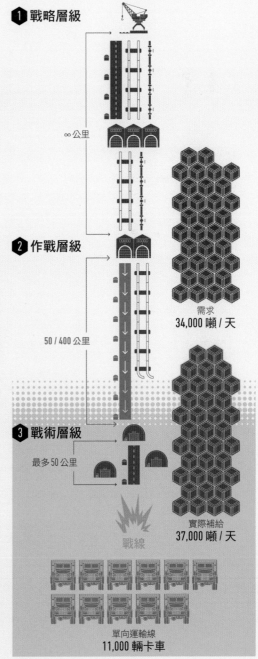

資料來源：1• Nicolas Aubin, *Les Routes de la liberté*, Histoire & Collections, 2014 - 2• Roland G. Ruppenthal, *Logistical Support of The Armies*, CMH, 1952, 2 vol.

巴格拉基昂行動

1944 年 6 月 22 日，在德國入侵蘇聯 3 週年的日子，蘇聯發動巴格拉基昂（Bagration）行動，此戰事進行了 2 個多月，成功摧毀德國中央集團軍，造成德國開戰以來最嚴重的損失。前線軍隊完全失衡的情況下，間接造成德意志國防軍失去疲弱不振、受困於波羅的海國家的北方集團軍。而南烏克蘭集團軍則在羅馬尼亞被殲滅。紅軍令人欽佩地朝西行進了 600 公里，直達東普魯士的邊界，逼近華沙，進入匈牙利和南斯拉夫。軍事行動的成功也帶來顯著的政治效果：芬蘭、羅馬尼亞、保加利亞先後加入同盟國，後兩國並開始進行蘇維埃化；同時蘇聯也想盡辦法盡速取得波蘭。要瞭解巴格拉基昂行動，就不能忽略 3 項重要資訊。

1) 自此之後，紅軍的人力和裝備便遠超過德意志國防軍，就連航空兵軍也是如此。蘇聯原先在指揮、控制等方面的素質低落，但美國送來的卡車提升了紅軍的機動性，而其敵手後來在這方面大幅落後。

2) 機動性優勢讓紅軍得以發動一連串 6 項軍事行動，最精采的巴格拉基昂只是其中一場。這 6 場系統性的攻擊兼具軍事與政治目的，範圍從芬蘭直達黑海。

3) 德國無法像往年一樣，將軍隊從西線移往東線戰場，因為史達林已握有一項關鍵情報：西方各國將在 1944 年 5 月或 6 月登陸法國。美國總統羅斯福在 1943 年 11 月末的德黑蘭會議上，就告知史達林登陸計畫，並要求他同時發動攻勢。這是東線與西線戰場第一次真正聯手行動。放下心頭大石的蘇聯戰略規畫人士，得以進行一直無法實現的攻擊計畫：發動比之前更深入敵軍陣營 2–3 倍的攻勢。史達林接受如此大膽的計策，因為他所擔心的，和希特勒寄望的事情相同：英美登陸後，說不定結盟關係會改變。巴格拉基昂行動造成的後果之一，就是德國反抗人士密謀在 7 月 20 日刺殺希特勒。對史達林來說，這場孤注一擲的軍事政變，有可能影響英美與蘇聯的結盟關係。但事實上，德意志帝國並未因這場政變而瓦解，一時之間反而更加團結抵抗同盟國，直到最後一刻兵敗人亡。

資料來源：1・Jean Lopez, *Opération Bagration. La revanche de Staline (été 1944)*, Economica, 2014

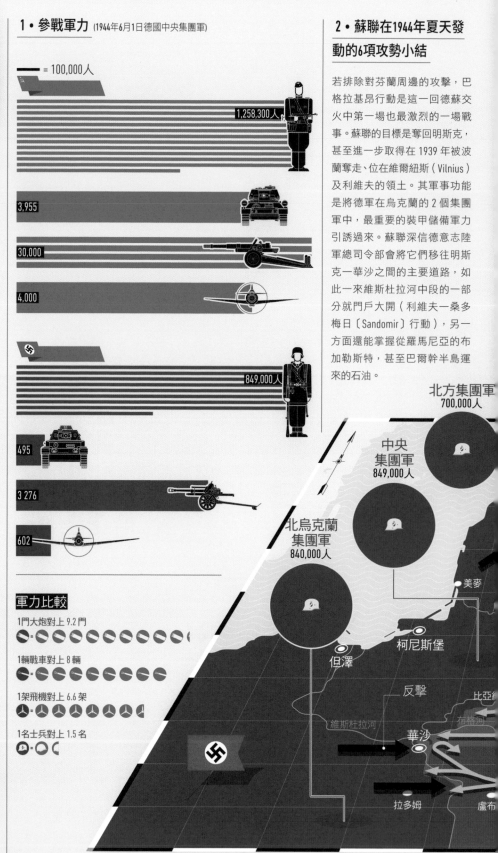

1・參戰軍力 (1944年6月1日德國中央集團軍)

= 100,000人

1,258,300人

3,955

30,000

4,000

849,000人

495

3 276

602

軍力比較

1門大炮對上 9.2 門

1輛戰車對上 8 輛

1架飛機對上 6.6 架

1名士兵對上 1.5 名

2・蘇聯在1944年夏天發動的6項攻勢小結

若排除對芬蘭周邊的攻擊，巴格拉基昂行動是這一回德蘇交火中第一場也最激烈的一場戰事。蘇聯的目標是奪回明斯克，甚至進一步取得在 1939 年被波蘭奪走、位在維爾紐斯（Vilnius）及利維夫的領土。其軍事功能是將德軍在烏克蘭的 2 個集團軍中，最重要的裝甲儲備軍力引誘過來。蘇聯深信德意志陸軍總司令部會將它們移往明斯克—華沙之間的主要道路，如此一來維斯杜拉河中段的一部分就門戶大開（利維夫—桑多梅日〔Sandomir〕行動），另一方面還能掌握從羅馬尼亞的布加勒斯特，甚至巴爾幹半島運來的石油。

北方集團軍
700,000人

中央集團軍
849,000人

北烏克蘭集團軍
840,000人

美麥

柯尼斯堡

但澤

反擊

比亞線

維斯杜拉河

華沙

拉多姆

盧布

3・小結

1944 年夏天，德意志國防軍蒙受開戰以來最慘烈的損失。在白俄羅斯失去了 40 萬大軍。德國東線軍隊最強大的 28 個師及 8 個軍遭致圍攻。

後來的德國士兵比不上他們大膽、也沒有同等經驗，對蘇聯人的認識也比不上這些前輩。就像在 1918 年春夏戰後的德意志帝國軍隊，面對巴格拉基昂任務後呼聲震天的亂局，德意志東線軍隊只能放任士兵陣亡。德軍完全失去原先的優越感，只剩深深的恐懼。對德意志帝國而言，這場戰役的軍事、心理和地理影響，遠遠超越史達林格勒一戰。

作戰過程

1 進攻芬蘭。
2 巴格拉基昂行動＝引誘／分散德軍。
3 大量德軍裝甲部隊移動，試圖反擊。
4 封鎖北方集團軍。
5 科威爾－盧布令行動＝閉鎖德軍。
6 利維夫－桑多梅日行動。
7 德國裝甲部隊反擊行動。
8 雅西－基什尼奧夫行動＝封鎖德國裝甲師的儲備軍力。

次要戰線
芬蘭
卡累利阿／列寧格勒方面軍 ◤1
6月9日

波羅的海第3方面軍 ◤4
7月10日

次要戰線
北方集團軍

波羅的海第2方面軍

波羅的海第1方面軍

白俄羅斯第3方面軍

白俄羅斯第2方面軍 ◤2
6月22日

明斯克 ◤3

中央集團軍

華沙

盧布林

桑多梅日
維斯杜拉河

一半的白俄羅斯第1方面軍

另一半的白俄羅斯第1方面軍 ◤5
科威爾
7月13日

裝甲師

北烏克蘭集團軍

利維夫

烏克蘭第1方面軍 ◤6
7月18日

克拉科夫

裝甲師 ◤7

南烏克蘭集團軍

烏克蘭第2方面軍 ◤8

烏克蘭第3方面軍
8月20日

布加勒斯特

莫斯科 史達林格勒 哈爾可夫 巴格拉基昂
1942 1943 1943 1944
34天 76天 21天 68天

0公里　0人陣亡／平方公里
100公里　1人陣亡／平方公里
5.1公里／日　2.3公里／日　6.6公里／日
200公里　2人陣亡／平方公里
300公里　3人陣亡／平方公里
400公里　4人陣亡／平方公里
500公里　5人陣亡／平方公里
600公里　6人陣亡／平方公里
8.4公里／日

戰線平均推進距離　　每平方公里的陣亡人數

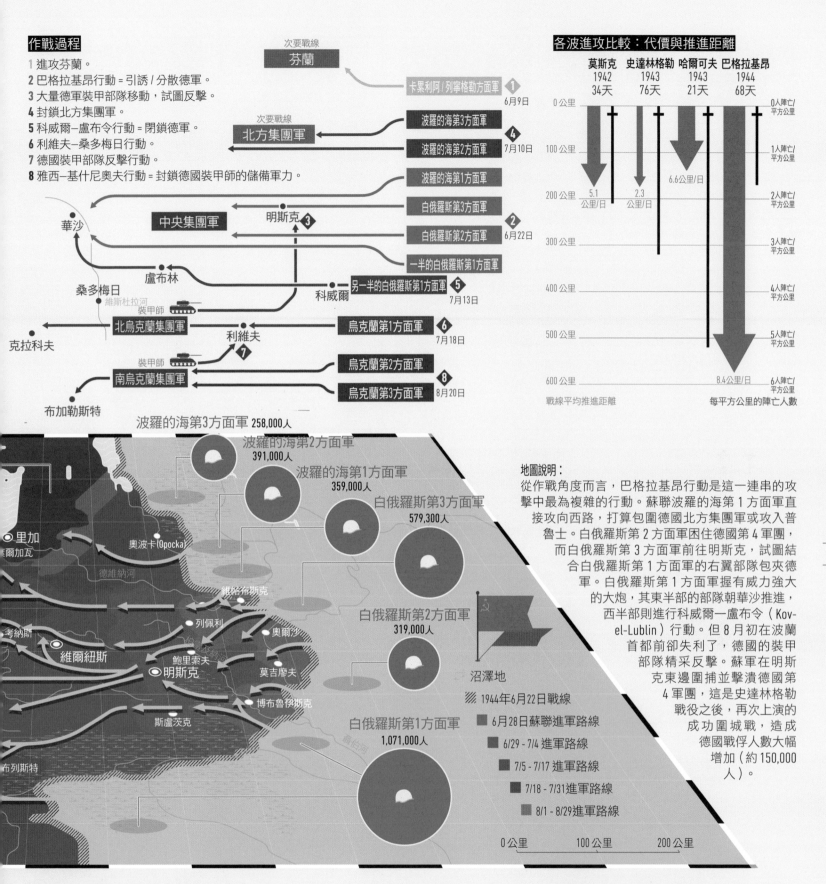

波羅的海第3方面軍 258,000人
波羅的海第2方面軍 391,000人
波羅的海第1方面軍 359,000人
白俄羅斯第3方面軍 579,300人
白俄羅斯第2方面軍 319,000人
白俄羅斯第1方面軍 1,071,000人

里加
奧波卡(Opocka)
德維納河
繼諾布斯克
列佩利
奧爾沙
考納斯
維爾紐斯
鮑里索夫
明斯克
莫吉廖夫
博布魯伊斯克
斯盧茨克
布列斯特

沼澤地
▨ 1944年6月22日戰線
■ 6月28日蘇聯進軍路線
■ 6/29 - 7/4 進軍路線
■ 7/5 - 7/17 進軍路線
■ 7/18 - 7/31 進軍路線
■ 8/1 - 8/29 進軍路線

0公里　100公里　200公里

131

地圖說明：
從作戰角度而言，巴格拉基昂行動是這一連串的攻擊中最為複雜的行動。蘇聯波羅的海第1方面軍直接攻向西路，打算包圍德國北方集團軍或攻入普魯士。白俄羅斯第2方面軍困住德國第4軍團，而白俄羅斯第3方面軍前往明斯克，試圖結合白俄羅斯第1方面軍的右翼部隊包夾德軍。白俄羅斯第1方面軍握有威力強大的大炮，其東半部的部隊朝華沙推進，西半部則進行科威爾一盧布令（Kov-el-Lublin）行動。但8月初在波蘭首都前卻失利了，德國的裝甲部隊精采反擊。蘇軍在明斯克東邊圍捕並擊潰德國第4軍團，這是史達林格勒戰役之後，再次上演的成功圍城戰，造成德國戰俘人數大幅增加（約150,000人）。

陣亡及失蹤
德軍：139,320人
蘇聯：178,459人

受傷
德軍：110,136人
蘇聯：587,254人（受傷及患病）

淪為戰俘
德軍：+/- 150,000人

總計：
317,779人陣亡
697,390人受傷，150,000人淪為戰俘

0　100,000　200,000　300,000　400,000　500,000　600,000

D日與巴格拉基昂的傷亡比較
（參戰軍士／陣亡＋受傷＋失蹤＋戰俘）

德軍

同盟國 1,500,000人
640,000人
849,000人
蘇聯 2,329,300人

傷亡率 13.98%
傷亡率 39.06%
傷亡率 47.05%
傷亡率 32.8%

德國戰役（中歐會戰）

德軍在阿登反擊失敗，完全粉碎納粹美好的幻想。不過要再花上 100 天，才能鏟除這條不甘放棄權力的九頭水蛇怪。然而每拖一天，希特勒就能屠殺更多的猶太人。在最後數週，他的仇恨轉移到德國人身上，憤慨地表示若他必將滅亡，德國人也不該獨活，非與他共存亡不可！不願談判、不願停火，非戰不可。重病纏身、被眾人圍捕的希特勒，只能屈居潮溼的地洞裡，但他仍不斷煽動軍士，直到被圍困辦公室，才終於在 4 月 30 日自殺。但納粹之所以奮力抵抗，並不只是因為希特勒本人的意志頑強。除此之外，複雜的官僚制度、

人多勢眾的軍隊，都讓一群懷抱同樣理想的人團結一心，直到令人匪夷所思的地步。
因此，這 4 個月是二戰中最血腥的時期。每天都有 30,000 人失去生命；一開始納粹政權用各種想得到的方式屠殺奴隸和「寄生蟲」，接著是平民，最後是各陣營的兵士。就軍事而言，德國戰爭並非只是單方面的殺戮，每場戰鬥都十分激烈。德意志帝國直到最後一刻都在徵召新的部隊，然而 4 月石油的匱乏讓他們再也無法嚴密抵抗。同時，同盟國在這場戰役充分展現明智用兵的優點。在布達佩斯周

1・同盟國

在 1945 年，美國採用的作戰準則強過英國。
美國總統格蘭特（Ulysses Grant, 1822-1885）的一句話就道盡精髓：「勝利的關鍵在於，善加利用天時地利，集中火力，以壓倒性的武力擊潰敵軍。」
武力一占上風，士氣也隨之上升，軍士們更猛烈地四處攻擊敵人，使對手癱瘓、喪失大量人員裝備。敵軍之所以全面潰敗，是實戰造成，而非事先策畫的結果。艾森豪面對廣大戰線時，始終堅持這項原則。
但這仰賴戰術及設備上的優勢，而 1945 年的情況正是如此，美軍的軍力占上風。

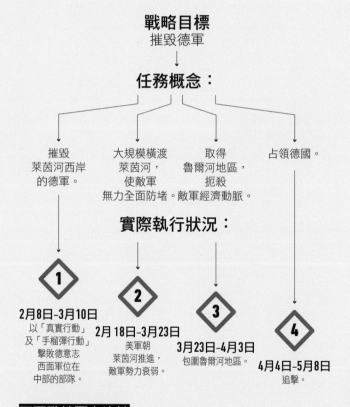

戰略目標
摧毀德軍

任務概念：

| 摧毀萊茵河西岸的德軍。 | 大規模橫渡萊茵河，使敵軍無力全面防堵。 | 取得魯爾河地區，扼殺敵軍經濟動脈。 | 占領德國。 |

實際執行狀況：

1 2月8日-3月10日
以「真實行動」及「手榴彈行動」擊敗德意志西面單位在中部的部隊。

2 2月18日-3月23日
美軍朝萊茵河推進，敵軍勢力衰弱。

3 3月23日-4月3日
包圍魯爾河地區。

4 4月4日-5月8日
追擊。

1945年5月7日德意志帝國領土大大減少　中立國

1945年1月17日戰線
3月22日
4月19日
5月6日
進攻路線 →

哥本哈根
阿姆斯特丹
安恆
倫敦
敦克爾克
安特衛普　亞琛
里爾　布魯塞爾
盧森堡
巴黎
維希
里昂
伯恩
呂貝克
漢堡
不來梅
漢諾威
杜塞道夫科隆
波昂　科布倫茲
美茵河畔法蘭克福
史特拉斯堡
紐倫堡
慕尼黑
因斯布魯克
波爾察諾
米蘭
杜林
威尼斯
的里雅斯特
波隆那
柏林
波茨坦
萊比錫
德勒斯登
布拉
皮耳森

0 km　100 km　200 km

西面戰線軍力比較

1 名士兵對上 5.7 名（420,000人對上2,420,000人）

1 輛戰車對上 6.5 輛(1,832輛對上12,000輛)

1 架飛機對上 9.7 架 (1,900架對上18,500架，其中有6,400架重型轟炸機)

1945年1月的軍力比較

挪威　庫爾蘭　東面　義大利　西面　大西洋一帶

挪威
4,500人 0.9 %
225,000人 15.6 %
1,200,000人 83.5 %
1,438,000人

庫爾蘭
4,500人 0.3 %
375,000人 28 %
960,000人 71.7 %
1,339,500人

東面
47,600人 15.5 %
260,000人 84.5 %
307,600人

義大利
95,000人 3.2 %
420,000人 14.1 %
350,000人 11.8 %
500,000人 16.9 %
151,000人 5.1 %
1,450,000人 48.9 %
2,966,000人

西面
4,000,000人 100 %都在東面

圍，紅軍巧妙對抗德軍最後的裝甲部隊，證明不管在攻擊或防守，蘇聯都更勝德國一籌。蘇聯在東邊策畫廣大的攻擊行動，協調上百萬名士兵、數千輛戰車，大力剖開德意志東線部隊，深入敵營 500 公里，接著只花 11 天就占領歐洲第 3 大的城市柏林，儘管該地不分晝夜奮命抵抗。蘇聯的勝利標示了軍事概念「作戰藝術」（art opératif）的成功。

而西線戰場的勝利多半歸功於戰術得當。英國的作戰準則配上美國的靈活調度，以一系列的精細任務，在萊茵河西邊將德意志的西線部隊打得落花流水。20 世紀下半葉的各種武器，已有半數運用於此戰役中，

跨兵種協力合作得以發揮最強大的威力。美國臨時提出大規模橫渡萊茵河的構想，再由英國規畫，並取得出色戰果。魯爾的圍攻成了經典戰事，後來本該持續追擊直達柏林，可惜艾森豪改變心意（根據軍事作家 D・費德曼〔D. Feldmann〕及 C・馬斯〔C.Mas〕的說法，雖然蒙哥馬利的軍隊占了地利，本可率先抵達柏林，但手腕靈活的艾森豪既不想惹惱史達林，也不願讓他難以忍受的蒙哥馬利取得桂冠）。要是 50 年代發生第三次世界大戰，同盟國在這場對抗納粹的終極德國戰場上展現的標準化作戰方式，足以成為典範。

德國總理
希特勒
1889-1945/4/30
自殺身亡

2・蘇聯

蘇聯的作戰準則十分創新，不將敵人簡化為一個必須摧毀的軍隊，反而把它當作一個必須癱瘓、加以解體的體系。蘇聯結合數項依據空間及時間分配的重要任務，來達成這個目標。

比起針對特定地點的圍城戰或消耗戰，蘇聯利用優良的作戰序列，大規模取得縱深，更能有效瓦解敵軍體系。這就是「作戰藝術」。

蘇聯的勝利不只歸功於他們在人數及裝備上的優勢（相比之下西線的勝利相當仰賴於此），更重要的是作戰概念上的躍進。

戰略目標
摧毀納粹體系，
奪取其戰略縱深、設施、經濟資源、
通往波羅的海的通路以及政治中心。
保住東歐的控制權。

↓

任務概念：

由兩翼任務（匈牙利及東普魯士）分散敵軍軍力，迫使各部隊之間拉開距離。 ｜ 朝中央攻擊。 ｜ 最後攻向柏林。

↓

實際執行狀況：

1
1944年10月1日-1945年3月15日
蘇聯在布達佩斯周圍困住德軍最優秀的裝甲部隊。德國發動3次反攻，1月初試圖突破圍住首都的敵軍，後來在3月反攻2次，阻止蘇聯朝軸心國的最後一座油礦進軍。

2
1月12日-2月3日
一系列的「維斯杜拉河－奧德河」任務，在西利西亞擊敗波羅的海的東線軍隊。

3
4月16日-5月9日
一系列的「柏林」任務，直達易北河，取得德國首都。

同盟國占領德國分割線　德國重要工業區　德國主要油井　德國主要港口

1945年1月17日戰線
3月22日
4月19日
5月6日
← 進攻路線

里加
考納斯　維爾紐斯　斯摩倫斯克
柯尼斯堡
但澤　格羅德諾　明斯克
華沙
布列斯特
羅茲
拉瓦夫
基輔
克拉科夫
利維夫
提斯拉瓦
布達佩斯
貝爾格勒　普洛耶什蒂
布加勒斯特
索菲亞

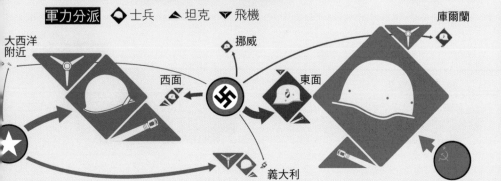

軍力分派　◇士兵　▲坦克　▼飛機

庫爾蘭

大西洋附近

挪威

西面　東面

義大利

東面戰線軍力比較（包括庫爾蘭）

1名士兵對上 2名（1,950,000人對上4,000,000人）

=

1輛戰車對上 2.4輛（4,091輛對上10,000輛）

=

1架飛機對上 4.3架（1,875架對上8,000架）

=

133

3 • 蘇聯：縱深作戰的專家

為了徹底擊垮德意志帝國，蘇聯展開大規模攻勢（維斯杜拉河一奧德河任務動用了 340 萬人、8,500 輛坦克），同盟國無人能及。要指揮分屬於 4 方面軍的眾多軍士，仰賴驚人才能。蘇聯的攻勢深入 500 公里，四處烽火連天。面對如此廣大的戰線，蘇聯仍將兵力集中於數個各約 30 公里寬的重點區。他們將部隊分為數梯，按 3 階段攻勢出擊：

1/ 突破，2/ 穿越，3/ 進一步深入。

每個階段都由不同性質的單位負責執行。何時派出儲備部隊足以左右戰事。若派得太早，就會造成過度擁擠，但若派得太晚，敵軍就有機會重新封閉缺口。蘇聯唯一美中不足之處，就是欠缺完善的後勤制度。一旦戰士疲力竭、倉庫彈盡糧絕，就只能暫停攻擊。要不是如此，蘇聯本該在 2 月就抵達柏林。

撕裂前線、取得縱深的部署方式

白俄羅斯第 1 方面軍(1945 年 1 月)

① 第 1 階段：在護衛坦克及數量眾多的炮兵部隊掩護下，步兵軍集中於中央，突破敵方前線 5 公里。

② 第 2 階段：由 2 支坦克軍穿越敵軍 15 公里，直到敵軍後方，也就是敵軍戰線部署終止處。

③ 第 3 階段：派出「任務攻擊梯隊」（EPR），可深入裂口 300-500 公里。這一梯隊人數眾多、行動迅捷、截斷敵軍，因此難以被阻擋。德軍並非遭到圍困，而是被切得支離破碎而潰敗。

④ 盡量用最少的武力來牽制兩翼。當敵方前線被撕裂，兩翼趁機攻擊，以擊潰敵軍的零碎軍力為目標。

⑤ 德意志國防軍試圖派出儲備武力填補缺口，接著展開反擊，但他們唯一的勝算是當蘇聯的「任務攻擊梯隊」因欠缺石油而無法前進時，以令後者措手不及的方式進攻。不過，自 1945 年後，蘇聯就已擺脫石油短缺的問題。

⑥ 第 4 階段：一旦達成目標，進行數週的戰略休戰，好重整軍力（重新組織、補充裝備、編制新的後方基地）。

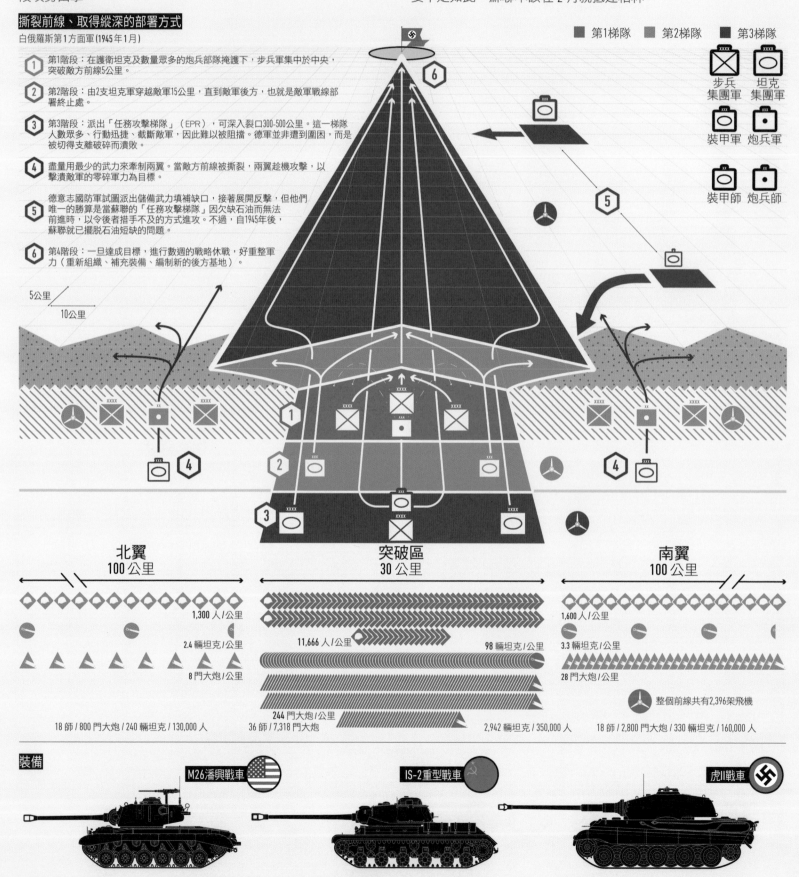

■ 第 1 梯隊　■ 第 2 梯隊　■ 第 3 梯隊

步兵集團軍　坦克集團軍
裝甲軍　炮兵軍
裝甲師　炮兵師

5 公里
10 公里

北翼
100 公里
1,300 人/公里
2.4 輛坦克/公里
8 門大炮/公里
18 師 / 800 門大炮 / 240 輛坦克 / 130,000 人

突破區
30 公里
11,666 人/公里
98 輛坦克/公里
244 門大炮/公里
36 師 / 7,318 門大炮
2,942 輛坦克 / 350,000 人

南翼
100 公里
1,600 人/公里
3.3 輛坦克/公里
28 門大炮/公里
整個前線共有 2,396 架飛機
18 師 / 2,800 門大炮 / 330 輛坦克 / 160,000 人

裝備

M26 潘興戰車　IS-2 重型戰車　虎 II 戰車

資料來源：1• J. Lopez, *Berlin. Les Offensives géantes de l'Armée rouge Vistule-Oder-Elbe (12 janvier-9 mai 1945)*, Economica, 2010 - 2• D. Feldmann & C. Mas, *La Campagne du Rhin. Les Alliés entrent en Allemagne (janvier-mai 1945)*, Economica, 2016 - 3• K. Ungvary, *Battle for Budapest, 100 Days in World War II*, I.B. Tauris, 2003 - 3• Krivosheev, *Soviet Casualties and Combat Losses in the Twentieth Century,*

戰役主要人物

塔西尼
將軍
1889-1952

卡瑞勒
將軍
1888-1965

辛普森
將軍
1888-1980

莫德爾
元帥
1891-1945

海因里希
將軍
1886-1971

魏德林
將軍
1891-1955

朱可夫
元帥
1896-1974

科涅夫
元帥
1897-1973

羅科索夫斯基
元帥
1896-1968

4 · 比較柏林與其他圍城戰

除了軍力，柏林和其他圍城戰事沒什麼不同。戰事在錯綜複雜的都市建築間爆發，雙方兵士屠殺彼此。蘇聯的攻勢雖然迅速猛烈，但傷亡並不算特別驚人，而且出人意料之外的是，攻擊方的損失通常沒有防禦方嚴重。這是不是主動攻擊帶來的優勢？另一個教訓則是，同盟國對納粹占領下的法國布列斯特（Brest）的圍城戰，和其他東線戰場的圍城戰結果相反：防禦方在布列斯特的傷亡率為10%，東線戰場則為25-50%。

5 場圍城戰 (根據戰前人口計算每平方公里人數＝建物密集度)

塞瓦斯托波爾
1941年10月10日
1942年7月4日

370 平方公里

297 人/平方公里

布列斯特
1944年8月7日
9月19日

380 平方公里

395 人/平方公里

布達佩斯
1944年12月26日
1945年2月13日

600 平方公里

3,333 人/平方公里

弗洛茨瓦夫
1945年2月16日
5月6日

200 平方公里

3,125 人/平方公里

柏林
1942年4月25日
5月2日

549 平方公里

7,832 人/平方公里

歷時 (圍城天數/進攻天數)

250 天 / 29 天

44 天 / 27 天

51 天

80 天 / 65 天

8 天

參戰人數與傷亡

92,000人
18,000人陣亡
65,000人淪為戰俘

204,000人
7,660人陣亡
28,197人受傷

40,000人
4,000人陣亡
23,000人淪為戰俘

52,000人
2,000人陣亡
7,000人受傷

79,000人
39,000人陣亡
40,000人淪為戰俘

177,000人
44,000人陣亡
100,000人受傷

50,000人
6,000人陣亡
44,000人淪為戰俘

70,000人
7,000人陣亡
15,000人受傷

92,000人
22,000人陣亡
70,000人淪為戰俘

400,000人
13,000人陣亡
65,000人受傷

作戰節奏 (每一進攻日取得的面積)

12.75平方公里/天

14.1平方公里/天

11.76平方公里/天

3.07平方公里/天

68.63平方公里/天

兵士消耗 (每平方公里陣亡人數)

20.7人/平方公里
48.6人/平方公里

5.3人/平方公里
10.5人/平方公里

30人/平方公里
35人/平方公里

65人/平方公里
73.3人/平方公里

40.1人/平方公里
23.7人/平方公里

5 · 小結

結束二戰的這場戰爭，雙方都付出了慘痛代價。除了戰況激烈，新型武器的問世且密集部署於戰場上，也是致死率大增的原因之一。另外，東歐的戰事慘烈且生活條件惡劣，造成許多戰俘死亡。2 場消耗戰（布達佩斯及同盟國在萊茵河西邊的作戰）使得德意志國防軍陷入絕境，東線軍隊面臨致命一擊（維斯杜拉河－奧德河任務），因而瓦解；西線軍隊則被困在魯爾，陷入垂死掙扎，德國終於被擊敗。

擊潰德意志國防軍的 4 場戰役

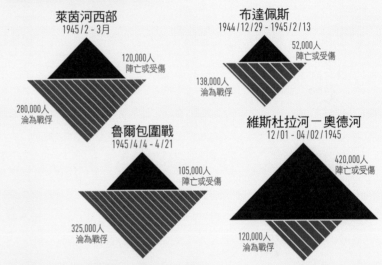

萊茵河西部
1945/2 - 3月
120,000人陣亡或受傷
280,000人淪為戰俘

布達佩斯
1944/12/29 - 1945/2/13
52,000人陣亡或受傷
138,000人淪為戰俘

魯爾包圍戰
1945/4/4 - 4/21
105,000人陣亡或受傷
325,000人淪為戰俘

維斯杜拉河－奧德河
12/01 - 04/02/1945
420,000人陣亡或受傷
120,000人淪為戰俘

東西戰線參戰總人數及 4 場戰敗的傷亡

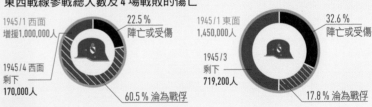

1945/1 西面
增援1,000,000人

22.5 %
陣亡或受傷

1945/4 西面
剩下
170,000人

60.5 % 淪為戰俘

1945/1 東面
1,450,000人

32.6 %
陣亡或受傷

1945/3
剩下
719,200人

17.8 % 淪為戰俘

結果 1945年死傷人數

1,540,000人

800,817人

42,000人

8,100人

8,020人

3,350人

3,250人

總計：2,405,537人陣亡或受傷

Greenhill Books, 1997

日本的末日

資料來源：1• US Strategic Bombing Survey, Pacific, US Army, 1946
2• N. Bernard, La Guerre du Pacifique, Tallandier, 2016 - 3• J. Costello,
La Guerre du Pacifique, 2 vol., Pygmalion, rééd. 2010 - 4• R. Overy, The Air
War 1939-1945, Potomac, 2005 - 5• Japanese monographs, US Army, 1959

傳統上都將日本的投降，歸功於美軍在廣島與長崎兩地投下原子彈。但實際上，這恐怕是更為複雜且層次繁多的過程所造成的結果。

1945 年夏天，日本的主要城市和主要工業中心，已遭受美軍數個月的戰略空中轟炸，經濟已瀕臨崩潰邊緣。到了 7 月，要求日本無條件投降的同盟國，直搗日本參謀本部的決心更加堅定。後者明知已經無法挽回頹勢，但打算趁著同盟國以兩棲部隊進攻本土（準備中但未付諸實行的「沒落行動」）時，使出最後一張王牌：派出數千名著名的神風特攻隊飛行員，造成美軍最大傷亡，藉此動搖美國大眾對戰事的看法。如此一來，再加上蘇聯居中協調，日本也許有機會得到較有利的談和條件──確保日本帝國的王位。然而 8 月 6 日及 9 日，美國在廣島和長崎相繼投下 2 顆原子彈，蘇聯則在滿洲國、韓國及庫頁島迅速嘗到勝利的滋味，威脅日本北邊的大島北海道，加速日本的投降。眼看日本本土即將被侵略，帝國就要瓦解，昭和天皇不得不首次透過電台，親自向民眾宣布投降的消息，而其親信則壓制了近衛軍年輕軍官的政變行動。美軍火速占領日本。9 月 2 日，日本正式在密蘇里號（Missouri）戰艦上投降。二戰結束後不久，美國特別委員會研究戰略轟炸的效果後，寫下：「經過仔細檢視各種證據，以及日本倖存領袖的證言後，調查委員會認為就算沒有投下原子彈，俄羅斯沒有參戰，美國沒有計畫也沒有考慮入侵日本，日本也極可能在 1945 年 11 月 1 日前戰敗；能夠肯定的是，日本絕對不可能撐過 1945 年 12 月 31 日。」

1•日本經濟的崩潰

1930 年代末期，日本經濟雖蓬勃發展，但仍高度仰賴從外國進口重要原料及石油，因此產業潛能遠低於英國。面對毫無準備的西方國家，日本具備優秀的軍事武力（特別是海空部隊），但日本司令部期望在幾個月內取得必要領土，以及無可動搖的太平洋控制權，爭取戰略位置。這樣的算盤完全打錯了，在美國頻頻施壓下，日本經濟在 1943-1945 年間一步步衰頹。

國內生產總值變化比較（以 1938 年的數值為 100）

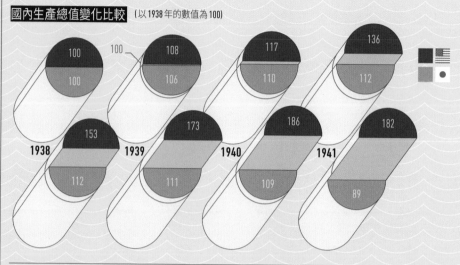

日本數項原料產量（單位：萬噸）

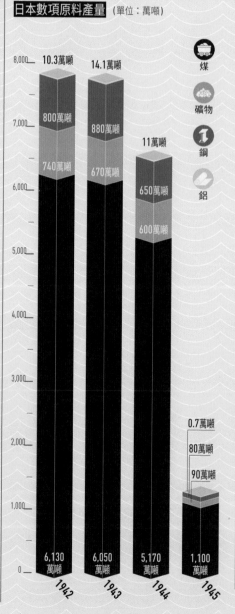

戰爭命脈：米（單位：噸）

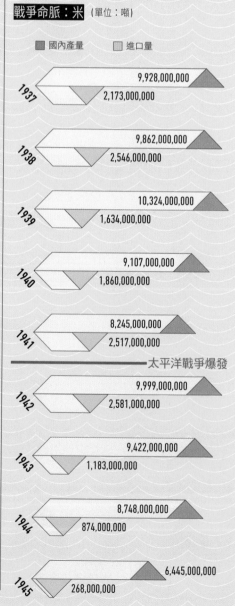

2 • 浴火的日本

在使用原子彈之前，美國空軍第 21 航空隊就用 B-29 超級堡壘轟炸機摧毀日本數十座工業城。雖然美國很早就計畫戰略轟炸日本，但受限於後勤及地理限制，除了 1942 年象徵性的杜立德（Doolittle）空襲東京行動，一直到 1944 年第二季，才得以從中國起飛、向日本發動第一波轟炸。但從 1945 年 2 月開始，由於空襲效率低又昂貴，美軍很快放棄這些目標明確的空襲，李梅將軍（LeMay, 1906-1990）轉而從馬里亞納（Mariannes）群島上取得的基地，在晚間以燒夷彈進行地毯式轟炸，徹底破壞以輕型建築為主的城市和工業中心，而日本的防空炮及戰鬥機都無法抵抗來自高空的攻擊。二戰中死亡率最高的空襲，是 1945 年 3 月 9 日的東京空襲，造成超過 100,000 人死亡。位在北邊、人口 150,000 人的工業城富山市，在 8 月 1 日的轟炸中有 90% 遭到破壞。這些轟炸至少造成 330,000 人死亡，美軍則損失 414 架 B-29 轟炸機和 2,600 名航空部隊。

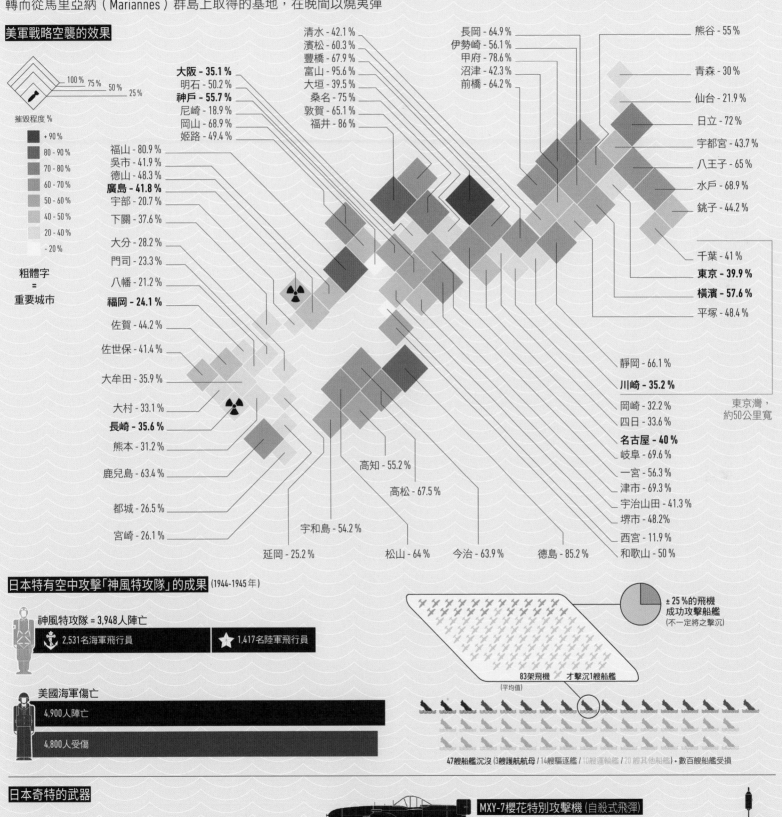

美軍戰略空襲的效果

摧毀程度 %

- +90 %
- 80 - 90 %
- 70 - 80 %
- 60 - 70 %
- 50 - 60 %
- 40 - 50 %
- 20 - 40 %
- - 20 %

粗體字
=
重要城市

清水 - 42.1 %
濱松 - 60.3 %
豐橋 - 67.9 %
富山 - 95.6 %
大垣 - 39.5 %
桑名 - 75 %
敦賀 - 65.1 %
福井 - 86 %

大阪 - 35.1 %
明石 - 50.2 %
神戶 - 55.7 %
尼崎 - 18.9 %
岡山 - 68.9 %
姬路 - 49.4 %

福山 - 80.9 %
吳市 - 41.9 %
德山 - 48.3 %
廣島 - 41.8 %
宇部 - 20.7 %
下關 - 37.6 %
大分 - 28.2 %
門司 - 23.3 %
八幡 - 21.2 %
福岡 - 24.1 %
佐賀 - 44.2 %
佐世保 - 41.4 %
大牟田 - 35.9 %
大村 - 33.1 %
長崎 - 35.6 %
熊本 - 31.2 %
鹿兒島 - 63.4 %
都城 - 26.5 %
宮崎 - 26.1 %

長岡 - 64.9 %
伊勢崎 - 56.1 %
甲府 - 78.6 %
沼津 - 42.3 %
前橋 - 64.2 %

熊谷 - 55 %
青森 - 30 %
仙台 - 21.9 %
日立 - 72 %
宇都宮 - 43.7 %
八王子 - 65 %
水戶 - 68.9 %
銚子 - 44.2 %
千葉 - 41 %
東京 - 39.9 %
橫濱 - 57.6 %
平塚 - 48.4 %

靜岡 - 66.1 %
川崎 - 35.2 %
岡崎 - 32.2 %
四日 - 33.6 %
名古屋 - 40 %
岐阜 - 69.6 %
一宮 - 56.3 %
津市 - 69.3 %
宇治山田 - 41.3 %
堺市 - 48.2 %
西宮 - 11.9 %
和歌山 - 50 %

高知 - 55.2 %
高松 - 67.5 %
宇和島 - 54.2 %
延岡 - 25.2 %
松山 - 64 %
今治 - 63.9 %
德島 - 85.2 %

東京灣，
約50公里寬

日本特有空中攻擊「神風特攻隊」的成果 (1944-1945 年)

神風特攻隊 = 3,948 人陣亡
- 2,531 名海軍飛行員
- 1,417 名陸軍飛行員

美國海軍傷亡
- 4,900 人陣亡
- 4,800 人受傷

± 25 % 的飛機
成功攻擊船艦
（不一定將之擊沉）

83 架飛機　才擊沉 1 艘船艦
（平均值）

47 艘船艦沉沒（3 艘護航航母 / 14 艘驅逐艦 / 10 艘運輸艦 / 20 艘其他船艦）• 數百艘船艦受損

日本奇特的武器

MXY-7 櫻花特別攻擊機（自殺式飛彈）

回天 1 型（以人力操作的自殺式潛艦，作為魚雷之用）

震洋艇（自殺式小艇）

伏龍（自殺潛水員）

137

IV. 總結與裂痕

軍事人員與平民傷亡

第二次世界大戰造成嚴重的人口流失，但在長達70多年的歲月裡，要找出確實的二戰死亡數字一直是艱鉅的挑戰。學者僅能依據各國資料，列出並比對各種精確度不一的估計值。通常軍事人員死亡數（死於戰場、監獄或因疾病喪命）最為明確，然而不管是根據國籍、原生地還是所屬軍隊來計算，都會出現區域性的巨大差異，又難以避免計算方法的潛在缺失。要不要計入「準軍事」（如抵抗運動者）或直接曝露於戰爭行動的非士兵傷亡人口（如商船水手、美國海岸防衛隊……等）？要依照各項戰爭傷亡小計來計算總和，還是從大型人口統計研究下手？這些都是複雜難解的問題。因此，

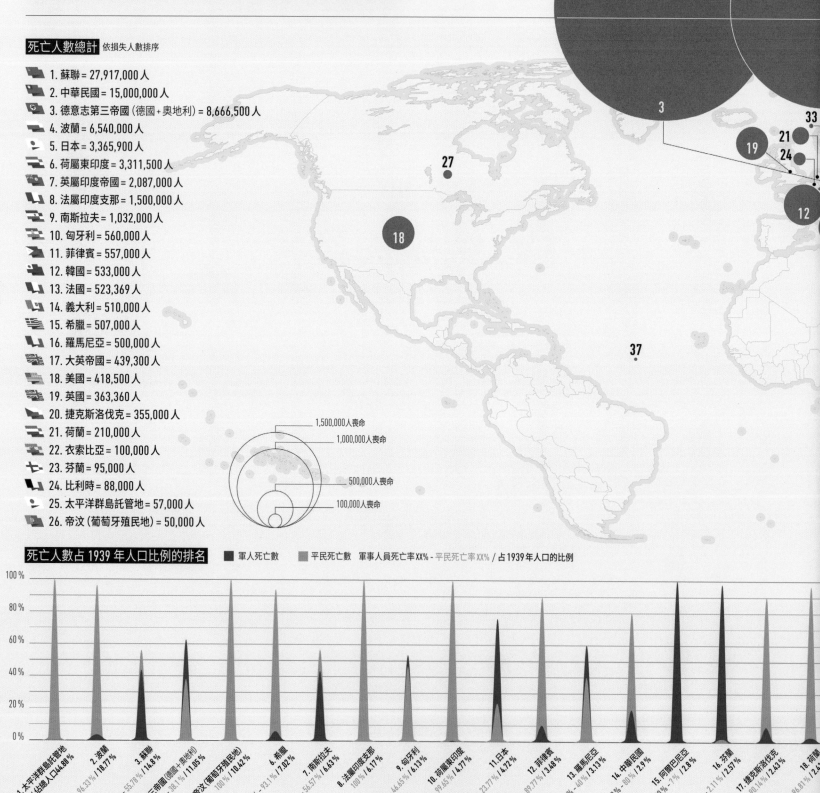

死亡人數總計 依損失人數排序

1. 蘇聯 = 27,917,000人
2. 中華民國 = 15,000,000人
3. 德意志第三帝國（德國＋奧地利） = 8,666,500人
4. 波蘭 = 6,540,000人
5. 日本 = 3,365,900人
6. 荷屬東印度 = 3,311,500人
7. 英屬印度帝國 = 2,087,000人
8. 法屬印度支那 = 1,500,000人
9. 南斯拉夫 = 1,032,000人
10. 匈牙利 = 560,000人
11. 菲律賓 = 557,000人
12. 韓國 = 533,000人
13. 法國 = 523,369人
14. 義大利 = 510,000人
15. 希臘 = 507,000人
16. 羅馬尼亞 = 500,000人
17. 大英帝國 = 439,300人
18. 美國 = 418,500人
19. 英國 = 363,360人
20. 捷克斯洛伐克 = 355,000人
21. 荷蘭 = 210,000人
22. 衣索比亞 = 100,000人
23. 芬蘭 = 95,000人
24. 比利時 = 88,000人
25. 太平洋群島託管地 = 57,000人
26. 帝汶（葡萄牙殖民地） = 50,000人

1,500,000人喪命
1,000,000人喪命
500,000人喪命
100,000人喪命

死亡人數占1939年人口比例的排名 ■ 軍人死亡數　■ 平民死亡數　軍事人員死亡率XX% - 平民死亡率XX% / 占1939年人口的比例

100%
80%
60%
40%
20%
0%

1. 太平洋群島託管地
100% / 佔總人口44.88%
2. 波蘭
3.67% - 96.33% / 18.77%
3. 蘇聯
44.22% - 55.78% / 14.8%
4. 德意志第三帝國（德國＋奧地利）
61.90% - 38.1% / 11.05%
5. 帝汶（葡萄牙殖民地）
100% / 10.42%
6. 希臘
6.9% - 93.1% / 7.02%
7. 南斯拉夫
43.43% - 56.57% / 6.63%
8. 法屬印度支那
100% / 6.17%
9. 匈牙利
53.35% - 46.65% / 6.13%
10. 荷屬東印度
0.35% - 99.65% / 4.77%
11. 日本
76.23% - 23.77% / 4.72%
12. 菲律賓
89.77% / 3.48%
13. 羅馬尼亞
60% - 40% / 3.13%
14. 中華民國
20% - 80% / 2.9%
15. 阿爾巴尼亞
100% - ?% / 2.8%
16. 芬蘭
97.89% - 2.11% / 2.57%
17. 捷克斯洛伐克
9.86% - 90.14% / 2.43%
18. 荷蘭
3.19% - 96.81% / 2.41%

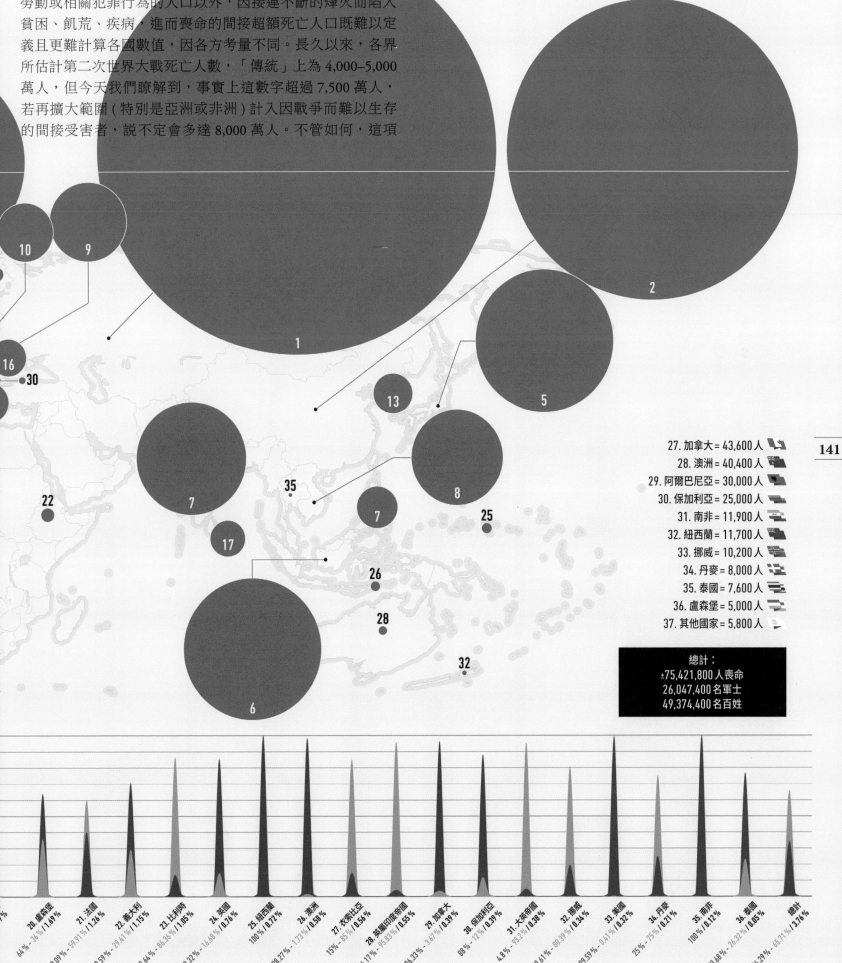

不同項目的估計數值間，依據時間及研究的不同，產生極為顯著、甚至令人咋舌的差異。

最後一項棘手難題則是，除了直接死於戰爭行動、強迫勞動或相關犯罪行為的人口以外，因接連不斷的烽火而陷入貧困、飢荒、疾病，進而喪命的間接超額死亡人口既難以定義且更難計算各國數值，因各方考量不同。長久以來，各界所估計第二次世界大戰死亡人數，「傳統」上為 4,000–5,000 萬人，但今天我們瞭解到，事實上這數字超過 7,500 萬人，若再擴大範圍 (特別是亞洲或非洲) 計入因戰爭而難以生存的間接受害者，說不定會多達 8,000 萬人。不管如何，這項

總和占了 1940 年全球人口的 3.5%。與現今全球人口相比，若發生一樣嚴重的世界大戰，將會造成 2 億人口死亡。

27. 加拿大 = 43,600 人
28. 澳洲 = 40,400 人
29. 阿爾巴尼亞 = 30,000 人
30. 保加利亞 = 25,000 人
31. 南非 = 11,900 人
32. 紐西蘭 = 11,700 人
33. 挪威 = 10,200 人
34. 丹麥 = 8,000 人
35. 泰國 = 7,600 人
36. 盧森堡 = 5,000 人
37. 其他國家 = 5,800 人

總計：
±75,421,800 人喪命
26,047,400 名軍士
49,374,400 名百姓

20. 盧森堡 | 1.69%
64% – 36% | 1.69%

21. 法國 | 1.26%
40.09% – 59.91% | 1.26%

22. 義大利 | 1.15%
70.59% – 29.41% | 1.15%

23. 比利時 | 1.05%
13.64% – 86.36% | 1.05%

24. 英國 | 0.76%
83.32% – 16.69% | 0.76%

25. 紐西蘭 | 0.72%
100% | 0.72%

26. 澳洲 | 0.58%
98.27% – 1.73% | 0.58%

27. 木索拉亞 | 0.56%
15% – 85% | 0.56%

28. 英屬印度帝國 | 0.55%
4.17% – 95.83% | 0.55%

29. 加拿大 | 0.39%
96.33% – 3.67% | 0.39%

30. 保加利亞 | 0.39%
88% – 12% | 0.39%

31. 南非 | 0.38%
4.8% – 95.2% | 0.38%

32. 挪威 | 0.36%
19.61% – 80.39% | 0.36%

33. 美國 | 0.32%
99.59% – 0.41% | 0.32%

34. 丹麥 | 0.21%
25% – 75% | 0.21%

35. 南非 | 0.12%
100% | 0.12%

36. 泰國 | 0.05%
73.68% – 26.32% | 0.05%

總計 | 3.76%
34.29% – 65.71% | 3.76%

所謂的「軍事人員傷亡」有時會造成誤解，且在評斷或比較數據時犯下重大錯誤，因此必須釐清以下幾點。此名詞包括暫時或永久無法重回戰場的軍士人員：死亡、受到輕重傷、患病、「蒙受驚嚇創傷」，或遭敵軍逮捕的兵士（若後來無法取得音訊，則列為「失蹤人口」）。除了死亡人口以外，若經過一段時間的治療或休養，仍無法繼續從軍的兵士也列為永久人員損失；殘障或因其他原因而退役的軍人亦是如此。但退役標準根據各國軍隊及時代不同而有所差異。比如，陷入苦戰的德國軍隊在 1945 年不顧一切反擊，將仍在恢復期的兵士派往前線，這對美軍來說是難以置信的事情。除此之外，一般會將戰場或戰區死亡的人數，和不處於戰區中，因意外、疾病、自殺的死亡人數分開計算。比方來說，諾曼地 D 日的死亡人數直到近年都仍在調整中，就體現了這種扭曲：雖說在 1944 年 6 月 6 日有超過 10,000 名同盟國士兵在戰場上倒下，但只有一部分（少於 3,000 人）陣亡，大部分兵士後來都恢復健康、受到治療，有些人則成了戰俘。以美國整體而言，二戰期間的傷亡總數超過 100 萬人，但死亡人數只有 40 多萬人，真正死於戰鬥的人數則為 292,000 人。這些因素，再加上各國計算方式各不相同，每個國家具備（或欠缺）各種不同檔案與卷宗，同時領土又遭到重劃，造成各項數據經常出現嚴重出入，就連最仔細嚴密的研究也無法避免

誤差。根據精確數據與推測，第二次世界大戰的軍事人員中，約有超過 2,500 萬兵士陣亡，遠比一戰（1,000 萬兵士陣亡）慘重得多，但各國在兩次大戰的狀況大不相同。以法國來說，在一戰中符合從軍年紀的兵士中有 150 萬人喪命，以人口統計資料來看，最年輕的族群傷亡率最為慘重，但法國在二戰受到的影響最小（符合從軍年齡層的死亡人數約為 20 萬），而 1914-1918 年間傷亡本就慘重的德國及蘇聯（以俄羅斯為首），再次大失血：超過 500 萬名德國士兵和約莫 1,100 萬名蘇聯士兵在出勤時死亡，相比之下，一戰中德意志第二帝國和帝俄各只有 200 萬名兵士陣亡。而在一戰中沒有多少人傷亡的中國和日本，在二戰則面臨十分慘重的傷亡，分別折損了 300 萬及 250 萬兵士。以中華民國來說，由於資料來源不同且有所殘缺，再加上二戰結束後馬上發生內戰，可說完全無法精確估計二戰傷亡數字。不管如何，第二次世界大戰中，蘇聯、德國、中華民國、日本四國承受的軍士人員傷亡率最為驚人，不管是死亡人數還是占全國人口的比例，都遠超過其他參戰國。其他參戰國中傷亡最慘重的是主要戰勝國——盎格魯·撒克遜諸國，雖然不少軍士犧牲，但以全球軍士傷亡人數來看並不多。至少在美國，平民幾乎未受影響。

1. 日本：2,565,878 人

- 其他 444,878 人 / 17.34%
- 菲律賓 498,600 人 / 19.43%
- 小型戰區 404,800 人 15.78%
- 中華民國 455,700 人 17.76%
- 本土 103,900 人 / 4.05%
- 索羅門群島 118,700 人 / 4.62%
- 太平洋 247,200 人 / 9.63%
- 新幾內亞 127,600 人 / 4.97%
- 緬甸＋印度 164,500 人 / 6.41%

2. 大英國協：516,179 人

英國　自治領　帝國領土

- 大英帝國（其他）21,085 人 / 4.08%
- 英屬印度帝國 87,029 人 / 16.86%
- 南非 11,900 人 / 2.31%
- 紐西蘭 11,700 人 / 2.27%
- 澳洲 39,700 人 / 7.69%
- 加拿大 42,000 人 / 8.14%
- 國土保衛軍 1,848 人 / 0.36%
- 商船船員 30,778 人 / 5.96%
- 陸軍 146,346 人 / 28.35%
- 皇家空軍 72,695 人 / 14.08%
- 皇家海軍 51,098 人 / 9.9%

3. 南斯拉夫：451,000 人

- 烏斯塔沙組織及通敵者 209,000 人 / 46.86%
- 1941 年瑪莉塔行動 ±5,000 人 / 1.12%
- 狄托主義者及南斯拉夫祖國軍 237,000 人 / 52.02%

4. 美國：416,837 人

- 美國海岸防衛隊 1,917 人 / 0.46%
- 未歸類 9,521 人 / 2.28%
- 美國海軍陸戰隊 24,511 人 / 5.88%
- 美國海軍 62,614 人 / 15.02%
- 美國陸軍 278,213 人 66.74%
- 美國陸航軍 40,061 人 / 9.61%

5. 義大利：360,000 人

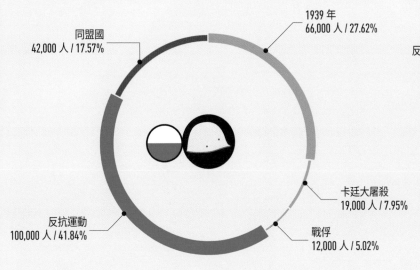

黑衫軍
（國家安全義勇軍）
10,006 人 / 2.78%

未歸類
10,787 人 / 3%

阿斯卡利
洲殖民地當地士兵 (Askaris)
＋殖民軍
20,000 人 / 5.56%

義大利皇家空軍
13,210 人 / 3.67%

義大利皇家海軍
31,347 人 / 8.78%

親衛隊、義大利社會共和國
13,021 人 / 3.62%

游擊隊
15,197 人 / 4.22%

義大利陸軍
（Esercito）
246,432 人
68.45%

6. 羅馬尼亞：296,648 人

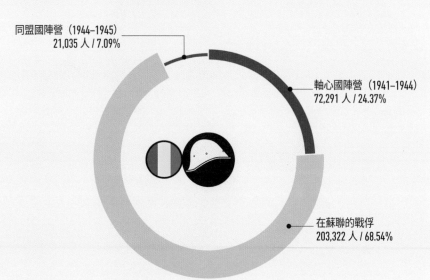

同盟國陣營（1944-1945）
21,035 人 / 7.09%

軸心國陣營（1941-1944）
72,291 人 / 24.37%

在蘇聯的戰俘
203,322 人 / 68.54%

7. 波蘭：239,000 人

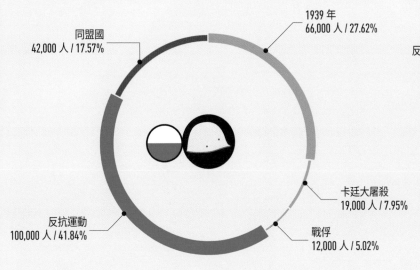

同盟國
42,000 人 / 17.57%

反抗運動
100,000 人 / 41.84%

1939 年
66,000 人 / 27.62%

卡廷大屠殺
19,000 人 / 7.95%

戰俘
12,000 人 / 5.02%

8. 法國：218,103 人

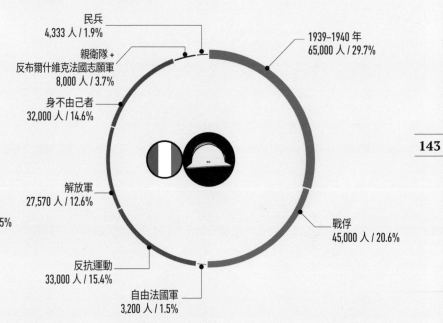

民兵
4,333 人 / 1.9%

親衛隊 ＋
反布爾什維克法國志願軍
8,000 人 / 3.7%

身不由己者
32,000 人 / 14.6%

解放軍
27,570 人 / 12.6%

反抗運動
33,000 人 / 15.4%

1939-1940 年
65,000 人 / 29.7%

戰俘
45,000 人 / 20.6%

自由法國軍
3,200 人 / 1.5%

9. 芬蘭：93,000 人

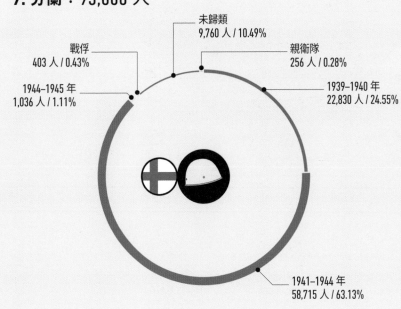

未歸類
9,760 人 / 10.49%

戰俘
403 人 / 0.43%

1944-1945 年
1,036 人 / 1.11%

親衛隊
256 人 / 0.28%

1939-1940 年
22,830 人 / 24.55%

1941-1944 年
58,715 人 / 63.13%

10. 希臘：35,000 人

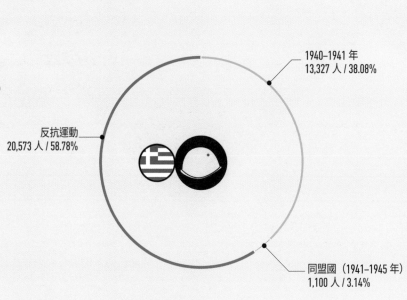

反抗運動
20,573 人 / 58.78%

1940-1941 年
13,327 人 / 38.08%

同盟國（1941-1945 年）
1,100 人 / 3.14%

這是二戰中最鮮明也最令人悲痛的一項數據:「平民死亡人數」首次遠遠超過軍事死亡人數。馬上浮現眾人心頭的必定是猶太人大屠殺。納粹有系統地安排種族滅絕行動,足足造成約莫 500–600 萬歐洲猶太人喪命。但戰爭並不只在德意志帝國或中歐,以直接或間接的方式造成大量平民死亡。以總數而言,納粹至少造成 1,000 萬人直接在基於「種族」因素的滅絕行動中喪命,更別提因政治命令或反抗而被送進集中營的人數。除了納粹占領區的猶太人,尚有數以百萬計、東歐與中歐的斯拉夫人、羅姆人和茨根尼人,其中至少 20 萬名殘障人士遭到安樂死。亞洲約有超過 500 萬平民直接淪為日本殘暴占領行動下的冤魂,其中有 300 萬人是中國人。在日本慘無人道的掠奪行徑中,最著名莫過於負責細菌戰的 731 部隊。而在蘇聯,除了納粹占領造成數百萬的人民傷亡,還有至少 100 萬人遭流放,死於西伯利亞的勞改營。在非納粹占領區也有多達 600 萬因貧困或局勢混亂造成的超額死亡。

不管是戰爭或國內「鎮壓」造成的死亡人數,我們還必須加上戰爭造成的大量超額死亡,其中沒有直接受戰火摧殘的地區也計算在內。以地理位置而言,在蘇聯總計有超過 1,500 萬名受害者,中國至少有 1,200 萬名受害者(其中有 700–800 萬的直接受害者),波蘭有 600 萬名(包括 330 萬猶太人和約莫 200 萬名「非猶太人」的波蘭人),荷屬東印度有 300 萬名,印度有 200 萬名,法屬印度支那則有 150 萬名。戰敗國的平民百姓也付出相當大的代價:300 萬德國人因戰爭或後續事件(遭到驅逐)而喪命,日本則有 100 萬平民喪命,主要是美國空軍轟炸造成。

這些數據雖是最新研究所揭露的資料,有時仍引發不少爭議,且依然稱不上完整,也無法視為最終數字。依目前的知識與研究進度,我們僅能掌握概略數字,特別是最高死亡人數,並藉由這些驚人的數字,瞭解到二戰死傷研究的範圍多麼廣大。

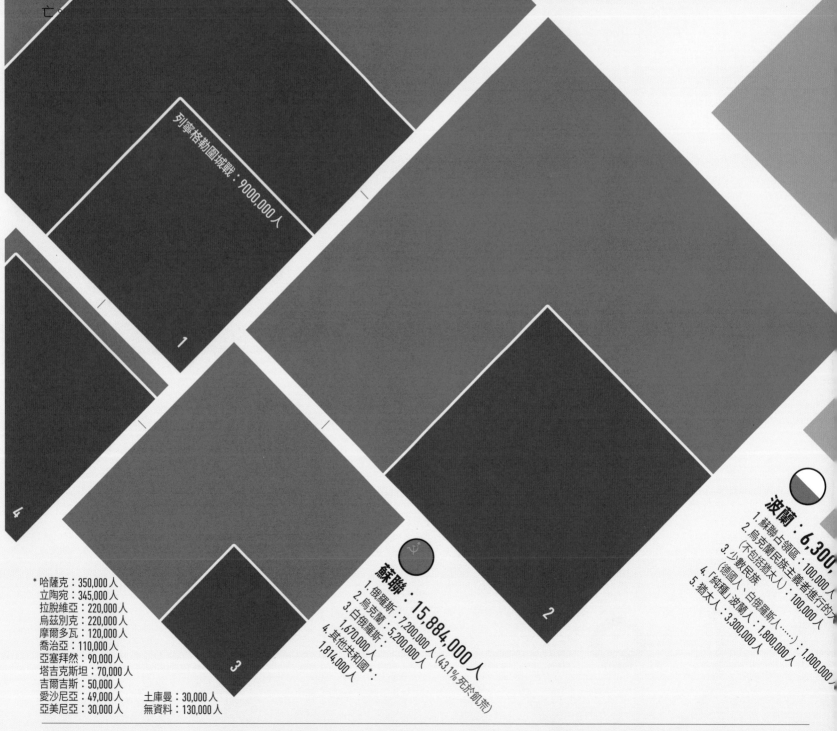

列寧格勒圍城戰:9,000,000 人

*哈薩克:350,000 人
立陶宛:345,000 人
拉脫維亞:220,000 人
烏茲別克:220,000 人
摩爾多瓦:120,000 人
喬治亞:110,000 人
亞塞拜然:90,000 人
塔吉克斯坦:70,000 人
吉爾吉斯:50,000 人
愛沙尼亞:49,000 人　　土庫曼:30,000 人
亞美尼亞:30,000 人　　無資料:130,000 人

蘇聯:15,884,000 人(43.1% 死於飢荒)
1. 俄羅斯:7,200,000 人
2. 烏克蘭:5,200,000 人
3. 白俄羅斯:1,670,000 人
4. 其他共和國*:1,814,000 人

波蘭:6,300,
1. 蘇聯占領區:100,000 人
2. 烏克蘭民族主義者進行的大(不包括猶太人):100,000 人
3. 少數民族(德國人、白俄羅斯人……):100,000 人
4. 純種「波蘭人」:1,800,000 人
5. 猶太人:3,300,000 人　　:1,000,000 人

資料來源: 1• Services de statistiques nationales (ex: US Census Bureau Statistics) - 2• Services historiques (ex: SHD français) - 3• Rapports de commissions spécialisées par pays (ex: *Blackbook of the Occupation*, Athènes, 2006, pour la Grèce) - 4• Tamás Stark, *Hungary's Human Losses in World War II*, Uppsala University, 1995 - 5• Micheal Clodfelter, *Warfare and Armed Conflicts: A Statistical Reference to Casualty and Other Figures*, McFarland, 1992 - 6• Grigori F. Krivosheev, *Soviet Casualties and Combat Losses in the Twentieth Century*, Greenhill Books, 1997 - 7• John Keegan, *La Seconde Guerre mondiale*,

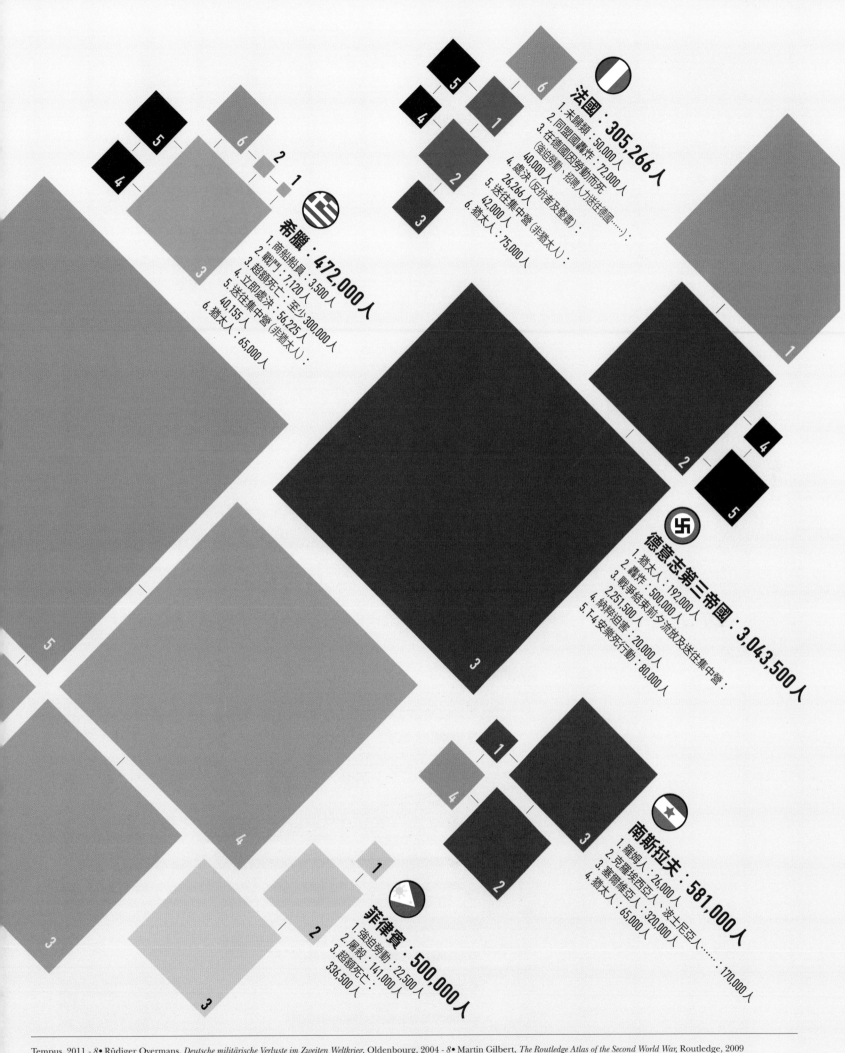

法國：305,266人
1. 未歸類：50,000人
2. 同盟國轟炸：72,000人
3. 在德國因勞動而死
   (強迫勞動，招募人力送往德國……)：
   40,000人
4. 處決(反抗者及整肅)：
   26,266人
5. 送往集中營(非猶太人)：
   42,000人
6. 猶太人：75,000人

希臘：472,000人
1. 商船船員：3,500人
2. 戰鬥：7,120人
3. 超額死亡：至少300,000人
4. 立即處決：56,225人
5. 送往集中營(非猶太人)：
   40,155人
6. 猶太人：65,000人

德意志第三帝國：3,043,500人
1. 猶太人：192,000人
2. 轟炸：500,000人
3. 戰爭結束前夕流放及送往集中營：
   2,251,500人
4. 納粹迫害：20,000人
5. T-4 安樂死行動：80,000人

南斯拉夫：581,000人
1. 羅姆人：26,000人
2. 克羅埃西亞人、波士尼亞人：320,000人
3. 塞爾維亞人……：170,000人
4. 猶太人：65,000人

菲律賓：500,000人
1. 強迫勞動：22,500人
2. 屠殺：141,000人
3. 超額死亡：336,500人

Tempus, 2011 - 8• Rŭdiger Overmans, *Deutsche militärische Verluste im Zweiten Weltkrieg*, Oldenbourg, 2004 - 8• Martin Gilbert, *The Routledge Atlas of the Second World War*, Routledge, 2009
9• Jean-François Muracciole et Guillaume Piketty (dir.), *Encyclopédie de la Seconde Guerre mondiale*, Robert Laffont, Bouquin, 2015 - 9• Jean-Luc Leleu, Françoise Passera, Jean Quellien, Michel Daeffler, *La France pendant la Seconde Guerre mondiale, Atlas historique*, Fayard, ministère de la Défense, 2010

德意志帝國的軍事人員損失

德國軍事人員中多達 530 萬兵士陣亡,相比之下,1914–1918 年間則有 200 萬名士兵倒下。這還不包括約有 30,000 名來自各國的志願兵披上德國軍服卻喪命。有 2 項事實格外引人注意:2/3 的陣亡軍士在與紅軍對戰中犧牲,而超過一半的人死於二戰最後的 12 個月之內,且在 1945 年 1 月至 4 月間達到高峰(每天有 10,000 人陣亡)。非洲軍在 27 個月的戰事中的陣亡人數,低於 1944 年夏天蘇聯發動的巴格拉基昂行動中,德意志中央集團軍頭 3 天的死亡人數。毫無意外的是陸軍死亡人數占全部的 4/5,因為陸軍占德意志國防軍的大多數,且主要參與德國廣大的東線戰爭。飛行員及 U 型潛艦員的死亡人數也很高,特別是 1943 年後愈來愈慘重。

影響最為慘烈的年齡層(高達 40% 陣亡)是出生於 1919 及 1920 年,當時年紀約 20–25 歲的年輕人。整體而言,符合參戰年齡的德國人中,也就是出生於 1900–1928 年間的人口中,高達 16.8% 死亡或失蹤。

德意志帝國的所有領土都被同盟國占領,所有軍事設施都遭到摧毀,造成德國戰俘數字高得駭人──1,100 萬人。同樣地,二戰最後一年的損失最為慘重,超過 2/3 的軍士成為戰俘。令人意外的是,雖然德國總是以 60% 的兵力對抗蘇聯,卻只有 28% 的軍士落入對手中。而在最後 3 個月,情況更是直轉急下,在西方戰線上已有大量軍士投降,在東方戰線上的士兵不是被殺就是逃亡,好前往美國。被送到蘇聯戰俘營的德國軍士中,將近 12% 的人從未回到故土。如此高的死亡率,乃肇因於強迫勞動及生活條件惡劣,不過德國戰俘的生活條件倒不比蘇聯絕大多數的百姓差。

1 • 德國軍事人員折損(陣亡)

德國傷亡率的變化規則很簡單:隨著戰事持續,每一年的陣亡人數都超過前一年。在最後 4 個月內倒下的兵士,比二戰第一年的全年死亡人數 還高。以部隊而言,親衛隊死亡率最高,全體軍士中有 34.86% 死亡,和陸軍的比例相差不遠(30.9%)。蘇德戰爭的死亡率遠超過其他戰區。以 3 個月為 1 季來看,死亡率最高的依序是 1945 年 1–3 月(紅軍發動冬季攻勢),1944 年 6–8 月(夏季攻勢),及 1942 年 12 月 –1943 年 2 月(史達林格勒戰役)。這 9 個月的死亡率,占了東線戰場陣亡人數的一半。

死亡人數比較 = 5,318,731 人死亡

各年度:

| 1939–1940:1.92% | 1941年 6.7% | 1942年 10.75% | 1943年 15.27% | 1944年 33.88% | 1945年(4個月) 28.95% | 1946年:2.53% |

各軍種: 海軍 2.6% ◾ 國民突擊隊 1.47% ◾ 警察 1.18% ◾ 防空炮團／希特勒青年團／衝鋒隊…… 1.71%

親衛隊 5.9% | 陸軍 79.01% | 空軍 8.14%

參戰軍士與陣亡比例(國民突擊隊、警察、準軍事組織不計算在內):共 18,200,000 人從軍

武裝親衛隊:900,000 人／313,749 人陣亡　　　　海軍:1,200,000 人／138,429 人陣亡

陸軍:13,600,000 人 4,202,230 人陣亡　　空軍:2,500,000 人 432,706 人陣亡

2 • 德國戰俘(1939–1945年)

被英美囚禁的德國戰犯中,只有不到 0.7% 的人在囚禁期間死亡。相比之下,被法國當局逮捕的戰俘中則有 3.62% 死亡,其中一部分人因從事危險工作而死。

戰俘

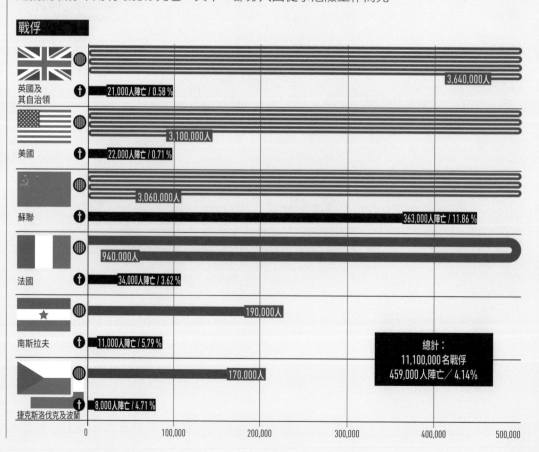

英國及其自治領 — 3,640,000 人 — 21,000人陣亡 / 0.58%

美國 — 3,100,000 人 — 22,000人陣亡 / 0.71%

蘇聯 — 3,060,000 人 — 363,000人陣亡 / 11.86%

法國 — 940,000 人 — 34,000人陣亡 / 3.62%

南斯拉夫 — 190,000 人 — 11,000人陣亡 / 5.79%

捷克斯洛伐克及波蘭 — 170,000 人 — 8,000人陣亡 / 4.71%

總計:11,100,000 名戰俘 459,000人陣亡／4.14%

0　　100,000　　200,000　　300,000　　400,000　　500,000

各軍種

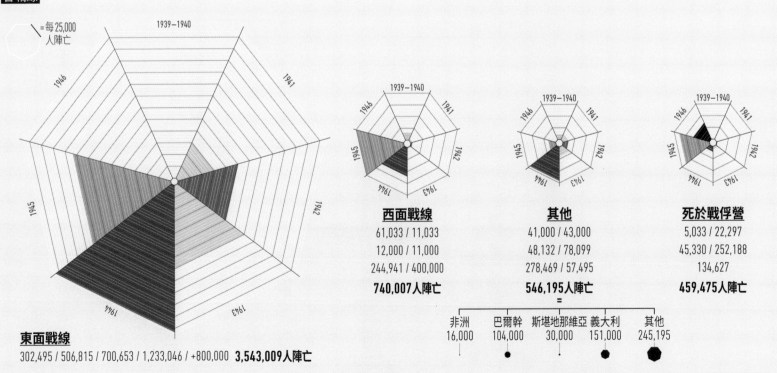

■ 1939–1940　■ 1941　■ 1941　■ 1943　■ 1944　■ 1945　■ 1946

◯ =100,000人陣亡

空軍
15,033
23,033
32,198
43,198
138,792
173,419
7,033
432,706人陣亡

武裝親衛隊
5,000
23,000
17,000
33,000
120,792
97,759
17,198
313,749人陣亡

海軍
6,000 / 8,000 / 10,000 / 22,000 / 50,231 / 42,198 / 0
138,429人陣亡

其他
0 / 5,000 / 11,000 / 12,000 / 37,264 / 149,287 / 17,066
231,617人陣亡
=

秩序警察
63,000人陣亡

國民突擊隊
78,000人陣亡

衝鋒隊 / 希特勒青年團 / ……
90,617人陣亡

陸軍
76,000 / 297,495 / 501,782 / 701,851 / 1,454,707 / 1,077,065 / 93,330
4,202,230人陣亡

各戰線

◯ =每25,000人陣亡

1939–1940　1941　1942　1943　1944　1945　1946

東面戰線
302,495 / 506,815 / 700,653 / 1,233,046 / +800,000　**3,543,009人陣亡**

西面戰線
61,033 / 11,033
12,000 / 11,000
244,941 / 400,000
740,007人陣亡

其他
41,000 / 43,000
48,132 / 78,099
278,469 / 57,495
546,195人陣亡
=

非洲　巴爾幹　斯堪地那維亞　義大利　其他
16,000　104,000　30,000　151,000　245,195

死於戰俘營
5,033 / 22,297
45,330 / 252,188
134,627
459,475人陣亡

資料來源：　1• Rüdiger Overmans, *Deutsche militärische Verluste im Zweiten Weltkrieg*, Oldenbourg, 2004

蘇聯軍事人員損失

在這場蘇聯稱為「偉大的衛國戰爭」中，紅軍有多少陸軍和海軍兄弟為國捐軀？直到蘇維埃政權結束，相關檔案才公布，這個爆炸性十足的問題終於得到解答。在俄羅斯聯邦首任總統鮑利斯·葉爾欽（Boris Eltsine, 1931-2007）的同意下，由克里夫施耶夫將軍（Krivosheev, 1929-）於1993年整理出最完整的資料。雖然這份紀錄經常受到批評，但至今仍無其他資料能夠取代，是目前所能獲得最嚴謹的數據基礎。事實上，政府檔案本身就有許多疏漏。首先，二戰初期蘇聯節節敗退，但沒有相關傷亡紀錄；再者，無人知道數以十萬計的逃兵後來的行蹤。

不管為什麼蘇聯沒有這些紀錄，也許有一天這些資料終將問世，總而言之從陣亡人數總和就看得出紅軍的傷亡多麼慘重，至少是敵軍軸心陣營的2倍；而且直到二戰的最後一天，傷亡率都高居不下。這個現象背後有數個因素，而最重要的原因是史達林政權的各層級全都罔顧人命：只要能達成目標，不管犧牲多少人都無妨。泥菩薩過江、心懷恐懼的軍官，毫不猶豫地在前線發動效果不大的攻擊，包括派出由違反軍紀的軍人組成的懲戒部隊，而這422,000軍士有幸生還者無幾。蘇聯和過去的帝俄政權一樣，寧願派出人海攻勢，而不願有效整合、部署火力。欠缺訓練一直是紅軍的心腹之患，在機械化的戰場上，能力不足的步兵根本難以在烽火地獄中存活下來。

另一個原因則是，數百萬的蘇聯戰俘在納粹戰俘營中因飢餓、寒冷、傷病、遭到槍決而喪命，更別提猶太人、政治委員及追捕過程中受到重傷或當場死亡的人。醫院的高死亡率，則是肇因於醫療機構欠缺資金、飢荒不斷及衛生水平低落，因此生病或受傷的病患經常不治而亡。紅軍中，酒精成癮的「暴徒」也造成極高的意外死亡率，遠超過其他軍隊。最後則是被蘇聯內務人員委員部槍斃的士兵人數，是德意志國防軍內部槍斃人數的10倍。就連亞洲，都沒有任何一支軍隊發生像紅軍這樣的慘劇。

1・蘇聯軍事人員陣亡數

對紅軍來說，二戰的前18個月最為血腥慘烈。而1941年的巴巴羅薩作戰、1942年哈爾可夫和克里米亞的慘劇也讓大量紅軍淪落為戰俘。即使到了1944及1945年，不管是人數或設備都遠遠領先敵手的情況下，蘇聯依舊失去和敵軍差不多的軍士。相反地，在滿洲國戰爭中，對抗日本的短期戰爭對蘇聯而言可說是輕而易舉。

毫不令人意外的是，農民步兵付出最慘痛的代價。但坦克兵也稱不上多幸運，紅軍旗下裝甲部隊的403,272士兵中，310,487人喪命，96,500輛坦克及自走炮在戰鬥中毀損。

各軍種、兵種、服務單位的陣亡人數

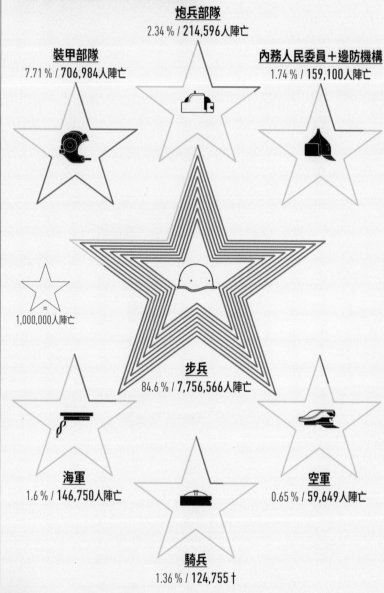

炮兵部隊
2.34% / 214,596人陣亡

裝甲部隊
7.71% / 706,984人陣亡

內務人民委員＋邊防機構
1.74% / 159,100人陣亡

= 1,000,000人陣亡

步兵
84.6% / 7,756,566人陣亡

海軍
1.6% / 146,750人陣亡

空軍
0.65% / 59,649人陣亡

騎兵
1.36% / 124,755†

1941-1945年間蘇聯軍事人員永久損失

於作戰中陣亡
5,226,800人 / 43.76%

因病、意外、遭到槍擊而亡
555,500人 / 4.65%

在抵達所屬單位前就被俘的儲備軍士
500,000人 / 4.19%

因傷而亡
1,102,800人 / 9.23%

在開戰數個月的混亂中失蹤
1,162,600人 / 9.73%

失蹤及淪為戰俘
3,396,400人 / 28.44%

二戰期間永久損失總人數：11,944,100人
－再次從軍但未參戰的士兵：939,700人
－1945年從德國囚犯營中釋放：1,836,000人
＝二戰永久損失的軍士：9,168,400人

各季的軍事人員損失數字(陣亡、失蹤、淪為戰俘)

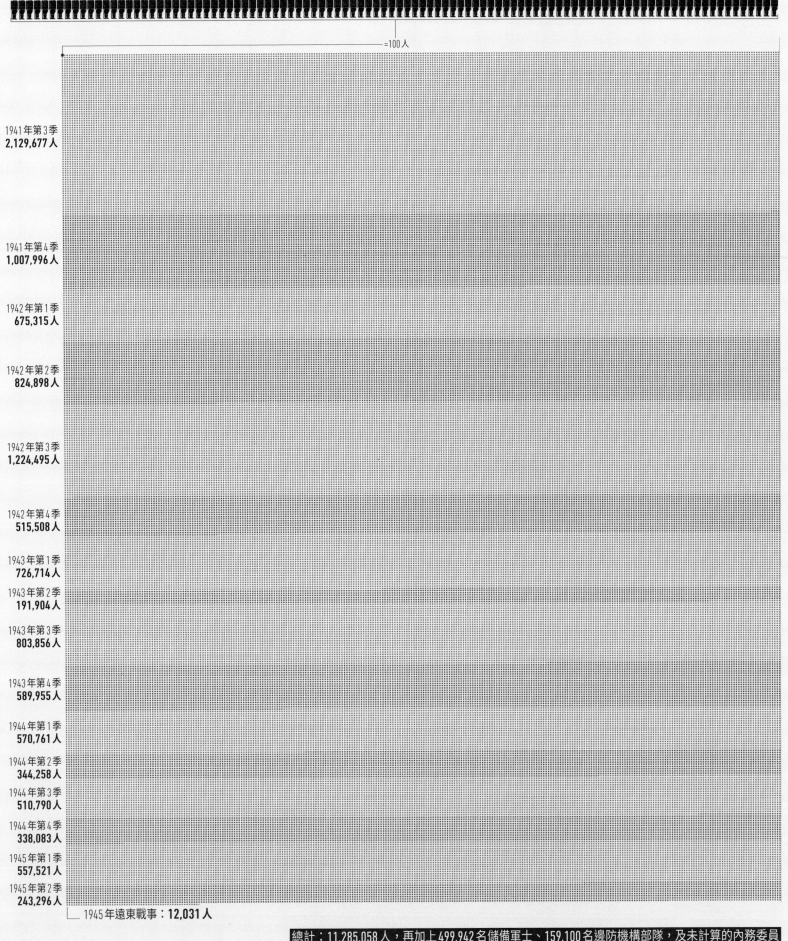

=100人

1941年第3季
2,129,677人

1941年第4季
1,007,996人

1942年第1季
675,315人

1942年第2季
824,898人

1942年第3季
1,224,495人

1942年第4季
515,508人

1943年第1季
726,714人

1943年第2季
191,904人

1943年第3季
803,856人

1943年第4季
589,955人

1944年第1季
570,761人

1944年第2季
344,258人

1944年第3季
510,790人

1944年第4季
338,083人

1945年第1季
557,521人

1945年第2季
243,296人

1945年遠東戰事:**12,031人**

總計:11,285,058人,再加上499,942名儲備軍士、159,100名邊防機構部隊,及未計算的內務委員

美軍在二戰期間喪命人數 = **416,837人** / 3.61%

2・女性陣亡數

女性軍事人員中，88% 是在 1942-1943 年間，軍隊人力亟為短缺時從軍。實際參與戰鬥的女性很少，陣亡的女性主要擔任接線員、護士、司機、祕書、公路調度等前線單位的工作。

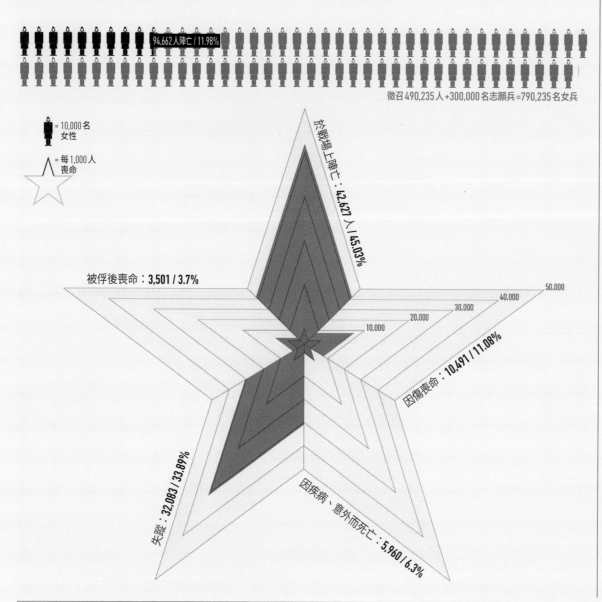

94,662人陣亡 / 11.98%

徵召 490,235 人 +300,000 名志願兵 = 790,235 名女兵

👤 = 10,000 名女性

⭐ = 每 1,000 人喪命

於戰場上陣亡：42,627 人 / 45.03%

被俘後喪命：3,501 / 3.7%

因傷喪命：10,491 / 11.08%

失蹤：32,083 / 33.89%

因疾病、意外而死亡：5,960 / 6.3%

10,000　20,000　30,000　40,000　50,000

3・陣亡年齡層

與其他各國（特別是德國）軍隊相較之下，蘇聯 40 歲以上兵士的死亡率比其他國家同年齡層的死亡率高。由於 1941-1942 年間的傷亡兵士太多，迫使全國只要不是從事戰爭必需相關工作且能站的人，都被徵召到前線，特別是被德國占領後解放的區域。

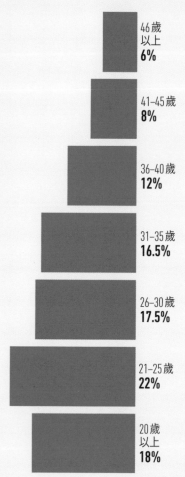

46 歲以上 **6%**

41–45 歲 **8%**

36–40 歲 **12%**

31–35 歲 **16.5%**

26–30 歲 **17.5%**

21–25 歲 **22%**

20 歲以上 **18%**

4・陣亡士兵的國籍分布 (以百分比表示)

要取得陣亡軍士的國籍，並與此國籍占蘇聯人口的比率相較，可不是件簡單的事：1939 年的人口普查並不確實，1939-1940 年間多達 2,000 萬的從軍人士沒有相關的種族、語言資料。

雖然如此，蘇聯軍隊中俄羅斯人就占了 66.4%，在此情況下，我們能斷言俄羅斯士兵的傷亡率遠多於其他各國，但也僅止於此。別忘了猶太人占了蘇聯人口的 2%，在當時被當作一個國籍，且是蘇聯軍隊中人數第五多的國籍。

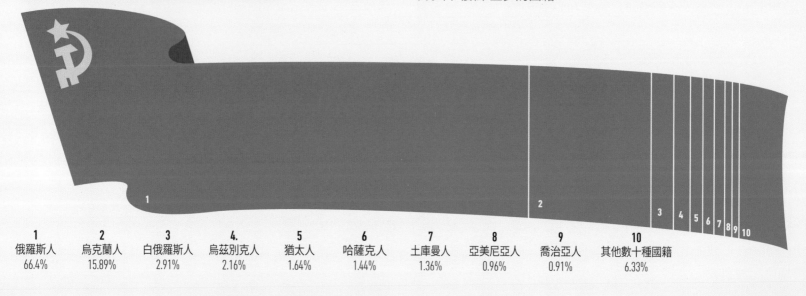

| 1 俄羅斯人 66.4% | 2 烏克蘭人 15.89% | 3 白俄羅斯人 2.91% | 4. 烏茲別克人 2.16% | 5 猶太人 1.64% | 6 哈薩克人 1.44% | 7 土庫曼人 1.36% | 8 亞美尼亞人 0.96% | 9 喬治亞人 0.91% | 10 其他數十種國籍 6.33% |

5 · 傷患人數

和德意志國防軍相比，蘇聯士兵一旦受傷或生病，其死亡率是前者的 2 倍，更是英美軍隊的 4 倍。隨著「美國製」醫療器材送抵蘇聯，1943 年的情況大為好轉。

受傷、患病、凍傷　(單位：萬人)

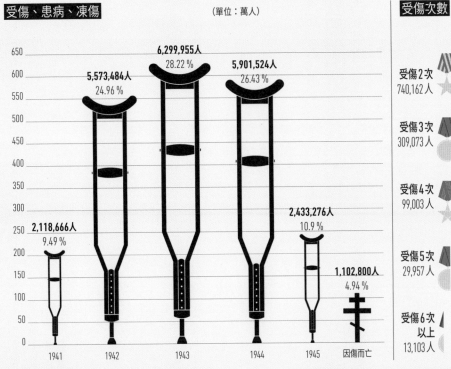

- 2,118,666人 9.49 % (1941)
- 5,573,484人 24.96 % (1942)
- 6,299,955人 28.22 % (1943)
- 5,901,524人 26.43 % (1944)
- 2,433,276人 10.9 % (1945)
- 1,102,800人 4.94 % (因傷而亡)

受傷部位 (占總數 %)

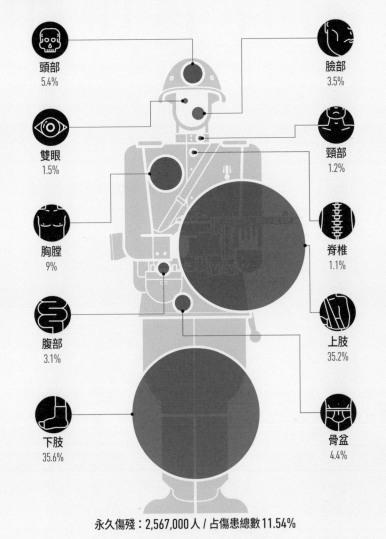

- 頭部 5.4%
- 臉部 3.5%
- 雙眼 1.5%
- 頸部 1.2%
- 胸膛 9%
- 脊椎 1.1%
- 腹部 3.1%
- 上肢 35.2%
- 下肢 35.6%
- 骨盆 4.4%

永久傷殘：2,567,000人／占傷患總數11.54%

受傷次數

- 受傷2次 740,162人
- 受傷3次 309,073人
- 受傷4次 99,003人
- 受傷5次 29,957人
- 受傷6次以上 13,103人

= 50,000人

總計：
在 22,326,905 受傷軍士中
有 1,191,298 人受傷多次
占 5.34%

6 · 鎮壓

蘇聯鎮壓行動殘暴至極。直到史達林格勒一役，戰敗往往被視同叛國，遭到相同對待。政治監視不曾停止，除此之外，大約有將近 100 萬的輕罪罪犯，大多數人被派到懲戒部隊，在戰場上結束短短的餘生。

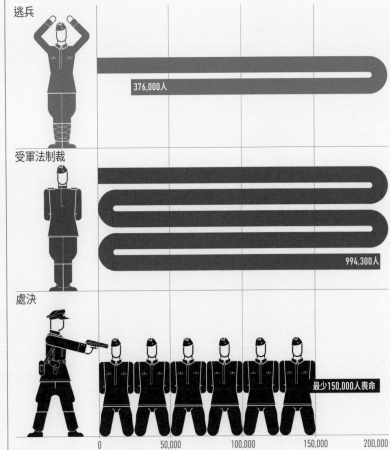

- 逃兵 376,000人
- 受軍法制裁 994,300人
- 處決 最少150,000人喪命

0　50,000　100,000　150,000　200,000

資料來源：• Colonel-général Grigori F. Krivosheev, *Grif sekretnosti sniat*, Moscou, 1993

納粹集中營制度

1933 年，親衛隊、衝鋒隊和蓋世太保設立數百座監禁營，大部分都是臨時建造，用來拘押被判定反納粹的囚犯。但希姆萊進一步擴大組織，合理化鎮壓系統，增加監禁營的用途並建立獨特的管理制度，而且專供親衛隊從中圖利。不只如此，又賦予監禁營志願「教育」的角色，以便將親衛隊員訓練冷酷無情，好實現德意志第三帝國的種族與政治願景。在1933 年 3 月開設的達豪（Dachau）集中營是希姆萊心中「理想營」的原型：一座住了 5000–6000「居民」的小型城鎮，從無到有的建屋架梁，以威嚇及強迫勞動來管理。自 1936 年起，每年至少會出現一座新的集中營。營裡除了政治犯外，被捕的還有耶和華見證人、「反社會者」、「寄生蟲」、罪犯、同性戀者、數名教士。而在水晶之夜後，大量德國及奧地利的猶太人被送進去，雖然他們很快就被釋放，仍有 700 人因遭到惡劣對待而死亡。從 1938 年夏天開始，集中營的生活條件每況愈下，死亡率大幅增加，且在 1943 年間不斷惡化，後來雖短暫好轉，但 1945 年時情況又跌至谷底。在一名親衛隊軍

1 • 親衛隊集中營的囚犯人數

集中營人數在 1934–1937 年間增加了 3 倍，而從 1938 年開始，隨著奧地利反對人士及反社會者紛紛被捕，短短數月間又增加了 3 倍。專收波蘭囚犯的奧斯威辛（Auschwitz）1 號集中營在 1940 年 6 月 14 日開放，總人數在 1939–1940 年間又多了 2 倍。自 1941 年開始，歐洲各地發生反納粹行動，因此數百萬名囚犯被送進集中營強迫勞動（多半是遭蓋世太保逮捕），讓集中營人數急劇增加了 10 倍之多，這是 1943 年最驚人的增幅。1944 年夏天之後，雖然歐洲各國終於解放，不再送來囚犯，但蓋世太保清空監獄、把所有囚犯全送到集中營，再加上鎮壓華沙起義，並將東部疏散的猶太人送到集中營，因此人數依舊持續增加。

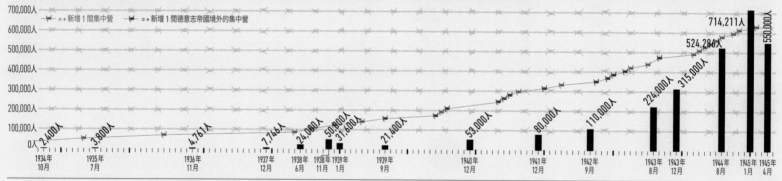

2 • 親衛隊主要集中營、其運作期間及囚犯人數分布圖

在二戰前就設立的「舊營區」，基本上全都位於德意志帝國本土境內。位於波蘭境內西里西亞（Silésie）一帶的奧斯威辛集中營最為重要、死亡人數也最高，和馬伊達內克（Majdanek）集中營一樣，兼具「傳統」集中營和猶太人滅絕營的雙重功能。

自 1944 年秋天開始，奧斯威辛集中營漸漸減少運作，布亨瓦德成為人數最多的集中營。和弗洛森比爾格（Flossenbürg）集中營一樣，位在奧地利的茂特豪森（Mauthausen）集中營肩負經濟任務：在採石場開採花崗岩。由於工作情況駭人聽聞，此地成了西部死亡率最慘重的集中營。

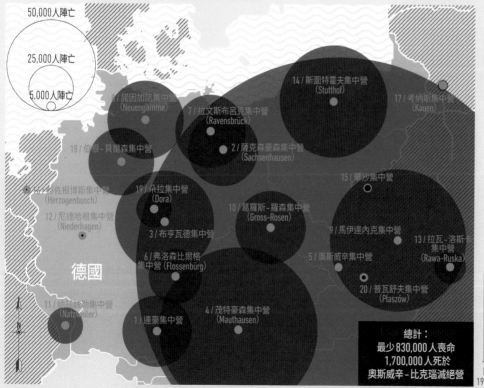

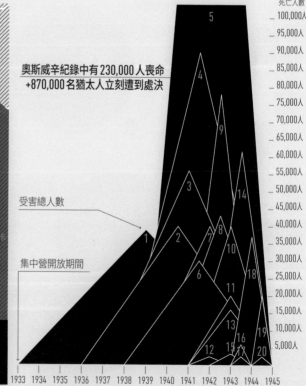

官遭謀殺後，1938 年 6 月，布亨瓦德（Buchenwald）集中營在希姆萊眼前展開第一起正式處決行動，此後各種暴力事件層出不窮，一發不可收拾。隨著戰事發展，被送進集中營的外國人不斷增加：共和派的西班牙人、波蘭人、捷克人、塞爾維亞人、蘇維埃人、法國人、比利時人、荷蘭人、希臘人……總共有將近 30 個不同國家的人民。納粹開始進行醫學實驗，將近 20,000 名囚犯被殺或遭到截肢。一開始的大型屠殺，以 6,000 名病重或傷殘犯人為目標，接著是上萬名蘇德戰爭的戰俘。納粹時不時「清除」最虛弱的犯人，而且愈來愈頻繁：必須讓出位置給新一批犯人，好留下體格健壯、生產力高的囚犯。集中營人數過多、難以處理，就算同盟軍一步步解放

集中營、疏散囚犯，但 1945 年仍發生大量集體死亡事件。滅絕營和集中營的界線愈來愈模糊。在 1945 年 1 月 1 日到 4 月 15 日之間，伯根─貝爾森（Bergen-Belsen）集中營的人數增加了 3 倍，突破 45,500 人，其中 1/3 在 3 月因飢餓或重病而喪命。此時每個集中營都有猶太人，他們的死亡人數最高，但其他囚犯的死亡人數也逐漸上升。隨著同盟國踏上德意志帝國的領土，集中營釋放囚犯，讓他們徒步踏上「死亡行軍」，更別提在一片混亂中還有數百人遭到清除。好不容易撐到此刻的不幸人士，有多達 1/3 的人在這場末日災難中喪命。

3 • 布亨瓦德集中營的「體制」

以地理而言，布亨瓦德集中營的擴展程度最高：它具備 132 個外部營區（德意志帝國共有 560 個外部營區），這些「子營區」附屬於不同的「主營區」（由此可見送來這裡的囚犯人數多麼驚人）。為了實現「總體戰」，德國動員全體經濟，再加上史佩爾與親衛隊經濟部部長奧斯瓦德・波赫（Oswald Pohl, 1892-1951）於 1942 年 9 月定下協議，因此布亨瓦德成了不斷勞動的工蜂營。親衛隊並未設

法吸引產業前來布亨瓦德設廠，而是將囚犯安置於現有工廠附近。這種轉變（不適用於猶太人）正是 1943 年死亡率極為短暫下滑的因素：波赫打算今後由囚犯負責最大量的工作，同時又提供最少量的糧食。在 1938 年，11,000 囚犯由 500 名囚監管理，這些人是親衛隊親信的犯人，握有其他囚犯的生殺大權。後來囚監的人數大幅增加，親衛隊近衛軍的人數則不斷下降。

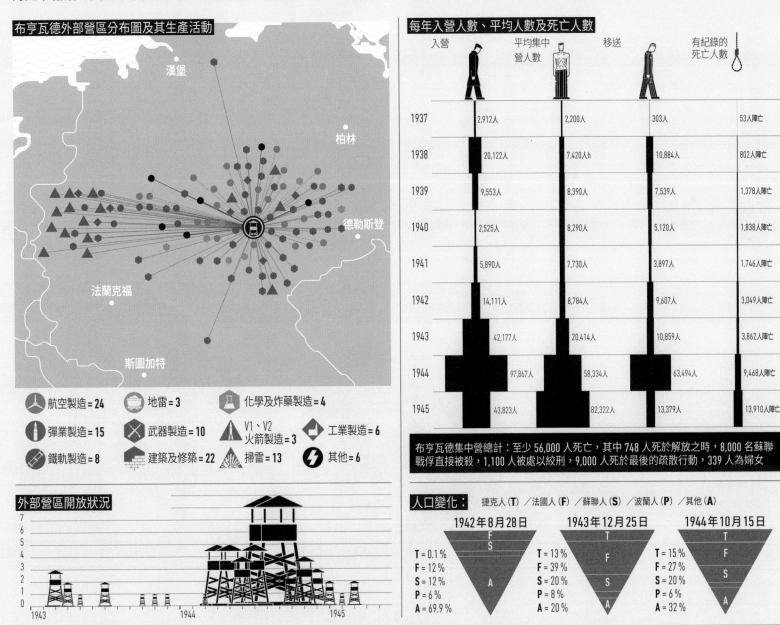

布亨瓦德外部營區分布圖及其生產活動

漢堡・柏林・德勒斯登・法蘭克福・斯圖加特

✈ 航空製造 = 24　⛏ 地雷 = 3　🏭 化學及炸藥製造 = 4
🗼 彈業製造 = 15　✕ 武器製造 = 10　▲ V1、V2 火箭製造 = 3　🏭 工業製造 = 6
▦ 鐵軌製造 = 8　🧱 建築及修築 = 22　△ 掃雷 = 13　⚡ 其他 = 6

外部營區開放狀況

1943　1944　1945

每年入營人數、平均人數及死亡人數

	入營	平均集中營人數	移送	有紀錄的死亡人數
1937	2,912人	2,200人	303人	53人陣亡
1938	20,122人	7,420人h	10,884人	802人陣亡
1939	9,553人	8,390人	7,539人	1,378人陣亡
1940	2,525人	8,290人	5,120人	1,838人陣亡
1941	5,890人	7,730人	3,897人	1,746人陣亡
1942	14,111人	8,784人	9,607人	3,049人陣亡
1943	42,177人	20,414人	10,859人	3,862人陣亡
1944	97,867人	58,334人	63,494人	9,468人陣亡
1945	43,823人	82,322人	13,379人	13,910人陣亡

布亨瓦德集中營總計：至少 56,000 人死亡，其中 748 人死於解放之時，8,000 名蘇聯戰俘直接被殺，1,100 人被處以絞刑，9,000 人死於最後的疏散行動，339 人為婦女

人口變化： 捷克人（T）／法國人（F）／蘇聯人（S）／波蘭人（P）／其他（A）

1942年8月28日	1943年12月25日	1944年10月15日
T = 0.1 %	T = 13 %	T = 15 %
F = 12 %	F = 39 %	F = 27 %
S = 12 %	S = 20 %	S = 20 %
P = 6 %	P = 8 %	P = 6 %
A = 69.9 %	A = 20 %	A = 32 %

資料來源：1• Steffen Grimm, *Die SS-Totenkopfverbände im Konzentrationslager Buchenwald*, Diplomica Verlag, 2011 - 2• Nikolaus Wachsmann, *Die Geschichte der nationalsozialistischen Konzentrationslager*, Siedler - 3• http://totenbuch.buchenwald.de/information - 4• https://asso-buchenwald-dora.com/

到底希特勒或希姆萊，何時首次閃過將全歐洲的猶太人趕盡殺絕的念頭？各界歷史學者仍舊對此爭論不休。不過，我們能從兩位納粹領導者身上找到除去猶太人的意識形態的理由，以及「種族」甚至經濟面的考量，也看得出來他們隨情勢逐步改變行為模式和作法。原先，他們打算藉由徹底的種族隔離政策，將德國猶太人逐出第三帝國，全送到國外去。但自 1938 年起，隨著德國開始擴大領土，受其統治的猶太人數也隨之攀升。隨著二戰爆發，在 1939 年要將如此眾多的人送出歐洲，實為天方夜譚。1940 年，他們開始隔離大型猶太社群，波蘭猶太人被送往猶太人隔離區，似乎打算未來把這些人送往東邊。德國於 1941 年 6 月 22 日向蘇聯進攻，此時成了反猶太行動最大的轉折點。納粹以摧毀猶太—布爾什維克主義國家為目標，依此建立一個死亡方程式：猶太人＝布爾什維克主義＝危害占領區安全的因子。納粹成立名為特別行動隊（Einsatzgruppen）的機動殺手隊，由親衛隊、警察和德意志國防軍的單位支援，開始射殺所有達到使用武器年紀的猶太男性。希姆萊和海德里希（Heydrich, 1904-1942）下達的命令含糊籠統，任由特別行動隊隊長各自解讀。特別行動隊不只彼此競爭，連隊內上下層級都不忘一較高下，迫

使每個人都變得更加激進。8 月，他們開始向女性及孩童下手。到了 10 月，隨著基輔附近的娘子谷（Babi Yar）大屠殺爆發，彷彿最後一道封印也被解開，納粹開始無所顧忌地殺戮各地猶太社區，不留活口。在眾目睽睽之下，納粹只花 6 個月，以慘絕人寰的手段清除 50 萬名蘇聯猶太人，行跡所至留下一堆又一堆的屍體。為了消滅西歐與中歐的猶太人社區，納粹重新思考整個體制。納粹在各國逮捕猶太人並用火車送往波蘭偏遠地區，在那兒建立備有各種新穎殺人技術的死亡工廠，既可用毒氣殺人（從一氧化碳到齊克隆 B，從移動卡車到固定的毒氣室），也能以火燒掉屍體（從亂葬坑到火葬爐樣樣不缺）。1942 年 3 月，第一批斯洛伐克及法國猶太人被送往波蘭，與此同時，數量是前者 10 倍的波蘭猶太人因萊茵哈德（Reinhardt）行動遭到逮捕。1944 年夏天，最後一個位於匈牙利的大型猶太人社區被清除。直到戰爭的最後一天，希姆萊仍不斷將猶太人送往德意志帝國各處的集中營，任他們成千上萬地死去；不只如此，在同盟國解放集中營前夕，還把猶太人送上死亡行軍之路。到了 1945 年，1,150 萬名歐洲猶太人中，將近 600 萬人喪命。

1・愈來愈多歐洲猶太人陷入「大日耳曼帝國」手中

隨著德意志帝國擴展領土，直接或間接被納粹控制的猶太人口愈來愈多，4 年內人數就從 50 萬激增為 800 萬人。1940 年，納粹的反猶太政策飄忽不定，躊躇著要將猶太人流放到國外（運往東方、馬達加斯加），或送往境內的臨時猶太隔離區。大型屠殺一開始發生於德國東邊（被占領的蘇聯區、波蘭），這些區域的本國管理幹部

都已被德意志國防軍消滅；接著蔓延到附庸國（羅馬尼亞、斯洛伐克、克羅埃西亞）及激進國家主義地區（波羅的海、烏克蘭）。而在德國西邊，特別是法國，大多是位居政治及行政權力中心的猶太人遭到逮捕。

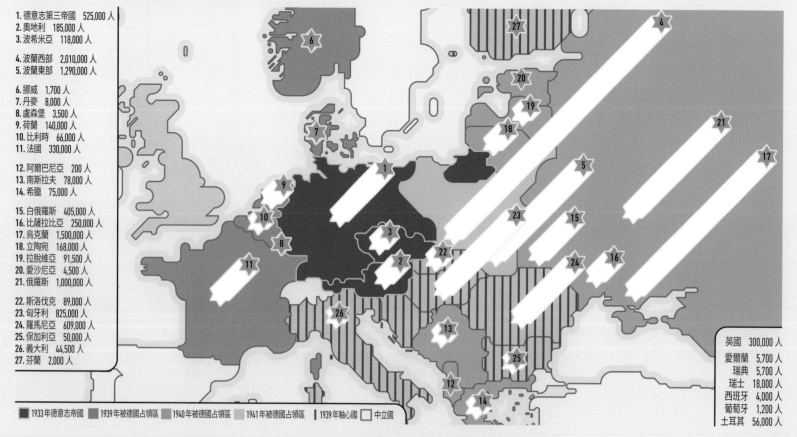

1. 德意志第三帝國　525,000 人
2. 奧地利　185,000 人
3. 波希米亞　118,000 人
4. 波蘭西部　2,010,000 人
5. 波蘭東部　1,290,000 人
6. 挪威　1,700 人
7. 丹麥　8,000 人
8. 盧森堡　3,500 人
9. 荷蘭　140,000 人
10. 比利時　66,000 人
11. 法國　330,000 人
12. 阿爾巴尼亞　200 人
13. 南斯拉夫　78,000 人
14. 希臘　75,000 人
15. 白俄羅斯　405,000 人
16. 比薩拉比亞　250,000 人
17. 烏克蘭　1,500,000 人
18. 立陶宛　168,000 人
19. 拉脫維亞　91,500 人
20. 愛沙尼亞　4,500 人
21. 俄羅斯　1,000,000 人
22. 斯洛伐克　89,000 人
23. 匈牙利　825,000 人
24. 羅馬尼亞　609,000 人
25. 保加利亞　50,000 人
26. 義大利　44,500 人
27. 芬蘭　2,000 人

英國　300,000 人
愛爾蘭　5,700 人
瑞典　5,700 人
瑞士　18,000 人
西班牙　4,000 人
葡萄牙　1,200 人
土耳其　56,000 人

■ 1933 年德意志帝國　■ 1939 年被德國占領區　■ 1940 年被德國占領區　■ 1941 年被德國占領區　■ 1939 年軸心國　□ 中立國

社會經濟領域的鎮壓　司法鎮壓　逐出第三帝國　劫掠財物　強制奴工　猶太隔離區/生活困頓飢餓/殘病　暴力屠殺　以槍彈屠殺　集中營　筋疲力竭而死　毒氣　解放

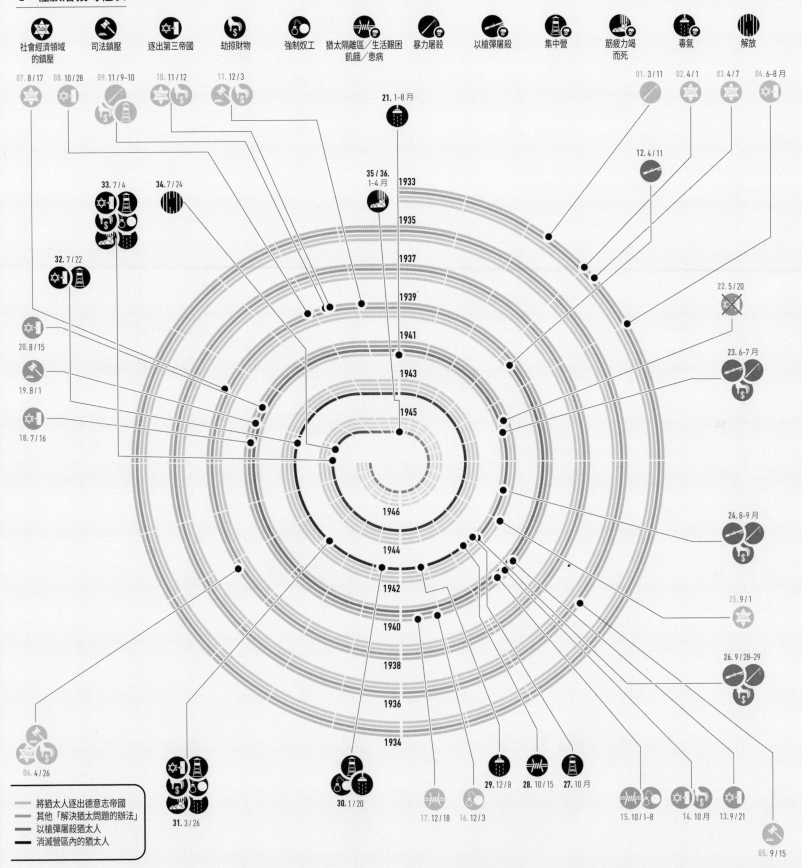

07. 8/17　08. 10/28　09. 11/9-10　10. 11/12　11. 12/3

21. 1-8月

35/36. 1-4月

33. 7/4　34. 7/24

32. 7/22

20. 8/15
19. 8/1
18. 7/16

01. 3/11　02. 4/1　03. 4/7　04. 6-8月

12. 4/11

22. 5/20

23. 6-7月

24. 8-9月

25. 9/1

26. 9/28-29

06. 4/26

30. 1/20
31. 3/26

29. 12/8　28. 10/15　27. 10月

17. 12/18　16. 12/3

15. 10/1-8　14. 10月　13. 9/21

05. 9/15

1933　1935　1937　1939　1941　1943　1945　1946　1944　1942　1940　1938　1936　1934

將猶太人逐出德意志帝國
其他「解決猶太問題的辦法」
以槍彈屠殺猶太人
消滅營區內的猶太人

01. 首次動武 / 02. 抵制 / 03. 禁止從事特定職業 / 04. 與德國的猶太復國主義協會取得共識，將猶太人送往巴勒斯坦 / 05. 紐倫堡法案：褫奪德國猶太人的公民權 / 06. 頒布法令：猶太人財物充公 / 07. 強制改變姓名 / 08. 15,000名波蘭出生的猶太人被逐出第三帝國 / 09. 水晶之夜：大規模劫掠猶太人，焚燒猶太教堂，30,000人被關進集中營 / 10. 全面沒收財物：向猶太人要求高額罰款 / 11. 頒布法令：禁止猶太人在德國進行經濟活動 / 12. 特別行動隊槍殺波蘭菁英分子（包括猶太人），共50,000人喪命 / 13. 將波蘭猶太人逐出德國兼併區 / 14. 尼斯科計畫：將奧地利及捷克的猶太人驅逐到波蘭 / 15. 將猶太人限制於波蘭的猶太隔離區 / 16. 強制所有德國猶太人進行勞動 / 17. 減少德國猶太人的糧食配額 / 18. 驅逐阿爾薩斯、洛林、薩爾蘭、帕勒丁納及巴登的猶太人，運往法國未被占領的地區 / 19. 波蘭總督府也實施德國種族法令 / 20. 艾希曼計畫：將猶太人送往馬達加斯加 / 21. T-4行動開始，以毒氣卡車消滅身心殘障的猶

太人（共80,000人喪命），成為猶太人滅絕行動的榜樣。/ 22. 禁止德國猶太人外移 / 23. 開始在蘇聯的德國占領區射殺猶太人，大規模槍殺蘇聯15-65歲的猶太人，以及在當地居民參與下，進行數次大屠殺（至少10,000人喪命）/ 24. 槍殺老弱婦孺，但一部分得以倖存 / 25. 強制配戴猶太星標記 / 26. 娘子谷大屠殺之後，摧毀所有猶太人族群 / 27. 在波蘭建設滅絕營：貝烏惹次、馬伊達內克、海烏姆諾、奧斯威辛—比克瑙、索比布爾、特雷布林卡 / 28. 開始將德國猶太人送往波蘭、波羅的海國家、白俄羅斯的猶太隔離區 / 29. 第一波以毒氣卡車滅絕猶太人行動 / 30. 萬湖會議，政府單位就猶太人滅絕計畫進行協調 / 31. 開始將歐洲猶太人送往滅絕營並殺死；開始將60,000名斯洛伐克猶太人關進集中營 / 32. 將華沙猶太隔離區的猶太人送往集中營 / 33. 從匈牙利送來最後一批受害者（450,000人喪命）/ 34. 紅軍解放的第一個滅絕營是馬伊達內克 / 35. 紅軍解放奧斯威辛集中營 / 36. 最後行動：死亡行軍

3・羅茲猶太隔離區的情況

羅茲（Łódź）是波蘭第二大城及工業中心，1939年11月8日納入德意志帝國。市內遭到暴力與恐怖虐待的23萬名猶太人被剝奪所有財物，只能驚慌恐懼。納粹給了羅茲日耳曼化的新名字「李茲曼城」（Litzmannstadt），打算將猶太人送往波蘭總督府，但波蘭總督漢斯・法朗克（Hans Frank, 1900-1946）反對，於是臨時安排一個猶太隔離區，等待「解決辦法」研擬出來。1940年，因德國政權榨乾了猶太人所有財物，推行日耳曼化的李茲曼城又掃蕩各種黑市，因此猶太人紛紛被餓死。再一次，納粹非得想個暫時的「解決辦法」不可。在德國商業家漢斯・比博（Hans Biebow, 1902-1947）的推動下，再加上猶太人委員會主席摩德凱・魯姆科夫斯基（Mordechai Rumkowski, 1877-1944）的支

持，猶太隔離區轉型為一座日夜運轉不停的代加工廠，工作環境極為惡劣，微薄的薪水不足以終止飢荒的夢魘。雖因專橫而備受詆毀，但魯姆科夫斯基成功維持了隔離區的教育和衛生制度，同時也確保猶太人擁有活躍的文化活動。工坊獲取的收入勉強減緩死亡率，但這些都是1941年後才發生的改變。雖然這裡是唯一存留下來，直到1944才遭到清算的猶太隔離區，但納粹在1942年就毫不留情地將其中70,000名居民送往附近的海烏姆諾滅絕營，用特製毒氣卡車殺死。這座滅絕營於1943年關閉，又在1944年重啟，專門用來清除7,000名羅茲猶太人。由於親衛隊認為海烏姆諾「成效不彰」，後來將羅茲的54,000倖存者直接送往奧斯威辛。

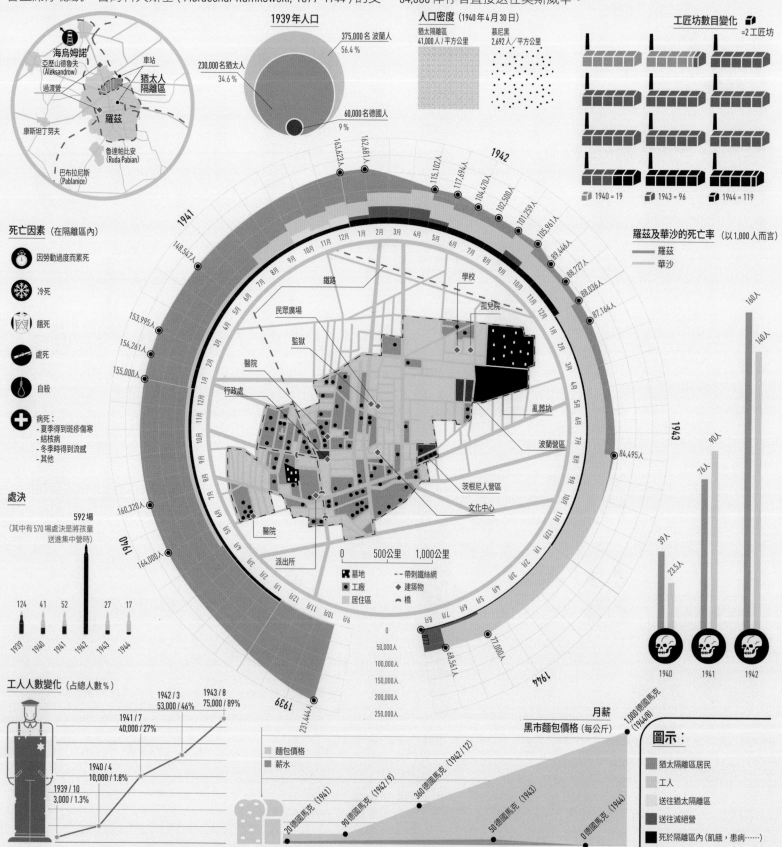

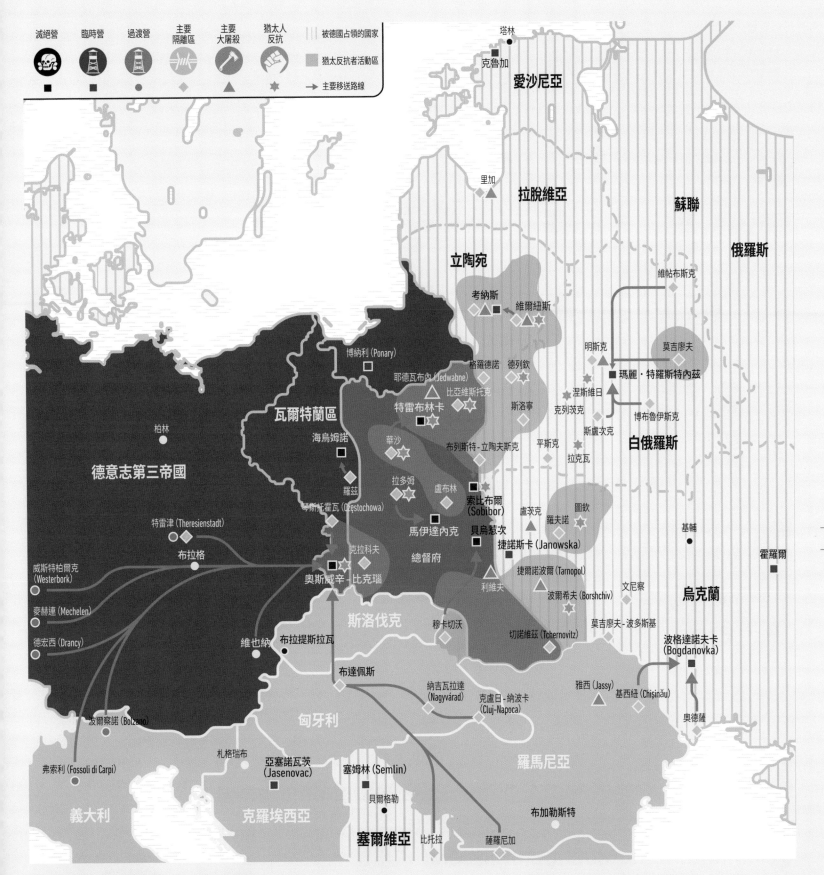

圖例（地圖說明）：滅絕營　臨時營　過渡營　主要隔離區　主要大屠殺　猶太人反抗　被德國占領的國家　猶太反抗者活動區　主要移送路線

塔林
克魯加
愛沙尼亞
里加
拉脫維亞
蘇聯
俄羅斯
立陶宛
考納斯　維爾紐斯
維帖布斯克
明斯克　莫吉廖夫
博納利 (Ponary)
瑪麗・特羅斯特內茲
耶德瓦布內 (Jedwabne)
格羅德諾　德列欽
涅斯維日
克列茨克
博布魯伊斯克
瓦爾特蘭區
比亞維斯托克
斯洛寧
斯盧次克
白俄羅斯
柏林
特雷布林卡
華沙
拉克瓦
德意志第三帝國
海烏姆諾
布列斯特-立陶夫斯克
平斯克
羅茲
拉多姆　盧布林
圖欽
基輔
琴斯托霍瓦 (Częstochowa)
索比布爾 (Sobibor)
盧茨克
羅夫諾
霍羅爾
特雷津 (Theresienstadt)
克拉科夫
貝烏惹次
捷諾斯卡 (Janowska)
布拉格
馬伊達內克
捷爾諾波爾 (Tarnopol)
烏克蘭
威斯特柏爾克 (Westerbork)
奧斯威辛-比克瑙
總督府
波爾希夫 (Borshchiv)
文尼察
麥赫連 (Mechelen)
利維夫
莫吉廖夫-波多斯基
德宏西 (Drancy)
斯洛伐克
穆卡切沃
切諾維茲 (Tchernovitz)
波格達諾夫卡 (Bogdanovka)
維也納
布拉提斯拉瓦
納吉瓦拉達 (Nagyvárad)
克盧日-納波卡 (Cluj-Napoca)
雅西 (Jassy)
基西紐 (Chişinău)
布達佩斯
奧德薩
波爾察諾 (Bolzano)
匈牙利
羅馬尼亞
弗索利 (Fossoli di Carpi)
札格瑞布
亞塞諾瓦茨 (Jasenovac)
塞姆林 (Semlin)
義大利
克羅埃西亞
貝爾格勒
布加勒斯特
塞爾維亞
比托拉
薩羅尼加

4・集中營／猶太隔離區／大屠殺／暴動

納粹屠殺近 600 萬名猶太人的地區，主要位在從波羅的海國家到黑海的東歐區域（美國歷史學家提摩西・史耐德〔Timothy Suyder, 1969-〕稱此區為「血腥之地」），包括 1939 年大部分的波蘭、白俄羅斯及烏克蘭蘇維埃社會主義共和國。這裡有歐洲最大的猶太族群，也是在這裡，國家政權完全消失，而且向來反猶太人——正因如此，自 1941 年夏天開始，蘇聯西部發生數次大屠殺。隨著當地反猶太人主義愈趨嚴重，成了滅絕猶太人的理想地區。在德意志國防軍支援下，特別殺手小組將蘇聯猶太人在其自家附近殺死。比薩拉比亞（Bessarabie）地區及烏克蘭奧德薩（Odessa）的猶太人遭到羅馬尼亞政府和軍隊趕盡殺絕。波蘭猶太人在猶太隔離區因營養不良和疾病肆虐而死亡，倖存者則被送往附近的滅絕營清除（羅茲／海烏姆諾，華沙／特雷布林卡，盧布令／馬伊達內克）。大量的德國、奧地利、捷克猶太人遭到流放，並在蘇聯境內被殺害。大部分的西歐、匈牙利、希臘猶太人經由鐵路被送往巨大的奧斯威辛—比克瑙（Auschwitz-Birkenau）集中營，用齊克隆 B 毒死。集中營囚犯策畫了數十次暴動，最不顧一切的一次是 1944 年 10 月 7 日，滅絕營特遣隊轄下的數百名囚犯成功破壞 4 座火葬爐其中 1 座。有些暴動則發生在蘇聯境內的集中營，讓猶太游擊隊得以持續活動。

5 • 血腥之旅：1941年特別行動隊C以槍彈執行猶太人大屠殺的過程

4 支由警方及親衛隊組成的特別行動隊，自 1941 年 6 月開始，隨著集團軍入侵蘇聯的腳步，在軍隊後方執行猶太人屠殺任務。他們全面摩托化，每支部隊各由 1,000 人組成，7 月時先屠殺 15–50 歲的男性，自 8–9 月全面屠殺蘇聯猶太人，包括女性、孩童及病患。根據特遣隊（Sonderkommando，簡稱 SK）及立即執行小組（Einsatzkommando，簡稱 EK）口述，特別行動隊 C 在北烏克蘭的血腥之路如下圖所示。這支由奧托・萊區（Otto Rasch, 1891-1948）指揮的部隊，在 1941 年 7–10 月間，以步槍和機關槍屠殺了 100,000 名烏克蘭猶太人，與基輔附近的娘子谷大屠殺，並列為最驚人的屠殺紀錄——後者在 48 小時內殺了 33,000 名猶太人。

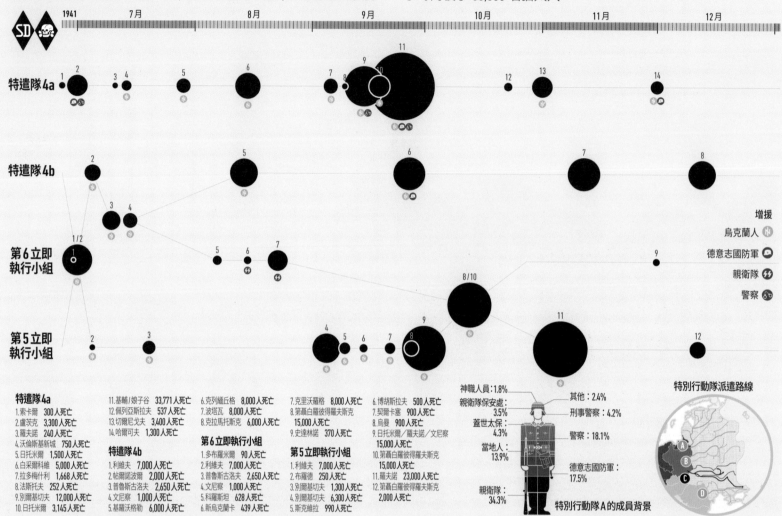

特遣隊4a
1. 索卡爾 300 人死亡
2. 盧茨克 3,300 人死亡
3. 羅夫諾 240 人死亡
4. 沃倫斯基新城 750 人死亡
5. 日托米爾 1,500 人死亡
6. 白采爾科維 5,000 人死亡
7. 拉多梅什利 1,668 人死亡
8. 法斯托夫 252 人死亡
9. 別爾基切夫 12,000 人死亡
10. 日托米爾 3,145 人死亡
11. 基輔/娘子谷 33,771 人死亡
12. 佩列亞斯拉拉 537 人死亡
13. 切爾尼戈夫 3,400 人死亡
14. 哈爾可夫 1,300 人死亡

特遣隊4b
1. 利維夫 7,000 人死亡
2. 帖爾諾波爾 2,000 人死亡
3. 普魯斯古洛夫 2,650 人死亡
4. 文尼察
5. 基輔沃格勒 6,000 人死亡

第6立即執行小組
1. 多布羅米爾 90 人死亡
2. 利維夫 7,000 人死亡
3. 普魯斯古洛夫 2,650 人死亡
4. 文尼察
5. 科羅斯坦 628 人死亡
6. 新烏克蘭卡 439 人死亡

7. 克里沃羅格 8,000 人死亡
8. 第聶伯彼得羅夫斯克 15,000 人死亡
9. 史達林諾 370 人死亡

第5立即執行小組
1. 利維夫 7,000 人死亡
2. 布羅德 250 人死亡
3. 別爾基切夫 1,300 人死亡
4. 別爾基切夫 6,300 人死亡
5. 斯克維拉 990 人死亡

6. 博胡斯拉夫 500 人死亡
7. 契爾卡塞 900 人死亡
8. 烏曼 900 人死亡
9. 日托米爾/羅夫諾/文尼察 15,000 人死亡
10. 羅夫諾 23,000 人死亡
11. 第聶白羅彼得羅夫斯克 15,000 人死亡
12. 第聶伯彼得羅夫斯克 2,000 人死亡

增援
烏克蘭人
德意志國防軍
親衛隊
警察

神職人員：1.8%
親衛隊保安處：3.5%
蓋世太保：4.3%
當地人：13.9%
親衛隊：34.3%
其他：2.4%
刑事警察：4.2%
警察：18.1%
德意志國防軍：17.5%

特別行動隊A的成員背景

特別行動隊派遣路線

6 • 猶太人死因

毒氣卡車和固定的毒氣室殺死了超過一半的歐洲猶太人。特別行動隊在蘇聯以射擊槍殺，則是致命率次高的方法，別忘了還要加上數萬名紅軍猶太兵士在戰場上就被納粹槍決。猶太區、各種集中營內的猶太人則是緩慢地被折磨至死：因飢餓、重病、寒冷、過度勞動、惡劣待遇等各種原因而喪命。1945 年在死亡行軍途中的 100,000 具屍體，不是橫躺於公路旁，就是堆積在火車車廂內——希特勒將大批東部和西部集中營囚犯以火車撤往德意志帝國中部，原打算以此當作未來與同盟國交涉的籌碼，卻釀成了又一場悲劇。

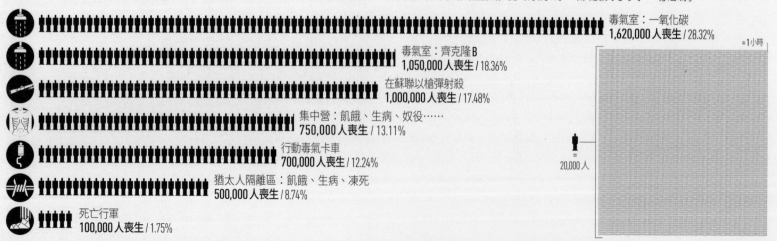

毒氣室：一氧化碳 1,620,000 人喪生 / 28.32%
毒氣室：齊克隆B 1,050,000 人喪生 / 18.36%
在蘇聯以槍彈射殺 1,000,000 人喪生 / 17.48%
集中營：飢餓、生病、奴役…… 750,000 人喪生 / 13.11%
行動毒氣卡車 700,000 人喪生 / 12.24%
猶太人隔離區：飢餓、生病、凍死 500,000 人喪生 / 8.74%
死亡行軍 100,000 人喪生 / 1.75%

=1小時
= 20,000 人

158

資料來源：1 • Isaiah Trunk, *Lodzher geto: a historishe un sotsyologishe shtudye*, Yivo, 1962 - 2 • Lucjan Dobroszycki, *The Chronicle of the Łódź Ghetto, 1941-1944*, Yale University Press, 1984 - 3 • Elie Wiesel, Shmuel Spector et Geoffrey Wigoder, *The Encyclopedia of Jewish Life Before and During the Holocaust*, New York University Press, 2001 - 4 • Patrick Montague, *Chelmno*, Calmann-Lévy, 2016 - 5 • Lucy Dawidowicz, *The War Against the Jews, 1933-1945*, Bantam Books, 1986 - 6 • Raul Hilberg, *Destruction of European Jews*, Holmes & Meier Publishers, 1985

7・各國小結（死亡數字及百分比）

各界猶太人大屠殺的死亡估計值各不相同，通常落在 560–580 萬人之間。以各國而言，受害者與全國猶太人口的比例，與社會情況息息相關。波蘭猶太人的死亡率最為慘重，不管是以絕對或相對數字而言（除了阿爾巴尼亞）。波蘭很早就出現猶太人隔離區，加快猶太人送往集中營的腳步。希臘猶太人的死亡數也很驚人，這是由於他們都群居於塞薩洛尼基（Salonique）。波羅的海的猶太人處於敵意十足的環境下，當地國家主義的民兵幫助納粹清除猶太人。荷蘭猶太人多住在阿姆斯特丹和鹿特丹，在狹小的國內找無藏身之處，大部分很快就被德意志帝國的總督阿圖爾・賽斯—英夸特（Arthur Seyss-Inquart, 1892-1946）逮捕。相比之下，法國猶太人因法國土地廣大，雖遭德國占領，但納粹難以控制鄉間及山區，再加上上萬名非猶太法國人組成活躍的救援組織，因此死亡人數較低。然而，非法國人但住在法國的猶太人的境遇剛好相反，他們占了 2/3 的死亡人數。而在義大利，墨索里尼較晚執行反猶太政策，沒有造成嚴重後果，而德國直到墨索里尼在 1943 年 9 月下台後，才開始把義大利猶太人送往集中營。蘇聯猶太人中，有 2/3 躲過特別行動隊，因為他們住在未被德意志國防軍占據的區域，或者在 1941 年夏天就已遷徙避難。而德國和奧地利的猶太人死亡人數相對較低，這是因為 1933–1939 年間許多猶太人就已移居國外。

總計及各國喪命的猶太人口比例

總計：5,720,000 人喪命
占全歐猶太人口的58.41%

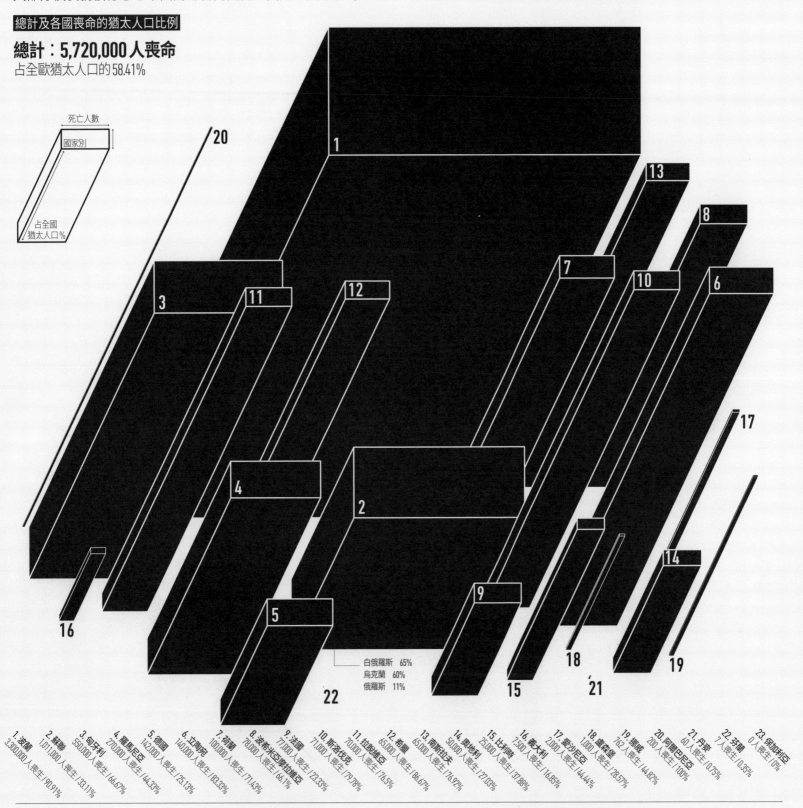

死亡人數
國家別
占全國猶太人口%

白俄羅斯　65%
烏克蘭　60%
俄羅斯　11%

1. 波蘭 3,300,000 人喪生 /90.91%
2. 蘇聯 1,011,000 人喪生 /33.11%
3. 匈牙利 550,000 人喪生 /66.67%
4. 羅馬尼亞 270,000 人喪生 /44.33%
5. 德國 142,000 人喪生 /25.13%
6. 立陶宛 140,000 人喪生 /83.33%
7. 荷蘭 100,000 人喪生 /71.43%
8. 波希米亞摩拉維亞 78,000 人喪生 /66.1%
9. 法國 77,000 人喪生 /23.33%
10. 斯洛伐克 71,000 人喪生 /79.78%
11. 拉脫維亞 70,000 人喪生 /76.5%
12. 希臘 65,000 人喪生 /86.67%
13. 南斯拉夫 65,000 人喪生 /76.92%
14. 奧地利 50,000 人喪生 /27.03%
15. 比利時 25,000 人喪生 /37.88%
16. 義大利 7,500 人喪生 /16.65%
17. 愛沙尼亞 2,000 人喪生 /44.44%
18. 盧森堡 1,000 人喪生 /28.57%
19. 挪威 762 人喪生 /44.82%
20. 阿爾巴尼亞 200 人喪生 /100%
21. 丹麥 60 人喪生 /0.75%
22. 芬蘭 7 人喪生 /0.35%
23. 保加利亞 0 人喪生 /0%

7• Daniel Blatman, *The Death Marches*, Harvard University Press, 2011 - 8• Klaus Michael Mallmann, Andrej Angrick, Jürgen Matthaŭs, Martin Cŭppers, *Die Ereignismeldungen UdSSR 1941*, WBG, 2011 - 9• Timothy Snyder, *Terres de sang : l'Europe entre Hitler et Staline*, Gallimard, 2012 - 10• https://kehilalinks.jewishgen.org/lodz/holocaust.htm 11• http://www.yadvashem.org/untoldstories/database - 12• https://www.cairn.info/revue-les-cahiers-de-la-shoah-2003-1-page-15.htm

159

納粹歐洲新秩序的通敵合作

1942 年，納粹政權橫掃歐洲，控制了 2 億 3,800 萬人。但要將這些不可或缺且龐大的政治力、經濟體系、人力投入其作戰組織中，德國需要合作夥伴，也就是當地的通敵分子。這些合作關係的程度和手段都大不相同：根據每片土地的獨特背景和歷史傳承，有的人出於自願，有的人因情勢或受迫，而產生各種通敵行為。而在這些多樣化的通敵關係中，國家層級的合作帶來最為顯著的效果，因為能激發「合作精神」。

這些通敵關係從何時開始？簽下極為不平等的補償條約，讓德國企業得以買下當地公司，使德意志帝國從「夥伴國」身上獲利，是不是也算是一種通敵呢？

為了換得蠅頭小利，貝當不惜壓制反對聲浪、保障德國利益，幫助大屠殺，建立強迫勞動局，金援德國多達 8,600 億法郎，鼓勵 30,000 名法國人加入納粹軍……貝當看似為法國獻身，事實上是利用法國為德國效命。為什麼？貝當不只

1 • 國家合作

保加利亞、羅馬尼亞、匈牙利和芬蘭加入軸心陣營，相信他們的未來仰賴歐洲新秩序，不但能藉此對抗共產主義，而東歐的各種領土紛爭也將得到仲裁。但這些國家（除了芬蘭）都成了衛星國。從一開始的軍事合作，擴展為經濟上的配合，再演變為大屠殺的參與。若打算觀望、保持距離就會慘遭不幸。1944 年春，希特勒決定匈牙利的託管攝政人選。而墨索里尼一旦成為義大利社會主義共和國的領袖，也就淪為希特勒手下的棋子。被納粹占據的歐洲，除了丹麥民主政權在遭到入侵後得以存活，在 1943 年寧願銷聲匿跡也不屈從德國勢力，其他政權都遭到反動派（維希法國）或法西斯（克羅埃西亞、斯洛伐克）掌控，沉溺於一連串的通敵關係中。最後則是所謂的「中立國」，在經濟方面臣服於德國勢力，滿足第三帝國的需求。

補助協議

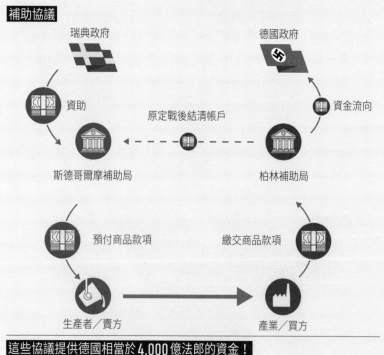

瑞典政府　　　　　　　德國政府

資助　　　原定戰後結清帳戶　　　資金流向

斯德哥爾摩補助局　　　柏林補助局

預付商品款項　　　　　繳交商品款項

生產者／賣方　　　　　產業／買方

這些協議提供德國相當於 4,000 億法郎的資金！

其他國家提供
2,400 億法郎
（占總額 60%）

法國提供 1,600 億法郎
（占總額 40%）

簽訂補助條約後，德國累積了 4,000 億的債務

1941 年與納粹通敵政治地圖

同盟國　中立國　德意志第三帝國　保護區　總督轄區及總督府

義大利占領區　　德國占領並施行軍事管理區

獨立國家，德國盟友　　獨立國家，德國衛星國　　德國監管的獨立國家

1. 比利時
2. 荷蘭
3. 丹麥
4. 瑞士
5. 波希米亞–摩拉維亞
6. 斯洛伐克
7. 匈牙利
8. 克羅埃西亞
9. 塞爾維亞
10. 阿爾巴尼亞
11. 黑山

挪威

瑞典

愛爾蘭　　英國

德意志第三帝國

法國被占區

維希法國

義大利

葡萄牙　西班牙

盲目，又被野心和意識形態的機會主義迷惑心竅。貝當推動屬於他的國家革命，趁著國難得勢，深知若法國不成為德國占領區，自己就無法持續掌權。身為占領者的德國，在法國政治體系中欠缺德國人相助，必須仰賴當地的行政組織。受微小的權力吸引而來的志願者眾多，然而，或許他們只是希望共同重新推動經濟—政府機器的運作。

比利時興起由高官、行政官、工商資產階級組成，亞歷山大・葛羅朋（Alexandre Galopin, 1879-1944）帶領的小型通敵團體。而在荷蘭，當地的法西斯主義者不受歡迎且能力不佳，因此納粹更欣賞專業人士。在東邊，有了通敵者的幫助，

納粹得以蔑視波羅的海諸國或烏克蘭的國家主義者的號召，避免未來的東方殖民國尋求立國機會。這一部分的通敵關係更加複雜，因為德意志帝國既沒有計畫也沒有相關的行政組織來規畫，完全見機行事。各個組織摩拳擦掌、彼此競爭好搶奪最大利益。僅管如此，這些通敵關係影響重大，納粹得以剝削廣大占領地的資源，讓德國軍隊得以餵養多達 300 萬兵士，激發反猶太人的熱情。

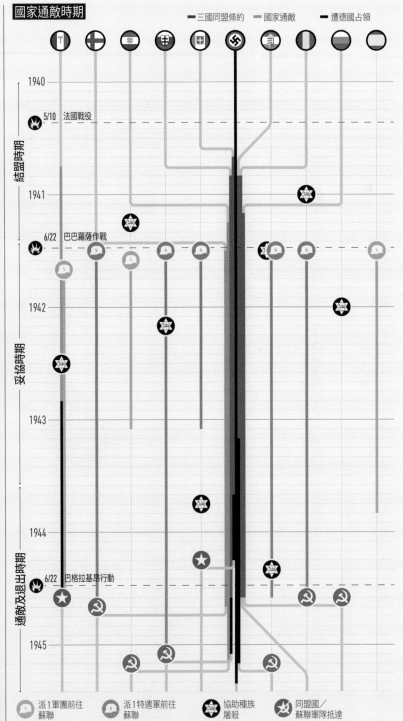

維希法國：貝當政府逃向德意志帝國的懷抱（1944/8/19）芬蘭：與同盟國停戰（1944/9/4），向德意志帝國宣戰（1944/9/15）克羅埃西亞：帕維里奇（Pavelić, 1889-1959）逃亡（1945/4/6）斯洛伐克：神父蒂索（Tiso, 1887-1947）逃亡（1945/2）義大利：建立傀儡政權義大利社會共和國，墨索里尼死亡（1945/4/28），薩羅共和國滅亡（1945/4/27）匈牙利：薩拉希納粹合作政權成立（1944/8），薩拉希政府流亡（1945/3/29）羅馬尼亞：安東內斯庫（Antonescu, 1882-1946）被捕（1945/8/23），向德意志帝國宣戰（1945/8/24）保加利亞：全國起義（1944/08/26），與同盟國停戰，向第三帝國宣戰（1944/10/28）

2・軍事通敵

受到擴張領土的期望所誘，與柏林結盟的國家參與入侵南斯拉夫行動，接著加入反布爾什維克的聖戰。他們的遠征軍與德意志國防軍同行，讓德國的軍力增加了 1/3。除此之外，友好的政權又替德國增加了幾個軍團，包括法國志願軍團（簡寫 LVF）或西班牙藍師，這些兵士穿上德國制服、為納粹效命。自 1942 年開始，德意志國防軍從囚犯與蘇聯占領地徵召新血，成為後方的輔助人員（530,000 名志願助理，簡稱 Hiwi）和各國戰鬥軍團（210,000 名土庫曼、韃

靼……等軍團），後者皆參與諾曼地海灘上的戰鬥。武裝親衛隊則握有 600,000 名外國成員（其中一半是「住在外國的德國人」，也就是德意志裔人），這些人一開始是志願加入，後來則是受到徵召。最後，為了維持占領歐洲區的秩序，不得不仰賴數萬名輔助人士，他們不只對抗分化，還成為滅絕猶太人的主要推手。對他們來說，與納粹通敵合作，是進行一場可怕的種族與政治清洗行動的大好時機。

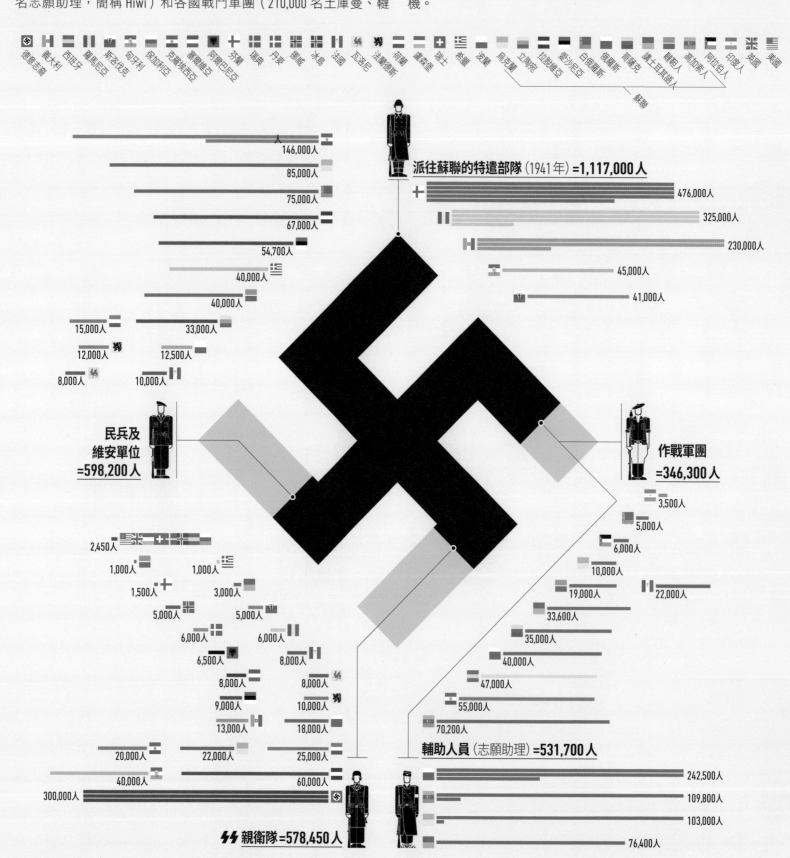

162

資料來源：1• R.-D. Müller, *An der Seite der Wehrmacht, Hitlers ausländische Helfer beim «Kreuzzug gegen den Bolschewismus»*, Ch. Links, 2007 - 2• J.-L. Leleu, F. Passera, J. Quellien, M. Daeffler, *La France pendant la Seconde Guerre mondiale, Atlas historique*, Fayard, ministère de la Défense, 2010 - 3• F. Broche & J.-F. Muracciole, *Histoire de la collaboration*, Tallandier, 2017 - 4• Y. Durand, *Le Nouvel Ordre européen nazi*,

3 • 通敵關係的多元與複雜

各方人士與納粹合作的原因極為不同。例如因不想餓死而加入德意志國防軍的蘇聯戰俘，基於機會主義的「通敵百姓」（公司老闆、志願工人、告密者……），還有期待新秩序的叛國人士。貝當決定全心與德國合作：他自以為能成為德意志帝國的重要人物，沒想到很快就因內部鬥爭，拉瓦爾（Laval, 1883-1945）及達爾朗（Darlan, 1881-1942）的政府勢力愈來愈大而失勢。

巴黎則出現另一種通敵模式，也就是通敵黨社。這項行動中只有少數軍士（支持者不到 100,000 人）參與，主要的領導人物多里奧（Doriot, 1898-1945）、德雅特（1894-1955）、布夏爾（Bucard, 1895-1946）互看不順眼。被維希政權排除在外，他們密謀策畫並爭相向納粹示好，以求得到占領者的賞識，好獲得一點微小權力。德國大使奧托·阿貝茨（Otto Abetz, 1903-1958）煽動這種權力競爭，這對德國大有益處。法國積弱不振，從內部崩壞。不過，占領國內部由於各種干預，也是磨擦不斷，只是法國無法從中獲得任何好處。

通敵合作的各種原因
根據德國作家華納·林斯（Werner Rings, 1910-1998）的著作《與敵人共處：在希特勒占領下，歐洲調適與反抗，1939-1945年》（1979）

「我加入敵人，因為我不想餓死。」

「雖然我厭惡民族社會主義，也討厭德國納粹，但我仍舊與他們合作。有幾個原因促使我這麼做：解放受外國壓迫的祖國，重獲我的自由，並盡量避免無辜的人死亡……」

「我接受現況，人生仍得繼續過。因為我個人的利益，我明知故犯，直接或間接地為占領者政權服務，但我並不認同他們的原則。我無力改變局勢，只能隨局勢而擺盪。就算我的國家戰敗了，我仍想在戰爭中活下來。」

「就算不認同納粹的某些原則，我仍與占領者政權合作。儘管有所保留，我已準備好與敵人做有限度的合作，因為我想改變當前局勢，是局勢迫使我這麼做。」

「我全心全力與占領者合作，因為我同意他們的原則和理想。我效忠民族社會主義，這就是我的態度。」

法國的通敵情況

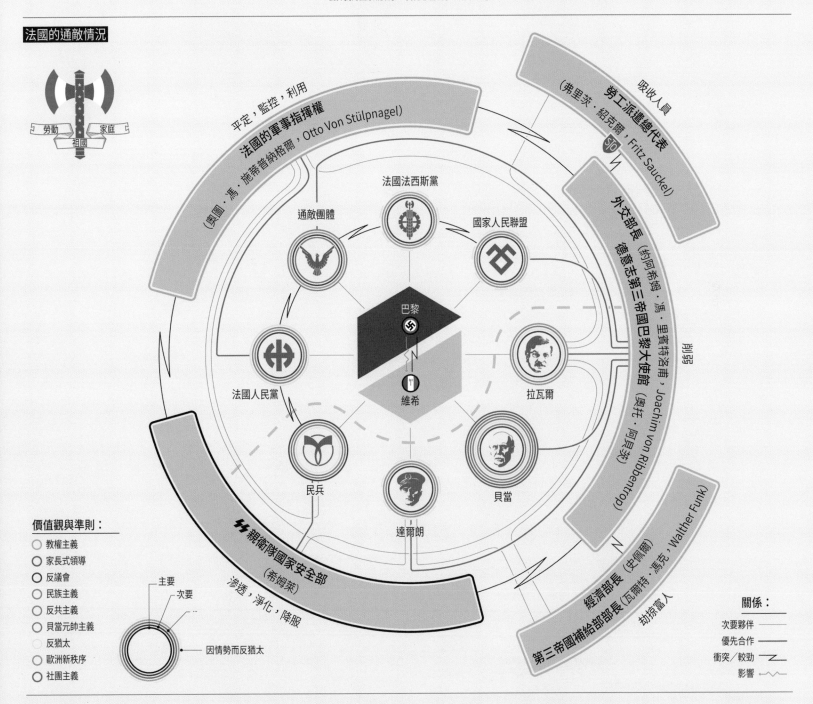

價值觀與準則：
○ 教權主義
○ 家長式領導
○ 反議會
○ 民族主義
○ 反共主義
○ 貝當元帥主義
○ 反猶太
○ 歐洲新秩序
○ 社團主義

主要
次要
…
因情勢而反猶太

關係：
次要夥伴
優先合作
衝突／較勁
影響

Complexe, 1990 - 5 • M. Mazower, *Hitler's Empire : Nazi Rule in Occupied Europe*, Penguin, 2008 - 6 • Götz Aly, *Comment Hitler a acheté les Allemands*, Flammarion, 2005 - 7 • J. Blanc, *Pouvoirs et monnaie durant la Seconde Guerre mondiale en France : la monnaie subordonnée au politique*, halshs.archives-ouvertes.fr

納粹歐洲占領區奮起抵抗

每個國家都和法國一樣，理想化本國的納粹反抗史。然而現今的歷史學家揭開反抗史的新面貌，這些資料看來雖然不如過去理想化，卻更貼近真實人性。在這場抗爭中，少數民族拒絕屈服，團結奮起只為反抗納粹，主動影響歷史的發展。各地的政治情勢塑造了3種不同的反抗模式，而這些抗爭也反映了鎮壓政權的不公不義：西北歐為效忠本國政權而抗爭，中東歐為了存活而反抗，及蘇聯為了分散納粹注意力而反抗。在西邊，占領者沒有威脅猶太人以外的當地人，因此抗爭偏向個人化且以都市為主，主要成員都是平民。在等待外界解放占領區之餘，本土的反抗也是一場為了維護民主、人權、愛國等價值觀而奮鬥的戰爭。英國特別行動局成員巴索‧戴維森（Basil Davidson, 1914-2010）指出：「在這個殘酷悲慘的時刻，反抗人士在民間創造了一個講求正義的環境，甚至推動社會進步。」主要的抵抗行動包括：幫助被追捕的人士逃亡、宣傳、罷工、拒絕通敵（60%的挪威教師在1942年因不願散布納粹思想而辭職）。而在軍事方面，情報與破壞敵方行動多過游擊戰。

在中東歐（Europe médiane，捷克斯洛伐克、波蘭、南斯拉夫、希臘，以及1943年後的義大利），有的國家失去政府制度，納粹與當地打手以難以想像的暴力行徑瓦解整個社會，人們必須為了個人與國家的生存而戰。這些地方的抗爭行動多以團體形式發起（比如多達38萬人加入波蘭救國軍），且涵蓋軍事及社會層面。反抗人士先發動游擊戰，接著南斯拉夫在1941年發動全國性的反抗運動，華沙及斯洛伐克則在1944年發生暴動，但都遭到毫不留情的鎮壓。反抗人士躲在波蘭城鎮的地窖、南斯拉夫和希臘山區，建立反社會組織，訂下自己的律法、司法、教育和文化制度⋯⋯等。不過，這些反抗運動的本質各不相同。在波蘭，反納粹行動仍由原先組織（流亡政府，軍方和大學人士）主導，致力保留戰前制度。而南歐則是全面推翻過去，共產黨從中得利。令人難以忍受的舊世界痕跡都被抹去。希臘的國家人民解放軍建立一個鼓勵女性與年輕人參與、自主管理的社會。而解放戰爭同時也帶來殘酷的內戰。

在蘇聯，史達林政權將手伸向逃離納粹鎮壓、躲在偏遠地區的數萬人。他讓這些人參與軍事（盡量以游擊戰轉移敵人焦點）和政治行動（確保當地人對共產政權忠心不貳）。就算前者成效不佳，後者也能確保這些地區脫離納粹控制後，立刻重回蘇聯懷抱。

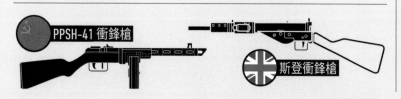

1‧蘇聯游擊戰

游擊隊在蘇聯的政治宣傳中，成為戰場上的要角：他們宣稱游擊隊員多達100萬人，並殺害了50萬名法西斯人士。此數據與檔案資料裡的數字出入頗大。游擊隊員（落單的士兵、共產主義者、猶太人、沒有土地的農夫，甚至「前叛國者」）人數並沒有那麼多，不但裝備不全，而且比起游擊戰，他們更在乎其他事情。他們必須想盡辦法從白俄羅斯的沼澤、垃圾堆裡存活下來，搶劫偷盜遠比干擾敵人更加重要。直到1943年，他們對戰況毫無幫助。雖然游擊隊員後來變得較為活躍，但因蘇聯幅員遼闊、主幹道相隔遙遠，難以大幅損傷敵軍。然而，游擊隊出沒營造了危機四伏的氣氛，擾亂納粹政權、使納粹無法有效利用被占領國的資源，並同時確保了民間對史達林忠心不貳。德國身為占領者，無法從這片林地獲利，似乎打算施以焦土政策。事實上，納粹焦土政策想要消滅的對象，主要是當地人民而非游擊隊員。納粹大舉屠殺斯拉夫人，打算以後讓日耳曼人定居於此。

游擊隊隊員估計人數及鐵路爭奪戰 （蘇聯檔案）

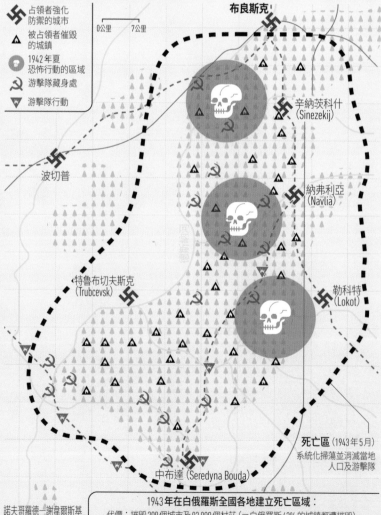

以布良斯克森林內的抵抗及鎮壓活動為例

布良斯克

- ⚑ 占領者強化防禦的城市
- ▲ 被占領者催毀的城鎮
- 🅢 1942年夏恐怖行動的區域
- ☭ 游擊隊藏身處
- ▽ 游擊隊行動

辛納茨科什（Sinezekij）

納弗利亞（Navlia）

波切普

特魯布切夫斯克（Trubcevsk）

勒科特（Lokot）

死亡區（1943年5月）
系統化掃蕩並消滅當地人口及游擊隊

中布達（Seredyna Bouda）

諾夫哥羅德─謝韋爾斯基

1943年在白俄羅斯全國各地建立死亡區域：
代價：推毀209個城市及92,000個村莊（＝白俄羅斯63%的城鎮都遭推毀）
人力傷亡：殺死250,000名平民／380,000人被送往囚營／3,000,000人死於飢荒

PPSH-41 衝鋒槍

斯登衝鋒槍

2 • 南斯拉夫的抵抗 （巴爾幹各國對數據說法不一、爭議繁多，因為這段歷史仍與當前政治習習相關。我們握有的是科學方面認可的數據。）

南斯拉夫在 1941 年瓦解。獨立組織烏斯塔沙（Oustachis）在納粹傀儡國克羅埃西亞獨立國（包括現今的波士尼亞赫塞哥維納）成立恐怖政權，計畫反塞爾維亞人、反猶太人的可怕種族清洗行動。而納粹則在各地清除猶太人、茨根尼人，打算在塞爾維亞總督管轄區（Banat serbe）及斯洛維尼亞兼併區推動日耳曼化。在流亡政府及英國支持下，南斯拉夫祖國軍發動第一場游擊戰，由米哈依洛維奇（Mihailović, 1893-1946）帶領。然而，痛恨共產主義的親塞爾維亞人士決定妥協，與占領者德國合作，並將大屠殺對象擴及克羅埃西人、

穆斯林、共產黨員。共產黨發動第二波游擊戰，以「三方解放」為號召（從納粹占領、種族鬥爭、不平等社會中解放），與其他組織結盟。多山的地理環境提供游擊隊員絕佳藏身地點，他們在這兒建立「山野間的」反社會組織。1943 年，同盟國放棄難以相處的南斯拉夫祖國軍，轉而支持狄托（Josip Broz Tito, 1892-1980），狄托就此得勢。等到 1944 年，紅軍抵達南斯拉夫時，只剩下北部城市仍遭到軸心國控制。但軸心國直到 1945 年才戰敗撤退，徒留一座座亂葬堆。

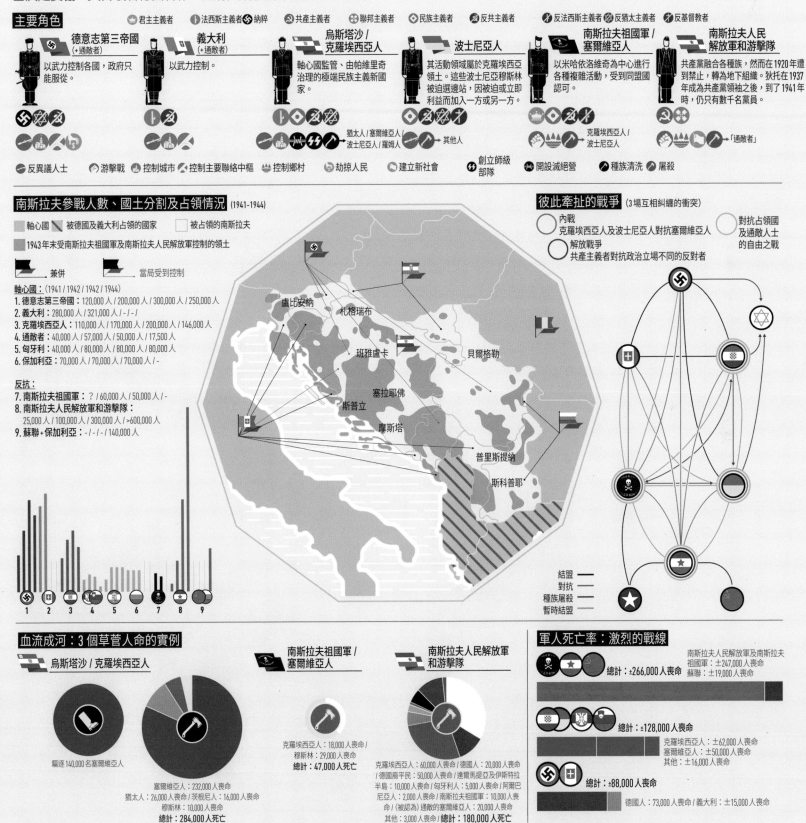

資料來源： 1• M. Cerovic, *Les Enfants de Staline. La guerre des partisans soviétiques (1941-1944)*, Seuil, 2018 - 2• G. Eismann & S. Martens (dir.), *Occupation et répression militaire allemandes (1939-1945)*, Autrement, 2007 - 3• V. Geiger, «Human losses of the Croats in World War II and the immediate post-war period caused by the Chetniks and the Partisans and the Yugoslav communiste authorities numerical indicators», *Review of Croatian History*, n° 1, 2012, pp. 77-121 - 4• M. Mazower, *Hitler's Empire. Nazi Rule in Occupied Europe*, Penguin, 2008 - 5• O. Wieviorka, *Une histoire de la Résistance en Europe occidentale*, Perrin, 2017

法國反抗運動

　　1940 年夏天，抵抗運動隱隱待發。6 月 18 日，戴高樂設想的是完全軍事化的抵抗行動。他呼籲士兵與工程師「與他聯絡」。流亡英國的自由法國政權（France Libre）正式誕生，其核心為 10,000 名志願從軍者。他們多半是專業人士，且外國人就占了 20%。這數字和戰爭期間各國軍隊人數相比實在微不足道，但少了這些人，自由法國早就消失了。後來的自由法國軍成員中，75% 是住在海外的法國人，而住在法國的人之中，40% 來自沿海都市，特別是布列塔尼地區。接下來，殖民地（新赫布里底群島、法屬赤道非洲、喀麥隆及太平洋殖民地、法屬印度於 1940 年加入）人民的響應，讓自由法國軍更加壯大。這些地方不但帶來大量人力、自然資源、基地、稅收，也讓自由法國軍獲得正統性。然而，必須等到同盟國奪回北非，法國的非洲軍團獲得美國的軍備補給後，法國解放委員會才握有一支名符其實的軍隊。法國解放委員會在 1944 年更名為法蘭西共和國臨時政府。到了 1945 年，法國軍隊占了同盟國軍隊的 10%，但仍聽命於同盟國的指揮。1940 年時，法國仍驚魂未定，因此國內一開始的抵抗以個人為主，且多臨時發動，出於一種不願坐以待斃的心情：他們組織愛國遊行、偶爾妨礙德軍行動，但規模很小。直到秋天，第一波的反抗組織才開始萌芽。這些組織與倫敦取得聯繫，但很快就遭到整肅。第一個轉折點是 1941 年：從 1939 年起就轉入地下活動的法國共產黨，莽撞地組成反抗軍。但由於欠缺志願者（連在巴黎都只有不到 50 名活動分子），團體過小、缺乏戰術，再加上成員是欠缺裝備的一般人，還遇上維希政權警察為主的鎮壓行動，因此這些所謂的「影子軍團」無用武之地。必須等到 1943 年第二季才出現第二次轉折，此時抵抗運動在政治、意識形態、地理、人力四層面都改變了。在政治上，全國抵抗運動委員會凝聚各界；在意識形態上，抵抗運動在民眾心中成為足以和維希政權分庭抗禮的勢力；在地理上，一開始以都市為主的抵抗運動，隨著第一波「馬基斯」（maquis）游擊隊成立，也開始「深入鄉村」；而從人力來看，軍士人數突破 10 萬人。法國本國軍（FFI）為解放盡了一份心力，但其政治意涵遠大於軍事意涵，和戰後理想化的說法剛好相反。但他們的犧牲並非毫無價值。集結各方勢力的反抗運動讓法國重建了國家認同感，延續了共和國價值。當 1944 年維希政權垮台，反抗人士成立臨時政府，避免一國無首的情況，同時也讓法國搭上戰勝國的順風車。

1・參與人數

許多人很早就加入自由法國軍（1/4 成員於 1940 年 7、8 月加入）。隨著 1941 年夏天，同盟軍占領地中海東部的黎凡特區域（Levant）、1943 年同盟軍取得北非，許多平民與軍人在北非軍團成立前夕就參與了自由法國反抗行動。當然，國內反抗人數難以估計，最適切的描述恐怕還是那句老話：「在 1940 年有數千人，1942 年有數萬人，1944 年有數十萬人。」事實上，擁有「反抗運動志願軍」頭銜的人士中，只有不到 4% 在 1940 年就加入（而且這可能是反維希的共產黨人士誇大的數字）。直到 1943 年，許多人因為反對強迫勞動，且戰略情況改變，才加入志願軍。而在最後一刻才加入的人並未列入計算。

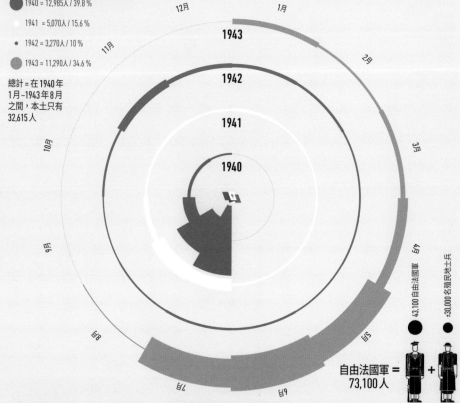

自由法國的人力集結狀況

- 1940 = 12,985人 / 39.8 %
- 1941 = 5,070人 / 15.6 %
- 1942 = 3,270人 / 10 %
- 1943 = 11,290人 / 34.6 %

總計 = 在 1940 年 1 月–1943 年 8 月之間，本土只有 32,615 人

43,100人自由法國軍團 ＋ ±30,000 名殖民地士兵

自由法國軍 ＝ 73,100 人

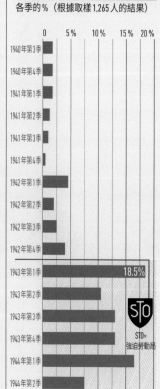

加入國內反抗運動的時程表
各季的 %（根據取樣 1,265 人的結果）

時間	%
1940 年第 3 季	
1940 年第 4 季	
1941 年第 1 季	
1941 年第 2 季	
1941 年第 3 季	
1941 年第 4 季	
1942 年第 1 季	
1942 年第 2 季	
1942 年第 3 季	
1942 年第 4 季	
1943 年第 1 季	18.5%
1943 年第 2 季	
1943 年第 3 季	
1943 年第 4 季	
1944 年第 1 季	
1944 年第 2 季	

STO = 強迫勞動局

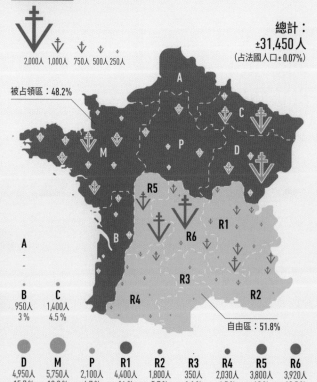

馬基斯成員（根據中央情報與行動調查局 BCRA 的分區資料）

2,000人　1,000人　750人　500人　250人

總計：±31,450人（占法國人口 ±0.07%）

被占領區：48.2%

自由區：51.8%

A	B	C	D	M	P	R1	R2	R3	R4	R5	R6
-	950人 3%	1,400人 4.5%	4,950人 15.7%	5,750人 18.3%	2,100人 6.7%	4,400人 14%	1,800人 5.7%	350人 1.1%	2,030人 6.5%	3,800人 12%	3,920人 12.5%

參與反抗運動（特別是在國外進行的活動）的人多為年輕男性，其中自由法國軍平均年齡為 24 歲，法國本國軍為 34 歲。自由法國軍成員多半來自權貴家族且受過良好教育，政治傾向不強，或在當時傾向右派。正如法國歷史學家穆拉秀勒（J.-F. Muracciole, 1965- ）所言：「也許在 1940 年的倫敦，法國菁英的缺席引人注目，但他們的後代大放異采。」國內抵抗運動的成員則較為多元，但再次值得注意的是，農民人數少，「高階」專業人士占大宗──複雜的通敵關係中也有同樣現象。研究也指出，工人占大多數也只是個迷思。遭流放的抵抗者中，若說有 1/3 來自法國共產黨，但其中只有不到 20% 是工人，證明抵抗運動獲得來自社會各層級的響應。

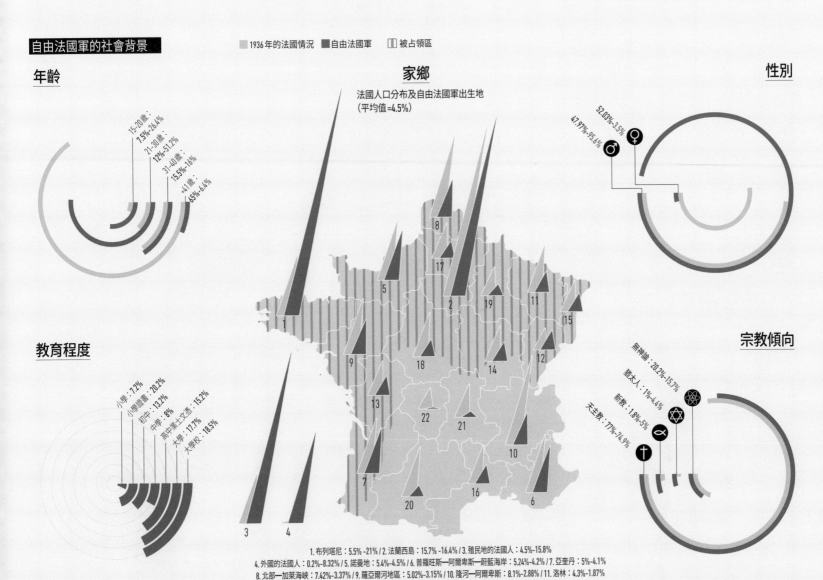

自由法國軍的社會背景

■ 1936年的法國情況　■ 自由法國軍　▓ 被占領區

年齡

15-20 歲：7.5%-26.4%
21-30 歲：12%-51.2%
31-40 歲：15.5%-16%
41 歲以上：65%-6.4%

家鄉
法國人口分布及自由法國軍出生地
（平均值 =4.5%）

性別
52.03%-3.5% ♀
47.97%-95.6% ♂

教育程度

小學：7.2%
小學證書：20.2%
初中：13.2%
中學：8%
高中畢業文憑：15.2%
大學：17.7%
大學校：18.5%

宗教傾向
無神論：20.2%-15.7%
猶太人：1%-4.4%
新教：1.8%-5%
天主教：77%-74.9%

1. 布列塔尼：5.5% -21% / 2. 法蘭西島：15.7% -16.4% / 3. 殖民地的法國人：4.5%-15.8%
4. 外國的法國人：0.2%-8.32% / 5. 諾曼地：5.4%-4.5% / 6. 普羅旺斯─阿爾卑斯─蔚藍海岸：5.24%-4.2% / 7. 亞奎丹：5%-4.1%
8. 北部─加萊海峽：7.42%-3.37% / 9. 羅亞爾河地區：5.02%-3.15% / 10. 隆河─阿爾卑斯：8.1%-2.88% / 11. 洛林：4.3%-1.87%
12. 法蘭琪─康堤：1.94%-1.72% / 13. 波瓦圖：3.1%-1.72% / 14. 勃艮第：3.2%-1.72% / 15. 阿爾薩斯：2.82%-1.65%
16. 隆格多克：3.5%-1.65% / 17. 皮喀第：3.14%-1.5% / 18. 中央區：3.97%-1.5%
19. 香檳區：2.6%-1% / 20. 南部─庇里牛斯：4.48%-0.97% / 21. 奧文尼：3%-0.5% / 22. 利木森：1.84%-0.1%

167

比較法國及自由法國軍的
社會組成架構

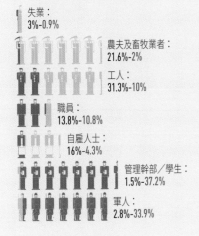

失業：
3%-0.9%

農夫及畜牧業者：
21.6%-2%

工人：
31.3%-10%

職員：
13.8%-10.8%

自雇人士：
16%-4.3%

管理幹部／學生：
1.5%-37.2%

軍人：
2.8%-33.9%

政治傾向

1936 年的國會選舉　　1942 年的自由法國軍

人民陣線 47.97%			右派 22.91%				
共產黨	社會主義	激進左派	中間偏右派	基督民主派	自由右派	民族主義右派	空白票與棄權
12.7%	16.86%	18.41%	21.5%	0%	1.41%	0%	28.94%
1.4%	4.8%	7.3%	4.5%	3.1%	16%	7.9%	55%

人民陣線 13.5%　　右派 23.6%

陸軍士兵背景
（1942 年 11 月～1945 年 5 月／以%表示）

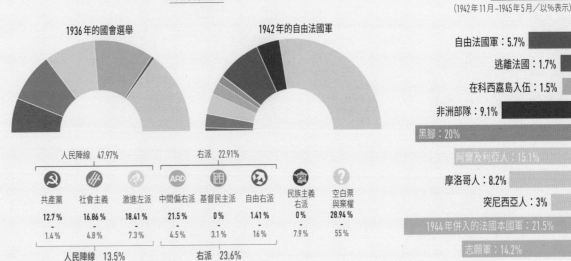

自由法國軍：5.7%
逃離法國：1.7%
在科西嘉島入伍：1.5%
非洲部隊：9.1%
黑腳：20%
阿爾及利亞人：15.1%
摩洛哥人：8.2%
突尼西亞人：3%
1944 年併入的法國本國軍：21.5%
志願軍：14.2%

這場史詩般的反抗戰鬥史，由歐洲外圍的非洲揭開序幕。從塞內加爾的達卡（Dakar），經過東非，直到地中海東部的黎凡特地區，都發生一系列反維希運動。但必須等到 1942 年春，法國兵團才終於站上第一線（畢爾哈凱姆戰役），勒克萊爾將軍（Leclerc, 1902-1947）也帶領部隊從撒哈拉趕來參戰。然而，此時的法國軍隊在戰場上仍派不上用場。但在 1942 年末，隨著非洲軍團徵召新血，各軍隊拋開歧見，為對抗相同敵人而團結，終於扭轉情勢。1943 年，這支由殖民地人民和黑腳（Pieds-noirs，指生活在阿爾及利亞、突尼西亞、摩洛哥的法國及歐洲公民）組成的軍隊，占了法國軍隊的 88%，他們與同盟軍並肩作戰，參與各戰區戰事（一軍參與義大利戰爭，一支 25 萬人的軍團則在法國作戰）。此時，法國三色軍團實際參與討伐德國之路。

而法國本土的抵抗運動，包括了各種交錯複雜且各不相同的行動與計畫，諸如搜集情報、協助逃亡人士、號召民眾武裝對抗。從 1942 年開始，這些擾亂敵軍的行動以小規模展開，和軍隊作戰的方式大不相同。它們不但鮮少告捷，也並未明顯阻礙敵人，直到 1944 年春才發揮實際功能，成為同盟軍登陸的內應。1941 年 8 月 23 日，共產黨員皮耶‧喬治（Pierre Georges, 1919-1944）在巴貝斯地鐵站毆打海軍軍校生莫瑟的事件，是報復德國入侵蘇聯的數起攻擊事件之一。但從此時到 1944 年 6 月 6 日之間，只有 0.02% 的德國人在法國喪命。反抗人士攻擊的對象多半是通敵的法國人，或維希政權的軍人。即使法國本國軍於 1944 年夏天起義，對戰局也並未造成太大影響。幸好從諾曼地和普羅旺斯登陸的同盟軍雙面夾擊德軍，迫使德軍撤退，及時阻止後續的潛在災難。為了凝聚民心、戰後重建，法國只能粉飾這段過去。

第 1 自由法國師集結組建，行軍路程及參與戰役

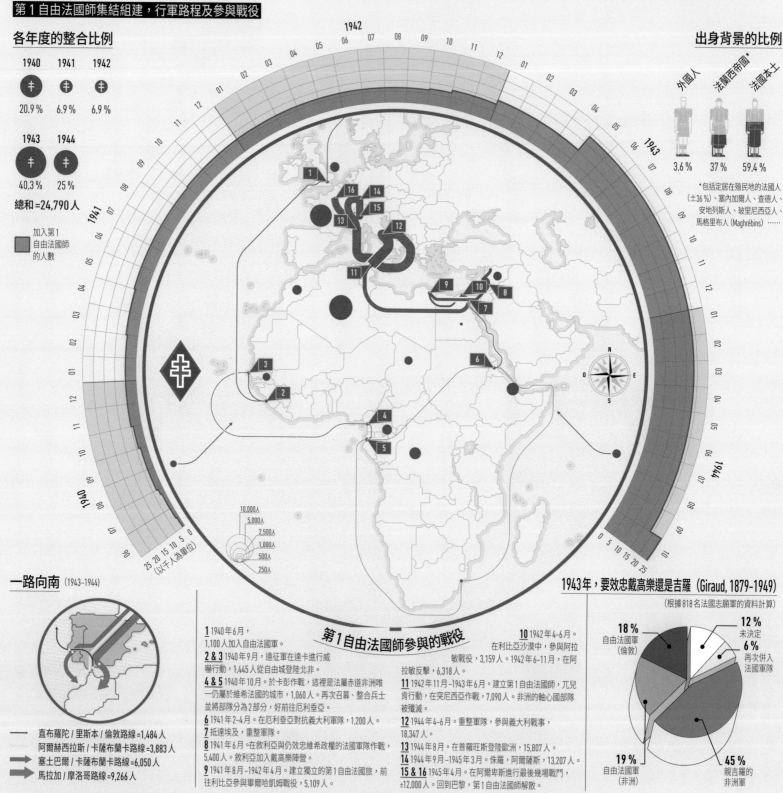

各年度的整合比例

1940	1941	1942
20.9 %	6.9 %	6.9 %

1943	1944
40.3 %	25 %

總和 =24,790 人

加入第 1 自由法國師的人數

出身背景的比例

外國人	法蘭西帝國*	法國本土
3.6 %	37 %	59.4 %

*包括定居在殖民地的法國人（±36 %）、塞內加爾人、查德人、安地列斯人、玻里尼西亞人、馬格里布人（Maghrébins）……

第 1 自由法國師參與的戰役

1 1940 年 6 月，1,100 人加入自由法國軍。

2 & 3 1940 年 9 月，遠征軍在達卡進行威嚇行動，1,445 人從自由城登陸北非。

4 & 5 1940 年 10 月。於卡彭作戰，這裡是法屬赤道非洲唯一仍屬於維希法國的城市，1,060 人。再次召募、整合兵士並將部隊分為 2 部分，好前往厄利垂亞。

6 1941 年 2-4 月。在厄利垂亞對抗義大利軍隊，1,200 人。

7 抵達埃及，重整軍隊。

8 1941 年 6 月。在敘利亞仍效忠維希政權的法國軍隊作戰，5,400 人。敘利亞加入戴高樂陣營。

9 1941 年 8 月-1942 年 4 月。建立獨立的第 1 自由法國旅，前往利比亞參與畢爾哈凱姆戰役，5,109 人。

10 1942 年 4-6 月。在利比亞沙漠中，參與阿拉敏戰役，3,159 人。1942 年 6-11 月，在阿拉敏反擊，6,318 人。

11 1942 年 11 月-1943 年 6 月。建立第 1 自由法國師，兀兒肯行動，在突尼西亞作戰，7,090 人。非洲的軸心國部隊被殲滅。

12 1944 年 4-6 月。重整軍隊，參與義大利戰事，18,347 人。

13 1944 年 8 月。在普羅旺斯登陸歐洲，15,807 人。

14 1944 年 9 月-1945 年 3 月。侏羅，阿爾薩斯，13,207 人。

15 & 16 1945 年 4 月。在阿爾卑斯進行最後幾場戰鬥，±12,000 人。回到巴黎，第 1 自由法國師解散。

10,000 人
5,000 人
2,500 人
1,000 人
500 人
250 人

（以千人為軍位）
25 20 15 0 5
0 5 10 15 20 25

一路向南（1943-1944）

直布羅陀／里斯本／倫敦路線 =1,484 人
阿爾赫西拉斯／卡薩布蘭卡路線 =3,883 人
塞土巴爾／卡薩布蘭卡路線 =6,050 人
馬拉加／摩洛哥路線 =9,266 人

1943 年，要效忠戴高樂還是吉羅（Giraud, 1879-1949）

（根據 818 名法國志願軍的資料計算）

18 % 自由法國軍（倫敦）	12 % 未決定
	6 % 再次併入法國軍隊
19 % 自由法國軍（非洲）	45 % 親吉羅的非洲軍

資料來源：1• J.-L. Leleu, F. Passera, J. Quellien, M. Daeffler, *la France pendant la Seconde Guerre mondiale, Atlas historique*, Fayard, ministère de la Défense, 2010 - 2• François Marcot (dir.), *Dictionnaire historique de la Résistance*, Robert Laffont, 2006 - 3• Jean-François Muracciole, *Les Français libres, l'autre Résistance*, Tallandier, 2009 - 4• Olivier Wieviorka, *Histoire de la Résistance, 1940-1945*, Perrin, 2013

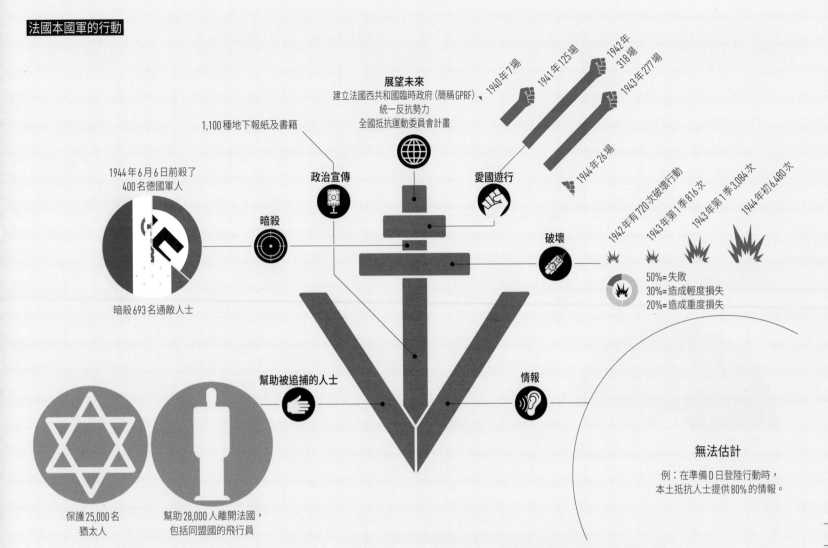

法國本國軍的行動

展望未來
建立法國西共和國臨時政府（簡稱 GPRF）、
統一反抗勢力
全國抵抗運動委員會計畫

1,100 種地下報紙及書籍

1944 年 6 月 6 日前殺了
400 名德國軍人

暗殺

政治宣傳

愛國遊行

1940 年 7 場
1941 年 125 場
1942 年 318 場
1943 年 277 場
1944 年 26 場

破壞

暗殺 693 名通敵人士

1942 年有 720 次破壞行動
1943 年第 1 季 816 次
1943 年第 1 季 3,084 次
1944 年初 6,480 次

50%＝失敗
30%＝造成輕度損失
20%＝造成重度損失

幫助被追捕的人士

情報

保護 25,000 名
猶太人

幫助 28,000 人離開法國，
包括同盟國的飛行員

無法估計
例：在準備 D 日登陸行動時，
本土抵抗人士提供 80% 的情報。

169

---

4 • 死亡

以個人來說，捨身求仁也是一種抵抗途徑，戰後更視此為愛國情操的終極表現。法國共產黨宣稱有多達 75,000 名活躍黨員自願受死，但這根本是捏造記憶：根據檔案資料，只有不到 4,000 人遭到槍決。這並不代表納粹寬宏大量。別忘了，他們將 50,000 名法國人送進集中營，其中有 18,000 人喪命，而某些人不過是聽了英國廣播電台；再者，考量法國軍隊人數本就不多，以比例來看其實傷亡率頗高，至少 1941-1942 年間十分慘烈。一開始就從事反抗行動的人，幾乎無人倖存。納粹定期摧毀反抗運動的聯絡網。1944 年夏天的起義也有約莫 12,000 人灑下熱血。國外的反抗者及解放軍也付出慘重代價：1940-1942 年間，3,200 名自由法國軍喪命，1943-1945 年間的法國解放軍則有 25,000 人陣亡。

反抗運動人士
總計＝±500,000 人參與，33,734 人陣亡／6.75%

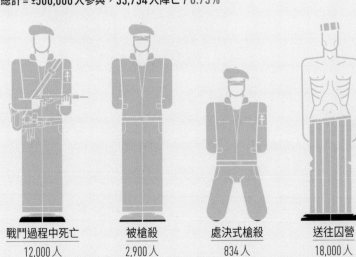

戰鬥過程中死亡	被槍殺	處決式槍殺	送往囚營
12,000 人	2,900 人	834 人	18,000 人
2.4%	0.58%	0.17%	3.6%

法國解放軍（Armée de libération）
總計＝75,823 人受傷／25,370 人陣亡

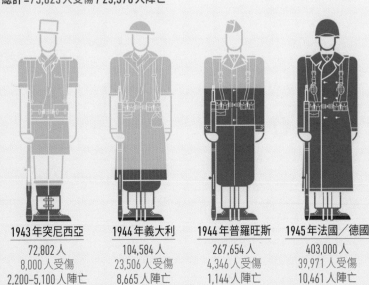

1943 年突尼西亞	1944 年義大利	1944 年普羅旺斯	1945 年法國／德國
72,802 人	104,584 人	267,654 人	403,000 人
8,000 人受傷	23,506 人受傷	4,346 人受傷	39,971 人受傷
2,200–5,100 人陣亡	8,665 人陣亡	1,144 人陣亡	10,461 人陣亡

5 • Jean-Louis Crémieux-Brilhac, *La France libre, de l'appel du 18 juin à la Libération*, 2 tomes, « Folio Histoire », Gallimard, 2014 - 6 • Franck Liaigre, *Les FTP. Nouvelle histoire d'une résistance*, Perrin, 2016
7 • F. Broche, G. Caïtucoli, J.-F. Muracciole, M. Gallo, *La France au combat*, Perrin, 2007 - 8 • Fabrice Grenard, *Maquis noirs et faux maquis*, Vendémiaire, 2013 - 9 • www.francaislibres.net

戰後歐洲的人口大遷徙

第二次世界大戰最顯著的特點，就是平民大規模四處遷徙：1939-1945 年間，光在歐洲就有 4,000 萬人流離失所。同盟國雖知道必須提供食物、照顧並送他們回本國，但由於人數出乎意料龐大，於是在 1943 年成立了國際組織：聯合國善後救濟總署（UNRRA）。它領導許多慈善組織救援百姓，但同時也仰賴軍事組織的協助。德國投降後，同盟國清點德國境內約有 1,200-1,300 萬名外國勞工、戰囚及集中營囚犯，

但隨著德意志帝國瓦解，難以取得明確數字，因此這只是估計值。更糟糕的是，數以百萬計的德國人離開原居地，流離於國內各處：有的因空襲而告別家園（480 萬人），有的是為了躲避紅軍的難民（約 600-900 萬人）。這些人摩肩擦踵地列隊踏上歸程，舉目所及盡是斷垣殘壁。超乎負荷的善後救濟總署心有餘而力不足，又無法進入蘇聯占領區。伯根貝爾森集中營的 14,000 名囚犯在獲釋後喪命。在 6 個月內，各

1. 漫漫歸途 （隨著德意志帝國的瓦解，無法計算正確人數，此處數字皆為估計值）

1945 年 4 月 30 日德意志帝國領土上的外國人 （總計 1,200-1,300 萬人）

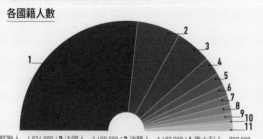

各國籍人數

1 蘇聯人 = 6,936,000 / 2 法國人 = 1,690,200 / 3 波蘭人 = 1,403,000 / 4 義大利人 = 700,000
5 比利時人 = 500,000 / 6 荷蘭人 = 402,000 / 7 捷克人 = 350,000 / 8 南斯拉夫人 = 328,000
9 英國人、美國人 = 275,000 / 10. 波羅的人 = 100,000 / 11. 其他 = 315,800

各類別人數

1 勞動者 = 8,000,000 / 2 戰俘 = 3,584,200
（包括 1,836,000 名蘇聯人 / 937,000 名法國人 / 300,000 名波蘭人 / 275,000 名英國人及美國人）
3 因鎮壓而被關押 = 1,000,000 / 4. 因種族而被關押 = 100,000 / 5. 其他 = 315,800

法國人迅速回到祖國 （單位：千人）

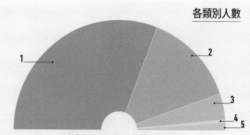

月分			類別
1945/3	30,000人	618,700人	強迫勞動
1945/4	310,000人		
1945/5	980,000人	937,000人	士兵
1945/6	270,000人	93,000人	身不由己者
1945/7	90,000人	39,000人	法國國內軍隊
1945/8	30,000人		
1945/9	80,200人	2,500人（在 75,000人中）	猶太人

1,690,200人離開家園、成為囚犯

1946 年 3 月 1 日蘇聯人歸國後的下場 根據過濾營及控制營的數據／總計 4,200,000 人

之所以有多達 280 萬人下落不明，有數項原因：無法取得資料（至少有 80 萬人），在遣送回國前就已離世，在過濾營中沒有資料，拒絕回到蘇聯（西歐國家解放的蘇聯人中，超過一半的人沒回到「祖國」）。

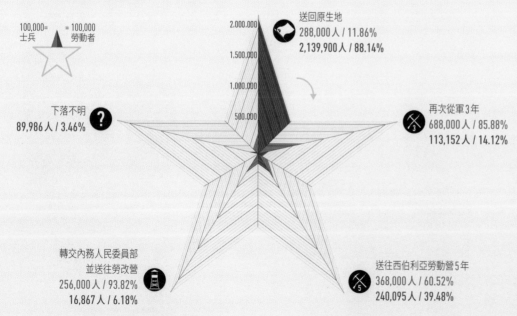

100,000 = 士兵 ／ = 100,000 勞動者

下落不明
89,986人 / 3.46%
?

送回原生地
288,000人 / 11.86%
2,139,900人 / 88.14%

再次從軍 3 年
688,000人 / 85.88%
113,152人 / 14.12%

轉交內務人民委員部並送往勞改營
256,000人 / 93.82%
16,867人 / 6.18%

送往西伯利亞勞動營 5 年
368,000人 / 60.52%
240,095人 / 39.48%

2・人口交換

隨著德國退出波蘭，蘇聯得勢，夾在這波人口流動中的波蘭，因地理位置靠近西歐，大量的波蘭人朝西移動。同時，各國都在進行種族清洗，經過 30 年的磨練，手段已經十分嫻熟且大同小異：恐嚇、歧視、暴力、拘留（蘇聯、波蘭、南斯拉夫等地，超過 300 萬名德國人成了種族清洗的受害者，其中 1/4 的人喪命）、以徒步或鐵路將人民驅逐出境。1948 年就有大規模的種族清洗，且這些國家直到 1954 年仍在計畫種族淨化與強迫遷徙行動（以武力強迫特定種族移居國家邊界，比如住在波蘭的 14 萬名烏克蘭人，蘇聯境內的 25.8 萬名烏克蘭人，8.2 萬名立陶宛人），接著加以同化。

日耳曼裔人口的移動

目的地當局接納的人數
? = 數字未知

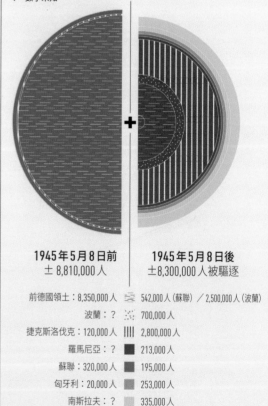

1945 年 5 月 8 日前
±8,810,000 人

1945 年 5 月 8 日後
±8,300,000 人被驅逐

前德國領土：8,350,000 人		542,000 人（蘇聯）／ 2,500,000 人（波蘭）
波蘭：?		700,000 人
捷克斯洛伐克：120,000 人		2,800,000 人
羅馬尼亞：?		213,000 人
蘇聯：320,000 人		195,000 人
匈牙利：20,000 人		253,000 人
南斯拉夫：?		335,000 人
其他歐洲地區：?		762,000 人

500,000-2,251,500 人死亡
總計：17,110,000 人遷徙各地

國政府組織居然將如此大量的難民集中安置，並將大部分的人送回本國，實為奇蹟。但有 150 萬名波蘭人、烏克蘭人、波羅的海人及猶太人無法歸國。他們再次被安置在兵營或修整後的集中營，但這些地方人數過多、環境擁擠雜亂、衛生情況不佳。到處都是無止無盡、等待簽證的人（最後一座收留營直到 1959 年才關閉）。隨著東歐被驅逐的人數激增，這些收留營的人數也不斷增加。

史達林和希特勒政權造成太多平民被迫離鄉背井，徹底打破歐洲社會講求穩定、習於長期定居一處的習慣。人口成了隨時變動的數字。而且西方強權無視太平洋憲章，支持史達林的行動。他們希望藉由成立種族一致的國家，確保未來的和平；依邱吉爾的説法，就是：「好好清掃一下。」於是，一場史無前例的國家重整就此展開，受到影響的百姓人數令人驚駭：1,200–1,600 萬人。

若説德國人受到的影響最大（900 萬人遭流放，至少 50 萬人死亡），但至少他們有家可歸，而且他們的「祖國」後來經歷了經濟奇蹟。其他沒那麼幸運的人民，被送到落後且專制的國家。東歐因流失大量人口而付出慘痛代價，嘗盡動亂苦澀，再加上長久的經濟混亂，變得更加沒落。

最嚴重的「種族清洗」行動（1945 年 5 月–1953 年）

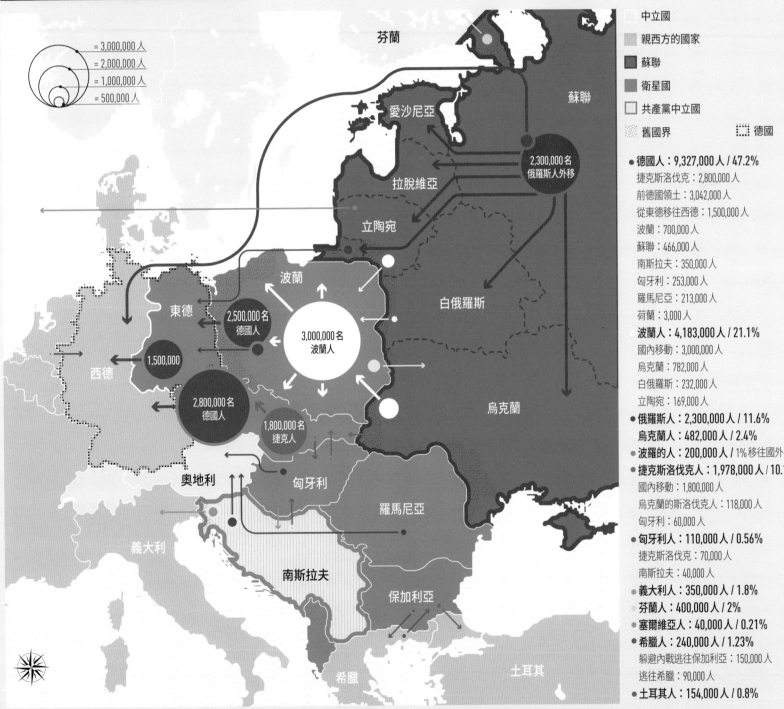

171

資料來源：1• Timothy Snyder, *Terres de sang : l'Europe entre Hitler et Staline*, Gallimard, 2012 - 2• Catherine Gousseff, *Échanger les peuples : le déplacement des minorités aux confins polono-soviétiques*, Fayard, 2015 3• Nicolas Werth, « Le grand retour, URSS 1945-1946 », *Histoire@politique. Politique, culture, société*, n°3, 2007 - 4• Ben Shephard, *Le Long Retour (1945-1952), L'histoire tragique des « déplacés » de l'après-guerre*, Albin Michel, 2014 - 5• Keith Lowe, *L'Europe barbare (1945-1950)*, Perrin, 2013 - 6• Malcolm J. Proudfoot, *European Refugees (1939-1952). A Study in Forced Population Movement*, Northwestern University Press, 1956 - 7• Jessica Reinisch & Elizabeth White (éd.), *The Disentanglement of Populations : Migration, Expulsion and Displacement in Post-War Europe, 1944-49*, Palgrave Macmillan, 2011 - 8• Mark Wyman, *DPs : Europe's Displaced Persons, 1945-1951*, Cornell University Press, 1998 - 9• Gerhard Reichling, *Die deutschen Vertriebenen in Zahlen. Umsiedler, Verschleppte, Vertriebene, Aussiedler*, Kulturstiftung der deutschen Vertriebenen, 1985 - 10• R. M. Douglas, *Les Expulsés*, Flammarion, 2012

戰爭的經濟影響

「二戰剛結束的歐洲，宛如一幅悲慘至極的災難畫。從當時的照片和紀錄片，我們看到可憐無助的平民如潮水般，步履維艱地走在被破壞殆盡的淒慘城鎮和荒蕪土地。」英國歷史學家東尼‧朱德（Tony Judt, 1948-2010）說道。

德國陷入無政府狀態，貨幣無法使用，沒有可販售的商品，沒有解飢的食糧，也沒有工作機會，「只剩下混亂與求生，」英國歷史學者基斯‧羅威（Keith Lowe, 1970-）如此形容。這是人類歷史上獨一無二的災難，眾人擔憂歐洲將陷入戰亂不斷、至少長達20年的停滯期。亞洲的情況也同樣慘烈。

1‧舉目所及盡成灰

放眼望去，到處都是廢墟！巴黎和羅馬幸運地完好無缺，但柏林、華沙、明斯克只剩斷壁殘垣。東歐的景況更是超乎想像的淒涼。從普魯士到莫斯科，連最小的村落也難逃滅亡或全毀的命運：70,000 座村落和 1,700 座城鎮全毀，光蘇聯就有 32,000 座工廠遭到破壞。就連遠離戰場的區域也無法逃過一劫：占領國將 1,000 座希臘村落化成一片瓦礫。相比之下，西歐國家近乎完好無傷——實情並非如此。屠殺人民及焦土政策才是讓歐洲滿目瘡痍的主因，遠比空襲和戰事本身還要可怕。交通網遭到嚴重破壞。塞納河流經巴黎後，下游橋梁全毀，而萊茵河上只剩一座橋梁。法國 12,800 輛火車頭中有 10,000 輛遭到毀壞，蘇聯則損失 15,000 輛。因此，經濟網絡完全癱瘓。

住宅毀損的比例及無家可歸的人數（估計值）

=10% 完好住宅
=10% 受損住宅
=10% 全毀住宅
=1,000,000 人

蘇聯：25,000,000 人
（占人口的 14.3%）
受損 7%／全毀 15%

2‧飢荒

鄉間也無法逃過此劫。在荷蘭，11% 的農地遭淹沒及鹽化。南斯拉夫失去 25% 的葡萄園、50% 的牲畜、75% 的犁，損失了大量拖拉農具、運送人與貨物的牲口，運輸網絡全毀。歐洲必須仰賴美國送來的糧食才能存活。「盡情享受戰爭吧，和平才恐怖得很，」柏林人在 1944 年曾如此打趣道。1945-1946 年的隆冬時節，柏林食糧配給量比 1943 年足足少了 1/4。夏天時，某街區的幼兒死亡率甚至高達 66%。因為太多人流離失所，傳染病在東歐橫行肆虐。直到 1948 年為止，多達 10 萬名日本人餓死。但蘇聯最為艱困，1946-1947 年間當局放任西邊新加入的兼併國陷入飢荒，東邊則未發生預期的嬰兒潮，多達 150 萬人喪命或被殺。歐洲各地花了 3-5 年才脫離配給制。

戰爭損失與國內生產總額的比較／運輸網完全癱瘓

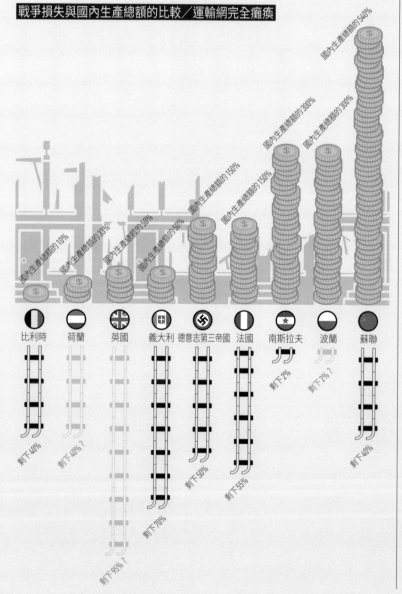

國內生產總額的 10%｜比利時
國內生產總額的 30%｜荷蘭
國內生產總額的 50%｜英國
國內生產總額的 50%｜義大利
國內生產總額的 150%｜德意志第三帝國
國內生產總額的 150%｜法國
國內生產總額的 300%｜南斯拉夫
國內生產總額的 300%｜波蘭
國內生產總額的 540%｜蘇聯

剩下 40%｜比利時
剩下 40% ?｜荷蘭
剩下 70%｜英國
剩下 50%｜義大利
剩下 55%｜德意志第三帝國
剩下 95% ?｜法國
剩下 2%｜南斯拉夫
剩下 2% ?｜波蘭
剩下 40%｜蘇聯

攝取的平均卡路里數

= 1 名勞動者最低攝取量應為 2,150 大卡

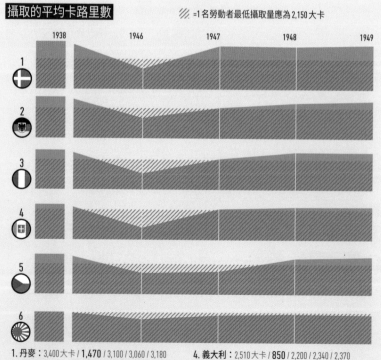

	1938	1946	1947	1948	1949
1．丹麥	3,400 大卡	1,470	3,100	3,060	3,180
2．德國	2,960 大卡	1,450	2,190	2,530	2,690
3．法國	2,830 大卡	1,160	2,210	2,690	2,680
4．義大利	2,510 大卡	850	2,200	2,340	2,370
5．捷克斯洛伐克	2,700 大卡	1,510	1,629	2,441	2,690
6．日本	2,180 大卡	1,581	1,960	2,050	2,000

化為廢墟的日本陷入飢荒。令人意外的是，戰後如此淒慘的日本及歐洲，居然花了 10 年就重振雄風，不過其中有幾個線索可循。一方面，產業結構很快復原；另一方面，殘酷的災難也帶來新的展望：英國、法國、義大利、捷克斯洛伐克……等地，民主國家成為福利國家。要維持民主制度，當務之急就是戰勝苦難、文化荒蕪與不公不義，阻止極權國家萌芽。國家對經濟和社會活動的干預擴大。為了整治發國難財的人，東歐趁機推動土地改革。各地都推行產業國有化。在私人資金短缺的情況下，國家藉由提供財源，也掌握主導權，隨著

產業的成長調整政策，因此，法規與社會支出也隨之增加。而在重建之時，也是將各種基本設施現代化的大好時機。這些意志論的國家以此重塑上下團結的氣氛，安定民心。但當產能增加，需求也必須持續上升，產業才能持續活絡。然而，這些國家花了 5 年才達到需求與供給的平衡。隨著 1947 年社會危機爆發，要是沒有美國和新型國際組織（如善後總署和國際復興開發銀行）提供大量資金及原料，前述的美好計畫根本無法實現。

日本：22,000,000 人
（占人口的 29%）
受損 15%／全毀 25%

法國：5,000,000 人
（占人口的 12.6%）
受損 13.5%／全毀 4.5%

德國：20,000,000 人
（占人口的 30%）
受損 20%／全毀 20%

農業產量　■=基準點為 100　■=農產品　■=小麥產品

	1938	1945	1946	1947	1948	1949
日本 50 米 50						
美國						
英國						
法國						
荷蘭						
義大利						
瑞典						
德意志第三帝國及西德						
羅馬尼亞					?	?
波蘭						
蘇聯						?

3・最昂貴的一場戰爭

各國欠缺一致的統計規則，再加上蘇聯不願公開資料，因此難以比較各國的戰爭花費。此處的數據只是美國學者的估計值，很可能過於保守。雖然這些數據不夠確實，但仍能從中得出 2 項結論。雖然德意志第三帝國的經濟水平遠比不上美國，但其軍事支出卻不遑多讓。此外，這些數據也證明軍事費用經常超過（而且遠遠超過）重建費用。最後，綜觀美國歷史，以戰爭費用占國民生產總值的比例而言，二戰是最昂貴的一場戰事，其他戰爭望塵莫及。但若單就金額而言，則是別的戰爭拔得頭籌。

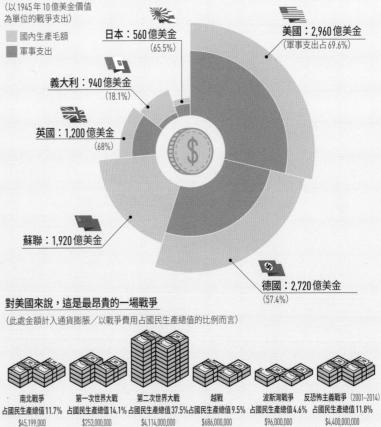

（以 1945 年 10 億美金價值為單位的戰爭支出）
■ 國內生產毛額
■ 軍事支出

日本：560 億美金
（65.5%）

美國：2,960 億美金
（軍事支出占 69.6%）

義大利：940 億美金
（18.1%）

英國：1,200 億美金
（68%）

蘇聯：1,920 億美金

德國：2,720 億美金
（57.4%）

對美國來說，這是最昂貴的一場戰爭
（此處金額計入通貨膨脹／以戰爭費用占國民生產總值的比例而言）

南北戰爭	第一次世界大戰	第二次世界大戰	越戰	波斯灣戰爭	反恐怖主義戰爭（2001-2014）
占國民生產總值 11.7%	占國民生產總值 14.1%	占國民生產總值 37.5%	占國民生產總值 9.5%	占國民生產總值 4.6%	占國民生產總值 11.8%
$45,199,000	$253,000,000	$4,114,000,000	$686,000,000	$96,000,000	$4,400,000,000

1945 年，戰敗國的產業完全停擺。法國產能不及戰前的 50%。所幸產業結構的破壞程度低於 20%。二戰結束後，捷克斯洛伐克和匈牙利變得更加工業化，德國則全面更新設備。沒有工人、原料、能源，工廠就無法運作，但其中最重要的還是交通網絡。運輸網足足花了 1-2 年才恢復，心懷不軌的紅軍則向東歐挹注大量的重建物資與人力。然而，位居傳統歐洲貿易中心的德國被 4 國占領，同盟國在 1947 年對重新推動德國產業出現歧見，經濟成長又陷入遲滯。雪上加霜的是，歐洲沒有足夠財力支付從美國進口的物資。人民剛重獲希望，準備好為國奉獻，卻又遭逢變故，社會陷入蕭條。到處都是廢墟，卻沒有足夠的設備重建。因此，社會運動勢如破竹，於

各地爆發。歐洲如風中殘燭般擺盪不定。隨著馬歇爾計畫實施，美、英、法決定成立西德，及時避免情況惡化。馬歇爾計畫在接下來數年間，提供了 130 億美金的援助，幫助歐洲經濟復甦。此計畫的重點是推動投資、振興各國產能，而條件則是歐洲必須進口等值的美國設備。的確，除了英國歷史學家米瓦爾（Milward, 1935-2010）的著作，我們手上的數據也印證，在馬歇爾計畫實施之前，歐洲經濟已重新起步。但不可否認的是，此計畫刺激並加速了重建過程。再者，從精神層面來看，此計畫為歐洲帶來光明，畢竟 1947 年時，根本沒人相信歐洲能在 20 年內站穩腳步，發展如此快速。接下來，西歐邁進前所未有的富足時代。

國內生產毛額的變化 (以 1990 年美金為單位)　　■ 1938 年國內生產毛額　　低於 1938 年　　等於或大於 1938 年

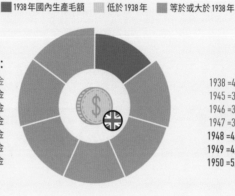

法國：
1932 =1,870 億美金
1945 =1,020 億美金
1946 =1,550 億美金
1947 =1,680 億美金
1948 =1,800 億美金
1949 =2,050 億美金
1950 =2,200 億美金

英國：
1938 =2,980 億美金
1945 =3,470 億美金
1946 =3,320 億美金
1947 =3,270 億美金
1948 =3,370 億美金
1949 =3,500 億美金
1950 =3,480 億美金

蘇聯：
1938 =4,050 億美金
1945 =3,330 億美金
1946 =3,330 億美金
1947 =3,700 億美金
1948 =4,200 億美金
1949 =4,660 億美金
1950 =5,100 億美金

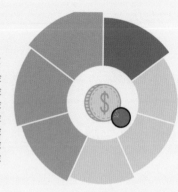

義大利：
1938 =1,440 億美金
1945 =870 億美金
1946 =1,140 億美金
1947 =1,340 億美金
1948 =1,420 億美金
1949 =1,520 億美金
1950 =1,650 億美金

日本：
1938 =1,760 億美金
1945 =1,030 億美金
1946 =1,110 億美金
1947 =1,200 億美金
1948 =1,380 億美金
1949 =1,470 億美金
1950 =1,610 億美金

德國及西德（自 1947 年起）：
1938 =3,420 億美金
1945 =3,020 億美金
1946 =1,430 億美金
1947 =1,610 億美金
1948 =1,910 億美金
1949 =2,230 億美金
1950 =2,650 億美金

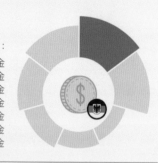

工業產能變化

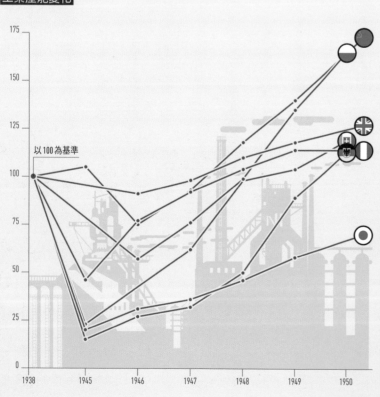

以 100 為基準

175
150
125
100
75
50
25
0

1938　1945　1946　1947　1948　1949　1950

失業狀況變化 (以千人為單位)

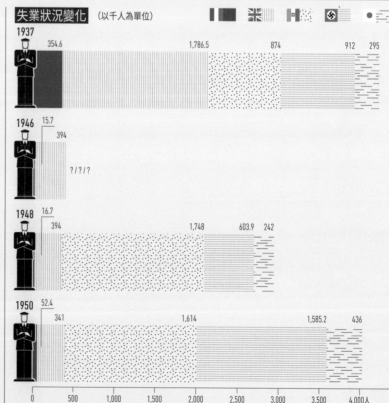

1937　354.6　1,786.5　874　912　295

1946　15.7　394　?/?/?

1948　16.7　394　1,748　603.9　242

1950　52.4　341　1,614　1,585.2　436

0　500　1,000　1,500　2,000　2,500　3,000　3,500　4,000人

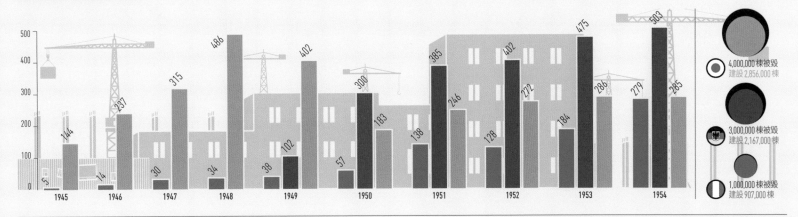

法國、德國、日本的重建 （以千棟住宅為單位）

4,000,000 棟被毀 建設 2,856,000 棟

3,000,000 棟被毀 建設 2,167,000 棟

1,000,000 棟被毀 建設 907,000 棟

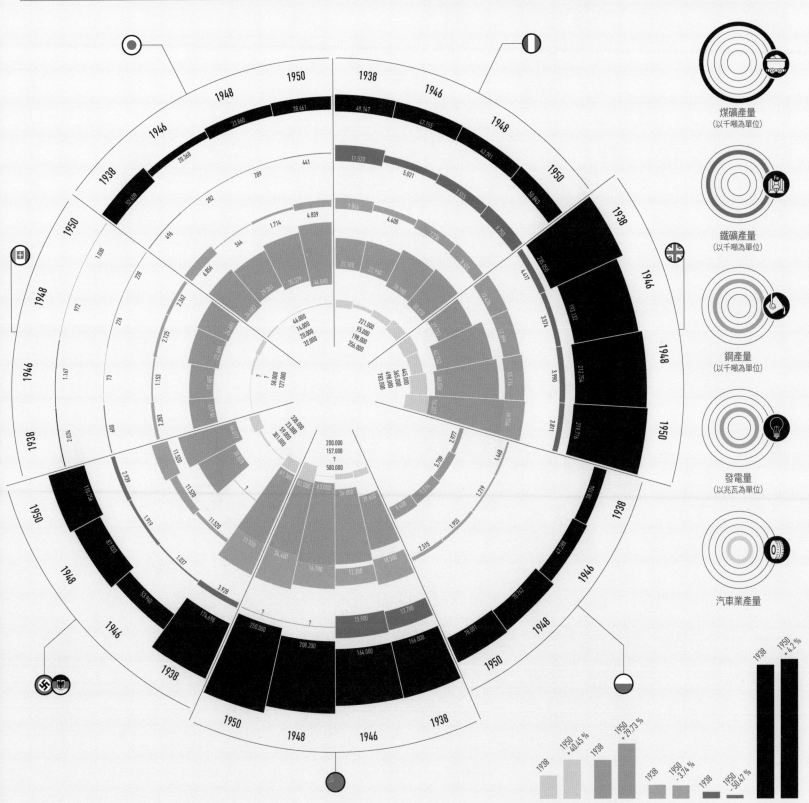

煤礦產量
（以千噸為單位）

鐵礦產量
（以千噸為單位）

鋼產量
（以千噸為單位）

發電量
（以兆瓦為單位）

汽車業產量

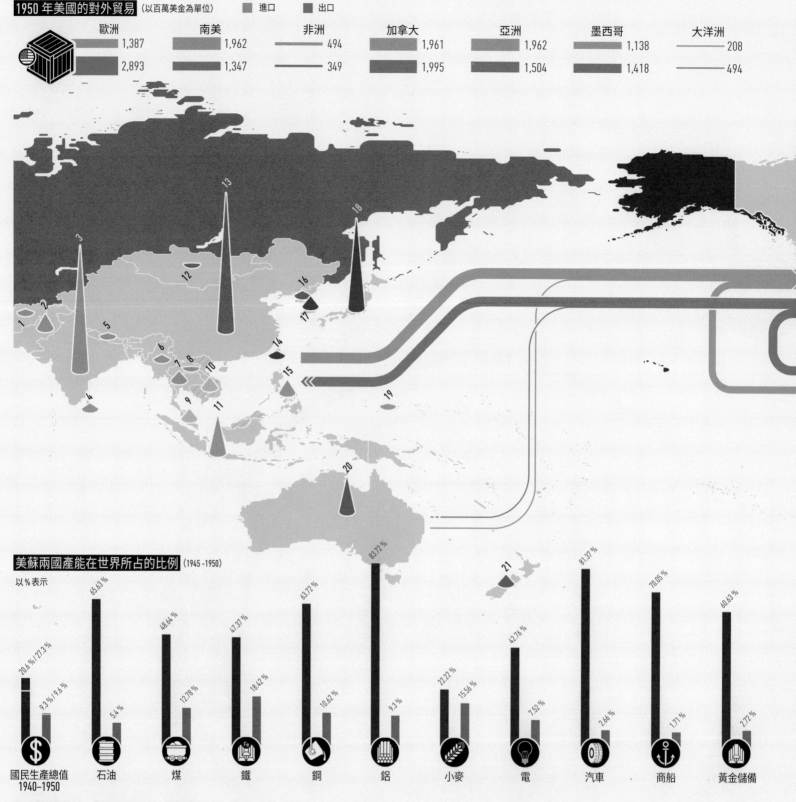

1950 年美國的對外貿易 (以百萬美金為單位)　■ 進口　■ 出口

	歐洲	南美	非洲	加拿大	亞洲	墨西哥	大洋洲
進口	1,387	1,962	494	1,961	1,962	1,138	208
出口	2,893	1,347	349	1,995	1,504	1,418	494

美蘇兩國產能在世界所占的比例 (1945-1950)

以 % 表示

國民生產總值 1940-1950	石油	煤	鐵	鋼	鋁	小麥	電	汽車	商船	黃金儲備
20.6 % / 27.3 %	65.63 %	48.64 %	47.37 %	63.72 %	83.72 %	22.22 %	42.76 %	81.37 %	70.05 %	60.63 %
9.3 % / 9.6 %	5.4 %	12.78 %	18.42 %	10.62 %	9.3 %	15.56 %	7.52 %	2.66 %	1.71 %	2.72 %

5 • 美國登上「經濟世界」的頂點

法國歷史學家費爾南・布勞岱爾（Fernand Braudel, 1902-1985）在 1949 年將「經濟世界」定義為：「地球上一個經濟自主的區塊（具備一個握有統治權的核心國家和數個被統治的發展中國家），在這個區塊中，各國間的往來和貿易關係宛如活的有機體。」20 世紀初，美國的經濟世界漸漸取代英國的經濟世界，但直到第二次世界大戰，這兩個經濟世界才正式交棒。1945 年時，美國四處擴展經濟領地，沒有國家能與之爭鋒，這樣的情況前所未見。美國握有 60% 的黃金儲備，生產額超過全球的 50%（而其人口只占全球 5%），蘇聯屈居次位，其他國家只能爭食剩下的殘羹。隨著全球化的速度加快，再加上歐洲和亞洲仍是一片廢墟，不得不進口大量物資，美國更成為全球化的核心。1944 年，列敦森林會議將美金定為國際貿易貨幣，

而在 1947 年簽訂的關稅暨貿易總協定（GATT）則標示了自由貿易的開始，全球各地吹起「美國式生活」（American way of life）的風潮。歐洲在 1947 年的對美進口額是其出口額的 6 倍。英國 50% 的進口額都來自美國。為了購買煤和穀物，各國只能向美國大量借款（英國借了 44 億美金，法國借了 19 億，就連蘇聯也借了數億）。1947 年，貿易逆差加倍。美蘇間的氣氛愈漸緊張，歐洲也瀕臨破產。幸好馬歇爾經過深思熟慮提出高明的解決辦法──歐洲復興計畫，亦稱馬歇爾計畫。長期而言，此計畫可能會扶植出美國未來的貿易對手，但美國具備創新能力，自信能夠保持領先地位。美國以巧妙的身段進入冷戰。在接下來的數年間，軍事同盟網絡建立了華盛頓和紐約獨大的西方世界。

資料來源：*1•* Annuaires statistiques annuels ONU (année 1948 à 1953) - *2•* Statistical Abstract of the United States, 1953 - *3•* World Economic Report, ONU, 1949 - *4•* Dominique Barjot, Rémi Baudouï, Danièle Voldman (dir.), Les Reconstructions en Europe (1945-1949), Éditions Complexe, 1997

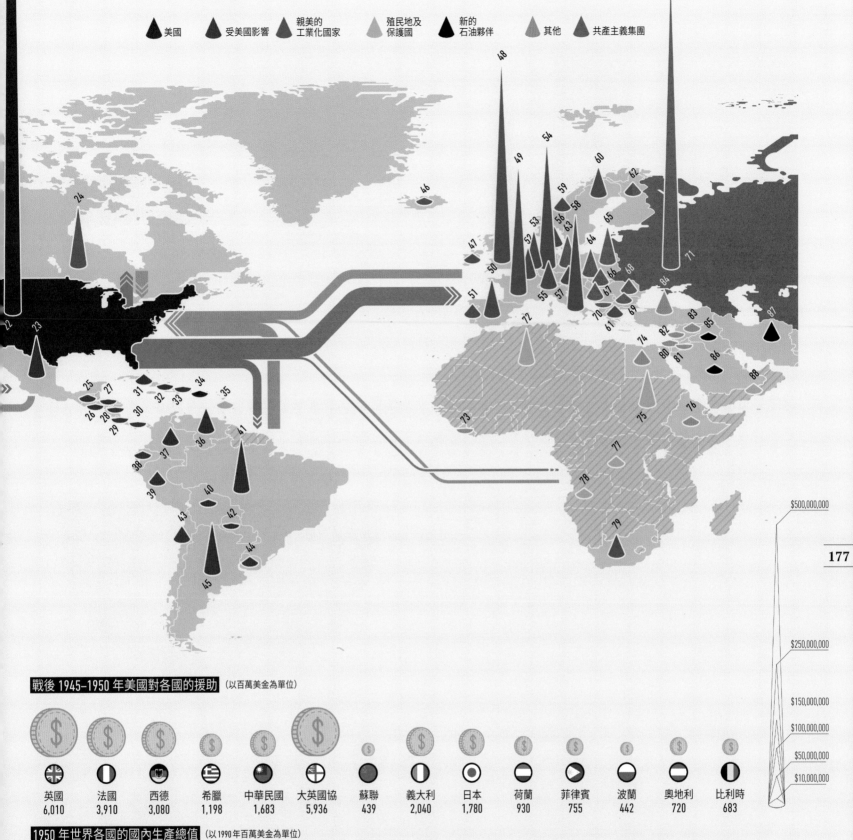

177

戰後 1945-1950 年美國對各國的援助 (以百萬美金為單位)

英國	法國	西德	希臘	中華民國	大英國協	蘇聯	義大利	日本	荷蘭	菲律賓	波蘭	奧地利	比利時
6,010	3,910	3,080	1,198	1,683	5,936	439	2,040	1,780	930	755	442	720	683

$500,000,000
$250,000,000
$150,000,000
$100,000,000
$50,000,000
$10,000,000

1950 年世界各國的國內生產總值 (以1990年百萬美金為單位)

1. 阿富汗：5,255 / 2. 巴基斯坦：25,366 / 3. 印度：222,222 / 4. 斯里蘭卡：9,438 / 5. 尼泊爾：4,462 / 6. 緬甸：7,711 / 7. 泰國：9,438 / 8. 寮國：1,156 / 9. 英屬亞洲殖民地：17,262

10. 法屬印度支那：18,836 / 11. 印尼：5,255 / 12. 蒙古：339 / 13. 中國：244,985 / 14. 台灣：7,378 / 15. 菲律賓：66,358 / 16. 北韓：8,087 / 17. 南韓：17,800

18. 日本：160,966 / 19. 亞洲其他國家：3,871 / 20. 澳洲：61,274 / 21. 紐西蘭：16,136 / 22. 美國：1,455,916 / 23. 墨西哥：67,368 / 24. 加拿大：102,164 / 25. 瓜地馬拉：6,190

26. 薩爾瓦多：2,888 / 27. 宏都拉斯：1,880 / 28. 尼加拉瓜：1,774 / 29. 哥斯大黎加：1,702 / 30. 巴拿馬：1,710 / 31. 古巴：11,837 / 32. 海地：3,254 / 33. 多明尼加共和國：2,416

34. 波多黎各：4,755 / 35. 安地列斯群島其他國家：8,242 / 36. 委內瑞拉：37,377 / 37. 厄瓜多：6,728 / 38. 哥倫比亞：24,955 / 39. 祕魯：17,613 / 40. 玻利維亞：5,309 / 41. 巴西：89,342 / 42. 巴拉圭：2,338

43. 智利：22,352 / 44. 烏拉圭：10,224 / 45. 阿根廷：85,524 / 46. 歐洲其他國家：5,880 / 47. 愛爾蘭：10,231 / 48. 英國：347,850 / 49. 法國：220,492 / 50. 西班牙：61,429

51. 葡萄牙：17,615 / 52. 比利時：47,190 / 53. 荷蘭：60,642 / 54. 西德：213,942 / 55. 瑞士：42,545 / 56. 丹麥：29,654 / 57. 奧地利：25,702 / 58. 義大利：164,957 / 59. 挪威：17,728

60. 瑞典：47,269 / 61. 希臘：14,489 / 62. 芬蘭：17,051 / 63. 東德：51,412 / 64. 捷克斯洛伐克：43,368 / 65. 波蘭：60,742 / 66. 匈牙利：23,158 / 67. 南斯拉夫：25,277

68. 羅馬尼亞：19,279 / 69. 保加利亞：11,971 / 70. 阿爾巴尼亞：1,229 / 71. 蘇聯：510,243 / 72. 法屬非洲殖民地：57,828 / 73. 賴比瑞亞：869 / 74. 埃及：19,923 / 75. 英屬非洲殖民地：59,204

76. 伊索比亞：8,417 / 77. 比利時非洲殖民地：9,916 / 78. 葡屬非洲殖民地：11,696 / 79. 南非：34,465 / 80. 以色列：3,623 / 81. 約旦：1,233 / 82. 黎巴嫩：3,313

83. 敘利亞：8,418 / 84. 土耳其：34,279 / 85. 伊拉克：7,041 / 86. 沙烏地阿拉伯：8,610 / 87. 伊朗：28,128 / 88. 英國保護國：17,262

• 5. Jean Chardonnet, *Les Conséquences économiques de la guerre (1939-1946)*, Hachette, 1947 - 6• Tony Judt, *Après-guerre, une histoire de l'Europe depuis 1945*, A. Colin, 2007

曼哈頓計畫：原子彈發展的轉捩點

1939 年，主要強國都在進行原子彈研究計畫。法國和德國原居領先地位，然而雙方都遇上預算限制與發展瓶頸（特別是同位素濃化）等難題。納粹因為遲遲不見成效，對發展原子彈失去興趣。但過去這幾年，許多學者提出各種假設，臆測也許德國曾在二戰結束前試射過原子彈。由弗德里克・約里奧─居禮（Frédéric Joliot-Curie, 1900-1958）發起的法國研究計畫轉至英格蘭，利用運自挪威的重水繼續研究，但進度緩慢。這個英國命名為「合金管工程」（Tube Alloys）的計畫也遭遇資源緊縮的窘境，但後來暗中與美國研究計畫合作。1939 年，愛因斯坦（Albert Einstein, 1879-1955）向羅斯福寫了一封知名的警告信，讓原本在原子彈領域落後的美國政府心生警覺。儘管起步較晚，但美國決心投入各種設備加緊研究步伐，推動規模龐

1・《薄伽梵歌》第11章：「現在我成了死神……」（看似規模浩大的計畫，實則不然）

曼哈頓計畫集結了美國各地、甚至遠至加拿大的實驗室，總共耗費 50 萬人力。1945 年，光是洛色拉莫士（Los Alamos）科學研究所就有多達 400 名科學家，還有 6,000 名軍事人員參與。表面上看來，美國似乎為了生產幾顆炸彈不惜勞師動眾（當時耗資 19 億美金，相當於今天的

250 億美金），但與戰爭費用相比，曼哈頓計畫的投資金額其實微不足道：約莫只占了 0.6%。此計畫開創了科技、軍事甚至社會的新紀元，同時為新的戰略方針鋪路。

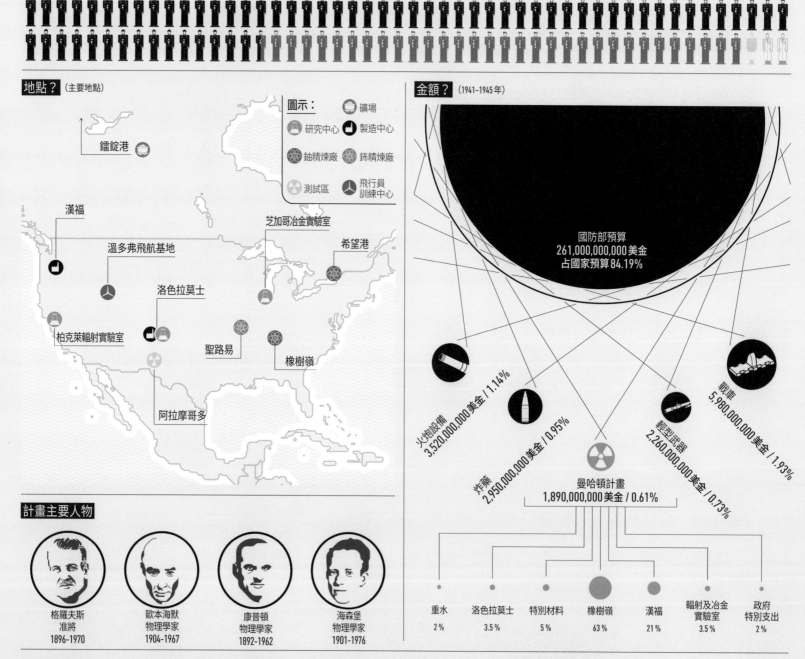

人數？（1944年6月的兵員數） 129,000人 ■ 84,500 名建築工人 / 65.5% ■ 40,500 名工廠工人 / 31.4% 1,800 名軍事人員 / 1.4% 2,200 名其他人員（工程師、輔助人員、科學家）/ 1.7%

地點？（主要地點）

圖示：
礦場
研究中心　製造中心
鈾精煉廠　鈽精煉廠
測試區　飛行員訓練中心

鐳錠港
漢福
溫多弗飛航基地
芝加哥冶金實驗室
希望港
柏克萊輻射實驗室
洛色拉莫士
聖路易
橡樹嶺
阿拉摩哥多

金額？（1941–1945年）

國防部預算
261,000,000,000 美金
占國家預算84.19%

火炮設備
3,520,000,000 美金 / 1.14%

炸藥
2,950,000,000 美金 / 0.95%

戰車
5,980,000,000 美金 / 1.93%

輕型武器
2,260,000,000 美金 / 0.73%

曼哈頓計畫
1,890,000,000 美金 / 0.61%

重水	洛色拉莫士	特別材料	橡樹嶺	漢福	輻射及冶金實驗室	政府特別支出
2 %	3.5 %	5 %	63 %	21 %	3.5 %	2 %

計畫主要人物

格羅夫斯准將 1896-1970
歐本海默 物理學家 1904-1967
康普頓 物理學家 1892-1962
海森堡 物理學家 1901-1976

資料來源：1・ *Statistical Review, World War II : A Summary of ASF Statistics*, Army Service Forces, U.S. War Department, 1946 - 2・ *United States Strategic Bombing Survey (Pacific War)*, Washington DC, 1946 - 3・ *Historical Statistics of the United States from Colonial Times to 1970*, U.S. Census Bureau, 1975 - 4・ S. Schwartz, *Atomic Audit, The Costs and Consequences of U.S. Nuclear Weapons Since 1940*, 1998

大且機密的「曼哈頓計畫」。此計畫集結全球各地的科學家，並提供超過 10 億美元的資金，是英國計畫的 1,000 倍。在歐本海默（Robert Oppenheimer, 1904-1967）的領導下，曼哈頓計畫人員在 1943-1945 年間全心研發 2 種原子彈。1945 年 8 月 6 日投在廣島的是「小男孩」（Little Boy），另一個則是裝載鈽—239，設計較為複雜但量產可行性較高的「胖子」（Fat Man）。後者在 1945 年 7 月 16 日於新墨西哥州試射，並在 1945 年 8 月 9 日投落長崎，將部分地區夷為平地。二戰結束後，人們心驚膽顫地踏入了核武器時代。

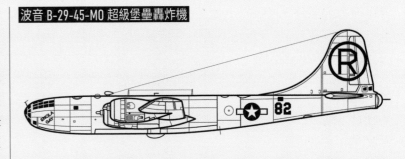

波音 B-29-45-MO 超級堡壘轟炸機

2 •「……成了世界的毀滅者」（廣島和長崎）

1945 年 8 月 6 日及 9 日，廣島及長崎先後遭原子彈轟炸後，各種傷亡估計值紛紛出爐，總計造成 100,000-250,000 人喪命（1945 年 8-12 月）。若不考慮它們是第一批問世的原子彈，整體而言，其所造成的死傷其實與傳統空襲不相上下（1943 年漢堡大轟炸：60,000 人喪命，1945 年德勒斯登轟炸：40,000 人喪命，1945 年東京大轟炸：

100,000 人喪命……）。別忘了，當時美國一直在日本各地進行戰略轟炸，因此世人極有可能高估了原子彈與日本投降的關聯。雖然如此，1945 年這兩顆「炸彈」帶來深刻的恐懼，揭開新的恐怖戰略時代，只要向敵人送去一顆核彈，就能摧毀整個城市或地區。

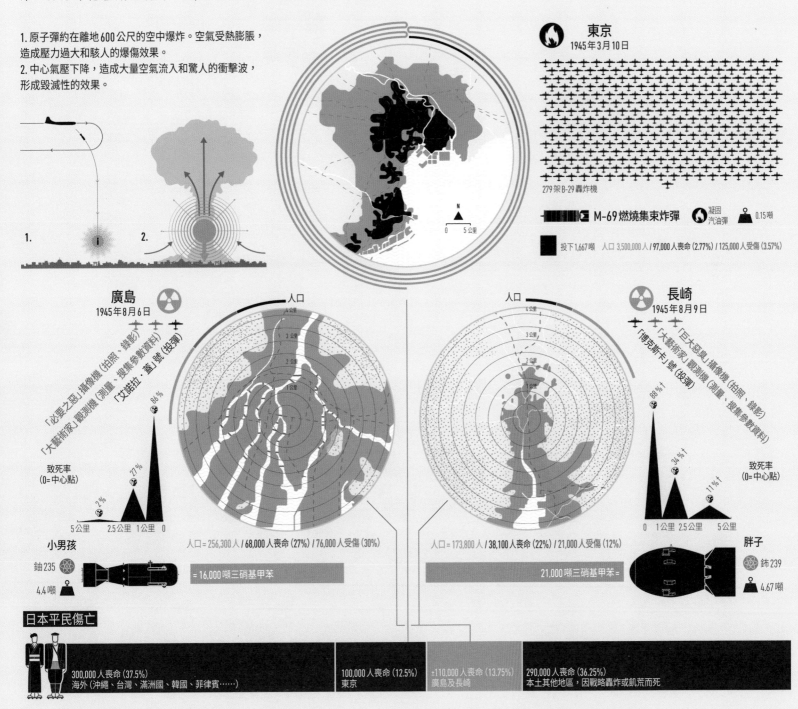

1. 原子彈約在離地 600 公尺的空中爆炸。空氣受熱膨脹，造成壓力過大和駭人的爆傷效果。
2. 中心氣壓下降，造成大量空氣流入和驚人的衝擊波，形成毀滅性的效果。

1.

2.

N

0   5 公里

東京
1945 年 3 月 10 日

279 架 B-29 轟炸機

M-69 燃燒集束炸彈   凝固汽油彈   0.15 噸

投下 1,667 噸   人口 3,500,000 人 / 97,000 人喪命（2.77%）/ 125,000 人受傷（3.57%）

廣島
1945 年 8 月 6 日

人口

4 公里
3 公里
2 公里
1 公里

「必要之惡」攝像機（拍照、錄影）
「大藝術家」觀測機（測量、搜集參數資料）
「艾諾拉·蓋」號（投彈）

致死率
（0 = 中心點）

86%

27%

2%

5 公里   2.5 公里   1 公里   0

小男孩

鈾235

4.4 噸

人口 = 256,300 人 / 68,000 人喪命（27%）/ 76,000 人受傷（30%）

= 16,000 噸三硝基甲苯

長崎
1945 年 8 月 9 日

人口

4 公里
3 公里
2 公里
1 公里

「巨大惡臭」攝像機（拍照、錄影）
「大藝術家」觀測機（測量、搜集參數資料）
「博克斯卡」號（投彈）

致死率
（0 = 中心點）

88%

34%

11%

0   1 公里   2.5 公里   5 公里

胖子

鈽239

4.67 噸

人口 = 173,800 人 / 38,100 人喪命（22%）/ 21,000 人受傷（12%）

21,000 噸三硝基甲苯

日本平民傷亡

300,000 人喪命（37.5%）
海外（沖繩、台灣、滿洲國、韓國、菲律賓……）

100,000 人喪命（12.5%）
東京

±110,000 人喪命（13.75%）
廣島及長崎

290,000 人喪命（36.25%）
本土其他地區，因戰略轟炸或飢荒而死

冷戰種籽已在歐洲埋下

1947–1989 年間，西方民主國家與蘇聯陷入對峙，但此情勢並非二戰造成，主要是共產主義（無產國際主義）對抗自由資本主義（全球化），兩種意識形態爭相在全球擴張範圍，才使得冷戰無可避免。

自 1920 年代開始，西方國家便出兵干預俄羅斯內戰。然而，納粹是兩個敵對陣營的共同敵人，威脅到雙方的生存，迫使這兩個死對頭暫時組成「大聯盟」，但納粹不過是延遲了雙方決鬥的時刻。雖然第二次世界大戰不是引發冷戰的原因，但無庸置疑的是，它改變了雙方握有的籌碼。即使二戰未曾發生，蘇聯仍會成為世界強權，然而打敗希特勒為蘇聯帶來絕佳優勢：除了躋身超級強國之列，還奪得戰前無法想像的廣大領土──英法在戰前還以為蘇聯的勢力比不上波蘭。至於美國，則受到二戰另一層面的影響。美國自此穩坐經濟與金融領導地位，無人能敵。美國不但握有制空權和制海權，還成為世上唯一握有核武的國家（雖然數量並不多）。隨著德國戰敗，法國發展落後，英國資金大量流失，美國一躍登上寶座。而在二戰即將結束之際，南斯拉夫、希臘、波羅的海國家從 1945 年 5 月開始接連爆發戰爭，一直延續到冷戰。

然而，身處其中的重要人物料得到這樣的發展嗎？羅斯福直到辭世之際，仍懷抱由英、美、蘇、中 4 大國攜手合作、維持全球安全體系的夢想，期待蘇聯會隨時間而軟化。美國為了讓史達林安心，不惜讓他擴大勢力範圍，從雅爾達及波茨坦會議就能看出端倪。美國無意和蘇聯瓜分歐洲，期望以民主體制、大國間簽訂協議的方式，建立嶄新的歐洲。正是出於同樣的考量，德國由美、英、法、蘇 4 國組成的委員會共管，以民主化為最終目標。羅斯福自以為在東歐幫蘇聯安置了盟友，同時又藉由聯合政府制度，讓各國得以保有最低限度的內政自由（然而聯合政府最終只在芬蘭實現）。私利薰心的史達林則力圖獲取最大利益。法國歷史學家喬治－亨利‧索托（Georges-Henri Soutou, 1943–）認為：「在當時政治脈絡左傾的氣氛中，史達林打算一處於有利地位，特別是資本主義遇上危機時，就抓緊機會，在歐洲大陸上建立大一統的政治體系。」由於戰後各界紛紛批評，西歐保守派在二戰一開始時姑息納粹的發展，因此戰後各國政治版圖重新洗牌，傾向左派。其中勢力最大的是：恢復勢力的民主－基督派，傳統的社會－民主派，和握有 10-30% 選票的共產黨。

史達林意識到英國勢力下滑，想要趁美軍快速撤退、歐洲社會經濟環境不佳的情況下，盡快使出手中的棋子，在各地維持其政權的能見度，若遇到阻力再放慢腳步。而他所採取的策略就是披上民主的外衣。史達林在中國和伊朗採取明顯攻勢，在土耳其則小心刺探。雖然他在希臘、土耳其和伊朗遇到反抗而收手，但兩陣營間的緊張局勢愈來愈讓人擔憂。美國雖然挺身制裁蘇聯的擴張，但選擇睜一隻眼，閉一隻眼：美國雖穩固在伊朗的勢力，卻撤出巴爾幹半島，造成鐵幕。1947 年 3 月，美國總統杜魯門（Truman, 1884–1972）正式施行杜魯門主義，阻止共產黨進一步擴張。冷戰就此開始。

1‧戰後的歐洲

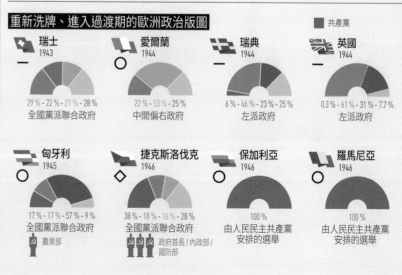

重新洗牌、進入過渡期的歐洲政治版圖　■ 共產黨

瑞士 1943
29 % - 22 % - 21 % - 28 %
全國黨派聯合政府

愛爾蘭 1944
22 % - 53 % - 25 %
中間偏右政府

瑞典 1944
6 % - 46 % - 23 % - 25 %
左派政府

英國 1944
0.3 % - 61 % - 31 % - 7.7 %
左派政府

匈牙利 1945
17 % - 17 % - 57 % - 9 %
全國黨派聯合政府
農業部

捷克斯洛伐克 1946
38 % - 18 % - 16 % - 28 %
全國黨派聯合政府
政府首長/內政部/國防部

保加利亞 1946
100 %
由人民民主共產黨安排的選舉

羅馬尼亞 1946
100 %
由人民民主共產黨安排的選舉

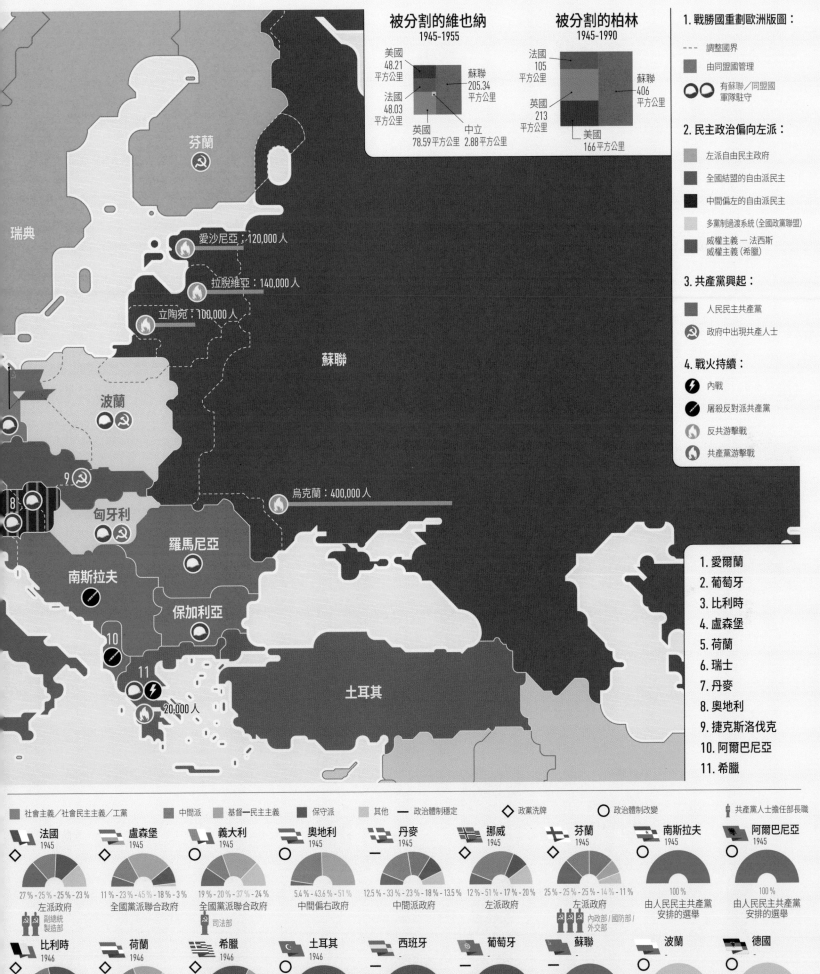

被分割的維也納
1945-1955

美國
48.21
平方公里

蘇聯
205.34
平方公里

法國
48.03
平方公里

英國
78.59平方公里

中立
2.88平方公里

被分割的柏林
1945-1990

法國
105
平方公里

蘇聯
406
平方公里

英國
213
平方公里

美國
166 平方公里

1. 戰勝國重劃歐洲版圖：

- - - 調整國界
- 由同盟國管理
- 有蘇聯／同盟國軍隊駐守

2. 民主政治偏向左派：
- 左派自由民主政府
- 全國結盟的自由派民主
- 中間偏左的自由派民主
- 多黨制過渡系統（全國政黨聯盟）
- 威權主義 — 法西斯威權主義（希臘）

3. 共產黨興起：
- 人民民主共產黨
- 政府中出現共產人士

4. 戰火持續：
- 內戰
- 屠殺反對派共產黨
- 反共游擊戰
- 共產黨游擊戰

瑞典

芬蘭

愛沙尼亞：120,000 人

拉脫維亞：140,000 人

立陶宛：100,000 人

蘇聯

波蘭

烏克蘭：400,000 人

匈牙利

羅馬尼亞

南斯拉夫

保加利亞

土耳其

20,000 人

1. 愛爾蘭
2. 葡萄牙
3. 比利時
4. 盧森堡
5. 荷蘭
6. 瑞士
7. 丹麥
8. 奧地利
9. 捷克斯洛伐克
10. 阿爾巴尼亞
11. 希臘

社會主義／社會民主主義／工黨　　中間派　　基督一民主主義　　保守派　　其他　　— 政治體制穩定　　◇ 政黨洗牌　　○ 政治體制改變　　共產黨人士擔任部長職

法國
1945
27 % - 25 % - 25 % - 23 %
左派政府
副總統
製造部

盧森堡
1945
11 % - 23 % - 45 % - 18 % - 3 %
全國黨派聯合政府

義大利
1945
19 % - 20 % - 37 % - 24 %
全國黨派聯合政府
司法部

奧地利
1945
5.4 % - 43.6 % - 51 %
中間偏右政府

丹麥
1945
12.5 % - 33 % - 23 % - 18 % - 13.5 %
中間派政府

挪威
1945
12 % - 51 % - 17 % - 20 %
左派政府

芬蘭
1945
25 % - 25 % - 25 % - 14 % - 11 %
左派政府
內政部／國防部／外交部

南斯拉夫
1945
100 %
由人民民主共產黨安排的選舉

阿爾巴尼亞
1945
100 %
由人民民主共產黨安排的選舉

比利時
1946
12.7 % - 31 % - 42 % - 14.3 %
中間偏右政府

荷蘭
1946
10.5 % - 29 % - 31 % - 29.5 %
全國黨派聯合政府

希臘
1946
65 % - 35 %
左派政黨阻止威權政府

土耳其
1946
85 % - 15 %
凱末爾主義威權政府

西班牙
100 %
法西斯獨裁，無選舉制度

葡萄牙
100 %
法西斯獨裁，無選舉制度

蘇聯
100 %
無產主義獨裁，無選舉制度

波蘭
重建全國黨派聯合政府
副總統／內政部／國防部

德國
在其他國家管理下重建政府

2 • 東歐成為蘇聯的衛星國，歐洲一分為二

「這是場前所未有的戰爭；每個國家全力壓榨社會系統，只求讓軍隊繼續前進，」史達林在 1944 年向共產人士吉拉斯（Djilas, 1911-1995）如此坦承。實際上，他的作法並非創新之舉，也不如他口中說的那麼簡單。東歐從納粹手中解放後，共產黨在許多國家屬非法地下組織，不但規模小又多疑，而且受到多數人的排斥。

儘管如此，共產黨仍在 1944 年後以單純的原則奪取各國政權。德國共產黨總書記烏布利希（Ulbricht, 1893-1973）在 1945 年說道：「我們非奪得控制權不可，但必須以看似民主的方式進行。」他們經由 5 項步驟實現目標：1. 以溫和且民粹主義的言論誘惑民眾，大量吸收人員（放寬條件限制），好營造共產黨支持率高漲的假象；2. 取得政治、工會及政府的控制權，加以操縱；3. 利用上述權力營造負面社會氛圍，合理化下一步驟；4. 瓦解國家法治（任意逮捕、於選

史達林化步驟

1. 引誘（收買）/ 安定（鞏固）：
－擁護多黨聯合政府：創造一個看似（範圍）廣大、由許多反法西斯派組成的民主陣線，加入聯合政府，贏得具有戰略價值的部長位置（司法、農業部，最好是內政方面）。
－鼓勵推動民間改革（如：土地改革，將土地分配給最窮困的人民）。

2. 滲透：
－共產黨員滲入政府及警方，建立由蘇聯內務人民委員部控制的政治警察。
－潛入其他黨派。
－推動、引導整肅行動。
－蘇聯掌握聯合政府的管理權（封鎖西方影響力、控制政府各部門的權力、立法機關……），內務人民委員部成功滲透，得以進行逮捕。

3. 污蔑、抹黑：
－組織罷工行動，造成混亂氣氛。
－抹黑對手的宣傳行動。
－蘇聯施壓，要求立刻取得戰爭賠款，扼殺政府經濟。

4. 瓦解國家法治：
－肅清司法和警察機構。
－以恐怖行動對抗其他黨派（暴力制裁、暗殺、以謀反罪任意逮捕、政治訴訟、禁止反對派媒體）。
－薩拉米香腸戰術（漸進式消除右派政黨勢力，往左派前進，以暗樁造成分化，一部分的人加入共產黨，其他人遭到清算）。

5. 史達林化：
－建立蘇聯式或接近蘇聯式的新憲法。
－吸收或禁止剩下的黨派。
－全面摧毀本已疲弱的民間社群活動：知識淨化（整肅教師、淨化圖書館）＋殘殺農民＋控制神職人員＋禁止結社。
－國有化、集體化。
－清算共產黨內部（1948 年 6 月的共產黨和工人黨情報局大會，批評狄托主義，號召共產黨必須推行標準化＋除掉象徵性的共產黨人士）。

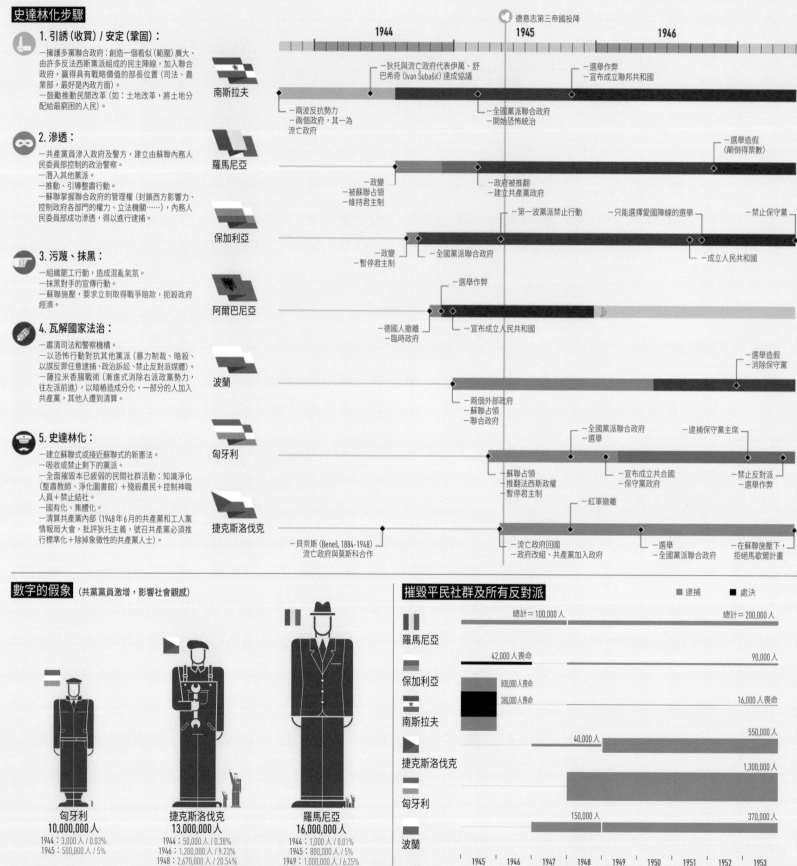

德意志第三帝國投降

南斯拉夫
－狄托與流亡政府代表伊萬・舒巴希奇（Ivan Šubašić）達成協議
－選舉作弊
－宣布成立聯邦共和國
－兩波反抗勢力
－兩個政府，其一為流亡政府
－全國黨派聯合政府
－開始恐怖統治

羅馬尼亞
－選舉造假（顛倒得票數）
－政變
－被蘇聯占領
－維持君主制
－政府被推翻
－建立共產黨政府

保加利亞
－第一波黨派禁止行動
－只能選擇愛國陣線的選舉
－禁止保守黨
－政變
－暫停君主制
－全國黨派聯合政府
－成立人民共和國

阿爾巴尼亞
－選舉作弊
－德國人撤離
－宣布成立人民共和國
－臨時政府

波蘭
－選舉造假
－消除保守黨
－兩個外部政府
－蘇聯占領
－聯合政府

匈牙利
－全國黨派聯合政府
－選舉
－逮捕保守黨主席
－蘇聯占領
－推翻法西斯政權
－暫停君主制
－宣布成立共和國
－保守黨政府
－禁止反對派
－選舉作弊
－紅軍撤離

捷克斯洛伐克
－貝奈斯（Beneš, 1884-1948）流亡政府與莫斯科合作
－流亡政府回歸
－政府改組、共產黨加入政府
－選舉
－全國黨派聯合政府
－在蘇聯施壓下，拒絕馬歇爾計畫

數字的假象（共黨黨員激增，影響社會觀感）

匈牙利
10,000,000 人
1944：3,000 人 / 0.03%
1945：500,000 人 / 5%

捷克斯洛伐克
13,000,000 人
1944：50,000 人 / 0.38%
1946：1,200,000 人 / 9.23%
1948：2,670,000 人 / 20.54%

羅馬尼亞
16,000,000 人
1944：1,000 人 / 0.01%
1945：800,000 人 / 5%
1949：1,000,000 人 / 6.25%

摧毀平民社群及所有反對派

■ 逮捕　■ 處決

羅馬尼亞	總計 = 100,000 人	總計 = 200,000 人
保加利亞	42,000 人喪命	90,000 人
南斯拉夫	800,000 人喪命 / 380,000 人喪命	16,000 人喪命
捷克斯洛伐克	40,000 人	550,000 人
匈牙利		1,300,000 人
波蘭	150,000 人	370,000 人

1945　1946　1947　1948　1949　1950　1951　1952　1953

資料來源：1• M. Cerovic, *Les Enfants de Staline. La guerre des partisans soviétiques (1941-1944)*, Seuil, 2018 - 2• G. Eismann & S. Martens (dir.), *Occupation et répression militaire allemande (1939-1945)*, Autrement, 2007 - 3• Vladimir Geiger, « Human losses of the Croats in World War II and the immediate post-war period caused by the Chetniks and the Partisans and the Yugoslav communiste authorities numerical indicators », *Review of Croatian History*, n° 1, 2012, pp. 77-121 - 4• M. Mazower, *Hitler's Empire : Nazi Rule in Occupied Europe*, Penguin, 2008 - 5• O. Wieviorka, *Une histoire de la Résistance en Europe occidentale*, Perrin, 2017

182

舉中作弊）；5. 建立史達林式的社會。許多地方的知識分子都在二戰期間消失，使得蘇聯更容易奪取政權。對史達林來說，必須讓莫斯科勢力遍及各地。當蘇聯的委員會控制一國政府，就能左右國家政策。蘇聯內務人民委員部（NKVD）不但在各地成立共產黨，提供建議，且努力為未來設置安全警察鋪路。紅軍保證共產黨人，會營造有利的「秩序／無秩序」環境。若這一步驟未能推行，蘇聯就無法得勢，史達林正因此在希臘、芬蘭等地鎩羽而歸，而在捷克斯洛伐克則不得不動用武力。最終，蘇聯讓東歐各地成為它的衛星國，建立共產黨和工人黨情報局（Kominform，莫斯科和當地共產黨的情報輸送帶）及經濟互助委員會（CAEM），後者為了蘇聯利益，落實社會主義政策。只有得到人民壓倒性支持率的狄托，反向利用史達林式的政治技巧，阻擋了這場史達林化運動，帶領南斯拉夫步上真正的社會主義之路。二戰造成的顯著後果之一，就是歐洲陷入兩極化的局面。

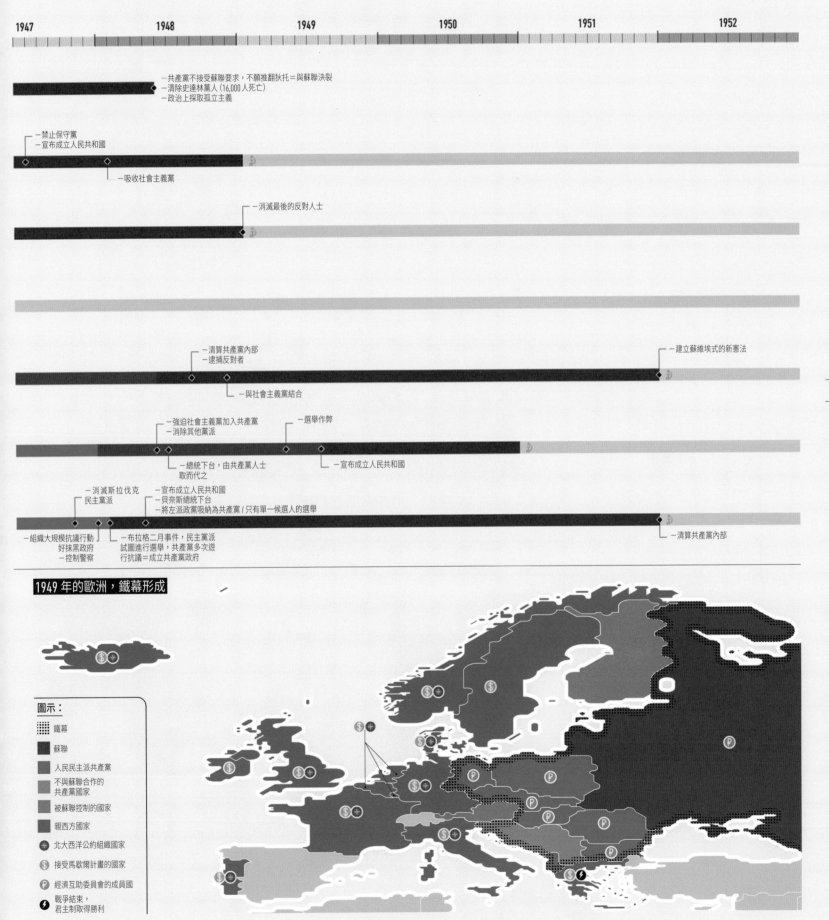

1947　1948　1949　1950　1951　1952

—共產黨不接受蘇聯要求，不願推翻狄托＝與蘇聯決裂
—清除史達林黨人（16,000 人死亡）
—政治上採取孤立主義

—禁止保守黨
—宣布成立人民共和國
—吸收社會主義黨

——消滅最後的反對人士

—清算共產黨內部
—逮捕反對者
——與社會主義黨結合
—建立蘇維埃式的新憲法

—強迫社會主義黨加入共產黨
—消除其他黨派
—選舉作弊
——總統下台，由共產黨人士取而代之
——宣布成立人民共和國

—消滅斯拉伐克民主黨派
—宣布成立人民共和國
—貝奈斯總統下台
—將左派政黨吸納為共產黨／只有單一候選人的選舉
—組織大規模抗議行動好抹黑政府
—控制警察
—布拉格二月事件，民主黨派試圖進行選舉，共產黨多次遊行抗議＝成立共產黨政府
—清算共產黨內部

1949 年的歐洲，鐵幕形成

圖示：
鐵幕
蘇聯
人民民主派共產黨
不與蘇聯合作的共產黨國家
被蘇聯控制的國家
親西方國家
北大西洋公約組織國家
接受馬歇爾計畫的國家
經濟互助委員會的成員國
戰爭結束，君主制取得勝利

當殖民帝國在二戰中崩裂，各地動盪不安

第一次世界大戰爆發時，殖民地部隊傷亡慘重（由殖民地當地人組成的步兵團、印度軍團等），早就讓各個殖民帝國搖搖欲墜。第二次世界大戰引發領土重劃問題，更讓各帝國無法招架。非洲（特別是阿爾及利亞和馬達加斯加）雖爆發嚴重抗爭，但東南亞的情況更為嚴重。由於東南亞在二戰期間遭日本占領，促使西方在亞洲的殖民帝國迅速瓦解，在戰後爆發第一波激烈的去殖民化運動。與中國為鄰的韓國再次陷入內戰，分裂成各自獨立的兩個國家，很快就進入敵對狀態。

第一波獨立戰爭爆發於荷屬東印度（由蘇卡諾〔Soekarno, 1901-1970〕帶領並建國）及中南半島（由胡志明〔Hô Chi Minh, 1890-1969〕帶領）。英屬印度帝國在 1939 年開始按計畫進行「解放行動」，已踏上獨立之路，再加上印度與巴基斯坦嚴重分歧，二戰一結束兩地便開戰。但這只是開始，接下來數十年內各種獨立運動如雨後春筍般蓬勃發展。

1 • 戰爭時期的殖民帝國

二戰末年，各殖民地獨立意識高漲，起因於殖民部隊為歐洲強權在戰場上效命，卻不受宗主國重視甚至遭到忽略。

1939 年，法國殖民地部長喬治·曼戴爾（Georges Mandel, 1885-1944）允諾將從殖民地召回 200 萬名士兵和 50 萬名工人，但這項諾言未能兌現，實際數字遠低於此。然而整個歐洲，特別是英國、法國、義大利甚至荷蘭，都從亞洲殖民地獲得超過 100 萬名當地兵士的協助，這些人不但成為撒哈拉沙漠以南的非洲戰場上不可或缺的駐軍和重要部隊，也參與了北非的戰鬥。1939 年時，印度陸軍只有不到 20 萬人，其中 1/3 是英國士兵和幹部，但在二戰期間卻召募了超過 250 萬人，建立多達 30 師，除了在東南亞作戰，許多部隊甚至前往中東、義大利戰鬥。光從二戰的慘烈程度，就能想見印度次大陸必然會下定決心、爭取獨立。

主權獨立、加入聯合國的國家

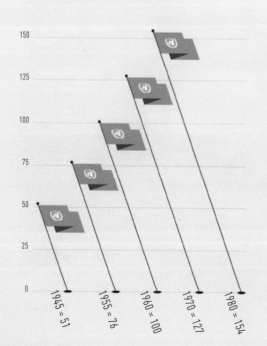

- 1945 = 51
- 1955 = 76
- 1960 = 100
- 1970 = 127
- 1980 = 154

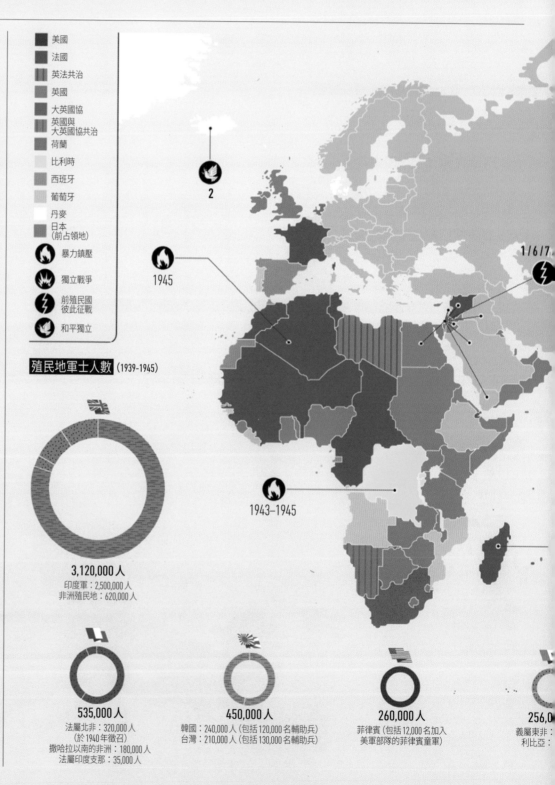

圖例：
- 美國
- 法國
- 英法共治
- 英國
- 大英國協
- 英國與大英國協共治
- 荷蘭
- 比利時
- 西班牙
- 葡萄牙
- 丹麥
- 日本（前占領地）

- 暴力鎮壓
- 獨立戰爭
- 前殖民國彼此征戰
- 和平獨立

殖民地軍士人數 (1939-1945)

3,120,000 人
印度軍：2,500,000 人
非洲殖民地：620,000 人

535,000 人
法屬北非：320,000 人（於 1940 年徵召）
撒哈拉拉以南的非洲：180,000 人
法屬印度支那：35,000 人

450,000 人
韓國：240,000 人（包括 120,000 名輔助兵）
台灣：210,000 人（包括 130,000 名輔助兵）

260,000 人
菲律賓（包括 12,000 名加入美軍部隊的菲律賓童軍）

256,0
義屬東非
利比亞

地圖標註：
2
1945
1943–1945
1/6/7

2·阿爾及利亞的塞提夫、蓋勒馬及海拉塔：以血換得「十年和平」

自 1920 年代開始，法屬阿爾及利亞的獨立聲勢就愈演愈烈。歐洲戰事一終結，這裡就爆發激烈暴動。1945 年 5 月及 6 月，北部的塞提夫（Sétif）、蓋勒馬（Guelma）及海拉塔（Kerrata）3 地興起各種抗議活動，演變成 100 多名歐洲人被殺害的慘劇。事發後，政府以盲目又血腥的鎮壓行動回應，造成數千人死亡、數千人被捕。杜瓦將軍（Duval, 1894-1955）宣稱血腥鎮壓「為阿爾及利亞贏得 10 年和平」，同時要求推動各項政治革新。但不到 10 年，阿爾及利亞戰爭就於 1954 年爆發，最終在 1962 年取得獨立。

暴動結果：

102 名歐洲人喪命（其中有 90 人死於塞提夫）

1946 年 2 月 28 日進行司法鎮壓

逮捕 4,500 人／2,000 人被判刑

99 人被判死刑／22 人被處決　　　64 人被判強制勞動

軍事鎮壓結果，在數字上互相較勁（以各黨派來看）

＝1,000 名阿爾及利亞人死亡　●法國政府人士＝1,000 人死亡　●歷史學家＝3,000-8,000 人死亡　●民族解放陣線及阿爾及利亞政府＝45,000 人喪命

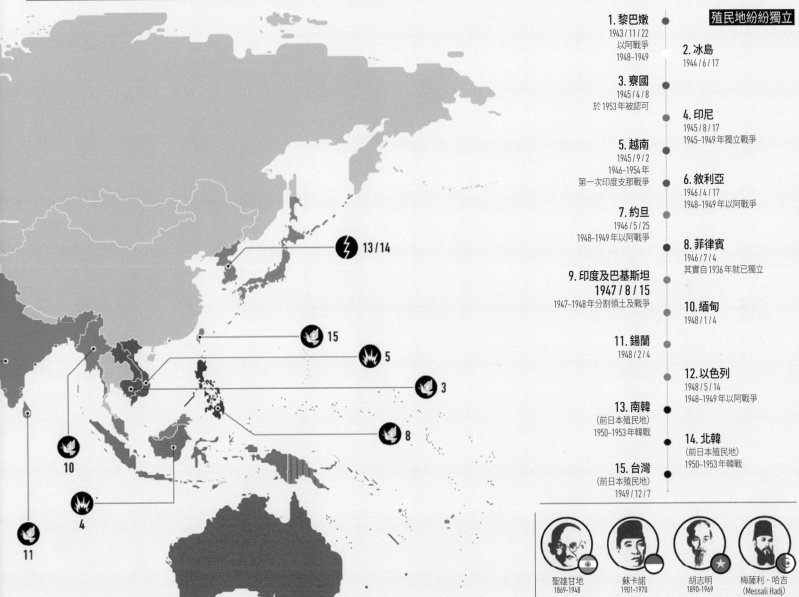

殖民地紛紛獨立

1. 黎巴嫩
1943 / 11 / 22
以阿戰爭
1948–1949

2. 冰島
1944 / 6 / 17

3. 寮國
1945 / 4 / 8
於 1953 年被認可

4. 印尼
1945 / 8 / 17
1945–1949 年獨立戰爭

5. 越南
1945 / 9 / 2
1946-1954 年
第一次印度支那戰爭

6. 敘利亞
1946 / 4 / 17
1948–1949 年以阿戰爭

7. 約旦
1946 / 5 / 25
1948–1949 年以阿戰爭

8. 菲律賓
1946 / 7 / 4
其實自 1936 年就已獨立

9. 印度及巴基斯坦
1947 / 8 / 15
1947–1948 年分割領土及戰爭

10. 緬甸
1948 / 1 / 4

11. 錫蘭
1948 / 2 / 4

12. 以色列
1948 / 5 / 14
1948–1949 年以阿戰爭

13. 南韓
（前日本殖民地）
1950-1953 年韓戰

14. 北韓
（前日本殖民地）
1950-1953 年韓戰

15. 台灣
（前日本殖民地）
1949 / 12 / 7

13 / 14

15

5

3

8

10

4

11

185

聖雄甘地
1869-1948

蘇卡諾
1901-1970

胡志明
1890-1969

梅薩利·哈吉
(Messali Hadj)
1898-1974

78,000 人
荷蘭皇家東印度軍（簡稱 KNIL）
「本地」常備軍：28,000 人
當地民兵：50,000 人

24,000-40,000 人
比屬剛果

亞洲及太平洋占了 70.1%

非洲及馬格里布占了 29.1%

資料來源：1•B. Droz, *Histoire de la décolonisation au XXᵉ siècle*, «Points Histoire», Points, 2009 - 2•A. Axelrod & J. Kingston, *Encyclopedia of World War II*, Facts on File Inc., 2007 - 3•J.-F Muracciole & G. Piketty (dir), *Encyclopédie de la Seconde Guerre mondiale*, Robert Laffont, 2015 - 4•D. Killingray, *Fighting for Britain, African Soldiers in the Second World War*, James Currey, 2012 - 5•J.-L. Planche, *Sétif 1945 : histoire d'un massacre annoncé*, Perrin, 2006 - 6•*1940 : Des coloniaux dans l'armée régulière et la Résistance*, Musée de l'Histoire de l'immigration, Palais de la Porte-Dorée, Paris

漫遊歷史 22

用資訊圖表讀懂第二次世界大戰

作　　　者／讓·洛培茲、文森·貝爾納、尼可拉·奧本
資 料 設 計／尼可拉·吉耶哈
譯　　　者／洪夏天
協 力 編 輯／陳青嬌
企 畫 選 書／羅珮芳
責 任 編 輯／羅珮芳

版　　　權／黃淑敏、吳亭儀、江欣瑜
行 銷 業 務／周佑潔、黃崇華、張媄茜
總 編 輯／黃靖卉
總 經 理／彭之琬
事業群總經理／黃淑貞
發 行 人／何飛鵬
法 律 顧 問／元禾法律事務所王子文律師
出　　　版／商周出版
　　　　　　台北市 104 民生東路二段 141 號 9 樓
　　　　　　電話：02-25007008　傳真：02-25007759
　　　　　　blog: http://bwp25007008.pixnet.net/blog
　　　　　　E-mail：bwp.service@cite.com.tw
發　　　行／英屬蓋曼群島商家庭傳媒股份有限公司城邦分公司
　　　　　　台北市中山區民生東路二段 141 號 2 樓
　　　　　　書虫客服服務專線：02-25007718；25007719
　　　　　　24 小時傳真專線：02-25001990；25001991
　　　　　　服務時間：週一至週五上午 09:30-12:00；下午 13:30-17:00
　　　　　　劃撥帳號：19863813；戶名：書虫股份有限公司
　　　　　　讀者服務信箱：service@readingclub.com.tw
　　　　　　城邦讀書花園 www.cite.com.tw
香港發行所／城邦（香港）出版集團
　　　　　　香港灣仔駱克道 193 號 _ E-mail : hkcite@biznetvigator.com
　　　　　　電話：(852) 25086231　傳真：(852) 25789337
馬新發行所／城邦（馬新）出版集團【Cite (M) Sdn Bhd】
　　　　　　41, Jalan Radin Anum, Bandar Baru Sri Petaling, 57000 Kuala Lumpur, Malaysia.
　　　　　　電話：(603) 90578822　傳真：(603) 90576622

封 面 設 計／日央設計
字型設計與排版／林曉涵、陳健美
印　　　刷／中原造像股份有限公司
經 銷 商／聯合發行股份有限公司　新北市231新店區寶橋路235巷6弄6號2樓
　　　　　　電話：(02) 29178022　傳真：(02) 29110053

■ 2019 年 5 月 16 日初版
■ 2021 年 12 月 1 日初版 3.7 刷

Printed in Taiwan

定價 880 元

Original Title: INFOGRAPHIE DE LA SECONDE GUERRE MONDIALE
Infographie de la seconde guerre mondiale © Perrin, un département d'Edi8, 2018
Complex Chinese language edition published in agreement with Les Éditions Perrin through The Grayhawk Agency.
Complex Chinese translation copyright © 2019 by Business Weekly Publications, a division of Cité Publishing Ltd.
All rights reserved.

國家圖書館出版品預行編目資料

用資訊圖表讀懂第二次世界大戰 / 讓·洛培茲
(Jean Lopez)等合著；洪夏天譯. -- 初版. -- 臺北
市：商周出版：家庭傳媒城邦分公司發行, 2019.05
　面；　公分. -- (漫遊歷史；22)
　譯自：Infographie de la seconde guerre mondiale
　ISBN 978-986-477-647-4(平裝)

1.第二次世界大戰 2.圖表

712.84　　　　　　　　　　　　　　　108004547

讀者回函卡

線上版讀者回函卡

感謝您購買我們出版的書籍！請費心填寫此回函卡，我們將不定期寄上城邦集團最新的出版訊息。

姓名：_____ 性別：□男 □女

生日：西元_____年_____月_____日

地址：_____

聯絡電話：_____ 傳真：_____

E-mail ：

學歷：□ 1. 小學 □ 2. 國中 □ 3. 高中 □ 4. 大學 □ 5. 研究所以上

職業：□ 1. 學生 □ 2. 軍公教 □ 3. 服務 □ 4. 金融 □ 5. 製造 □ 6. 資訊

□ 7. 傳播 □ 8. 自由業 □ 9. 農漁牧 □ 10. 家管 □ 11. 退休

□ 12. 其他_____

您從何種方式得知本書消息？

□ 1. 書店 □ 2. 網路 □ 3. 報紙 □ 4. 雜誌 □ 5. 廣播 □ 6. 電視

□ 7. 親友推薦 □ 8. 其他_____

您通常以何種方式購書？

□ 1. 書店 □ 2. 網路 □ 3. 傳真訂購 □ 4. 郵局劃撥 □ 5. 其他_____

您喜歡閱讀那些類別的書籍？

□ 1. 財經商業 □ 2. 自然科學 □ 3. 歷史 □ 4. 法律 □ 5. 文學

□ 6. 休閒旅遊 □ 7. 小說 □ 8. 人物傳記 □ 9. 生活、勵志 □ 10. 其他

對我們的建議：_____

_____

_____